et fête
notre
avec
Christiane

DES ENFANTS HORS DU LIRE

Cet ouvrage est coédité par

- Bayard Éditions
- Les Éditions INSERM – Institut national de la santé et de la recherche médicale
- le CTNERHI – Centre technique national d'études et de recherches sur les handicaps et les inadaptations

Des enfants hors du lire

Sous la direction de
Christiane Préneron, Claire Meljac
et Serge Netchine

Avec la collaboration de

Maïté AUZANNEAU
Lionel BAILLY
Jean BERGÈS
Dominique BURGER
Jacques DAVID
Patrick DENIS
Jacqueline FAGARD
Agnès GRASSELLI
Béatrice JOUBERT
Paulette KOSSANYI
Marie KUGLER-LAMBERT
Gilles LEMMEL
Claire MELJAC
Serge NETCHINE
Alain PARAGE
Françoise PECQUET
Rosa PERERA
Christiane PRÉNERON
Rose-Marie REBOLLEDO
Carol ROSE
Anne SALAZAR-ORVIG
Liliane SPRENGER-CHAROLLES
Geneviève VERMÈS

Collection Païdos / Recherche

BAYARD ÉDITIONS – ÉDITIONS INSERM – CTNERHI

Ce travail a été possible grâce à un contrat CRE (Contrat de recherches externes) accordé par l'INSERM en 1985 et renouvelé en 1988.

D'autres aides ponctuelles nous ont été précieuses : de la Fondation de France, du Groupe permanent de lutte contre l'illettrisme, du ministère de l'Éducation nationale (direction des écoles), de Rank-Xerox, du SESEP et de l'UNESCO.

Il a été réalisé dans le cadre de l'Unité de psychopathologie de l'enfant et de l'adolescent, hôpital Sainte-Anne. *Responsable :* docteur Jean Bergès, service de psychologie et psychiatrie de l'enfant et de l'adolescent ; *chef de service :* docteur Yann Du Pasquier.

ISBN 2-227-005-68-8

22, cours Albert-Ier, 75008 Paris
ISBN des Éditions l'INSERM : 2-85598-599.4
ISBN du CTNERHI : 2-87710.087.1

Bayard Éditions est une marque du département Livre de Bayard Presse

Ont participé à cet ouvrage

Maïté AUZANNEAU
Unité de psychopathologie de l'enfant et de l'adolescent, hôpital Sainte-Anne, Paris.

Lionel BAILLY
Unité de psychopathologie de l'enfant et de l'adolescent, hôpital Sainte-Anne, Paris.

Jean BERGÈS
Chargé de l'unité de psychopathologie de l'enfant et de l'adolescent, hôpital Sainte-Anne.

Dominique BURGER
INSERM, Creare.

Jacques DAVID
IUFM de Versailles-Cergy, Laboratoire d'études sur l'acquisition et la pathologie du langage chez l'enfant, université de Paris-V-CNRS, URA 1031.

Patrick DENIS
Unité de psychopathologie de l'enfant et de l'adolescent, hôpital Sainte-Anne, Paris.

Jacqueline FAGARD
Laboratoire de psychobiologie du développement, EPHE-CNRS, URA 315.

Agnès GRASSELLI
Unité de psychopathologie de l'enfant et de l'adolescent, hôpital Sainte-Anne, Paris.

Béatrice JOUBERT
Unité de psychopathologie de l'enfant et de l'adolescent, hôpital Sainte-Anne, Paris.

Paulette KOSSANYI,
INSERM, Groupe de recherche sur le langage normal et pathologique.

Marie KUGLER-LAMBERT,
Laboratoire d'études sur l'acquisition et la pathologie du langage chez l'enfant, université de Paris-V-CNRS, URA 1031.

Gilles LEMMEL
Unité de psychopathologie de l'enfant et de l'adolescent, hôpital Sainte-Anne, Paris.

Claire MELJAC
Unité de psychopathologie de l'enfant et de l'adolescent, hôpital Sainte-Anne, Paris.

Serge NETCHINE
Responsable scientifique de la recherche sur les « impossibilités persistantes d'apprentissage de la lecture », laboratoire de psychologie du développement et de l'éducation de l'enfant, université de Paris-V, UFR de psychologie, université de Paris-VIII.

Alain PARAGE
Unité de psychopathologie de l'enfant et de l'adolescent, hôpital Sainte-Anne, Paris.

Françoise PECQUET
Unité de psychopathologie de l'enfant et de l'adolescent, hôpital Sainte-Anne, Paris.

Rosa PERERA
UFR de psychologie, université de Paris-V.

Christiane PRÉNERON
Laboratoire d'études sur l'acquisition et la pathologie du langage chez l'enfant, université de Paris V-CNRS, URA 1031.

Rose-Marie REBOLLEDO
Unité de psychopathologie de l'enfant et de l'adolescent, hôpital Sainte-Anne, Paris.

Carol ROSE
Unité de psychopathologie de l'enfant et de l'adolescent, hôpital Sainte-Anne, Paris.

Anne SALAZAR-ORVIG
UFR de linguistique générale et appliquée de l'université de Paris-V, laboratoire d'études sur l'acquisition et la pathologie du langage chez l'enfant, université de Paris-V-CNRS, URA 1031.

Liliane SPRENGER-CHAROLLES
Laboratoire d'études sur l'acquisition et la pathologie du langage chez l'enfant, université de Paris-V-CNRS, URA 1031.

Geneviève VERMÈS
UFR de psychologie, université de Paris-VIII.

Les membres de l'équipe de Sainte-Anne dédient
leur contribution à la mémoire d'Emma BERGER-PERRIN.

« Un jour, on reconnaît le mot sur la page, on le dit à voix haute, et c'est un bout de Dieu qui s'en va, une première fracture du paradis... Il y a, c'est vrai, un grand bonheur de cette perte-là, de cette trouvaille première de la lecture... C'est même plus fort que du bonheur, il faudrait pour être juste parler de joie. De joie et de frayeur. La joie va toujours avec la frayeur, les livres vont toujours avec le deuil. »

Christian Bobin, *Une petite robe de fête*
(Gallimard).

INTRODUCTION

NON-LECTEURS DANS UN UNIVERS DE SIGNES. LE SENS D'UN ÉCHEC

Serge Netchine, Claire Meljac, Christiane Préneron

Notre objectif, dans cet ouvrage, est de présenter une population d'enfants qui se signale par son incompétence majeure dans l'accès à la lecture, et plus largement dans les activités relatives à la langue écrite. Cette étude vise à décrire le comportement et les performances de ces enfants dans l'ordre cognitif et langagier, et plus largement dans le domaine des relations avec le monde et la société. Elle envisage les modes de détermination de leurs troubles, propose des conduites à tenir et évalue leur efficacité dans un champ où la plupart des praticiens se trouvent extrêmement démunis.

Nous nous plaçons sur un terrain de réalités dites *objectives :* nos investigations s'appuient sur des méthodes classiquement employées dans le cadre de recherches relevant de la psychologie. Afin d'éclairer notre entreprise, il nous paraît toutefois indispensable de la situer dans un contexte théorique plus large, celui des « discours sur la lecture », dont on sait à quel point ils abondent. Les fluctuations repérables dans ce type de textes font partie des variations idéologiques concernant les malaises sociaux, leur nature, leurs causes, leurs remèdes.

Pour s'en tenir à la période la plus récente, l'on voit s'affronter, se succéder, parfois s'associer [1], deux grandes tendances :

d'après la première d'entre elles (on reconnaît ici l'influence des idées développées par MacLuhan dans la *Galaxie Gutenberg*) le règne de la lettre devient aujourd'hui caduc, au profit de celui de l'image : l'humanité entrerait dans un univers de sens où les informations, délivrées par les médias, la photo, le cinéma et surtout la télévision, s'imposeraient par le choc de leur pouvoir figuratif et noieraient le raisonnement discursif. Ainsi parviendrait à son terme la souveraineté glorieuse de l'écrit qui aurait rendu possibles, dans une première étape, la mise en mémoire et la circulation des informations indispensables aux échanges et à la gestion d'un État bureaucratique naissant, puis, avec la mise en œuvre des systèmes alphabétiques, l'avènement progressif de la démocratie, de même que l'essor des sciences, des techniques et de la pensée rationnelle. Ce qu'ont bien montré, entre autres, Goody, Havelock, Olson, etc.

Une autre orientation insiste, au contraire, sur la permanence du langage écrit : il imprègne progressivement la vie quotidienne, en relation avec les repérages nécessaires aux actions diverses, telles que les opérations techniques et, plus largement, il marque la culture dans ses divers aspects. Dans cette perspective, il apparaît que la « révolution informatique », loin de contrer cette expansion, ne fait qu'accélérer le mouvement, le rendant encore plus efficace et renforçant son impact.

Quoi qu'il en soit, à partir de ces deux directions d'analyse, des commentateurs s'accordent pour annoncer la déperdition de l'écrit dans une partie croissante de la population. Les cris d'alarme se multiplient. On calcule le pourcentage d'illettrés qui est, par définition, toujours préoccupant. Des actions sont entreprises pour remédier à « ce déplorable état de fait ».

Assiste-t-on réellement à une « épidémie d'ignorance » qui mettrait gravement en cause les modes d'accueil pédagogiques, les méthodes d'enseignement et, par-delà, l'environnement socio-culturel dans son ensemble ? Ou bien, la multiplication affirmée des cas d'« illettrisme » ne marquerait-elle pas plutôt le décalage qui va s'accentuant entre des possibilités stables d'acquisition et des exigences de savoir exponentielles ? Autrement dit, il n'est pas du tout assuré, lorsqu'on examine de façon plus critique ses variations effectives, que les manifestations de l'illettrisme présentent des différences significatives à travers les générations. Les difficultés dans le champ de la lecture, prises par d'aucuns comme « non-valeur » absolue, seraient certes la marque d'une carence, mais relativement à des critères qui peuvent fluctuer, et tout lecteur apparaîtrait un jour comme un « illettré, quelque part ». Il en serait ainsi de tel ingénieur de haut niveau devant un poème de Mallarmé, de tel universitaire érudit face à une lettre d'amour déchirante, de tel habitué de la série bleue confronté à un texte philosophique... La traque des non-savoirs n'a sans doute pas de fin. On conçoit pourquoi les situations limites où se trouvent des individus totalement privés d'un instrument qui, chez les autres, ne fait défaut que dans certaines circonstances, acquièrent le statut de modèles : elles présentent, en les grossissant et en les poussant au paroxysme, des situations que chacun rencontre, un malaise que chacun éprouve.

Le fait que quelques discours sur l'illettrisme apparaissent un peu trop bruyants ne doit pas conduire à nier la gravité de certains états, car, on le sait, l'adaptation sociale de qui n'a pas appris à lire sera malaisée, sinon impossible [1].

Une donnée apparaît incontournable – et il s'agit d'en mieux comprendre les causes : une portion numériquement non négligeable de la population n'accède pas à la lecture, malgré des années de scolarisation. Selon les points de vue, sont imputés tantôt un état de délabrement de la société, tantôt une psychopathologie circonscrite à l'individu. Dans le premier cas on invoquera, de façon certes légitime, la misère culturelle, la multiplication des sans-abri, le rejet progressif d'un quart monde, la constitution d'une société duale, la redistribution brutale des postes de travail, etc. Dans le deuxième, on s'attachera à décrire des personnalités globalement perturbées ou bien des organisations cognitives particulières, caractérisées par des lacunes, des dysfonctionnements dans la

1. De l'importante bibliographie sur la question, citons par exemple l'ouvrage récent : *L'illettrisme en question* qui, sous la direction de Besse, Gaulmyn, Ginet et Lahire, fait le point à propos de ces travaux.

chaîne des opérations lexiques: saisie visuelle des informations, transcodage grapho-phonétique, stockage en mémoire, constitution et utilisation d'une base de connaissances. De telles approches gardent tout leur intérêt, mais l'ensemble des études effectuées jusqu'à ce jour montre bien qu'aucun de ces facteurs pris isolément ne fournit une explication exhaustive. On ne rend compte de façon satisfaisante ni de l'ensemble des cas, ni du mode d'organisation progressive de chaque cas. Tout déterminant invoqué de manière restrictive ne couvre qu'une minorité d'individus, et nombre d'échecs n'entrent pas dans un cadre trop schématiquement défini [2]. Au surplus, la distinction entre causes et conséquences peut être contestée, comme l'a bien montré Stanovitch, avec l'hypothèse de l'« effet Matthieu » (ainsi nommé d'après les Écritures selon lesquelles le riche devient plus riche et le pauvre plus pauvre) : le fait même de ne pas lire alimente l'échec en lecture, de la même manière qu'un « bon lecteur » ne devient tel qu'en multipliant ses rencontres avec l'écrit.

Une des difficultés du problème tient à ce qu'il se situe à l'intersection de plusieurs dimensions, dont l'appréciation implique des mises en perspective : on ne peut définir l'accession (ou la non-accession) à la lecture que par rapport à des normes, des exigences, des contraintes scolaires, et plus largement sociales, comme nous l'avons déjà dit. De même, des modes identiques de fonctionnement sont susceptibles d'apparaître, selon le contexte, soit extrêmement performants, soit franchement déficitaires, ce qui d'ailleurs ne distingue pas les activités de lecture des autres conduites humaines. (Rappelons, par exemple, le statut prestigieux des crises d'épilepsie chez les Romains ou le rôle sacré dévolu aux délires dans certaines traditions africaines.) Il conviendrait également de ne pas perdre de vue que lire n'est pas une activité unique mais peut revêtir de multiples acceptions : déchiffrer, comprendre, accroître son emprise sur le monde, rêver...

2. *Cf.* l'ouvrage de Fijalkow, *Mauvais lecteurs, pourquoi ?*, qui examine la pluralité des hypothèses avancées dans ce domaine et montre l'insuffisance de chacune d'entre elles.

Nous avons jugé nécessaire de rappeler, en préliminaire, la relativité de certains critères. Mais le but de notre travail n'est pas de réactiver une telle discussion. Nous nous attacherons, dans les lignes qui vont suivre, à fournir les caractéristiques générales d'une recherche systématisée qui a pris son départ dans une étude clinique. Commençons donc par la situer dans son déroulement chronologique. Plusieurs années de consultations et d'examens psychologiques approfondis au sein de l'unité de psychopathologie de l'enfant et de l'adolescent de l'hôpital Sainte-Anne (centre Henri-Rousselle pendant longtemps) ont montré l'existence d'une catégorie numériquement non négligeable d'enfants caractérisés par leur incompétence massive dans les activités relatives au langage écrit.

De tels sujets ne se fondent pas dans la masse des « dyslexiques », selon une terminologie qui a, indubitablement, contribué à marquer une époque. Leurs difficultés ne sont ni locales ni partielles. Non seulement ils ne maîtrisent pas, d'un point de vue technique, le système grapho-phonétique (malgré, parfois, quelques réussites partielles), mais ils apparaissent en quelque sorte globalement « imperméables » à l'utilisation – quelle qu'elle soit – du code alphabétique pour accéder à des significations. L'écrit ne constitue pas pour eux une source d'information à laquelle on puisse se référer pour en extraire un sens compréhensible et communicable. Lorsqu'on leur demande explicitement de « lire », ils se comportent généralement à l'égard d'un texte comme devant une occasion de devinette, ou de « devinement », soumise à leur astuce personnelle, appuyée sur la reconnaissance vraie ou fausse de quelques mots, par-ci par-là sur la page. Ces enfants – en dépit d'une scolarisation de plusieurs années – ont parfois un comportement assez proche de celui des adultes qui ne sont pas allés à l'école, décrits par Bentolila. Ces derniers, lorsqu'ils sont confrontés à un écrit, en inventent le contenu à partir de quelques mots-pivots qu'ils ont pu repérer. Autre technique très fréquente dans notre population, et apparemment antithétique de la précédente mais pouvant la relayer : celle qui consiste à épeler interminablement et à énoncer le nom des lettres sans jamais pouvoir s'en dégager. Nous avons donc créé une nouvelle appellation en qualifiant ces enfants de *non-lecteurs* [3], alors que la littérature psychologique parle habituellement de *dyslexiques*: nous avons préféré éviter les fortes connotations, pas toujours bien contrôlées, de ce dernier terme. D'ailleurs, plutôt que de sujets présentant des difficultés passagères et réduites (ce qui, étant donné les critères retenus par certains auteurs, peut être le fait des dyslexiques), il s'agit là de cas dont les impossibilités sur le plan de l'apprentissage de la lecture se révèlent considérables et persistantes.

Un tableau si impressionnant est d'autant plus remarquable que ces enfants se présentent à première vue comme des écoliers « tout-venant ». Normalement intelligents, ils ne manifestent ni les signes d'une grave atteinte cérébrale, ni ceux d'un désordre mental de type psychotique. Ajoutons que leur destin scolaire, s'il a bien évidemment été perturbé, n'apparaît pas comme la conséquence directe d'un malmenage pédagogique. C'est plutôt l'incapacité de l'institution à répondre à des difficultés aussi « spéciales » qui est à signaler. Malgré plusieurs années de fréquentation de l'école depuis le cours préparatoire, avec ou sans redoublements, ces enfants restent des non-lecteurs, à des âges où la situation sociale – notamment scolaire – qui en résulte, devient insoutenable. Pour notre part, dans les limites de notre recherche, nous commençons à les recenser à partir de l'âge de neuf ans.

La constatation de cet illettrisme enfantin conduit à plusieurs interrogations : quelle signification revêt-il chez l'individu ? Quel est son mode de constitution biographique ; c'est-à-dire : comment un illettré s'est-il construit comme tel ? Et qu'est-il appelé à devenir ?

Lorsqu'on se trouve habituellement en présence d'un tel tableau, une première approche, qui peut être qualifiée de macroscopique, s'impose d'emblée. Elle consiste à établir le lien entre les lacunes de l'apprentissage et l'intervention de grands facteurs classiquement inventoriés : mauvaises conditions de vie, incapacités parentales, absentéisme scolaire, pau-

3. Certains auteurs préfèrent cependant parler d'enfants en difficultés sévères d'apprentissage (*cf.* chapitre V).

vreté culturelle et économique allant jusqu'à la misère, méconnaissance de la langue d'enseignement... Toutes les études menées jusqu'à ce jour ont montré le poids de ces déterminants, au point qu'une telle analyse est devenue triviale. Nous avons vu plus haut que notre population est précisément constituée de manière à écarter des facteurs dont nous ne sous-estimons pas, par ailleurs, l'importance. Mais le fait même que notre échantillon ait pu être rassemblé, en dépit de ces restrictions dans le mode de recrutement, démontre bien que carence psychologique et déprivation culturelle ne sont pas strictement corrélées.

De façon plus générale, le problème ne se réduit pas à l'imputation d'un facteur qui serait le responsable unique. Plutôt que d'énoncer une fois de plus une vérité sociologique incontestable, il serait plus novateur d'aborder le sujet dans l'autre sens : comment se fait-il qu'un bon nombre d'enfants vivant dans des conditions extrêmement difficiles parviennent cependant à des performances intellectuelles et culturelles convenables, sinon exceptionnelles ? On connaît l'anecdote célèbre de l'étudiant, brossant devant son patron psychiatre un tableau effrayant à partir d'éléments biographiques catastrophiques aboutissant forcément à une psychose caractérisée ou – au choix – à une débilité profonde : il s'agissait tout simplement de... Ludwig van Beethoven !

Dans le domaine de l'écriture, Arthur Miller, Jean Genet, Mouloudji, et bien d'autres, ont commencé leur vie dans des conditions apparemment proches de celles qu'ont rencontrées les futurs « déprivés culturels », que ce soit dans les « bas-fonds » décrits par Maxime Gorki, ou dans les grands ensembles des banlieues contemporaines. Il y a quelque chose de profondément insatisfaisant du point de vue du psychologue dans toute anamnèse qui ne tiendrait pas compte des constellations fines. Jouant le rôle de variables intermédiaires, elles peuvent infléchir ou même faire diverger les modalités de construction des structures personnelles. Dans le processus de constitution d'un talent ou d'un trouble, on ne saurait, non plus, négliger les choix qui organisent progressivement la trajectoire individuelle. Une telle perspective incite le chercheur à aller au-delà des facteurs généraux, et à se centrer sur des études monographiques, des biographies, les démarches que les sujets entreprennent, ce qu'ils accomplissent face aux problèmes qu'ils affrontent. Quand on grossit l'objectif, l'effet additif des grands nombres s'estompe, et les agents statistiquement opérants sont plus lointains. À leur place apparaissent des assemblages complexes, des organisations composées et intriquées. Le psychologue qui a choisi d'opérer à cette échelle se trouve devant les mouvances et les invariances marquant les interactions et les médiations entre le sujet et la réalité.

En résumé, pour le psychologue, le milieu ne se conçoit pas comme une entité objective indépendante. Comme Wallon l'avait d'ailleurs souligné, les enfants eux-mêmes participent à sa définition en prélevant dans leur environnement, ce qui correspond à leurs besoins.

Pour en revenir à nos enfants non lecteurs, on ne peut qu'être frappés par le fait qu'ils appartiennent à des familles « banales », selon une première et grossière estimation. C'était d'ailleurs une condition de « recrutement » : un sujet ne pouvait pas faire partie du groupe d'études s'il provenait d'un environnement trop carencé ou évidemment pathogène. Appliquant de tels critères de sélection, nous sommes parvenus à réunir une population dont les provenances sont distribuées dans toutes les catégories tant du point de vue socio-économique et culturel que lorsqu'on considère, moins superficiellement, la nature des rapports intrafamiliaux. Nous avons également veillé à ne pas retenir de cas marqués par un déterminisme biologique évident tels encéphalopathies, graves accidents à la naissance, maladies génétiques, traumatismes cérébraux, etc. Ainsi nous sommes-nous placés dans les conditions optimales pour explorer les effets éventuels de relations subtiles entre un sujet et un environnement.

Sur la base de l'expérience clinique antérieurement accumulée, une recherche d'équipe a pu être entreprise en 1984 et se poursuivre plusieurs années durant grâce au soutien actif permanent de l'INSERM (sous la forme de deux contrats collectifs externes successifs) et à des apports ponctuels d'autres institutions. Cette équipe qui se trouvait initialement composée de psychologues et de psychiatres s'est alors enrichie d'autres spécialistes, en particulier de neuropsychologues, de linguistes, d'enseignants, de rééducateurs. Dès lors, le recrutement s'est effectué par appel vers le milieu scolaire ou psychopédagogique, des lettres circulaires ayant été envoyées aux psychologues scolaires et aux principales consultations pédopsychiatriques de la région parisienne. Nous avons toujours insisté dans ces courriers sur le fait que tout en poursuivant une démarche axée vers une meilleure connaissance de ces enfants, nous tenterions de les aider activement. D'où l'originalité de notre mode de recrutement, qui nous a conduits à examiner et à prendre en charge des cas dits « désespérés ».

Pour obéir aux exigences énoncées plus haut, nous avons respecté de façon très stricte plusieurs critères. Ne faisaient partie du groupe des « non-lecteurs » que les enfants :

– âgés de neuf ans au moins au moment du premier contact ;

– ayant accompli leur scolarité en français à partir de la maternelle ;

– ne présentant pas de troubles psychopathologiques invalidants tels que psychoses, ni de troubles évidents du langage de type dysphasie, ni de signe patent d'atteinte du système nerveux central ;

– faisant preuve d'aptitudes normales à l'une au moins des deux échelles du WISC-R (QI égal ou supérieur à 85 à l'échelle verbale ou performance) ;

– n'appartenant pas à une famille particulièrement défavorisée ou visiblement pathogène ;

– et – *last, but not least* – **gravement infériorisés dans leurs activités de lecture.** Considérant que la compréhension (en l'occurrence la non-compréhension) de la lecture faisait partie des variables *dépendantes,* à explorer, nous l'avons exclue de nos critères de sélection, au profit de la vitesse, en tant que cette dernière témoigne de l'étape atteinte dans l'intégration de mécanismes lexiques élémentaires. Les enfants retenus dans le groupe des non-lecteurs ne dépassent pas, à neuf ans et au-delà, un niveau d'acquisition présent, habituellement, dès la première année de scolarité : le test utilisé pour cette évaluation, basé sur le décodage et l'oralisation d'un court texte *(Notre lapin)*, indique comme norme pour le cours préparatoire un temps inférieur ou égal à 3 minutes 6 secondes. Un tel temps de lecture révèle un lent et pénible déchiffrement qui ne permet guère de se dégager du texte. Précisons que les cas de lecture totalement impossible (nous verrons plus tard dans l'analyse des résultats qu'ils sont loin d'être absents) font évidemment partie de notre population.

44 enfants, au total, ont été sélectionnés comme répondant à la totalité de ces critères. Le non-respect d'un seul d'entre eux conduisait à ne pas conserver l'enfant dans notre groupe expérimental. Nous l'avons alors placé dans un ensemble contrôlé de sujets (dénommés *mauvais lecteurs*), déterminant ainsi un échantillon moins en difficulté, d'un certain point de vue plus proche de la population habituellement étudiée. Pour des raisons variées, ces deux groupes méritent donc également notre intérêt. Et même s'il est vrai que c'est surtout aux non-lecteurs « francs » que cet ouvrage est consacré – car ils constituent sans doute les cas les plus surprenants, pouvant susciter des analyses cruciales – nous n'avons pas manqué d'observer et de tenter d'aider également les mauvais lecteurs. Ce livre à plusieurs voix présente donc des expériences multiples.

Les points remarquables qui se dégagent de ces études apparaîtront successivement selon un ordre qui, tentant de rendre compte d'une réalité aussi complexe, se pliera à l'artifice d'une présentation « logique ». Nous voudrions cependant dès maintenant mettre l'accent sur l'une des caractéristiques les plus étonnantes de notre population : elle fournit l'occasion d'une nouvelle réflexion critique. Il s'agit de la quasi-exclusivité du sexe masculin dans ce groupe composé de 43 garçons : nous n'avons trouvé en effet qu'une seule fille répondant aux critères, et encore ne l'avons-nous retenue qu'avec certaines réserves – ses performances en lecture étaient très fluctuantes – en raison notamment de notre résistance naturelle au « sexisme » ! Il est classique, dans tout échantillon de ce genre, de trouver plus, voire beaucoup plus, de garçons que de filles, mais à notre connaissance jamais on n'avait observé une telle exclusivité. Voilà qui fournit matière à débat.

Si l'on adopte un modèle faisant dépendre l'échec en lecture d'une organisation cérébrale particulière – qu'il s'agisse d'une transmission génétique, ou d'actions hormonales réglant la distribution des neurones – cette quasi-exclusivité des garçons peut constituer un argument majeur. Mais ce fait apparaît, toutefois, également pertinent dans l'optique d'une détermination psychogène. D'ailleurs, les pères de quelques-uns parmi nos enfants non lecteurs manquent d'empressement pour la « chose écrite ».

Ce qui, dans un premier cas, s'interprète en termes biologiques, devient, dans l'autre référence théorique, l'effet d'un processus d'identification. Bel exemple de l'ambiguïté des « faits objectifs » qui ne prennent sens qu'à travers une grille, voire une idéologie scientifique ! Quant à nous, nous ferions plutôt l'hypothèse que le syndrome observé s'inscrit sur la base d'une rencontre d'éléments hétérogènes : d'une part, des aspects organiques qui ne sauraient être définitivement exclus ; d'autre part, des jeux relationnels, culturels. S'il était exact – ce qui reste néanmoins à démontrer – que des migrations cellulaires cérébrales atypiques présentes chez certains garçons nuisent à leur efficience lexique (comme l'ont soutenu Geschwind, et maintenant Galaburda), cette fragilité spécifique pourrait n'avoir de conséquences qu'en présence d'une configuration psychosociale particulière, et réciproquement.

Ainsi un modèle pluriel se dessine-t-il, dont la complexité même rend compatibles la gravité des troubles et leur réversibilité.

Le fait qu'il s'agisse d'impossibilités sévères et persistantes n'implique pas, en effet, l'inanité de tout effort « rééducatif » (quel que soit le mot utilisé pour décrire la prise en charge). Notre action ne s'est pas bornée à l'examen des enfants ; nous les avons suivis chaque fois que cela a été possible.

Le praticien, mesurant les difficultés que soulève une telle entreprise, comme nous le verrons, se trouve conduit, tout naturellement, à se poser le problème de la prévention. Ne pourrait-on pas, avec les indices dont nous disposons, établir une batterie préventive qui détecterait, dès la maternelle, le risque d'une future « non-lecture » ? Un tel travail n'est peut-être pas impossible, mais il conviendrait de ne pas occulter ses dangers considérables, en tant qu'entreprise d'étiquetage précoce, effectué avant même que ne se soit manifesté le trouble. Certes, mieux vaut éviter l'enkystement – et en matière de non-lecture celui-ci est particulièrement dramatique – mais on connaît les effets pernicieux d'une désignation qui, en dénonçant les « risques » et en mêlant les facteurs, se trouvera, dans les meilleurs cas, démentie dans les faits, et aura, entre-temps, pesé sur quelques destins.

Une position raisonnable devrait donc être définie : elle consisterait avant tout à promouvoir et informer un corps de professionnels responsables, pleinement avertis, attentifs sans tomber dans l'acharnement nocif, et soucieux du respect d'une déontologie indispensable. Les psychologues scolaires et, plus largement, les psychologues de l'enfance et de l'éducation nous semblent devoir faire partie de cette catégorie, si on leur permet, toutefois, de travailler dans des conditions décentes. C'est à eux, notamment, et à l'ensemble des personnels impliqués dans la transmission culturelle, que ce livre s'adresse.

Il est temps maintenant de le présenter : lieu de rencontre de plusieurs disciplines avec leurs modes d'approche, leurs méthodologies et leurs techniques propres, cet ouvrage, étudiant avec une pluralité de points de vue une même population d'enfants, constitue un document exceptionnel.

Les observations ont en effet été menées dans une perspective doublement comparative : d'une part, interne, confrontant, aussi souvent que possible, les performances des non-lecteurs et celles des mauvais lecteurs ; d'autre part, externe, interrogeant aussi les capacités d'enfants tout-venant. Dans ce cadre, nous présentons des travaux qui ont porté sur des groupes statistiquement représentatifs, l'ensemble des enfants non lecteurs, partie ou totalité des mauvais lecteurs, groupes contrôles d'enfants tout-venant. Mais nous décrivons aussi des cas uniques permettant une investigation plus poussée d'une dimension donnée ou encore la description d'une diachronie.

Le choix d'une méthodologie différenciée, s'étendant de l'expérimentation à la clinique, a été fait dans le souci d'un éclairage réciproque. Elle a aussi pour but de proposer au lecteur plusieurs voies d'entrée dans cette recherche. À cette fin, également, nous avons prévu un index des prénoms des enfants en difficulté : tout lecteur intéressé par un cas particulier, ou plusieurs, pourra ainsi procéder à une relecture transversale de cet ouvrage.

L'ordre de présentation adopté dans ce livre procède d'une démarche qui va du plus spécifique (les troubles lexiques) au plus général (leur émergence chez un sujet donné, leur possible réversibilité, leur intégration à un choix de vie). La description de cette population suit ainsi les étapes d'une démarche logique.

Une première partie rappelle le cadre conceptuel où s'interprètent, non sans difficulté, les pathologies de la lecture, avant de présenter la première étape de cette recherche, c'est-à-dire la définition et la constitution de la population.

Dans cette partie, le chapitre de Lionel Bailly et Alain Parage offre un panorama des idées d'hier et d'aujourd'hui sur ce qu'il est convenu d'appeler « dyslexie ». Dans le chapitre suivant, Jacques David, Claire Meljac, Serge Netchine et Françoise Pecquet exposent les critères qui ont permis de sélectionner la population d'enfants étudiés ; ils évoquent les modalités inhabituelles des rencontres avec ces sujets et leur famille, donnent les résultats de l'investigation neurologique aux EEG, et tentent d'apprécier, à partir de ces indices, leur niveau maturatif. Ce chapitre se termine par la reconstitution du passé scolaire troublé de ces enfants.

La deuxième partie de cet ouvrage précise les difficultés que ces enfants rencontrent dans leur activité lexique, dans ses versants réceptif et expressif, puis s'attache à explorer, de façon plus générale, certains aspects de leur fonctionnement cognitif, langagier et psychique.

Les deux premiers chapitres s'inscrivent dans la perspective qui examine les conditions préalables à tout apprentissage de l'écrit. Posant la question des relations entre le couplage de gestes non stéréotypés et l'intégration visuelle, Jacqueline Fagard propose une approche expérimentale de la coordination bimanuelle et de l'utilisation des rétroactions sensorielles. Serge Netchine et Rosa Perera, par ailleurs, s'attachent à montrer dans un contexte d'utilisation de pictogrammes les débuts d'une maîtrise de l'espace graphique.

Les quatre chapitres suivants concernent directement le « lire/écrire » dans son application au domaine alphabétique et numérique : dans une comparaison avec des enfants bons lecteurs, prélecteurs et novices, Liliane Sprenger-Charolles étudie l'identification de mots de ces enfants en impossibilité persistante d'apprentissage de la lecture, et précise également le rôle attribué au contexte, au cours de cette activité. Les analyses de Geneviève Vermès explorent les difficultés et les savoirs que ces enfants possèdent des différents niveaux d'organisation de l'écrit. S'agissant non plus des lettres mais des mots-nombres, la contribution de Claire Meljac présente les performances numériques de quelques enfants non lecteurs, l'usage qu'ils font du nombre et des règles fondamentales de leur transcription. Carol Rose s'appuie sur les observations menées au cours de la remédiation et dresse un inventaire des conceptions, en forme de croyances, que ces enfants se font de l'acte de lire.

Ces apprentis qui échouent massivement dans leur accès au langage écrit, comment parlent-ils ? Jacques David, Marie Kugler-Lambert, Christiane Préneron et Anne Salazar-Orvig tentent de répondre à cette interrogation dans les deux chapitres suivants, par la description de leurs conduites narratives, dans différentes tâches de récit, et explicatives, dans une épreuve de définitions de mots.

Comment pensent-ils ? Partant de l'analyse du WISC-R, Paulette Kossanyi, Agnès Grasselli et Rose-Marie Rebolledo cherchent à établir la dispersion des réussites et des échecs aux diverses épreuves psychométriques classiques. Par l'examen des activités opératoires et des connaissances dans le domaine numérique élémentaire, Claire Meljac explore les procédures mentales qui pourraient être particulières à ces enfants.

Comment caractériser leur fonctionnement psychique, leur personnalité ? Béatrice Joubert et Françoise Pecquet proposent une approche interprétative de leurs réponses à l'épreuve de Rorschach. Dans le chapitre suivant, Jean Bergès réfléchit sur les liens complexes qui unissent activité de classification, de nomination, mémoire et impossibilité de lecture.

La dernière partie est consacrée au devenir de ces enfants en impossibilité d'apprentissage de la lecture, devenir lexique, intellectuel, scolaire et, pour certains, professionnel. Deviennent-ils lecteurs et comment ? Maïté Auzanneau et Carol Rose se sont employées, en s'appuyant sur la technique de la lecture en couleurs, à leur proposer des modalités remédiatives adaptées.

Dominique Burger, quant à lui, présente le cas d'un enfant, et de son éveil à la lecture et à l'écriture, dans un contexte de rééducation spécifique, permettant, à partir d'un système informatique, la manipulation de chaînes sonores. Paulette Kossanyi, Agnès Grasselli et Rose-Marie Rebolledo nous renseignent sur la façon dont ont évolué les sujets revus, leurs capacités de lecteurs, les parcours scolaires adoptés et, pour certains, les choix professionnels et leurs modes de vie.

En définitive, qu'il s'agisse de préciser l'organisation interne des troubles de la lecture, en différenciant plusieurs modes déficitaires, ou de faire apparaître des déterminations explicatives, les recherches sur les difficultés d'apprentissage de la lecture confrontent, en général, une même méthodologie à des populations variées. Nos recherches rompent avec ces modes d'approche : nous nous sommes centrés, avec une pluralité de points de vue et des méthodologies multiples, sur une même population d'enfants.

Première partie

NON-LECTEURS, MAUVAIS LECTEURS ?

CHAPITRE I

QUELQUES PRÉCISIONS À PROPOS DES PATHOLOGIES DE LA LECTURE

Lionel Bailly, Alain L. Parage

Il serait tentant de croire que le concept de dyslexie est né lorsque les enseignants se sont rendu compte que certains élèves éprouvaient de grandes difficultés à apprendre à lire. C'est pourtant dans le milieu médical que ce concept est apparu (Meljac et Bailly, 1990). En 1896 Morgan décrivit chez l'enfant un syndrome dont la principale caractéristique était une incapacité à lire. En le nommant « cécité verbale congénitale », il en posait l'origine organique. Les symptômes, pensait-il, provenaient d'un « défaut de développement d'une région de l'œil qui, lorsqu'elle est lésée chez l'adulte, produit approximativement les mêmes symptômes » (Morgan, 1896). Les recherches qui suivent celle de Morgan seront essentiellement le fait de médecins, la plupart ophtalmologistes. L'un d'entre eux, Hinshelwood (1917), apportera un démenti à l'hypothèse visuelle concernant l'origine des troubles de la lecture : pour cet auteur la cécité verbale congénitale pourrait être un trouble lié à un défaut de développement du cerveau, et non à une pathologie ophtalmologique. Les études anatomo-pathologiques ont en effet échoué à identifier une quelconque lésion du tissu nerveux. Pourtant, certains auteurs continuent à croire qu'il en existe une et fondent leur espoir sur de nouvelles techniques plus fines. Remarquons qu'aujourd'hui les recherches utilisant l'imagerie par résonance magnétique nucléaire, la tomographie par émission de positrons, les potentiels évoqués ou la cartographie électroencéphalographique n'en sont pas si éloignées (Conners, 1987 ; Shepherd, 1989). Un siècle après les travaux de Morgan, des auteurs qui en suivent le droit fil cherchent toujours à identifier et à localiser cette atteinte (Galaburda, 1982 ; Geschwind et Galaburda, 1985).

Curieusement, jusqu'au début du XXe siècle, les éducateurs demeurent muets sur le sujet. Les psychologues, eux, commencent à s'y intéresser. Bronner (1917) tout d'abord, puis Hollingworth, pour qui les difficultés spécifiques en orthographe ne constituent qu'une des extrémités de la distribution des capacités dans ce domaine. Elle décrit en 1923 des enfants qui ne lisent pas, et dont l'intelligence se situe pourtant largement au-dessus du niveau minimum nécessaire pour apprendre à lire. Ils peuvent apprendre si un entraînement spécial leur est donné, ce qui souligne le caractère indispensable des rééducations et la réversibilité du trouble. D'un point de vue étiologique, Hollingworth considère que l'hypothèse de la lésion ou de l'agénésie cérébrale est inconciliable avec les faits cliniques. En effet, les mauvaises capacités lexiques d'enfants intelligents, comme les bonnes capacités lexiques d'enfants déficients intellectuels ainsi que les possibilités d'amélioration du trouble lors d'une rééducation, apportent selon cet auteur un démenti à cette façon de voir.

En 1925, Orton propose l'idée nouvelle de troubles spécifiques du langage d'origine développementale. Ce retard de maturation serait à relier à des difficultés dans l'établissement de la dominance hémisphérique. Il en résulterait aussi des troubles de la latéralité, ce qui expliquerait des erreurs telles que les inversions de lettres et de mots, la lecture en miroir, les troubles du schéma corporel, etc. Notons que dans ce modèle, les erreurs qui deviendront un peu plus tard « typiques » de la dyslexie, ne sont en fait qu'une comorbidité d'étiologie commune (le trouble de l'établissement de la dominance hémisphérique). Orton, qui constate l'existence de cas de retard de langage, de difficultés d'orientation spatiale et temporelle, et d'incoordination motrice dans les familles d'enfants dyslexiques, évoque l'hypothèse d'un facteur génétique. Cette idée fera son chemin en France avec un relatif succès dans les milieux « neuropsychiatriques » (Debray-Ritzen, 1970), et reste encore bien représentée aujourd'hui (Defries, 1978, Pennington, 1983).

À la génération suivante, Bender (1957), élève d'Orton, restera fidèle à l'hypothèse maturationnelle. À la même époque en France, on parle, dans une perspective proche, de dyslexie d'évolution (Zazzo et Ajuriaguerra, 1952). C'est seulement dans les années soixante que le terme de dyslexie développementale commence à s'imposer et Critchley, un neurologue anglais, peut écrire en 1964 : « Parmi l'ensemble des mauvais lecteurs, il existe un syndrome spécifique, dans lequel on retrouve une difficulté particulière dans l'apprentissage du sens conventionnel des symboles verbaux et dans l'association d'un son et du symbole qui lui correspond. Ce syndrome de dyslexie développementale est d'origine constitutionnelle et est souvent (peut-être toujours) déterminé génétiquement. Il n'est pas le produit d'une lésion du cerveau à la naissance, même minime. »

Dans les années soixante, la notion de trouble spécifique fait son chemin, y compris chez les psychologues et les pédagogues. En France, c'est la grande époque de la dyslexie-dysorthographie et de sa rééducation (Borel-Maisonny, 1960). De nombreux travaux basés sur la recherche de similitudes entre les dyslexies acquises et les dyslexies de développement virent le jour dans les années soixante-dix, quatre-vingt. Il s'agissait de déterminer si on retrouvait les mêmes sous-groupes dans les dyslexies développementales et acquises. L'hypothèse était que les lésions de la dyslexie acquise révélaient des « circuits » neurologiques en cause dans la lecture, et que ces mêmes circuits étaient susceptibles de mal fonctionner dans la dyslexie développementale (Holmes, 1978 ; Jorm, 1979 ; Baddeley, 1982). Entre tous ces auteurs, les controverses théoriques furent nombreuses. Marshall (1984) avance que la dyslexie développementale doit être définie par rapport à une architecture fonctionnelle du traitement du langage écrit, mais il se réfère dans son travail à celle du lecteur adulte habile. Progressivement, au cours des années quatre-vingt s'impose l'idée qu'il est impossible de comprendre les dyslexies développementales sans se référer « avant toute chose, à une théorie appropriée de l'acquisition de la lecture » (Morais et Mousty, 1989). Pour ces auteurs, ce changement de perspective a été amorcé par Frith (1985) qui souligne la nécessité « de faire des hypothèses explicites sur la nature du développement de la lecture de manière à faire progresser notre compréhension de la dyslexie de développement ». Il existerait donc des liens entre un état final atteint par le lecteur habile et l'état initial de non-lecteur, le sujet passerait par un certain nombre d'étapes, introduisant au fur et à mesure du développement de nouvelles stratégies. La dyslexie développementale est, pour Frith, un arrêt dans le processus de développement des compétences en lecture.

Jusqu'au milieu des années quatre-vingt, assez peu d'auteurs se sont préoccupés d'étudier les capacités d'analyse phonologique des enfants dyslexiques. Morais et Mousty (1989), étudiant les habiletés de segmentation phonémique chez un dyslexique profond adulte et chez des enfants à qui on n'a pas appris explicitement le code alphabétique, en concluent que le rôle de la voie phonologique dans la lecture est indissociablement lié aux habiletés de segmentation phonémique, et que leur rôle dans la lecture débutante peut être déterminant pour le succès de l'acquisition. Par une démarche de même nature, Rieben et Perfetti (1989) proposent dans l'introduction de *L'apprenti lecteur* de « rouvrir le débat du lire [...], identifier [...], comprendre [...]. Ces discussions devraient s'effectuer à la lumière des travaux portant, entre autres, sur le traitement et l'identification des mots isolés, sur l'étude de la conscience phonologique (Liberman et Shankweiler, 1989) et tenant compte de l'importance des compétences dans le domaine de la conscience segmentale (Perfetti, 1989).

Force est de constater que les disputes théoriques ne sont pas closes. Le consensus n'existe pas entre les différentes écoles de pensée, bien que professionnels et chercheurs essaient d'établir des ponts, à travers par exemple des études de cas uniques. On trouve encore aujourd'hui des conceptions très disparates des troubles de la lecture chez l'enfant (Fijalkow, 1986). Certains insistent sur l'influence du milieu (Besse, de Gaulmyn, Ginet et Lahire, 1992), d'autres conçoivent toujours la dyslexie comme une maladie, quelques-uns préfèrent rompre avec cette tradition et choisissent de se concentrer sur l'activité même d'apprentissage (Rieben et Perfetti, 1989). Le poids des facteurs affectifs continue à être pris en considération, notamment par tous ceux qui utilisent des références psychanalytiques (Mannoni, 1964 ; Chiland, 1971 ; Diatkine, 1985).

Actuellement, certains modèles ont, plus que d'autres, la faveur des professionnels. Ils sont issus en partie de théories neuropsychologiques. Leurs auteurs tentent de les valider à travers la démarche expérimentale, mais aussi les effets de remédiations dont ils ont inspiré les techniques (Lecoq, 1991).

Épidémiologie

L'étude de Rutter (1970) dans l'île de Wight portait sur une population de 2 344 enfants âgés de 9 à 11 ans. Pour 165 enfants, un « retard en lecture » ou un « retard spécifique en lecture » fut identifié, ce qui représentait 7,1 % de la population. Le *sex ratio* était de 1,7 garçon pour 1 fille. Gjessing et Karlsen (1989) rapportent dans leur *Projet Bergen* 6,6 % de troubles spécifiques de l'acquisition de la lecture et de l'écriture, dans une population de 2 962 élèves : 8 % des garçons et 5 % des filles souffraient de ces troubles, ce qui conduit à un rapport de 1,6 pour 1, peu différent des chiffres obtenus par Rutter. Dans une étude portant sur des enfants égyptiens apprenant à lire l'arabe, Farrag (1988) obtenait une occurrence de 1 % de troubles spécifiques de la lecture, soit une proportion beaucoup plus faible. En revanche, le rapport entre les garçons et les filles, de 2,7 pour 1, était proche des résultats habituellement constatés en Occident.

L'étude des publications internationales sur le sujet montre que les résultats avancés par les chercheurs varient énormément en fonction des critères diagnostiques retenus. Les chiffres obtenus lorsque sont utilisés des critères « classiques » de dyslexie (enfants suffisamment intelligents, fréquentant l'école dans leur langue, sans trouble majeur de la personnalité, et qui ne parviennent pas à lire) se situent comme dans les deux premières études citées, entre 5 et 10% de la population d'âge scolaire. Les statistiques réalisées pour la validation des catégories diagnostiques du DSM III R (1987) retrouvent des troubles spécifiques de la lecture chez 2 à 8% de la population d'âge scolaire, avec 4 garçons pour 1 fille.

Les troubles de la lecture se rencontrant de manière plus fréquente dans certaines familles, de nombreux auteurs ont recherché des facteurs génétiques. Une des hypothèses proposées par les études dites de « linkage », est celle de l'existence d'un gène sur le chromosome 15 qui serait responsable de formes autosomiques dominantes de la dyslexie (Shepherd, 1989). Actuellement, très peu d'arguments semblent appuyer cette hypothèse, à commencer par le *sex ratio,* inexplicable par une transmission autosomique. C'est ce qui a conduit certains auteurs à postuler une association de la dyslexie et d'anomalies des chromosomes sexuels (Pennington, 1983). Pour Shepherd, les études de jumeaux montreraient une concordance des taux de dyslexie plus élevée chez les jumeaux monozygotes que chez les dizygotes (respectivement 87% et 27%). Mais il faut noter que dans ces études, on fait état de jumeaux monozygotes dont l'un est dyslexique alors que l'autre ne présente pas de pathologie de la lecture, ce qui relativise considérablement la part des facteurs génétiques.

Des recherches faites en Asie semblaient montrer que les pathologies de la lecture sont extrêmement rares dans les cultures utilisant des écritures basées sur un système idéographique ou logographique. Au Japon, par exemple, Makita avait publié en 1968 une étude concluant à une prévalence de 0,98%. Des études récentes, tant japonaises (Hirose, 1985) qu'occidentales (Stevenson, 1982), semblent infirmer cette hypothèse.

Pathologies de la lecture et classifications médicales

Les difficultés d'apprentissage de la lecture sont souvent un motif de consultation chez le médecin. C'est pourquoi on les retrouve dans les classifications diagnostiques médicales. Celles-ci ont pour fonction de définir des catégories « observables » tant d'un point de vue de recherche (épidémiologique, thérapeutique, etc.) qu'administratif (fonctionnement des institutions, prise en charge financière, etc.). Les catégories retenues reflètent bien sûr les clivages entre psychiatrie et psychologie, mais aussi les querelles d'écoles et de continents. Certaines classifications se déclarent *athéoriques* (DSM III-R, 1987), d'autres pas. La classification française des troubles mentaux de l'enfant et de l'adolescent rappelle dans son introduction que « le choix des classifications n'est jamais neutre, il sous-tend l'organisation et la finalité des systèmes de santé ».

La CIM 10 (dixième révision de la classification internationale des maladies de l'OMS), dans sa section consacrée aux troubles mentaux et du comportement, distingue les troubles spécifiques des acquisitions scolaires (TSAS) au sein des troubles du développement psychologique. Ce concept est « directement comparable à celui de troubles spécifiques du développement de la parole et du langage » (CIM 10, 1993). Une notice précise que ces troubles ne peuvent être expliqués ni par une « lésion » neurologique, ni par un apprentissage incorrect ; ils comprennent entre autres les troubles spécifiques de la lecture, les troubles spécifiques de l'orthographe et les troubles spécifiques de l'arithmétique.

Les troubles spécifiques de la lecture sont caractérisés par une « altération spécifique et significative de l'acquisition de la lecture, non imputable exclusivement à l'âge mental, à des troubles de l'acuité visuelle ou à une scolarisation inadéquate [...]. Ils s'accompagnent fréquemment de difficultés en orthographe ». Les signes permettant de conduire au diagnostic ne sont pas présentés comme pathognomoniques : ils constituent plutôt un faisceau d'arguments venant confirmer la nature d'un trouble dont la caractéristique est le dysfonctionnement de l'activité de lecture, évalué par la performance de l'enfant.

Le DSM III-R (classification de l'Association américaine de psychiatrie, États-Unis) propose une catégorie de troubles spécifiques du développement incluant les troubles des acquisitions scolaires. Parmi ceux-ci, on trouve les catégories suivantes : trouble de l'acquisition de l'arithmétique, trouble de l'acquisition de l'expression écrite, trouble de l'acquisition de la lecture.

On retrouve comme précédemment les notions d'absence de trouble neurologique, de pathologie psychiatrique, ou de carence éducative capable d'expliquer l'anomalie. Le problème de l'inclusion de ces difficultés au sein des troubles mentaux est discuté. En effet, les auteurs reconnaissent que de nombreux enfants atteints de ces troubles « ne présentent pas d'autre signe psychopathologique », et que le dépistage et le traitement se font souvent dans les écoles. Le trouble de l'acquisition de la lecture se caractérise par une « altération nette du développement des capacités à reconnaître les mots, ou à comprendre la lecture » ; ces difficultés interfèrent alors de façon significative avec la réussite scolaire ou les activités requérant des aptitudes à la lecture.

On remarque que ni DSM III-R ni CIM 10 n'ont retenu le terme « dyslexie ». Ces classifications utilisent le concept de trouble des apprentissages et se réfèrent à la scolarité. L'attribution du mot *dyslexia* est réservé au trouble engendré par une atteinte neurologique. Cela peut contribuer à éviter des malentendus qui, en France, ont eu tendance à biaiser certains débats d'idées.

C'est dans une volonté d'unification du concept que la Fédération mondiale de neurologie a adopté la définition suivante de la dyslexie développementale : « La dyslexie developpementale spécifique est un trouble qui se manifeste par une difficulté à apprendre à lire malgré une scolarité classique, une intelligence correcte et un milieu socio-culturel favorable. Elle pourrait être due à une altération du traitement cognitif des informations, attribuable en grande partie à un dysfonctionnement biologique. » Malheureusement la deuxième partie de cette définition, que l'on retrouve comme une « profession de foi » étiologique dans la notice de la CIM 10, s'appuie sur une hypothèse qui est loin de faire l'unanimité (Kaplan et Saddock, 1989). Elle est difficilement conciliable avec les conceptions actuelles qui reconnaissent le caractère multifactoriel de la plupart des troubles du développement (Rutter et Yule, 1985).

La classification française des troubles mentaux de l'enfant et de l'adolescent (Misès, 1990 ; Misès, 1992) doit, selon ses auteurs, permettre le développement d'options ouvertes non réductrices.

L'axe 1 dresse la liste des catégories cliniques de base. Il comprend les troubles des fonctions instrumentales. Ceux-ci sont envisagés dans une perspective descriptive sans référence étiopathogénique et comprennent la catégorie des troubles lexicographiques : il s'agit des troubles de l'acquisition de la lecture et des troubles de l'orthographe qui s'y associent. Les critères d'exclusion utilisés sont très proches de ceux de la CIM 10 et du DSM III-R. Les auteurs précisent que « l'expression dyslexie-dysorthographie est souvent utilisée pour désigner ces troubles lorsqu'ils sont nets et se prolongent, en opposition aux erreurs similaires, transitoires, banales par leur fréquence au début de l'apprentissage ».

Le vocabulaire des pathologies de lecture

Le profane curieux de s'informer sur les difficultés d'apprendre à lire, commencera sa recherche, dans le dictionnaire, au mot *dyslexie*. Sans le savoir, il est influencé par un mouvement d'idées qui, dans les années soixante, conduisit à baptiser la dyslexie « maladie du siècle » (Mucchielli, 1963).

C'est au XIXe siècle, sous l'impulsion de la méthode anatomo-clinique, que des médecins nommèrent l'incapacité radicale à lire « alexie congénitale ou alexie pure » (Déjerine, 1892). Cette appellation est spécifique d'un trouble acquis, observé chez l'adulte atteint d'une lésion cérébrale. L'emploi du terme « alexie » pour caractériser un enfant non cérébrolésé échouant dans l'apprentissage de la lecture est donc inadéquat.

Nous avons vu plus haut les aléas historiques du terme *dyslexie.* On parla d'abord de dyslexie en général, de dyslexie d'évolution, puis de dyslexie développementale pour bien marquer l'opposition avec la dyslexie acquise. Actuellement la taxinomie la plus couramment admise par les chercheurs distingue la dyslexie acquise et la dyslexie développementale. La dyslexie acquise est le trouble qui persiste au décours d'une lésion cérébrale, dont l'exemple le plus courant est l'accident vasculaire cérébral ; la dyslexie développementale apparaît comme un trouble linguistique faisant suite à une difficulté dans le développement du système spécifique d'analyse du langage écrit. Une dysorthographie y est souvent associée ; il s'agit d'un trouble secondaire à la dyslexie correspondant aux effets de celle-ci sur la transcription. Notons que dans les années soixante, le syndrome dyslexie-dysorthographie fit une belle carrière, surtout dans les milieux psychiatriques. Aujourd'hui encore des enseignants ou des parents pourront s'inquiéter devant des fautes dites *dyslexiques* d'un enfant. Ces erreurs bien repérées, comme par exemple les confusions de lettres de configurations voisines, *b* et *p, p* et *d, n* et *m*, sont banales et apparaissent chez tout écolier normal en période d'apprentissage. Seule leur persistance au-delà de la première année de lecture peut avoir une valeur d'indice. D'autre part, chez les enfants n'ayant pas acquis la lecture courante après une longue période d'apprentissage, ces fautes ne se retrouvent pas toujours. En effet, à ce stade, les interventions rééducatrices les ont souvent fait disparaître. Il ne s'agit donc pas d'indices sûrs, et le contrôle acquis n'empêche pas une lecture lente et sans virtuosité. C'est en définitive dans le manque d'automatisme de la lecture que se repère le trouble.

L'étude des erreurs en lecture des enfants présentant une dyslexie développementale a conduit certains auteurs à distinguer deux grands types de troubles, l'un audiophonologique, l'autre visuo-spatial. Ainsi Boder (1973), dans le champ de sa pratique de la rééducation orthophonique, a pu isoler trois types de dyslexies :

– les dyslexies dysphonétiques – les plus fréquentes – résultant d'une mauvaise analyse auditive mais d'une bonne perception visuelle formelle. Dans ce contexte, la stratégie de conversion grapho-phonèmique ne peut s'automatiser ;

– les dyslexies dyséidétiques, plus rares, résultant d'une bonne analyse auditive mais d'une mauvaise perception visuelle formelle. La difficulté se marque alors chez l'enfant lorsqu'il s'agit d'utiliser un stock de représentations globales des mots visuels ;

– les dyslexies mixtes traduisant une incapacité à la fois auditive et visuelle.

Jansky (1985) propose également une classification de type opératoire, s'appuyant sur le repérage des mêmes difficultés. D'autres auteurs rejettent l'hypothèse selon laquelle il existerait plusieurs sous-catégories ; ils préfèrent mettre l'accent sur l'idée que les symptômes observés rendent compte des diverses stratégies mises en œuvre dans l'apprentissage de la lecture.

En partant de l'observation des déficits de patients atteints neurologiquement, différents types de dyslexie acquise furent décrits. Parmi les plus cités, il faut en retenir trois :

– la dyslexie de surface ou dyslexie sémantique (Shallice et Warrington, 1980), car le trouble semble intéresser la liaison du système de reconnaissance visuelle du mot et du système sémantique. Le patient attribue une signification à un mot plutôt en fonction de la prononciation (médiation phonologique). Sa performance est donc très affectée par l'irrégularité orthographique et dénote l'échec partiel de la correspondance graphème-phonème ;

– la dyslexie phonologique. Le trouble se situe dans la reconnaissance des graphies (Beauvois et Dérouesné, 1979). Le sujet est incapable de lire les mots non familiers et les logatomes (non-mots), sans être toutefois gêné par l'irrégularité des prononciations ;

– la dyslexie profonde (dans laquelle on retrouve l'incapacité évoquée précédemment) qui est un syndrome complexe dont le symptôme dominant est la présence d'erreurs sémantiques (Coltheart, Patterson et Marshall, 1980). Le patient lit, par exemple, *prier* à la place de *croyance,* mots du même champ sémantique n'ayant ni graphie, ni prononciation, ni orthographe communes. Dans ce dernier cas, les mots aux référents concrets ou imageables s'avèrent plus faciles à lire que les mots abstraits, et provoquent moins de paralexies.

À défaut d'avoir pu dégager des correspondances suffisamment pertinentes pour la compréhension de la dyslexie développementale, l'ensemble des études a clairement montré qu'il fallait avant tout se référer à une théorie de l'acquisition de la lecture. On est ainsi passé, ces dernières années, d'une recherche neurologique sur des modèles cognitivistes de fonctionnement (Ellis, 1984) aux propositions actuelles provenant de l'étude de l'acquisition de la lecture (Fijalkow, 1986 ; Rieben et Perfetti, 1989 ; Fayol, Gombert, Lecocq, Sprenger-Charolles, Zagar, 1992 ; Chauveau, Rémond, Rogovas-Chauveau, 1993). Ce mode d'approche du problème semble apporter un éclairage nouveau sur les différentes stratégies utilisées par un non-lecteur à qui on assigne la tâche de lire.

CHAPITRE II

LES ENFANTS NON LECTEURS, UNE POPULATION PARTICULIÈRE ?

Jacques David, Claire Meljac,
Serge Netchine, Françoise Pecquet

Constitution de la population

Six années de travail clinique au CHS Sainte-Anne, unité de psychopathologie de l'enfant et de l'adolescent, nous ont permis de recevoir 102 enfants consultant spécifiquement pour un trouble plus ou moins grave de la lecture. Cette population est arrivée à la suite de contacts épistolaires et téléphoniques avec des psychologues scolaires et des services spécialisés de la région parisienne (CMPP, écoles spécialisées, guidances infantiles, etc.). Nous les avions informés de notre projet en deux volets : étude clinique approfondie suivie éventuellement d'une prise en charge.

Après une première étude de ce groupe d'enfants, un certain nombre de critères nous sont apparus pertinents pour sélectionner notre population de recherche.

Le premier concerne l'âge de l'enfant au moment de la passation du test de lecture. Nous avons fixé la limite inférieure à 9 ans, avec une tolérance de 3 mois. À cet âge l'apprentissage scolaire de la lecture est déjà engagé depuis trois années. Aucune limite supérieure n'a été fixée. Dans les faits, cependant, notre service s'adresse à une population d'un âge inférieur à 18 ans.

Le deuxième critère a trait à la rapidité de lecture, au temps nécessaire pour « lire » un texte intitulé *Notre lapin*. Ce test, présenté en annexe, a été étalonné par l'équipe de R. Zazzo au laboratoire de psychologie de l'hôpital Sainte-Anne (pour des enfants de 6 à 11 ans). Il nous a permis, dans un premier temps, de dégager trois groupes d'enfants :

– ceux dont le temps de lecture est égal ou supérieur à 3 minutes 6 secondes : un tel temps de lecture, qui correspond à celui d'enfants en milieu de CP, permet de classer un enfant de 9 ans dans le groupe des non-lecteurs ;

– ceux dont la lecture n'atteint pas le niveau de CM1, soit un temps de 41 secondes et qui ont, de ce fait, au moins 2 ans de retard : nous les avons désignés comme mauvais lecteurs ;

– enfin, les enfants ayant moins de 2 ans de retard, c'est-à-dire les enfants lecteurs plus ou moins performants.

Par ailleurs, nous avons considéré que les enfants que nous pouvions regrouper sous le terme *non-lecteurs* pour les uns, et *mauvais lecteurs* pour les autres, devaient également :

– avoir débuté et suivi leur scolarité en France dès la maternelle (critère 3) ;

– et ne souffrir d'aucun désordre grave, que ces troubles soient de nature intellectuelle, mentale, neurologique, familiale ou sociale. Ainsi, nous n'avons inclus dans la population étudiée que des enfants :

– ayant obtenu au moins 85 à l'une des échelles du WISC-R, puisque l'écart type est de 15 (critère 4) ;

– dont l'histoire, l'examen neurologique, l'EEG ne permettaient pas de soupçonner de lésions cérébrales (critère 5) ;

– ne souffrant pas de perturbations graves de la personnalité (critère 6) ;

– ne souffrant pas de troubles majeurs du langage oral spontané (critère 7) ;

– dont l'environnement familial n'était pas générateur de graves déprivations socio-économiques ou culturelles ou de troubles psychopathologiques sévères (critère 8) ;

– dont les parents étaient suffisamment motivés, ce qu'attestait leur présence aux consultations (critère 9).

Parmi les 102 enfants venus consulter pour grave difficulté en lecture, nous avons isolé un groupe de **44 non-lecteurs** répondant à ces neuf critères. Les **58 autres enfants** présentaient un profil hétérogène : les uns se révélaient non lecteurs mais souffraient d'un ou plusieurs autres désordres associés à leur difficulté d'apprentissage de la lecture ; d'autres ont manifesté des performances de mauvais lecteurs, avec ou sans trouble associé.

Parmi ces 58 enfants, **34 forment un groupe homogène de mauvais lecteurs.** Ce sont des enfants en tous points semblables, selon les critères définis, à ceux appartenant au groupe des non-lecteurs, c'est-à-dire sans trouble grave associé à celui de l'apprentissage de la lecture, à cette différence près que leur rapidité de lecture est intermédiaire entre celle des non-lecteurs et des lecteurs (soit entre 41 secondes et 3 minutes 6 secondes).

Le groupe des enfants non lecteurs

Nous présentons maintenant, plus précisément ces deux groupes, en considérant la répartition des sujets telle qu'elle est apparue du point de vue de leur âge, du temps de lecture et de leur quotient intellectuel. Cette présentation sera précédée de celle concernant le sexe des sujets, leur latéralisation et du niveau socioculturel de leur famille (catégories professionnelles parentales, origine). L'étude de ces catégories professionnelles a été menée pour le groupe des non-lecteurs, mais n'a pu faire l'objet d'une investigation aussi approfondie pour celui des mauvais lecteurs que nous connaissons moins bien ; l'analyse de ce facteur est donc proposée pour le seul groupe des non-lecteurs [1]. Les résultats pour chacun des enfants apparaissent en annexe, sous forme de listes nominatives.

---

1. Pour ce qui concerne le langage oral, l'hypothèse d'une dysphasie a été écartée à partir de l'anamnèse. Pour aucun des enfants retenus, ni l'école ni les professionnels de la remédiation n'ont signalé de troubles sévères du langage.

Cette analyse est suivie des résultats obtenus à l'électro-encéphalographie. On expose ensuite certains aspects des relations établies entre les non-lecteurs et les familles, puis quelques éléments de leurs parcours scolaires.

Le sexe

À notre étonnement, nous n'avons reçu qu'une fille pour un groupe de 44 enfants. Ce fait, qui va à l'encontre des proportions habituellement relevées dans la population de ce type (*cf.* chapitre I), a évidemment retenu toute notre attention.

Les gauchers (tableau I en annexe)

Nous constatons que les enfants de notre population sont gauchers pour 25% d'entre eux (11 enfants sur 44). Dans la littérature (Du Pasquier-Graal, 1987), selon les auteurs, le pourcentage d'enfants gauchers se situe entre 1 et 25%, proportion qui varie en outre en fonction du critère considéré. Nous avons retenu, quant à nous, l'écriture et l'examen neurologique.

Il est à noter que, sur ces 11 enfants, 9 (soit 82%) sont en impossibilité totale de déchiffrer.

Les catégories socioprofessionnelles

Les informations recueillies, à ce propos, lors de l'arrivée de l'enfant dans le service de consultation concernent 43 enfants [2], pour qui 40 pères et 3 mères sont chefs de famille. Nous les avons interprétées en regard des catégories INSEE.

Les renseignements notés sur les dossiers cliniques ne nous ont pas toujours permis de déterminer nettement à quelle catégorie socioculturelle appartiennent certains parents. Par exemple tel père, « plombier-chauffagiste », est-il ouvrier qualifié ou technicien ? Pour cette raison, nous présentons une

---

2. Pour l'un d'entre eux, les renseignements ne sont pas suffisamment sûrs.

fourchette aux deux rubriques « professions intermédiaires » et « ouvriers ».

Tableau 1 :
Les catégories socioprofessionnelles des chefs de famille

	Notre population de non-lecteurs		Recensement 1990 Paris et couronne
Catégories socioprofessionnelles*	nombre	%	%
Agriculteurs-exploitants	1	2%	0,06%
Artisans, commerçants et assimilés et chefs d'entreprise (10 salariés ou plus)	4	9%	8%
Cadres supérieurs et professions intellectuelles	5	12%	24%
Professions intermédiaires	6 à 10	14 à 23%	16%
Employés	5	12%	16%
Ouvriers (y compris agricoles)	17 à 21	40 à 49%	26%
Retraités	0	0%	3%
Autres sans activité professionnelle	1	2%	3%

* Chefs de famille d'enfants de moins de 16 ans.

La comparaison avec le recensement officiel fait apparaître qu'une catégorie prédomine largement ici : la catégorie « ouvriers ». De plus, dans ce groupe, on recense deux fois moins de cadres supérieurs et professions intellectuelles. Par ces deux aspects, la population des non-lecteurs se différencie de la distribution officielle. Il reste que toutes les catégories socioprofessionnelles sont ici représentées et que, conformément au critère 8 (absence de grave déprivation socio-économique ou culturelle), celle-ci n'est pas composée d'enfants venant de milieux marginalisés.

Par ailleurs, au moment de la constitution du recueil de ces informations, entre 1985 et 1990, très peu de parents étaient au chômage : seulement 1 père et 1 mère (4,5%). Enfin, il ne faut pas oublier que les consultations hospitalières, particulièrement en psychiatrie infantile, sont rarement fréquentées par les familles appartenant aux milieux socio-économiques les plus favorisés, non plus d'ailleurs qu'aux plus défavorisés.

Si l'on considère maintenant les mères de famille, on constate que 15 d'entre elles, soit 35% de la population, sont mères au foyer. En revanche, on note, et ce renseignement paraît significatif, que la catégorie professionnelle des mères est souvent « supérieure » à celle des pères, lorsque ceux-ci sont ouvriers.

Quelques enfants de notre population (20% des deux parents chez les non-lecteurs, 10% chez les mauvais lecteurs ; cette différence n'impliquant pas pour autant une appartenance sociale plus défavorisée) sont d'origine étrangère. Il est arrivé que les deux parents (ceux de Joseph, Enrico et Laurenzo) parlent un français visiblement appris à l'âge adulte. Mais leurs enfants avaient été scolarisés en France dès la maternelle, et ne présentaient pas de carences plus particulières que les autres dans les situations langagières. Dans un certain nombre de cas (7%), c'est seulement un des parents (le père) qui est né dans un pays autre que francophone (Hugues, Natacha, Daniel). Si cette origine a entraîné le choix d'un prénom non coutumier en France, la liste des pseudonymes que nous donnons [3] a respecté cette particularité. Mais des prénoms absents du calendrier français ont pu aussi être donnés par leur famille à des enfants d'origine « locale » (Dimitri, Erico, John). Il faut aussi souligner le fait que des noms de famille à consonance étrangère, non mentionnés dans le cadre de ce livre, ne signifient pas obligatoirement la naissance du père hors de l'Hexagone : l'immigration remonte alors à plusieurs générations (Thomas, Florent).

3. En effet, pour des raisons déontologiques évidentes nous avons modifié les prénoms de tous les enfants.

L'âge (tableau IV en annexe)

L'âge des enfants du groupe des non-lecteurs s'échelonne entre 8 ans 9 mois et 12 ans 10 mois, au moment du test de lecture *Notre lapin*. Ces enfants ont donc alors au moins trois ans de scolarité élémentaire. La moyenne d'âge se situe à 9 ans 8 mois et ils se répartissent comme suit :

– 8 ans 9 mois à 9 ans :	15 enfants, soit 34%
– 9 ans 1 mois à 9 ans 11 mois :	15 enfants, soit 34%
– 10 ans à 11 ans 11 mois :	12 enfants, soit 27%
– 12 ans à 12 ans 10 mois :	2 enfants, soit 4,5%

Les temps de lecture à l'épreuve Notre lapin (tableaux III et IV en annexe)

Pour le groupe des non-lecteurs, nous avons fixé la limite supérieure (meilleure performance) à **3 minutes 6 secondes**, c'est-à-dire au temps équivalent à la lecture en milieu de CP.

Deux sous-groupes se distinguent nettement :

– d'une part, les enfants pour qui le déchiffrement est totalement impossible, ou qui, dans le meilleur cas, parviennent péniblement au bout de la première ligne après plusieurs minutes (ce qui fut le cas pour 4 d'entre eux). Ce premier sous-groupe comprend deux tiers de notre échantillon, soit 29 enfants, qui constituent ce que nous appelons le « sous-groupe I » ;

– l'autre tiers, en revanche, soit 15 enfants, s'efforce, même si c'est péniblement et avec l'aide du psychologue, de déchiffrer le texte d'un bout à l'autre, mais cette performance exige de 3 minutes 6 secondes à 8 minutes 35 secondes. Nous désignerons ce sous-groupe comme le « sous-groupe II ».

On s'est ensuite demandé ce que ces enfants avaient éventuellement compris et retenu du texte. Afin d'approcher leurs capacités de rappel, nous avons déterminé sept séquences comportant, chacune, une idée clé du texte. Le nombre de séquences rappelées par chaque enfant est donné en annexe (tableau II). En moyenne, ils restituent 2,2 séquences, et 7 d'entre eux rappellent au moins 3 séquences. Dans un groupe témoin composé de 15 enfants lecteurs (« sous-groupe V ») de même âge et de même QI total, consultant dans le même service hospitalier mais pour un trouble autre que la lecture, la moyenne du nombre de séquences rappelées se situe à 3,1 séquences.

Mais, si le nombre de séquences rappelées est proche dans ces deux groupes, il faut nuancer les résultats de cette comparaison en prenant en compte l'importance de l'aide que l'adulte apporte aux non-lecteurs pour le déchiffrage du texte et les efforts fournis par ces enfants pour répondre à la consigne de façon aussi complète que possible (ce qui n'est peut-être pas le cas du groupe témoin).

Les quotients intellectuels (tableaux II, VI et VII en annexe)

Rappelons que l'une des conditions pour appartenir à cet échantillon est d'obtenir au minimum 85 à l'une des deux échelles du WISC-R. Voici comment les enfants se répartissent de ce point de vue.

QI verbal des enfants non lecteurs

- de 60 à 85 : 16 enfants, soit 36%
- de 85 à 100 : 19 enfants, soit 43%
- de 100 à 115 : 9 enfants, soit 21%

Leur QI verbal est compris entre 64 et 114, soit 50 points d'écart entre le plus faible et le plus fort. La moyenne se situe à 90.

QI performance des enfants non lecteurs

- de 60 à 85 : 3 enfants, soit 7%
- de 85 à 100 : 14 enfants, soit 32%
- de 100 à 115 : 22 enfants, soit 50%
- de 115 à 125 : 5 enfants, soit 11%

Leur QI performance est, lui, compris entre 77 et 125, présentant 52 points d'écart entre le plus faible et le plus fort. La moyenne se situe à 102. On remarque dans ce groupe que le QI performance est décalé vers le haut par rapport au QI verbal.

QI total des enfants non lecteurs

- de 60 à 85 : 8 enfants, soit 18%
- de 85 à 100 : 25 enfants, soit 61%
- de 100 à 115 : 9 enfants, soit 16%
- de 115 à 125 : 2 enfants, soit 4,5%

Le QI total est compris entre 76 et 117, et comporte 41 points d'écart entre le plus faible et le plus fort. La moyenne se situe à 95.

Lorsque l'on compare les trois notes pour un même enfant non lecteur, on s'aperçoit que l'écart entre les notes est très souvent élevé et, à l'exception de deux enfants, toujours au profit du QI performance. D'une part, 11 enfants, soit 25%, présentent un QI performance supérieur de 11 à 20 points à leur QI verbal, contre 16% dans la population d'étalonnage du WISC-R. D'autre part, 13 enfants, soit 29,5%, obtiennent un QI performance supérieur de plus de 20 points à leur QI verbal (entre 21 et 40 points), pourcentage qui ne se retrouve qu'à 5,5% dans la population témoin. La fréquence de cet écart est donc cinq fois plus élevée dans notre population.

Dans les deux sous-groupes de non-lecteurs (I et II), les pourcentages d'enfants ayant des écarts de plus de 11 points entre les deux échelles, et ceux ayant un écart de plus de 20 points sont similaires [4].

Le petit nombre d'enfants de la tranche supérieure ne nous a pas permis d'observer s'il y avait un rapport entre l'âge des sujets et leur possibilité ou non d'adopter une conduite de lecture du texte. En revanche, nous nous sommes demandé ce qu'il en était d'une éventuelle relation avec leur quotient intellectuel, calculé au WISC-R.

Le quotient intellectuel calculé au WISC-R influe-t-il sur la capacité à déchiffrer le texte ?

---

4. Pour plus de détails sur la distribution des notes au WISC-R, on peut se reporter au chapitre XI.

Tableau 2 : QI verbal, QI performance, QI total des 2 sous-groupes de non-lecteurs

	QIV	QIP	QIT
Sous-groupe I lecture impossible	89	102	95
Sous-groupe II 3 min 6 sec à 8 min 35 sec	91	101	96

Comme il apparaît dans ce tableau, il semble qu'au sein de notre échantillon de 44 non-lecteurs, le QI n'ait aucune influence sur la capacité ou non à déchiffrer le texte *Notre lapin* (qui détermine la constitution des sous-groupes), qu'il s'agisse de l'échelle verbale du WISC-R (QIV), de l'échelle performance (QIP) ou de l'échelle globale (QIT). Le test de Fischer n'est pas, ici, significatif.

Le groupe des mauvais lecteurs. Comparaison avec les non-lecteurs

Le sexe

Le groupe se compose de 34 enfants dont 4 filles. Ainsi le pourcentage de filles soit 12%, est-il plus élevé que dans le groupe des non-lecteurs, où il n'y en a qu'une. Il demeure cependant plus bas que ceux cités dans d'autres publications.

L'âge

On observe que, dans le groupe de mauvais lecteurs, la fourchette d'âge est moins réduite que dans le groupe de non-lecteurs : de 9 ans 5 mois à 16 ans 5 mois pour les premiers, alors qu'elle n'est que de 8 ans 9 mois à 12 ans 10 mois pour les derniers. La moyenne d'âge des non-lecteurs est de 9 ans

7 mois alors qu'elle est de 11 ans 3 mois pour les mauvais lecteurs.

Ce décalage est intéressant. Un enfant qui n'a durablement pas accès au déchiffrement inquiète sûrement davantage les adultes responsables que son camarade qui a déjà plus ou moins intégré les mécanismes de base de la lecture, même s'il ne progresse guère. D'où peut-être le fait que les non-lecteurs arrivent en général plus jeunes en consultation que les mauvais lecteurs. Ce qui n'exclut évidemment pas la possibilité pour certains d'être à la fois âgés et non-lecteurs.

La rapidité de lecture

Chez les mauvais lecteurs, le temps passé à la lecture du texte *Notre lapin* est situé entre 47 secondes pour le plus rapide et 3 minutes pour le plus lent. Les moyennes par tranches d'âge, sont les suivantes :

– de 9 ans 5 mois à 10 ans :	1 mn 49 s
– de 10 ans 1 mois à 11 ans :	2 mn 4 s
– de 11 ans 1 mois à 12 ans :	1 mn 16 s
– de 12 ans 1 mois à 16 ans 5 mois :	1 mn 32 s

On peut se poser la question des raisons pour lesquelles la tranche d'âge de 11 à 12 ans apparaît la plus efficiente. L'explication de ce fait n'est pas claire. La motivation des plus âgés est-elle en baisse, de même que la fréquence des stimulations provenant du milieu, alors que l'apprentissage aurait son effet maximum à la fin de la scolarité primaire ? L'hypothèse est peut-être à envisager. Un effet de biais jouant sur la sélection n'est pas non plus exclu.

Les quotients intellectuels

De même que pour les non-lecteurs, l'une des conditions pour appartenir au groupe est d'obtenir au moins 85 à l'une des échelles du WISC-R.

QI verbal des mauvais lecteurs

- de 60 à 85 : 10 enfants, soit 30%
- de 86 à 100 : 12 enfants, soit 37%
- de 101 à 115 : 10 enfants, soit 37%
- de 116 à 125 : 1 enfant, soit 3%

Le QI verbal est compris entre 60 et 116, et comporte 46 points d'écart entre le plus faible et le plus fort. La moyenne est située à 92, soit de 2 points plus élevée que pour le groupe des non-lecteurs (voir chapitre XI, p. 255 pour les indices de significativité).

QI performance des mauvais lecteurs

- de 85 à 100 : 7 enfants, soit 21%
- de 101 à 115 : 19 enfants, soit 58%
- de 116 à 125 : 7 enfants, soit 21%

Leur QI performance est compris entre 92 et 124, soit 32 points d'écart entre le plus faible et le plus fort. La moyenne est située à 107, soit 5 points de plus que chez les non-lecteurs.

La note la plus faible chez les mauvais lecteurs est de 92 soit 15 points de plus que celle des non-lecteurs (77). Quant à la note supérieure, elle est identique (124 pour les mauvais lecteurs et 125 pour les non-lecteurs).

QI total des mauvais lecteurs

- de 60 à 85 : 1 enfant, soit 3%
- de 86 à 100 : 17 enfants, soit 52%
- de 101 à 115 : 14 enfants, soit 42%
- de 116 à 125 : 1 enfant, soit 3%

Le QI total est compris entre 73 et 118, soit 45 points d'écart entre le plus faible et le plus fort. La moyenne est située à 99, soit 3 points supérieure à la moyenne des non-lecteurs. Voir le chapitre XI.

De même que chez les non-lecteurs, les notes au quotient intellectuel des mauvais lecteurs font apparaître une grande fréquence d'écarts élevés aux deux échelles chez un même enfant. Les pourcentages sont équivalents dans les deux groupes.

Ce phénomène d'écart très élevé entre échelle verbale et échelle performance pourrait constituer un trait caractérisant de telles populations.

Y a-t-il continuité entre le groupe des 44 non-lecteurs et le groupe des 34 mauvais lecteurs ? Et au-delà, un continuum qui irait des enfants non lecteurs à un pôle, aux enfants lecteurs à l'autre pôle ? Ou, à l'inverse, les non-lecteurs sont-ils une population tout à fait singulière, sans lien direct avec les enfants qui butent sur l'apprentissage de la lecture de façon moins sévère ?

Afin d'apprécier les différences et les similitudes entre enfants non lecteurs et enfants mauvais lecteurs de nos deux échantillons, du point de vue de leurs trois notes au WISC-R, et de leurs résultats à l'épreuve de rappel du texte *Notre lapin,* nous avons comparé les résultats moyens obtenus par un groupe et par l'autre.

Rappel du texte

Chez les mauvais lecteurs, le rappel n'augmente que très faiblement avec la rapidité de lecture. La moyenne est de 2,4 séquences chez les 15 enfants les plus lents en lecture, (moyenne de 2 minutes 15 secondes pour le sous-groupe III) et de 2,9 séquences chez les 19 enfants les plus rapides (moyenne de 1 minute 14 secondes pour le sous-groupe IV). La différence est non significative au test de Fischer.

Par ailleurs, on note que sur cet aspect le groupe des 34 mauvais lecteurs se différencie significativement de l'ensemble du groupe des 44 non-lecteurs, et se confond avec lui si l'on ne prend en compte que le sous-groupe II des non-lecteurs (c'est-à-dire ceux qui ébauchent une activité de lecture).

Les notes au QI, selon les sous-groupes, influent-elles sur le temps de lecture et le nombre de séquences rappelées ?

Tableau 3 : Comparaison entre non-lecteurs, mauvais lecteurs et lecteurs

Sous-groupes QIT	Valeur de la lecture	Temps de lecture	Nombre de séquences rappelées	Âge	QIV	QIP	QIT
Non-lecteurs I	lecture impossible		0	9 ans 8 mois	89	102	95
Non-lecteurs II	ébauche	4 min 42 s	2,2	9 ans 8 mois	91	101	96
Mauvais lecteurs III	très hésitante	2 min 15 s	2,4	11 ans 1 mois	91	104	96
Mauvais lecteurs IV	hésitante	1 min 14 s	2,9	11 ans 9 mois	95	111	103
Lecteurs * V	hésitante-courante	43 s	3,1	9 ans 8 mois	97	98	97

* Rappelons que le sous-groupe V a été composé comme groupe témoin avec 15 enfants lecteurs, de même âge moyen et de même QI total moyen que les non-lecteurs. Ils ont passé l'épreuve *Notre lapin* et le WISC-R dans les mêmes circonstances que les enfants non lecteurs et mauvais lecteurs, car tous ont consulté dans le même service hospitalier.

D'un point de vue statistique, le QI verbal des sujets des sous-groupes I à IV ne sont pas différents. Pour ce qui concerne le QI performance et le QI total, seul le sous-groupe IV (« lecture hésitante ») semble différer significativement des autres. On pourrait peut-être dire que le fait d'être capable de meilleures performances sur le plan pratique constitue une relative sauvegarde pour l'apprentissage de la lecture – ou bien qu'inversement le fait de savoir lire (un peu) aide d'une certaine manière à la réalisation de performances.

En conclusion

Le groupe des non-lecteurs ne semble pas constituer une curiosité « exotique », mais bien le groupe le plus en difficulté en lecture au sein d'un continuum. Nous l'avons isolé pour ses traits particulièrement « spectaculaires », mais rien ne semble indiquer qu'il constitue un groupe véritablement à part.

L'activité électrique cérébrale

La plupart des enfants non lecteurs et mauvais lecteurs ont été soumis à un enregistrement électro-encéphalographique (laboratoire du docteur G.C. Lairy), effectué dans les conditions habituelles en milieu hospitalier, où l'objectif premier est de déceler des dysfonctionnements éventuels, signalant une atteinte lésionnelle cérébrale locale ou diffuse, ou plus largement la présence d'une perturbation du système nerveux central. Dans cette optique, l'examen se déroule à l'état dit de repos, le sujet étant étendu, les yeux fermés. Durant l'enregistrement, quelques courtes activations sont pratiquées : ouverture des yeux durant quelques secondes, serrements de poings, hyperpnée (respiration profonde durant trois minutes).

Dans le cadre classique, où il n'y a pas d'investigation directe des concomitants électriques cérébraux d'une activité de lecture, l'analyse des électro-encéphalogrammes de cette population d'enfants peut être effectuée selon deux perspectives :

– l'une consiste à apprécier dans quelle mesure sont fournis des arguments permettant de soupçonner l'existence d'un facteur d'organicité cérébrale ;

– l'autre – pour le cas où les conclusions de la première seraient négatives quant à la confirmation de ce facteur – serait tournée vers la mise en évidence de traits qui, à l'intérieur de la définition d'une organisation « normale », désigneraient une (ou plusieurs) typologie(s) particulière(s).

Pour ce qui concerne la première perspective, les données sont sans équivoque. Pour la quasi-totalité des sujets, dépourvus d'indications de souffrance cérébrale *actuelle* (au moment de l'examen) on relève seulement deux cas d'extrême lenteur diffuse du rythme de base, proportion qui ne diffère guère de celle qui serait observée dans une population d'enfants tout-venant.

Quant à la seconde perspective, elle ne conduit guère qu'à quelques constats restreints qui peuvent se résumer ainsi.

1. On sait que l'activité électrique cérébrale est soumise à une évolution au cours de l'enfance, qui se marque sur plusieurs variables (accélération de la fréquence du rythme de base sur l'ensemble des régions du scalp, et notamment sur le territoire occipital, réduction des ondes lentes isolées postérieures, diminution des effets de l'hyperpnée : *cf.* S. Netchine, 1968). Les enfants non lecteurs présentent un niveau maturatif de leur EEG soit proche des valeurs moyennes des enfants de même âge, soit modérément ou assez fortement retardé. Compte tenu de la grande dispersion des valeurs observées dans une population tout-venant, ces caractéristiques ne confèrent pas aux enfants non lecteurs une connotation spécifique.

2. Par ailleurs, parmi les traits différentiels interindividuels de l'activité électrique cérébrale (et relativement indépendants de l'ontogenèse) figure le degré d'asymétrie interhémisphérique du rythme de base. Ce dernier est, pour la majorité des sujets, légèrement plus ample et plus fourni à droite qu'à gauche, ce qui a pu être interprété comme indiquant un état d'activation plus prononcée de l'hémisphère gauche. Une prédominance gauche du rythme de base ne s'observe que chez une minorité de sujets (23% des enfants de dix ans dans la population tout-venant étudiée par S. Netchine), sans qu'elle soit associée à une gaucherie ni à une latéralité mal établie. Chez les enfants non lecteurs, on observe une proportion un peu accrue des prédominances gauches du rythme de base : 29%. Bien que ce constat soit discret, il pourrait inciter à étudier plus attentivement et à l'aide de procédés plus sophistiqués (technique de potentiels évoqués notamment) l'organisation interhémisphérique de l'activité électrique cérébrale à l'état de repos ou lors d'activités de lecture.

Dans la phase actuelle de nos investigations, c'est donc la modicité des indications discriminatrices qui est à retenir : elle s'ajoute à toutes celles qui, dans les autres facettes de la recherche, contrastent avec la sévérité du tableau à partir duquel la population a été sélectionnée.

Une rencontre du quatrième type

Il a été le plus souvent très difficile pour l'équipe de l'unité de psychopathologie de l'enfant et de l'adolescent d'établir des rapports cohérents et suivis avec les familles consultant pour un de leurs enfants présentant, après plusieurs années de scolarité, un tableau de non-lecture. Pour résumer ces relations de façon quelque peu caricaturale, on osera peut-être les décrire sous la rubrique « rencontres du quatrième type ». Elles se déroulent, en effet, souvent selon un scénario plutôt inhabituel.

Contrairement à ce qu'on entend fréquemment sous forme de discours « officiel » en provenance de diverses associations de parents qui mettent en accusation les professionnels censés ne pas les avoir dirigés vers des consultations adéquates, nous ne pouvons, pour notre part, que constater un fait : les familles qui viennent nous voir effectivement, ne constituent qu'une faible partie de celles pour qui un contact a été établi, et une demande formulée par le psychologue scolaire, l'assistante sociale, le pédiatre, etc. Ces intervenants ont été, eux-mêmes, alertés par l'enseignant régulier de l'enfant ou bien par d'autres instances. Pour les 102 enfants ayant, en finale, été observés par nous, et retenus dans ce travail (nous continuons cependant à en voir et à en prendre en charge régulièrement) cinq fois plus d'appels, environ, ont été enregistrés. Dans l'immense majorité, il s'agissait de garçons. Nos correspondants s'enquéraient alors des possibilités de soutien que nous offrions pour de tels enfants, des démarches à accomplir (la simple formulation d'une demande faite par la famille), ainsi que des exigences administratives à remplir. Ils ne manquaient pas d'ajouter qu'ils ne pouvaient se substituer à l'entourage direct de l'enfant, seul responsable dans cette affaire, et dont la motivation, la mobilisation apparaissaient fragiles. Ce pressentiment se trouvait le plus souvent vérifié et, comme nous l'avons dit, une proportion réduite de parents persévérait dans la recherche d'une solution. Peut-être la localisation géographique de notre pavillon de consultation, situé dans un hôpital, en a-t-elle découragé plus d'un ? De même, d'ailleurs, que l'obligatoire paiement d'un « ticket modérateur » pour les consultations, les séances de remédiation et les psychothérapies, alors que dans les CMP et CMPP les traitements sont toujours gratuits.

Après une première prise de contact, une certaine partie de la population a semblé se décider pour une démarche mixte :

maintenir la demande, tout en ne passant pas à l'acte. Les rendez-vous étaient acceptés mais non honorés (selon des formules diverses n'impliquant pas forcément l'annulation préalable). Les choses, ainsi, ont souvent, de reports en reports, traîné en longueur. Et puis, un beau jour, alors qu'on entendait parler depuis longtemps de X ou de Y « soupçonnés de non-lecture », la secrétaire du service voyait débarquer dans les couloirs une dame enceinte, et dont la date d'accouchement était proche : c'était la mère du fameux X (ou Y) qui venait nous expliquer que, dans son état... La suite des opérations était donc remise *sine die.*

Encore s'agissait-il là d'épisodes relativement « transparents ». Pour d'autres familles, la partie s'est déroulée sous le signe du mystère. Que de lettres postées ne sont jamais arrivées ; extraordinaire, le taux de courrier adressé à ces correspondants et perdu par la poste ! Selon une hypothèse qui, évidemment, n'a jamais pu être confirmée, le courrier est bien arrivé à l'adresse mais n'a jamais été lu par des parents pourtant suffisamment lecteurs mais qui ne semblaient pas attacher une grande valeur à la chose écrite, encore moins s'il s'agissait d'une institution avec timbre imprimé sur l'enveloppe. Que d'appels téléphoniques ont sonné dans le vide ! Entre le moment où le numéro avait été communiqué et l'instant de l'appel, les coordonnées avaient été modifiées, mises sous liste rouge, ou bien encore un déménagement s'était produit.

Même une lettre correctement arrivée à destination, une conversation téléphonique dépourvue d'ambiguïté n'ont jamais garanti le bon déroulement des événements subséquents : nombre de rendez-vous, nous l'avons dit, ont été manqués, sans aucune communication préalable, par des parents qui, visiblement, ne se sentaient nullement « tenus » par un calendrier, le pourcentage d'absences affectant d'ailleurs également les examens, les consultations ou bien les séances de remédiation. Le temps le plus considérable consacré à cette population a été dépensé à... l'attendre. On sait bien que dans le domaine considéré (psychiatrie de l'enfant, entendue au sens large) les défections sont si fréquentes qu'un certain nombre d'institutions ont pris des mesures pour s'en défendre (par exemple, faire payer les rendez-vous non honorés, alors que les véritables séances sont gratuites). Comparées, cependant, aux « non-présences » observées à propos d'enfants présentant d'autres types de problème, celles concernant les non-lecteurs apparaissent frappantes : elles n'ont, malheureusement, pas fait l'objet de statistiques suivies, sauf lorsqu'il s'agissait d'abandons francs (*cf.* chapitre XV). Nous suggérons que cette dimension soit analysée dans de prochaines études consacrées à des populations en grave échec scolaire.

Quels qu'en soient exactement les pourcentages, ces absences à répétition [5] intriguent : comment les expliquer ? Nous avons dit, plus haut, que les familles concernées ne semblaient pas, pour beaucoup d'entre elles, attacher une grande importance à des convocations émanant d'organismes plus ou moins officiels. Cette indifférence apparente serait peut-être à retenir comme l'indice d'une certaine marginalisation « à bas bruit » (c'est-à-dire non immédiatement repérable selon les critères classiques). Il est d'ailleurs notable que ces comportements souvent décevants et pouvant déboucher sur une rupture muette ne se sont pas produits uniquement chez nous, mais ont tout aussi bien concerné d'autres centres de consultation. Quand on étudie l'anamnèse des enfants non lecteurs, on est frappé par ce qu'on pourrait appeler leur « transhumance thérapeutique », tel enfant de dix ans ayant accumulé, en quatre ans de scolarité obligatoire, une bonne dizaine d'essais malheureux de prise en charge, à chaque fois interrompus. D'où un schéma d'interprétation de ces absences, actes manqués, malentendus ou abandons autre que l'« indifférence » de la famille, évoquée en premier lieu. Il met, cette fois, plus directement en cause les équipes soignantes. Peut-être celles-ci (y compris la nôtre, bien sûr) n'éprouvent-elles de dépit qu'à la mesure de celui qu'elles infligent à leurs « clients » qui ne trouvent pas auprès d'elles le soutien (quelle pourrait en être la forme ?) recherché. On doit admettre, en

5. Un membre de l'équipe, n'hésitant pas à se laisser aller à un très mauvais jeu de mots, a remarqué que le texte *Notre lapin* proposé à la lecture était heureusement choisi...

tout cas, qu'une fois un enfant entré dans la boucle infernale de la non-lecture, il s'avère fort difficile de l'en sortir. Les parents qui sont à la recherche d'une solution miracle, rapide, n'en trouvent pas, sans parler de ceux dont l'ambivalence est évidente et qui, sous des prétextes divers, interrompent les remédiations dès qu'elles pourraient porter certains fruits: « D'un *commun accord avec mon fils* » déclarait, une fois retrouvée, une des mères venues consulter et disparues soudainement sans explication, « nous avons décidé d'interrompre les séances, car la rééducatrice était trop froide » (elle aurait pu aussi être trop « chaude », trop neutre, trop présente, trop directive ou pas assez).

Les rendez-vous donnés, un certain nombre de non-lecteurs se présentent, bien entendu, au jour dit, comme convenu. Ce sont le plus souvent les mères qui accompagnent l'enfant et, dans ces cas, nous avons buté sur d'importants obstacles pour rencontrer les pères. Ceux-ci sont réputés ne pas s'intéresser à la question et éprouver, pour quelques-uns d'entre eux, de sérieux ennuis dans le domaine de l'écrit. Nous n'avons pu que rarement vérifier cette assertion, étant donné l'intrusion qu'aurait pu constituer de telles mises à l'épreuve (les pères de Daniel, Albert, Dimitri, Joël, Bernard, etc. sont décrits par leurs femmes comme nettement moins instruits qu'elles). En revanche, certains pères se qualifiant parfois eux-mêmes comme d'« anciens dyslexiques » (pères de Thierry, Stanislas, par exemple) ont tenu à établir des liens très étroits avec nous. Cette recherche de relation exclusive a eu parfois pour effet d'« éliminer » en quelque sorte – malgré nos demandes de rencontre – des mères (nous n'avons ainsi jamais pu parler à la mère d'Igor, qui, pourtant, était « au foyer »), à propos desquelles nous nous sommes de temps à autre posé des questions : s'agissait-il de femmes si peu présentables ?

Pour bon nombre de sujets, les particularités d'une histoire de vie comportant souvent la survenue d'un traumatisme lors des premières années de scolarité apparaissent frappantes : ainsi Rémi a-t-il perdu son père d'un cancer de la gorge alors qu'il fréquentait un premier cours préparatoire. Hugues est resté hésitant sur son état civil, naviguant entre les noms de famille de son père et de sa mère. La mère de Patrick a subitement quitté le foyer familial, sans donner d'adresse. Le père de Natacha s'est enfoncé dans la marginalisation et l'alcoolisme ; il a quitté le foyer et ne donne de ses nouvelles qu'assez irrégulièrement. Dimitri a retrouvé, par hasard, des photos de ses frères et sœurs, dont il ignorait l'existence, et qui avaient été abandonnés par son père avant sa naissance. Le père de Clément est très malade : sa vie est en danger. La mère d'Armand est très souvent hospitalisée. Le père de Samuel s'est suicidé, de même que le grand-père de Christian. Émotion réprobatrice dans le petit village où habite la famille de ce dernier. La mère pleure encore en évoquant les faits. La grand-mère d'Erico est, elle aussi, la triste héroïne d'un fait divers, encore plus scandaleux et dramatique. Le grand-père de Stanislas fait des fugues mystérieuses qui déstabilisent gravement la famille. Le père d'Albert a été victime d'un grave accident et il a perdu une main. Ces faits sont parfois entourés d'une atmosphère de secret : on ne sait pas vraiment si Abel souffre de la même maladie familiale que sa tante, mais c'est bien possible. André, Erico et Stanislas ont le plus grand mal à se situer dans la chaîne des événements perturbateurs.

Le secret étant, par définition, tenu... caché, il ne nous a pas toujours été possible de l'entrevoir : traumatismes et secrets nous paraissent toutefois être observés à des fréquences inhabituelles dans ces familles sur lesquelles pèsent des interdits très lourds dans le domaine de l'expression (*cf.* Monier, 1986, 1987).

Peut-être, risquant une hypothèse osée, doit-on établir un rapport entre les faits précédents : il est possible que les familles rompent avec nous lorsque nous pénétrons trop près d'un domaine défendu, qu'elles s'imaginent que l'enfant va nous tenir au courant de faits à ignorer par les professionnels qui s'en occupent, ou encore si nous les incitons – peut-être maladroitement – à parler avec l'enfant de sa propre histoire.

Il a été classique, pendant un certain temps, d'associer séparations familiales et troubles d'apprentissage. Signalons que les divorces ne sont pas particulièrement nombreux dans notre population de non-lecteurs (5 cas, en tout, y compris Dimitri qui est le fruit d'une deuxième union puisque le divorce de son père a eu lieu avant sa naissance). Mais la disparition précoce d'un des parents a eu lieu dans 2 cas (Samuel, Rémi), et un enfant du groupe, né hors mariage (Raoul), ne connaît pas du tout son père (sa mère se suicidera peu après les premières consultations).

Le parcours scolaire des enfants non lecteurs

Sur la centaine d'enfants étudiés [6] nous n'avons obtenu d'informations exploitables que pour seulement 38 d'entre eux. Et encore, pour 5 enfants, ces informations ne sont accessibles qu'à partir de la première année de l'école élémentaire, c'est-à-dire le cours préparatoire (CP). Au sujet de ces 38 enfants, nous porterons l'essentiel de notre analyse sur les cinq années de l'école élémentaire, étant donné que la majorité d'entre eux (24) sont arrivés pour la première fois dans le service dans le courant de leur année de CE1, à un âge correspondant normalement à la classe du cours élémentaire deuxième année (CE2) ou du cours moyen première année (CM1). Pour une minorité venue consulter à un âge plus avancé (au-delà de 11 ans), nous n'avons pas toujours réussi à décrire des scolarités fortement perturbées, les enfants, ainsi que les parents, ne parvenant plus à reconstituer les différents cursus dans l'école primaire. Il semble d'ailleurs que les difficultés ou les impossibilités de lecture attestées chez les enfants soient révélatrices d'une incapacité des uns et des autres à retracer les parcours scolaires d'une année à l'autre. Les confusions portent non seulement sur la dénomination des différentes classes ou structures ayant accueilli les enfants, mais aussi et surtout sur la chronologie des années de scolarisation. Dans de nombreux cas, nous observons, sinon un rapport, au

6. Nous remercions M. Hilali, S. Julan et M.-A. Thévenard, étudiantes en DESS de psychologie de l'enfance et de l'adolescence à Paris-VIII pour le dépouillement des dossiers techniques médicaux des enfants.

moins une corrélation entre la non-lecture et la non-inscription des histoires personnelles dans le temps.

De ce fait, nous n'avons que des informations très lacunaires sur les conditions d'apprentissage préélémentaire. Tous les enfants sont passés par l'école maternelle, mais nous n'avons que peu d'indications quant aux éventuelles difficultés rencontrées alors : certains ont été maintenus une année supplémentaire en maternelle (3 enfants parmi ceux recensés) ; d'autres ont fait l'objet d'un signalement, essentiellement pour des problèmes de comportement, et non pour des difficultés d'apprentissage. En fait, si nous avions pu effectuer une enquête complète dans les différentes classes préélémentaires, nous aurions recherché les éventuelles perturbations liées soit à un refus d'entrer dans l'univers de l'écrit, soit à des déficits linguistiques, cognitifs ou sensoriels particuliers.

De la même manière, nous aurions tenté de reconstituer les apprentissages effectués ou subis par ces enfants (*cf.* les recherches menées par R. Goigoux dans des classes d'enfants tout-venant, 1993). De fait, la majorité de ces enfants ne présente pas les caractéristiques d'une population placée dans une situation de graves déprivations sociales et familiales. Tout au plus pouvons-nous faire l'hypothèse que nombre d'entre eux ont vécu des conditions d'apprentissage scolaire se rapprochant sensiblement de celles racontées par des adultes illettrés (Vélis, 1988) : trajectoires chaotiques, apprentissages intermittents et partiels. Faute de pouvoir reconstituer ces apprentissages (ou ces absences d'apprentissage), nous ne pouvons évaluer la qualité et l'importance des interactions avec l'enseignant et avec les matériaux écrits. En fait nous pouvons déduire à travers les parcours parsemés de redoublements et d'orientations successives que la plupart de ces enfants sont avant tout des « mal-enseignés » de la lecture (Chauveau, 1993).

Les informations sont plus massives et plus clairement interprétables de la part des enseignants spécialisés, des psychologues scolaires ou privés, des orthophonistes, des différents thérapeutes qui ont soit suivi, soit adressé ces enfants à notre équipe. Sur les 38 enfants dont nous avons pu étudier les dossiers, près de 60% (23) ont été examinés par un psychologue scolaire qui a également, dans la plupart des cas, pris la décision de les envoyer en consultation. Une minorité d'entre eux (4) ont été adressés ou examinés par des médecins (généralement des spécialistes: ORL, ophtalmologistes), pour d'éventuels déficits sensoriels. Autrement, la quasi-totalité de la population a suivi une rééducation dans le cadre scolaire (GAPP) ou extrascolaire (CMPP et cabinets privés): en psychopédagogie pour 9 d'entre eux, en psychomotricité pour 4 autres, et surtout en orthophonie pour 24 enfants. Plus de la moitié (21) ont également été impliqués dans une psychothérapie individuelle ou collective.

Concernant ces différentes prises en charge, ce qui frappe avant tout c'est moins l'importance ou la durée des rééducations ou des psychothérapies que leurs échecs ou leurs insuccès relatifs. De nombreux enfants passent d'une rééducation orthophonique à une psychothérapie ; certains abandonnent en cours de route puis reviennent à l'une des deux formules. Il n'est pas rare de constater des changements de traitement particuliers où l'enfant, à l'instar de Joseph, est aidé tour à tour (ou en parallèle) par les rééducateurs de GAPP de son école, par une psychothérapeute dans un centre privé et par une orthophoniste.

À travers l'étude de ces prises en charge spécifiques, nous observons de singuliers parcours d'enfants qui ressemblent et s'ajoutent aux parcours tout aussi chaotiques et déroutants dans leur scolarité élémentaire.

Les non-lecteurs dans l'école

Tout d'abord, nous observons très nettement une dispersion des enfants dès leur deuxième année d'école élémentaire. Nous avons pu recenser cinq possibilités (ou structures) différentes pouvant accueillir ces enfants. Au premier rang, nous trouvons, bien évidemment, le doublement du CP qui constitue la solution adoptée pour 71% des enfants en échec de lecture (27). Il s'agit d'une réponse institutionnelle classique qui permet de «régler» le problème de façon très provisoire puisque 44% d'entre eux (12 sur 27) ont été orientés, l'année suivante, dans des classes d'adaptation ou de perfectionnement. À ces 12 enfants, il convient d'ajouter ceux qui n'ont pas doublé cette classe ou ont été orientés (6 enfants). En définitive, lors de la quatrième année, nous ne trouvons plus que deux enfants à l'âge normal dans la classe de CM1. Les autres, c'est-à-dire 92% des enfants non lecteurs recensés au cours de cette quatrième année du cursus élémentaire, ont déjà accumulé un, deux, voire trois ans de retard (respectivement pour 7,7 et 2 enfants), ou se trouvent dans un circuit spécialisé parallèle (6 enfants).

Si l'on observe le parcours de la minorité d'enfants n'ayant pas doublé leur CP (8, soit 21%), aucun n'est parvenu à suivre une scolarité à l'âge normal au-delà de la troisième année. Cinq d'entre eux ont doublé la classe suivante, c'est-à-dire le CE1, deux autres ont doublé leur CE2 et le dernier a été orienté en classe de perfectionnement.

Nous remarquons que les enfants orientés dans des classes spécialisées (de rattrapage, intégrée, d'adaptation ou de perfectionnement) ne parviennent pas à retrouver une scolarité classique à l'âge normal ; sauf deux enfants – parmi ceux recensés en CP – qui sont parvenus à retrouver une classe de CM1 lors de leur quatrième année d'école élémentaire [7]. Le premier après avoir suivi pendant deux ans une école privée de « rattrapage » ; le second après avoir effectué un détour par une classe de perfectionnement, l'année de son CE2.

Des parcours révélateurs

Lorsque nous observons dans le détail les trajets scolaires de chaque enfant, nous nous apercevons que la plupart ont été « ballotés » d'une classe à l'autre, d'une structure à l'autre sans qu'une solution réelle ait pu être mise en œuvre en réponse à leur non-lecture. Nous observons, en effet, que les doublements de classe ou les orientations et réorientations

7. Rappelons que ces enfants étaient alors toujours non lecteurs.

successives n'ont fait qu'accroître leur désarroi et celui de leur famille. De fait, si l'on compare le cursus élémentaire de deux groupes d'enfants en échec au même âge après leur deuxième CP – Bernard, Rémi, Dimitri, Antoine, d'une part, et Kevin, Joseph, John, Laurenzo, Natacha, Lucien, Martin, Raoul, d'autre part – nous constatons que les premiers ont été directement dirigés en classe de perfectionnement alors que les seconds ont d'abord « transité » par une classe d'adaptation. Nous relevons à ce niveau deux solutions, ou plutôt deux réponses institutionnelles à un même problème. Faut-il voir dans cette diversité de réponses l'impossibilité d'un « traitement » des difficultés de lecture rencontrées ? Faut-il comprendre ces variations comme autant d'incapacités à établir un diagnostic de non-lecture suffisamment précis et complet ? Faut-il lier ces orientations hétérogènes au manque de classes spécialisées dans des localités ou des écoles particulières ? Le choix de telle ou telle solution serait alors effectué plus en fonction des places disponibles ou des structures existantes qu'en fonction des besoins clairement établis en rééducation de la non-lecture. Faut-il enfin tenir compte de l'impact des familles dans les décisions de maintien ou d'orientation ? Leur plus ou moins grand degré d'information et leurs éventuelles inquiétudes doivent également infléchir les parcours scolaires de leurs enfants.

Tous ces facteurs peuvent être évoqués pour Armand. En suivant une trajectoire nettement différente de celles des enfants précédemment étudiés, son cas apparaît également exemplaire de l'inadaptation des structures scolaires normales ou spécialisées dans les réponses apportées aux phénomènes de non-lecture. En effet, Armand n'a été orienté en classe d'adaptation qu'au début de sa cinquième année de scolarité élémentaire. Il a effectué deux CP puis deux CE1, avant qu'une classe spécialisée ne l'accueille. Cette orientation semble intervenir bien tardivement pour un enfant dont on avait pourtant diagnostiqué des difficultés de lecture depuis le CP. Au-delà de ce constat, nous pouvons nous demander ce qu'un élève de 10 ans (puisqu'il aurait dû se trouver en CM2 dans le cas d'une scolarité moins chaotique) pouvait apprendre ou réapprendre de la lecture avec des enfants bien plus jeunes qui sont arrivés « normalement » en classe d'adaptation dès leur deuxième année d'élémentaire, c'est-à-dire vers 7 ans. Notons que cette orientation différée n'apparaît pas vraiment comme un cas marginal puisqu'un autre enfant, Christian, s'est lui aussi trouvé dans une classe d'adaptation au même âge après avoir effectué un parcours similaire.

Nous pouvons tout autant nous interroger sur les cursus singuliers de deux autres enfants qui sont arrivés jusqu'au CE2 sans avoir doublé de classe ou suivi un enseignement spécialisé. Florent et Aymar sont, en effet, parvenus à suivre, apparemment sans difficulté, les trois premières classes de l'élémentaire sans que leur impossibilité à lire ait constitué une entrave au passage d'une classe à l'autre. Il semble que leur non-lecture n'ait fait réellement problème qu'à l'issue du premier CE2. Il faut cependant noter que ces deux enfants étaient par ailleurs suivis en orthophonie puis en psychothérapie pour le premier, et en rééducation orthophonique en CMPP pour le second. Ces soutiens extérieurs ont sans doute été considérés comme suffisants jusqu'à leur quatrième année pour justifier l'absence de doublement ou d'orientation vers une structure scolaire spécialisée.

Si deux enfants, Stanislas et Bernard, ont été inscrits dans une classe de CM1 sans accumuler de retard malgré un passage par des classes spécialisées, nous constatons que pour tous les autres l'orientation vers les structures d'adaptation ou de perfectionnement n'a pas permis de rattraper le retard accumulé. Natacha, par exemple, ne retrouve le circuit normal en CE2 qu'au début de sa cinquième année. Thierry et John, quant à eux, n'atteignent le CM2 qu'à 13 ans, lors de leur septième année d'école élémentaire, à un âge déjà bien avancé, le record étant atteint par Armand qui ne réintègre le cursus élémentaire normal qu'au cours de sa sixième année, c'est-à-dire à 12 ans, et encore pour ne fréquenter qu'une classe de CE2.

Pour la quasi-totalité des enfants, le passage par l'enseignement spécialisé correspond avant tout à un allongement de la scolarité. Pour certains, cet allongement n'est pas suivi d'un retour vers une classe normale. Ainsi Albert, Dimitri et

Rodolphe, qui semblent ne jamais pouvoir sortir de ces circuits parallèles.

Conclusion

Nous établirons au moins trois constats.

Tout d'abord, il est clair que l'école primaire dans son ensemble – y compris les structures de l'enseignement spécialisé – ne réponde pas ou alors de façon très imparfaite et partielle, aux difficultés spécifiques rencontrées par cette population d'enfants non lecteurs. D'une part, il apparaît nettement que les différentes procédures de doublement et d'orientation n'apportent aucune solution tangible pour la remédiation des impossibilités de lecture constatées ; d'autre part, il ressort de l'étude cas par cas des parcours de non-lecteurs chaotiques à l'excès, parcours qui s'expliquent principalement par les hésitations des enseignants et rééducateurs, les attentes des parents et l'établissement de diagnostics imprécis.

Ensuite, les anamnèses scolaires de ces enfants montrent bien l'inadaptation des réponses classiques en termes de rééducations pédagogiques et orthophoniques, et de l'ensemble des autres formes d'aide, de soutien, de rattrapage traditionnellement déployées en pareilles circonstances. Face à ces décalages, il nous apparaît dès lors important de prendre en compte la multiplicité des facteurs impliqués pour expliquer chaque cas de non-lecture. Il semble en effet évident que les tentatives plus ou moins heureuses, entreprises ici et là avec la plupart de ces enfants, n'envisageaient le problème que sous un seul angle. Or, nous pouvons clairement établir que, dans la recherche des causes de leur non-lecture, nous devons faire converger plusieurs points de vue. Certes, parmi ces déterminants – psychologiques, cognitifs, linguistiques, sociaux, pédagogiques, familiaux, affectifs – certains apparaissent plus prépondérants que d'autres ; cependant il est évident que nous ne devons écarter *a priori* l'une quelconque de ces variables (*cf.* également Fijalkow, 1986 ; Meljac, 1992).

Enfin, le fait que ces enfants soient arrivés en consultation après plusieurs années d'échec à l'école et après différentes aides orthophoniques ou autres formes de rééducation pédagogique, montre à quel point les réponses classiques, institutionnelles ou non, ne saisissent pas les impossibilités de lecture dans leur complexité, leur diversité et leur étendue. Ces enfants ont échoué (comme un navire sans pilote « échoue » dans un port après avoir été balloté dans des courants plus ou moins porteurs) dans l'unité après que toutes les autres formes de prise en charge ont été tentées. Pour nombre de parents, présents lors des consultations, il s'agit du dernier recours ; ils ont épuisé toutes les ressources possibles dans leur environnement immédiat scolaire et extrascolaire. Nous dirons dès lors que les diagnostics de non-lecture établis pour chacun de ces enfants peuvent se poser plus largement quant à l'impossibilité actuelle de l'école à « lire » précisément et donc à traiter leur non-lecture.

ANNEXES

I – Liste des gauchers

Albert	John	Pierre-Alexis
Alfred	Lucien	Rodolphe
Daniel	Natacha	Stanislas
Henri	Patrick	

Seuls 2 sur ces 11 enfants parviennent à déchiffrer le texte *Notre lapin*. Il s'agit de Lucien et Natacha.

II – Les professions des parents

	Pères	Mères
Agriculteurs-exploitants.	Benoît	Benoît
Artisans, commerçants et assimilés et chefs d'entreprise (10 salariés ou plus).	Alban	Alban
	Pedro	Pedro
	Bernard	–
	Joël	–
Cadres supérieurs et professions intellectuelles.		
Professions libérales :	–	–
Cadres de la fonction publique :	Rémi (décédé)	–
Professeurs, professions scientifiques :	–	–
Professions de l'information, arts et spectacles :	Natacha	–

	Pères	Mères
Cadres administratifs et commerciaux d'entreprise :	Pierre-Alexis Stanislas	Matthieu Raoul (chef de famille) Rémi (chef de famille)
Ingénieurs, cadres techniques d'entreprise :	Antoine	–
Professions intermédiaires.		
Instituteurs et assimilés :	Aymar (arrêt maladie depuis 4 ou 5 ans) Igor	
Santé et travail :	–	Albert
Administration et commerce des entreprises :	–	–
Administration de la fonction publique :	–	–
Techniciens :	Albert Christian Erico Hugues (au chômage) Martin Matthieu	–
Contremaîtres, agents de maîtrise :	Daniel	–
Employés		
Employés civils, agents de service, fonction publique :	–	Dimitri Fabien Joseph
Policiers et militaires :	Abel Lucien Patrick Rodolphe	–
Employés administratifs d'entreprise :	–	André Antoine Florent Geoffroy Hugues John Lucien
Employés de commerce :	Armand	Armand Henri Laurenzo
Personnels de services directs aux particuliers :	–	Christian Enrico Miguel [Thibaut]

	Pères	Mères
Ouvriers (y compris agricoles).		
Ouvriers qualifiés (ou non) de type industriel :	Clément Enrico Florent Joseph Miguel Thomas	Kevin Samuel (chef de famille) Thomas
Ouvriers qualifiés (ou non) de type artisanal :	Dimitri	Clément (au chômage)
Ouvriers agricoles :	–	–
Ouvriers qualifiés manutention, magasinage, transports :	Fabien Henri Kevin Laurenzo	–
Chauffeurs :	André John Geoffroy Thibaut Thierry	–
Retraités.	–	–
Autres, sans activité professionnelle.		
Chômeurs n'ayant jamais travaillé :	–	–
Militaires du contingent :	–	–
Élèves ou étudiants de 20 ans ou plus :	–	–
Autres inactifs de moins de 60 ans :	Alain	Abel (ancienne vendeuse) Alain Aymar Bernard (ancienne secrétaire) Daniel Erico (ancienne vendeuse) Igor Joël Martin Natacha (ancien cadre commercial) Patrick Pierre-Alexis (ancienne dactylo) Rodolphe Stanislas Thierry (soit 14 mères au foyer)
Autres inactifs de 60 ans et plus.	–	–
Deux pères ne figurent pas sur cette liste :	Raoul (inconnu) Samuel (suicidé)	

III – Épreuve *Notre lapin*

Le texte

Texte extrait de l'épreuve de lecture étalonnée par R. Zazzo au laboratoire de psychologie de l'hôpital Sainte-Anne.

Notre lapin.

Chaque matin notre lapin se sauve de son abri ; il prend le chemin du jardin ; là il croque le chou, le salsifis, la chicorée, le pissenlit, la laitue fraîche et d'autres légumes. Quand on le voit, on le chasse ; il rentre vivement dans sa maison.

Mais le gredin ne tarde pas à revenir. Gare à toi, petit coquin de lapin !

Le barème Vaney

Cours	Âge	Débit	Nombre de syllabes lues en une minute	Temps
CP	6 à 7 ans	sous-syllabique	30	plus de 3 mn 6 s
CE1	7 à 8 ans	hésitant	30 à 70	de 1 mn 20 s à 3 mn 6 s
CE2	8 à 9 ans	hésitant-courant	70 à 115	48 s à 1 mn 19 s
CM1	9 à 10 ans	courant	115 à 170	moins de 40 s
CM2	10 à 11 ans	courant-expressif	170 à 240	moins de 32 s

Les 7 séquences

Les séquences de rappel sont les suivantes :
– chaque matin ;
– le lapin se sauve de son abri ;
– va au jardin et croque les légumes ;

– on le voit, on le chasse ;
– il rentre à sa maison ;
– il revient ;
– on le menace.

Classement par temps de lecture		**Nombre de séquences rappelées**
Thibaut	3 mn 6 s	1
Alban	3 mn 10 s	3
Aymar	3 mn 15 s	0
Lucien	3 mn 15 s	0
Florent	3 mn 30 s	5
Natacha	3 mn 40 s	4
Laurenzo	4 mn 10 s	4
Abel	4 mn 15 s	0
Erico	4 mn 20 s	2
Joël	4 mn 23 s	4
Benoît	4 mn 41 s	2
Alain	5 mn 30 s	3
Miguel	7 mn 10 s	5
Matthieu	7 mn 30 s	0
Martin	8 mn 35 s	0

IV – Âge et temps de lecture

	8 ans 9 mois à 9 ans	**9 ans 1 mois à 10 ans**	**10 ans 1 mois 11 ans**	**11 ans 1 mois à 12 ans**	**12 ans 1 mois à 12 ans 10 mois**
entre 3 mn 6 s et 8 mn 35 s	Benoît Martin	Abel Alain Alban Aymar Erico Lucien Matthieu Miguel Natacha	Florent Joël	Thibaut	Laurenzo

	8 ans 9 mois à 9 ans	9 ans 1 mois à 10 ans	10 ans 1 mois 11 ans	11 ans 1 mois à 12 ans	12 ans 1 mois à 12 ans 10 mois
Impos-sibilité	Albert	Daniel	Alfred	Clément	
	André	Geoffroy	Armand	Hugues	
	Antoine	Henri	Dimitri	John	
	Bernard	Raoul	Kevin	Rodolphe	
	Christian	Stanislas	Pedro		
	Enrico	Thierry	Samuel		
	Fabien				
	Igor				
	Joseph				
	Patrick				
	Pierre-Alexis				
	Rémi				
	Thomas				

V – Les 3 notes de QI

QIV	QIP	QIT
de 60 à 85	**de 60 à 85**	**de 60 à 85**
64 Thibaut	77 Daniel	76 Thibaut
69 Pedro	77 Martin	79 Daniel
72 Laurenzo	85 Alban	80 Dimitri
72 Armand		81 Kevin
73 André		82 Geoffroy
75 Geoffroy		83 André
78 Kevin		83 Armand
78 Dimitri		83 Martin
81 Alain		
81 Henri		
82 Clément		
82 Enrico		
85 Albert		
85 Daniel		
85 Thomas		
85 Samuel		

QIV	QIP	QIT
de 86 à 100	**de 86 à 100**	**de 86 à 100**
87 Lucien	87 Dimitri	86 Pedro
87 Thierry	88 Kevin	87 Laurenzo
88 Benoît	88 Natacha	88 Clément
88 Raoul	92 Thierry	88 Thierry
88 Rodolphe	94 Geoffroy	91 Enrico
90 Erico	94 Laurenzo	91 Henri
90 Igor	95 Abel	91 Raoul
90 Miguel	95 Thibaut	92 Natacha
91 Martin	96 Bernard	93 Alban
92 Fabien	96 Raoul	94 Albert
92 Joseph	98 André	94 Lucien
95 Alfred	98 Clément	95 Benoît
95 Aymar	98 Hugues	95 Samuel
95 Hugues	99 Alfred	96 Abel
96 Christian		96 Alain
96 Matthieu		96 Hugues
97 Abel		96 Miguel
97 Antoine		97 Alfred
de 86 à 100	**de 86 à 100**	**de 86 à 100**
97 Natacha		97 Igor
		98 Bernard
		98 Fabien
		98 Rodolphe
		99 Antoine
		99 Aymar
		99 Christian
de 101 à 115	**de 101 à 115**	**de 101 à 115**
101 Alban	101 Armand	101 Erico
101 Bernard	102 Antoine	101 Joseph
101 Patrick	102 Stanislas	101 Rémi
101 Rémi	102 Rémi	102 Matthieu
107 Pierre-Alexis	103 Benoît	104 Thomas
108 Stanislas	103 Christian	106 Stanislas
109 Joël	103 Enrico	112 Pierre-Alexis
110 John	103 Henri	113 Patrick

QIV	QIP	QIT
de 101 à 115	**de 101 à 115**	**de 101 à 115**
114 Florent	103 Lucien 105 Aymar 105 Fabien 105 Miguel 106 Albert 106 Igor 106 Samuel 107 Pedro 109 Matthieu 109 Rodolphe 110 Florent 110 Joseph 113 Erico 114 Alain	114 Florent
	de 116 à 125	**de 116 à 125**
	116 Pierre-Alexis 118 John 123 Joël 123 Patrick 125 Thomas	117 John 117 Joël

VI – Les grands écarts au WISC-R

De 11 à 20 points

Écart positif en faveur du QIV : nombre de points

Martin	14	Alban	16

Écart positif en faveur du QIP : nombre de points

Fabien	13	Igor	16
Matthieu	13	Lucien	16
Joël	14	Joseph	18
Benoît	15	Geoffroy	19
Miguel	15	Samuel	20
Clément	16		

Écart positif de plus de 20 points en faveur du QIP : nombre de points

Albert	21	André	25
Enrico	21	Armand	29
Rodolphe	21	Thibaut	31
Henri	22	Alain	33
Laurenzo	22	Pedro	38
Patrick	22	Thomas	40
Erico	23		

VII – Récapitulatif : âges, les 3 notes de QI et épreuve *Notre lapin*

	Âge	QIV	QIP	QIT	Temps de lecture	Nombre de séquences rappelées
Abel	9 ans 5 mois	97	95	96	4 mn 15 s	0
Alain	9 ans 6 mois/ 9 ans 6 mois	81	114	96	5 mn 30 s	3
Alban	9 ans 3 mois	101	85	93	3 mn 10 s	3
Albert	8 ans 11 mois	85	106	94	imp.	0
Alfred	10 ans 6 mois	95	99	97	imp.	0
André	8 ans 9 mois	73	98	83	imp.	0
Antoine	8 ans 9 mois	97	102	99	imp.	0
Armand	10 ans 7 mois	72	101	83	imp.	0
Aymar	9 ans 2 mois	95	105	99	3 mn 15 s	0
Benoît	8 ans 9 mois	88	103	95	4 mn 41 s	2
Bernard	8 ans 10 mois	101	96	98	imp.	0
Christian	8 ans 9 mois	96	103	99	imp.	0
Clément	12 ans	82	98	88	imp.	0
Daniel	9 ans 3 mois	85	77	79	imp.	0
Dimitri	10 ans 1 mois	78	87	80	imp.	0
Enrico	9 ans	82	103	91	imp.	0
Erico	9 ans 3 mois	90	113	101	4 mn 20 s	2
Fabien	8 ans 9 mois	92	105	98	imp.	0
Florent	10 ans 9 mois	114	110	114	3 mn 30 s	5
Geoffroy	9 ans 5 mois	75	94	82	imp.	0
Henri	9 ans 7 mois	81	103	91	imp.	0

	Âge	QIV	QIP	QIT	Temps de lecture	Nombre de séquences rappelées
Hugues	11 ans 2 mois	95	98	96	imp.	0
Igor	8 ans 11 mois	90	106	97	imp.	0
Joël	10 ans 4 mois	109	123	117	4 mn 23 s	4
John	11 ans 10 mois	110	118	117	imp.	0
Joseph	8 ans 9 mois	92	110	101	imp.	0
Kevin	10 ans 9 mois	78	88	81	imp.	0
Laurenzo	12 ans 10 mois	72	94	87	4 mn 10 s	4
Lucien	9 ans 11 mois	87	103	94	3 mn 15 s	1
Martin	9 ans	91	77	83	8 mn 35 s	0
Matthieu	9 ans 2 mois	96	109	102	7 mn 30 s	0
Miguel	9 ans 6 mois	90	105	96	7 mn 10 s	5
Natacha	9 ans 8 mois	97	88	92	3 mn 40 s	4
Patrick	8 ans 9 mois	101	123	113	imp.	0
Pedro	10 ans 5 mois	69	107	86	imp.	0
Pierre-Alexis	8 ans 9 mois	107	116	112	imp.	0
Raoul	9 ans 5 mois	88	96	91	imp.	0
Rémi	9 ans	101	102	101	imp.	0
Rodolphe	11 ans 10 mois	88	109	98	imp.	0
Samuel	10 ans 4 mois	85	106	95	imp.	0
Stanislas	9 ans 5 mois	108	102	106	imp.	0
Thibaut	11 ans 6 mois	64	95	76	3 mn 6 s	1
Thierry	9 ans 2 mois	87	92	88	imp.	0
Thomas	8 ans 9 mois	85	125	104	imp.	0

Deuxième partie

EXPLORATIONS COGNITIVES, LANGAGIÈRES ET PSYCHIQUES

CHAPITRE III

COORDINATION BIMANUELLE ET TROUBLE D'APPRENTISSAGE DE LA LECTURE [1]

Jacqueline Fagard

L'apprentissage de la lecture implique l'attribution d'une correspondance phonologique et d'une signification à des formes reconnues visuellement. On sait depuis longtemps que l'analyse des formes est traitée essentiellement par l'hémisphère droit, tandis que l'analyse linguistique est principalement assurée par l'hémisphère gauche chez la plupart des gens (Kimura, 1961, 1966). Depuis les travaux d'Orton (1937), un grand nombre d'études anatomiques, physiologiques et comportementales comparant enfants dyslexiques et lecteurs normaux ont cherché à vérifier l'hypothèse que la dyslexie était liée à un trouble de la latéralisation des fonctions cognitives, en d'autres termes à une absence de l'asymétrie fonctionnelle normale des cerveaux droit et gauche (Cohen, Hynd et Hugdahl, 1992 ; Galin, Herron, Johnstone, Fein et Yingling, 1988 ; Witelson, 1977). Les différents travaux ne confirment pas toujours cette hypothèse, ce qui n'est guère étonnant étant donné la variété des syndromes que recouvre le terme dyslexie.

1. Je remercie Anna Pezé pour son aide dans la préparation de ce manuscrit.

Une alternative à ce modèle est fournie par l'hypothèse d'un trouble des communications interhémisphériques qui serait à l'origine de certaines formes de dyslexie (Fagard, 1988 ; Gaillard et Converso, 1987). La complexité des processus cognitifs impliqués dans la lecture nécessite probablement l'activation concomitante des deux hémisphères cérébraux, l'un pour la reconnaissance de formes (les graphèmes), l'autre pour leurs mises en relation avec leur équivalent phonétique et sémantique (Pirozzolo et Rayner, 1977 ; Pirozzolo, 1985). D'une façon générale, quand la complexité cognitive d'une tâche augmente, l'engagement bihémisphérique au cours de la tâche tend aussi à augmenter (Levy, 1985). Cette double implication est sans doute plus importante pendant l'apprentissage que lorsque la lecture est acquise. Des auteurs comme Bernstein (1967), et Goldberg et Costa (1981) ont en effet développé l'idée que les structures cérébrales mises en jeu dans les habiletés changeaient au fur et à mesure de l'automatisation de ces habiletés, idée confirmée par certains travaux (Gladstone et Best, 1985). Tant que l'acte de lire n'est pas automatisé et que le répertoire lexical reste limité, l'apprenti lecteur doit souvent passer d'une stratégie de déchiffrement (traitement non lexical) à celle d'anticipation globale du mot (traitement lexical). Ce passage souple d'une stratégie à l'autre, ainsi que le fait d'avoir à confronter des informations spatiales et lexicales nécessitent de pouvoir activer alternativement et en coopération l'un et l'autre des deux hémisphères. Il se pourrait donc que certaines difficultés dans l'apprentissage de la lecture reflètent un trouble de coopération interhémisphérique.

Certaines observations soutiennent cette hypothèse. Comparés aux lecteurs normaux, les enfants dyslexiques ont moins de cohérence interhémisphérique dans leur électroencéphalogramme (Sklar, Hanley et Simmons, 1972), moins de transfert d'informations sensorielles entre les deux hémisphères (Obrzut J., Obrzut A., Hynd G. et Pirozzolo F., 1981). De plus, plusieurs recherches ayant porté sur la motricité d'enfants dyslexiques montrent que les tâches bilatérales sont relativement plus manquées par les enfants dyslexiques, comparés aux lecteurs normaux, que les tâches unilatérales. On a ainsi mis en évidence chez des dyslexiques des troubles spécifiques de coordination bimanuelle dans les tâches bilatérales de l'échelle motrice de Lincoln-Oseretsky telles que « enrouler une bobine » (Lewis, Bell et Anderson, 1970), dans des tâches de *tapping* rythmique (Badian et Wolff, 1977 ; Klicpera, Wolff et Drake, 1981), ou au cours d'apprentissages de tracé sur écran (Glastone, Best et Davidson, 1989 ; Wolff, Cohen et Drake, 1984). Or, le rôle des connexions interhémisphériques dans de tels apprentissages bimanuels a été mis en évidence par l'observation de patients chez qui le corps calleux avait été sectionné pour traiter une épilepsie grave (Kreuter, Kinsbourne et Trevarthen, 1972 ; Preilowski, 1975 ; Zaidel et Sperry, 1977).

Nous avons utilisé ce type d'apprentissage bimanuel pour comparer des enfants non lecteurs et des enfants lecteurs normaux, dans le but de tester l'hypothèse d'un déficit des interactions entre les deux hémisphères chez les dyslexiques. Notre tâche est inspirée du jeu « Télécran ». Elle consiste à tracer une droite sur un écran à l'aide de deux manivelles. Lors de précédentes recherches utilisant la même tâche, nous avions observé que les enfants de 5 et 7 ans, comparés aux adultes et aux enfants de 10 ans, sont plus contraints par des synergies de base telles que les mouvements en miroir et plus contraints par la tendance au couplage temporel des deux mains – tendance à aller à la même vitesse – (Fagard, Morioka et Wolff, 1985 ; Fagard, 1987). La capacité de coordination bimanuelle, qui se développe considérablement au cours des 18 premiers mois de la vie, continue à évoluer au cours de l'enfance. On a du reste des indications anatomiques (Yakolev et Lecours, 1967), physiologiques (Salamy, 1978), et comportementales (O'Leary, 1980 ; Quinn et Geffen, 1986), que la maturation du corps calleux se poursuit dans les dix premières années de la vie.

Notre propos était donc de comparer bons lecteurs et non-lecteurs sur les différents points mis en évidence dans l'étude du développement normal (Fagard, 1987) :

a) l'importance des contraintes de symétrie ;

b) le degré de couplage entre les deux mains et le rôle de la main préférée lorsque les deux mains doivent aller à la même vitesse ;

c) l'importance des contraintes de synchronie et la capacité de progresser dans l'élaboration de la nouvelle synergie avec l'exercice.

Nous avons observé sur ces points 12 des enfants non lecteurs, que nous avons comparés avec 12 enfants de 9 ans scolarisés normalement en CM1

Le « Télécran »

La tâche de coordination bimanuelle consistait à tracer sur un écran vertical une droite à l'aide de deux manivelles contrôlant le déplacement horizontal (manivelle de droite) et vertical (manivelle de gauche) d'un point. En combinant la rotation des deux manivelles, les sujets devaient tracer sur l'écran alternativement deux droites de pentes différentes : une bissectrice (pente 1) obtenue en tournant les deux manivelles à la même vitesse et une droite de pente 1/2 obtenue en tournant la manivelle de droite deux fois plus vite que la manivelle de gauche. Deux lignes-guides espacées de 0,7 centimètre indiquaient au sujet le modèle à tracer. Les sujets devaient tourner les manivelles avec des mouvements en miroir ou avec des mouvements parallèles suivant les essais. Le nombre de tours de manivelles nécessaires pour tracer la ligne complète était de huit et demi pour chaque main pour la pente 1 (longueur de la ligne : 12,5 centimètres) et de huit et demi pour la main droite et de quatre et quart pour la main gauche pour la pente 1/2 (longueur de la ligne : 10 centimètres). La boîte de manivelle était reliée à un ordinateur assurant la gestion de l'expérience et permettant un recueil de positions du point sur les axes X et Y de l'écran tous les 50 millièmes de seconde.

Le fonctionnement de l'appareil était d'abord expliqué au sujet à qui on indiquait, à l'aide d'une démonstration, comment obtenir le tracé demandé. La consigne était de tracer la droite « le plus vite possible tout en restant le plus possible à l'intérieur des lignes-guides ». Huit essais consécutifs avec des mouvements parallèles étaient demandés à l'enfant.

Ils étaient suivis de quatre essais avec des mouvements en miroir dans le cas de la condition « même vitesse » (droite de pente 1), condition pour laquelle nous avons observé une diminution de la différence entre mouvements en miroir et mouvements parallèles avec l'âge (Fagard, 1987). La droite de pente 1 était toujours demandée en premier, les enfants étant facilement découragés lorsqu'ils commencent par la droite de pente 1/2.

Les mesures

Nos critères de performance étaient le temps mis par le sujet pour tracer la droite (T, en secondes) et la précision, mesurée par la longueur du tracé hors des lignes-guides (longueur d'erreur: LE, en centimètres). Nous avons également mesuré le couplage intermanuel, estimé par l'intercorrélation entre les accélérations des deux mains à la droite de pente 1. L'intercorrélation a été calculée entre l'accélération de la main droite à chaque instant t0 et l'accélération de la main gauche à l'instant t0 +/– N échantillons temporels (N allant de 0 à 5). De cette façon l'intercorrélation a été calculée pour des décalages allant jusqu'à + ou – 250 millièmes de seconde. Les accélérations des mains droite et gauche ont été obtenues à partir des mesures successives du déplacement du point sur l'axe contrôlé par la main correspondante.

L'importance des contraintes de symétrie a été évaluée par la comparaison entre la réalisation du tracé avec des mouvements en miroir et avec des mouvements parallèles : ce calcul ne concerne donc que la condition même vitesse (droite de pente 1). Le rôle de la main préférée a été mesuré par l'importance de la déviation de l'erreur vers l'axe contrôlé par la main préférée pour la droite de pente 1, lorsque le sujet est censé tourner les deux manivelles à la même vitesse. Les contraintes de synchronie ont été estimées par la performance à la pente 1/2, pour laquelle les sujets doivent différencier la vitesse de rotation simultanée des deux mains. La capacité d'apprentissage a été évaluée en fonction de l'évolution de la performance du premier au huitième essai.

Des analyses de variance ont été faites sur le temps et la longueur d'erreur aux droites de pente 1 et 1/2, ainsi que sur les valeurs du couplage à la droite de pente 1. Le degré d'apprentissage, calculé sur le couplage des accélérations à la pente 1 et sur la performance à la pente 1/2, a été évalué par une analyse de régression sur les valeurs aux essais successifs.

Les contraintes de symétrie

Les enfants non lecteurs sont moins précis que ceux du groupe contrôle lorsqu'ils tracent la droite de pente 1, pour laquelle les deux manivelles doivent être tournées à la même vitesse. La différence est significative lorsque la tâche est réalisée avec des mouvements parallèles ($F(1,22) = 7.67, p < .05$). Il y a peu de différence de performance entre les deux groupes quand la droite de pente 1 est réalisée avec des mouvements en miroir (*Cf.* figure 1). Une analyse de variance pour deux variables (groupe X type de mouvements) a été faite sur le temps et la longueur d'erreur. Pour le temps l'analyse montre un effet significatif pour le type de mouvements ($F(1,22) = 32.03, p < .01$). Pour ce qui concerne la précision, l'analyse montre un effet significatif pour le groupe ($F(1,22) = 4.95, p < .05$), pour le type de mouvements ($F(1,22) = 10.54, p < .01$) et une interaction significative entre les deux variables ($F(1,22) = 5.91, p < .05$). Ces résultats indiquent que les enfants non lecteurs ont une plus grande différence de performance entre mouvements en miroir et mouvements parallèles, au détriment des mouvements parallèles, que les enfants lecteurs normaux du même âge.

Couplage parfait ou légère asymétrie due à la latéralité ?

Le couplage entre les accélérations des deux mains est plus fort dans le groupe contrôle que dans le groupe d'enfants non lecteurs (cette analyse, comme toutes les suivantes, a porté sur les huit premiers essais réalisés avec des mouvements parallèles, et non sur les quatre derniers essais réalisés avec des mouvements en miroir). L'analyse de variance montre que la différence est significative ($F(1,22) = 7.19$, $p < .05$). Alors que pour les enfants du groupe contrôle ce couplage s'améliore de façon significative avec l'exercice ($r = .79$, $p < .01$), les enfants non lecteurs n'améliorent pas ce couplage et la valeur du couplage diminue même du premier au huitième essai ($r = -.76$, $p < .01$) (*cf.* figure 2).

La tendance à synchroniser les rotations des deux mains ne signifie pas qu'il soit facile de les synchroniser parfaitement. La main préférée tend à dominer et à excéder en vitesse l'autre main. Cela apparaît dans la déviation de l'erreur, estimée par la différence entre la longueur d'erreur vers l'axe contrôlé par la main droite et la longueur d'erreur vers l'axe contrôlé par la main gauche au tracé de pente 1. Dans le groupe contrôle la longueur d'erreur hors des lignes-guides se répartit également de part et d'autre de la bissectrice. Il n'en est pas de même pour les enfants non lecteurs, chez qui les erreurs de tracés se trouvent plus du côté de l'axe contrôlé par la main préférée que du côté de l'axe contrôlé par l'autre main (*cf.* figure 3). Une analyse de variance pour deux variables (direction de l'erreur X groupe) de la longueur d'erreur montre un effet significatif pour la direction de l'erreur ($F(1,22) = 9.78$, $p < .01$), un effet significatif pour le groupe ($F(1,22) = 7.47$, $p < .05$) et une interaction significative entre les deux facteurs ($F(1,22) = 6.29$, $p < .05$).

Contraintes de synchronie et apprentissage

Pour tracer la droite de pente 1/2 les sujets doivent apprendre à différencier la vitesse des deux mains tournant en même temps chacune une manivelle. Les enfants non lecteurs n'ont pas rencontré d'emblée de difficulté majeure à cette épreuve. Leur performance moyenne n'est pas significativement différente de celle des enfants du groupe contrôle. La différence entre les deux groupes se voit lorsque l'on compare non plus les résultats moyens mais l'évolution de la performance avec l'exercice. En effet les enfants du groupe contrôle progressent en temps et en précision du premier au huitième essai (r = .94, p <.01 pour le temps ; r = .78, p <.05 pour la précision). En revanche les enfants non lecteurs n'améliorent pas leur performance avec l'exercice (*cf.* figure 4).

Conclusion

Les enfants non lecteurs sont significativement moins précis que les lecteurs normaux dans une tâche de coordination bimanuelle impliquant des mouvements rotatifs parallèles de même vitesse comme le télécran. Comme chez les enfants tout-venant plus jeunes (5 et 7 ans), on retrouve chez ces non-lecteurs une forte différence entre les mouvements en miroir et les mouvements parallèles, les mouvements en miroir entraînant une meilleure réussite. Cette différence, qui disparaît normalement vers 9 ans (Fagard, 1987), met en évidence l'importance des stéréotypes de base chez les non-lecteurs. Cette meilleure performance des non-lecteurs lorsque les mouvements demandés par la tâche sont en miroir contraste avec les résultats trouvés par Gladstone *et al.* (1989) sur une tâche comparable, au cours de laquelle leurs sujets dyslexiques étaient plus précis avec des mouvements parallèles (« unidirectionnels ») qu'avec des mouvements en miroir (« bidirectionnels »). Cependant, Gladstone *et al.* n'ont donné qu'un seul essai par condition et leur dispositif était tel que la direction du tracé différait suivant les mouvements demandés (vers la droite pour les mouvements parallèles, vers la gauche pour les mouvements en miroir) ; leurs résultats reflètent donc probablement plus des facteurs cognitifs (compatibilité spatiale, compréhension des relations entre les mouvements des mains et le déplacement du traceur) qu'une facilité liée à des stéréotypes moteurs.

Le couplage moindre entre les accélérations des deux mains chez les non-lecteurs comparés aux lecteurs normaux va de pair avec une forte déviation de l'erreur vers l'axe contrôlé par la main préférée. Dans notre tâche de tracé, l'asymétrie manuelle est donc plus forte chez les enfants non lecteurs, comme cela a été observé sur des tâches différentes par Annett et Kilshaw (1984).

Lorsque la tâche bimanuelle nécessite un découplage de la vitesse des deux mains pour créer une synergie où une main va deux fois plus vite que l'autre, le handicap des enfants non lecteurs ne se voit pas d'emblée. Le premier essai suivant de près la consigne est réussi de façon comparable aux sujets du groupe contrôle. Mais, contrairement à ce qui se passe chez les enfants lecteurs normaux, on n'observe pas d'amélioration avec l'exercice lors des essais suivants. L'amélioration de la performance, témoin de l'ajustement progressif et de la stabilisation du programme moteur, nécessite la prise en compte des rétroactions visuelles pour la correction des erreurs ainsi que l'alternance entre des phases de mouvements balistiques anticipateurs et des phases de corrections par analyse des erreurs. Il semble que cela soit particulièrement difficile pour les enfants non lecteurs. Dans des conditions d'expériences différentes, Nicolson et Fawcett (1990) ont également observé une difficulté des enfants dyslexiques à automatiser une habileté motrice comme le maintien d'un équilibre au cours d'une double tâche.

Ces résultats vont dans le sens d'autres travaux ayant montré, avec des épreuves différentes, des difficultés de coordination bimanuelle chez des enfants souffrant d'un grave retard dans l'apprentissage de la lecture (Badian et Wolff, 1977 ; Glastone, Best et Davidson, 1989 ; Klicpera, Wolff et Drake, 1981 ; Wolff, Cohen et Drake, 1984). La facilité relative des mouvements en miroir, le couplage relativement faible entre les accélérations des deux mains se traduisant par une déviation de l'erreur vers l'axe contrôlé par la main préférée, et enfin le peu de progrès avec l'exercice quand les deux mains doivent tourner à des vitesses différentes, tous ces indices pourraient signifier qu'au moins au niveau de l'utilisation et sans présumer des structures sous-jacentes, les interactions interhémisphériques ne sont pas aussi développées chez les enfants non lecteurs que chez les lecteurs normaux du même âge.

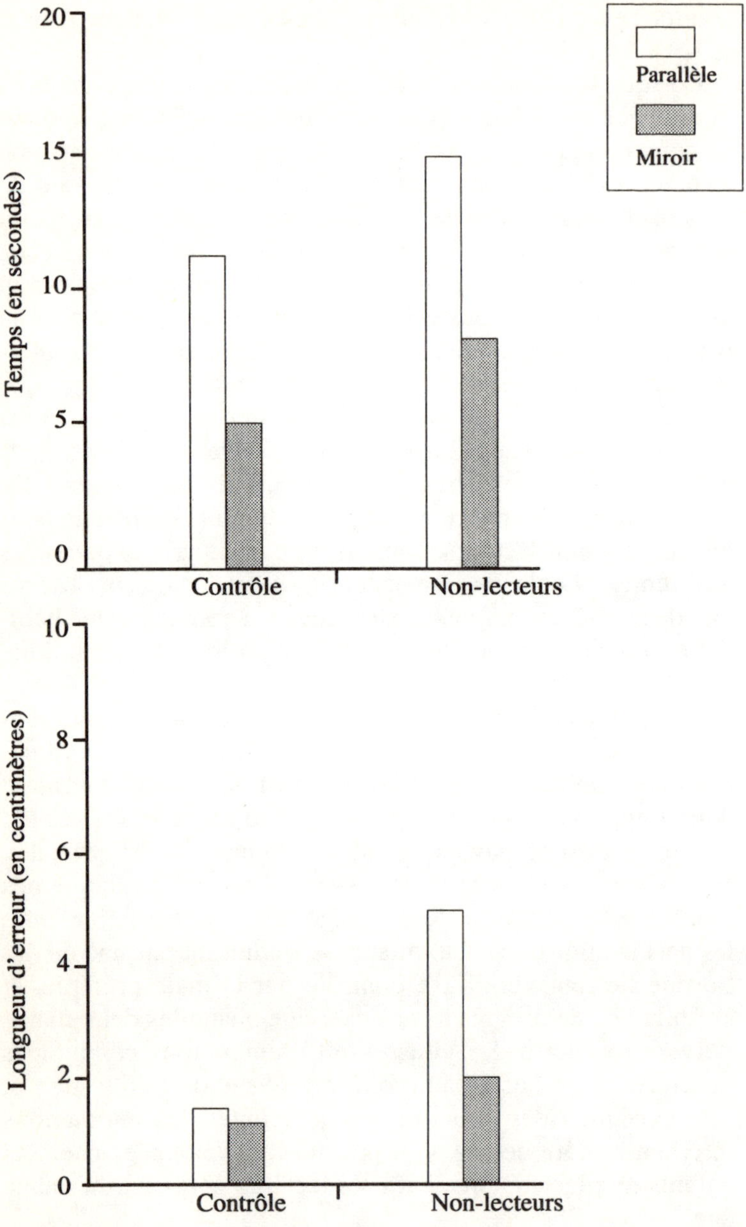

Figure 1 : Vitesse et précision avec des mouvements parallèles et avec des mouvements en miroir quand les deux mains doivent aller à la même vitesse.

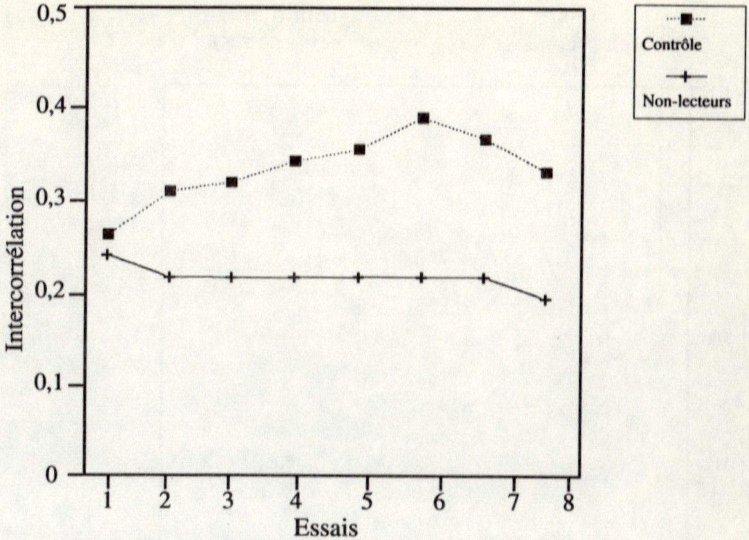

Figure 2 : Évolution du couplage entre les accélérations des deux mains avec des mouvements parallèles en condition « même vitesse ».

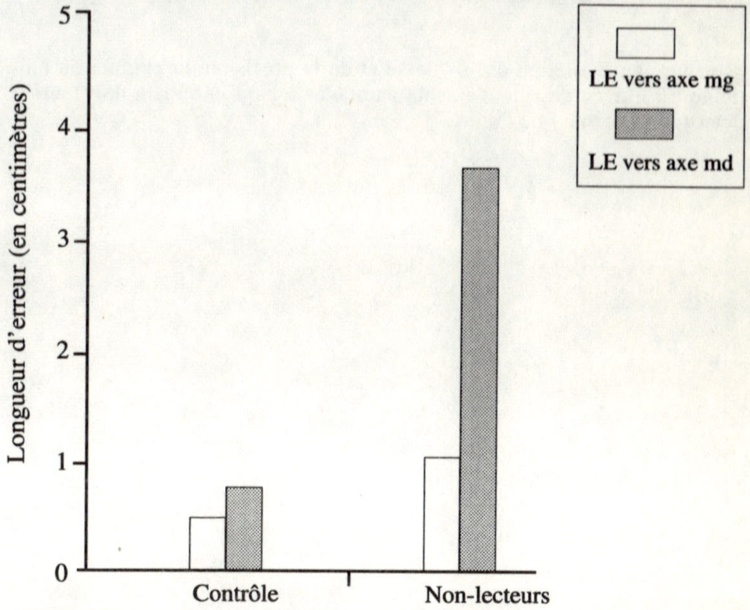

Figure 3 : Déviation de l'erreur de chaque côté de la bissectrice avec des mouvements parallèles en condition « même vitesse ».

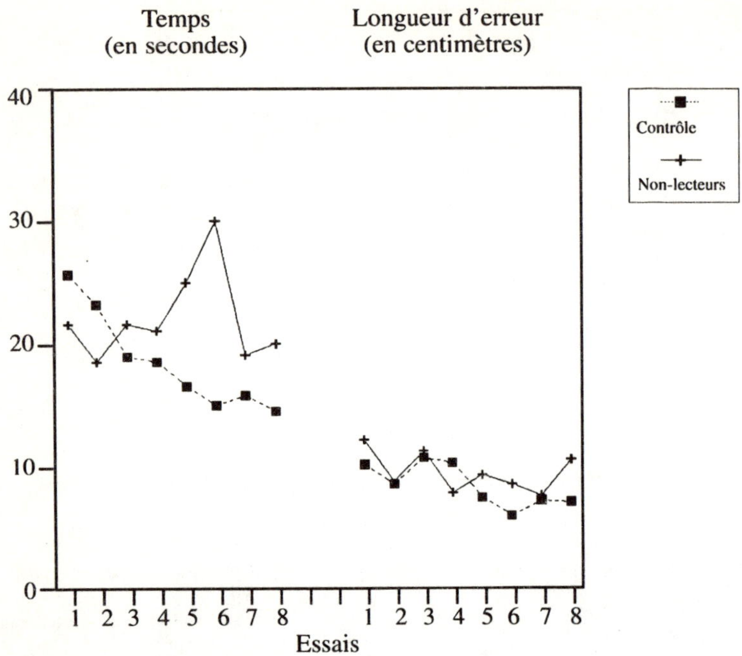

Figure 4 : Évolution de la vitesse et de la précision du premier au huitième essai avec des mouvements parallèles lorsqu'une main doit tourner deux fois plus vite que l'autre.

CHAPITRE IV

L'ENFANT NON LECTEUR ET L'UTILISATION DE L'ESPACE GRAPHIQUE

Serge Netchine, Rosa M. Perera

Si la construction de l'espace par l'enfant a fait l'objet de nombreux travaux, celle de l'espace graphique donne lieu à un ensemble plus restreint, pour autant qu'elle n'est pas tout simplement confondue avec la première. Parmi les quelques repères importants, citons le travail de Wallon (1959) qui développe l'idée que l'enfant doit se créer des règles « artificielles » afin de passer de son monde environnant tridimensionnel à un monde graphique bidimensionnel. Pour Piaget (1947), l'espace représentatif s'élaborerait entre 2 et 12 ans, après une période (sensori-motrice) où l'espace serait défini par l'action de l'enfant. C'est dans ce cadre que cet auteur situe l'espace graphique, en tant qu'il objective pour lui les représentations mentales : il n'y a donc pas lieu pour Piaget d'accorder à l'espace graphique un statut spécifique.

G. Netchine-Grynberg et S. Netchine (1989), se référant à la conception wallonienne, ainsi qu'à celle de Vygotsky et à leur commune utilisation de la notion d'instrument psychologique, proposent une application de cette perspective à l'étude de l'espace graphique, qu'ils définissent comme « un espace qui contient des figurations, des symboles ou des signes, [...] un espace significatif, élaboré par l'être humain, pour être médiateur de significations. Comme le langage, il est normé en cela même qu'il est conventionnel et n'existe que par des apports culturels et transmissions sociales ».

Ce travail avec les non-lecteurs se rattache à un ensemble plus étendu d'études (G. Netchine-Grynberg et S. Netchine, 1989 ; Beziat, 1989 ; Perera, 1988) dont la visée commune est de montrer que l'apprentissage d'un système de transcription grapho-phonétique, souvent identifié aux débuts du processus d'acquisition de la lecture et de l'écriture, implique des préalables.

À côté de ceux, les plus étudiés, qui portent sur les caractéristiques du langage parlé et de sa maîtrise (*cf.* les travaux sur la valeur prédictive des capacités de segmentation des mots et des structures phonologiques chez les jeunes prélecteurs, Rieben et Perfetti, 1987) doivent figurer ceux, moins souvent considérés, qui concernent la constitution d'un système de saisie et de production de sens appuyé sur l'usage de relations spatiales. Un tel système comporte deux catégories de règles : celles de *mise en page* (règles qui assurent la disposition des signes graphiques sur le support) ; celles de *mise en texte* (qui concernent directement l'organisation sémantico-syntaxique : directionalité, connexité et segmentation des éléments, etc.) (*cf.* Netchine-Grynberg, S. Netchine, N. Duffourg, 1992).

Les premières expériences, qui ont porté sur des enfants prélecteurs fréquentant l'école maternelle, ont montré que si certaines des règles sont précocement acquises, d'autres ne le sont encore que rarement et fragmentairement à la fin de l'école maternelle. C'est pourquoi la recherche a été étendue à de jeunes écoliers de CP, CE1, CE2, CM1, 16 sujets par groupe d'âge. Le même paradigme expérimental a été appliqué aux non-lecteurs (groupe de 10 sujets), la question posée étant : les non-lecteurs sont-ils assimilables à des enfants prélecteurs plus jeunes ? Ou leurs performances dans des activités portant sur l'utilisation de l'espace graphique, mais sans recours au système de codage alphabétique, correspondent-elles à celles des enfants de même âge ?

L'épreuve

Le propos est donc ici de déceler certaines composantes des activités relatives au langage écrit qui se distinguent du maniement du codage alphabétique. La tâche proposée vise à faire manipuler, pour transmettre des significations, des signes graphiques évoquant directement des objets ou des relations spatiales, que l'on peut nommer pictogrammes ou logogrammes ; il s'agit de pictogrammes arbitraires qui ne présentent pas d'analogie figurale avec les objets et les relations évoquées, et qui sont les suivants :

6 pictogrammes représentant les objets	4 pictogrammes représentant les relations spatiales

la caisse

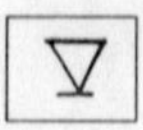
le tabouret

la table

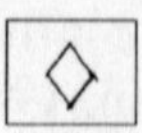
le sapin

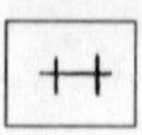
la balançoire

le mur

est sur

est sous

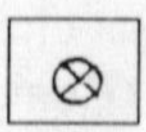
est devant

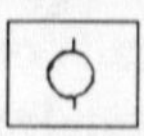
est derrière

Il n'a pas été proposé aux enfants de logogrammes correspondant au verbe « être » compte tenu de sa faible charge sémantique (Langacker, 1987).

L'activité demandée à l'enfant consiste à transcrire, à l'aide de ces signes, après avoir entendu un récit lu par un adulte, des propositions extraites de cette narration, évoquant chacune une relation de position entre deux objets. Les signes sont inscrits sur des cartes séparées qui peuvent être disposées sur le support d'une feuille de papier. Ainsi est contournée au maximum la composante graphomotrice.

L'épreuve comporte les phases suivantes :

– une première phase, dite de familiarisation, où l'enfant s'exerce à des opérations de transcription ;

– une deuxième, où il écoute l'histoire ;

– dans la troisième, l'enfant apprend un vocabulaire d'une dizaine de pictogrammes ;

– enfin, on prélève dans l'histoire successivement, plusieurs propositions comportant l'énoncé des relations spatiales telles que : « Le tabouret est sur la table » ou « Le sapin est derrière la balançoire », que l'enfant doit représenter.

Quatre relations spatiales sont explorées (« sur », « sous », « devant », « derrière ») à l'aide de huit phrases (donc deux phrases par relation). Au cours de cette élaboration nous relevons le choix des pictogrammes, leur ordre de prise et leur disposition sur le support.

Les résultats

1. Tout d'abord, qu'en est-il de l'apprentissage des pictogrammes ?

Les résultats obtenus chez les prélecteurs avaient confirmé les travaux antérieurs (Bentolila, 1976 ; Ledger et Ryan, 1985 ; Pauchard, 1987) qui s'accordaient sur la capacité des jeunes enfants à apprendre sans difficultés une liste d'une douzaine de termes, à les comprendre et à les utiliser. De fait, dans notre groupe d'enfants d'âge scolaire, aucune difficulté sur ce point ne s'est manifestée. Il en a été de même pour les non-lecteurs, qui ne présentent ni difficultés particulières de compréhension de la consigne, ni perturbation observable de la mémoire.

2. Existe-t-il dans le support une zone privilégiée de placement ? Pour répondre à cette question, nous avons divisé la feuille support en quatre zones qui correspondent à : gauche-haut, droite-haut, gauche-bas, droite-bas.

Zone 1	Zone 2
Zone 3	Zone 4

Si l'on considère pour chacun des groupes le nombre de fois où les enfants ont utilisé les zones décrites pour placer les pictogrammes (indépendamment du type de pictogramme utilisé, relationnel ou non), on observe que la zone privilégiée pour placer les pictogrammes est la zone 1, donc la partie supérieure gauche de la feuille, et cela pour tous les groupes, même celui des non-lecteurs.

Tableau 1 : Pourcentages de pictogrammes placés dans chacune des zones

	CP	CE1	CE2	CM1	NL
Zone 1	15,2	16,5	20,1	20	14
Zone 2	4,7	7,4	6,8	8,7	7,7
Zone 3	4,6	4,1	2,5	4,7	3,5
Zone 4	2,2	3,2	0,8	3,9	1,7

3. Comment des enfants disposent-ils les pictogrammes sur la feuille ? N'importe comment ? En suivant un alignement quelconque ?

En suivant un ordre qui va de « non graphique » à « graphique » nous avons observé différentes dispositions.

a) Dans le cas d'une superposition des pictogrammes, on peut considérer que l'enfant s'oriente vers l'utilisation des propriétés physiques de l'espace pour réaliser une figuration analogique de la phrase modèle : « La balançoire est devant le sapin [1]. »

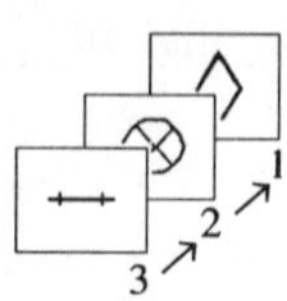

1. La numérotation indique l'ordre selon lequel l'enfant a disposé les pictogrammes avant de les superposer.

b) Une disposition des pictogrammes par alignement correspond à l'emploi d'une règle conventionnelle. Lorsque l'alignement est systématiquement horizontal, la conventionalité de la règle se rapproche du système scriptural.

c) Une étape de plus dans l'adoption du système complet est franchie lorsque l'alignement horizontal est orienté de la gauche vers la droite (dans le cas d'une culture occidentale).

Les petits enfants de 3 ans disposent les pictogrammes de façon aléatoire sur l'axe horizontal, de droite à gauche ou de gauche à droite, et ils posent les éléments graphiques surtout au centre de la feuille. À 4 ans les enfants sont à la recherche d'autres modes de représentation : on observe l'empilement et l'alignement vertical. À 5 ans, on observe autant d'alignements horizontaux que verticaux (d'après les données de Beziat-Matte et Maréchal, 1989).

La superposition des pictogrammes est minoritaire à tout âge, très faible en CP (1 seul enfant superpose les pictogrammes pour représenter quatre phrases) et au CE1 (1 enfant l'utilise pour deux phrases) et s'accompagne de la non-utilisation du pictogramme relationnel. Elle disparaît définitivement à partir du CE2. Chez les non-lecteurs cependant un enfant utilise la superposition pour représenter les huit phrases, et par ailleurs sans utiliser les pictogrammes relationnels.

Notre travail avec des enfants qui ont plus de 6 ans montre que l'accommodation aux normes du langage écrit se poursuit.

Ce type d'alignement est principalement horizontal à tous les âges, mais cela n'est général qu'au CM1. Les non-lecteurs s'inscrivent entre les enfants de grande maternelle et ceux de CP, tout en étant plus proches des plus jeunes enfants quant à cette variable comme on peut le constater au tableau 2.

Tableau 2 : Pourcentages des alignements horizontaux (toutes phrases confondues)

Groupes	GM	CP	CE1	CE2	CM1	NL
%	61,3	90,6	71,8	93,7	100	66,6

4. Les enfants utilisent-ils tous les pictogrammes, ou bien certains ne sont-ils pas utilisés ? Lesquels ? Qu'en est-il, tout particulièrement, des pictogrammes « relationnels » ?

Les pictogrammes qui représentent les objets sont toujours utilisés par tous les enfants en chacune des phrases, dans tous les groupes d'âge, et de ce point de vue encore les non-lecteurs se comportent comme les enfants tout-venant.

En revanche, les pictogrammes relationnels, qui représentent donc ici les relations spatiales, sont fréquemment oubliés, et leur utilisation varie en fonction des groupes, comme on peut l'observer sur le tableau 3.

Tableau 3 : Pourcentages de pictogrammes relationnels utilisés dans chaque groupe

Groupes	CP	CE1	CE2	CM1	NL
%	56,25	75,78	100	100	63,8

Les enfants plus petits sont plus irréguliers quant à l'utilisation des pictogrammes relationnels, et on a pu remarquer par exemple qu'un même enfant utilise le pictogramme relationnel dans cinq phrases et l'oublie dans les trois autres.

L'utilisation des pictogrammes relationnels augmente avec le niveau scolaire et on note qu'au CE2, ceux-ci sont employés à 100%.

Les non-lecteurs se situent entre le groupe de CP et celui de CE1 quant au pourcentage de pictogrammes relationnels utilisés, mais ils sont au niveau des enfants de CE1 quant à la régularité de l'emploi des pictogrammes relationnels. En effet, les enfants plus petits n'ont pas toujours la même stratégie pour représenter les 8 phrases, parfois utilisent les pictogrammes relationnels, parfois seulement les pictogrammes objets, tandis que les non-lecteurs représentent les 8 phrases de la même façon, comme les enfants de CE1.

Conclusion

Ainsi, les non-lecteurs se rapprochent des sujets de même âge quant aux aspects de mémorisation des pictogrammes et de compréhension générale de la tâche. En revanche, ils sont moins performants pour ce qui concerne l'utilisation des pictogrammes relationnels et l'adoption d'alignements horizontaux, pour lesquels ils utilisent moins que les enfants de leur âge ces règles conventionnelles du système d'écriture, en dehors même de toute transcription graphophonétique. On suppose qu'il s'agit là, soit d'un retard dans le processus de construction de l'instrument graphique, soit d'un manque d'intérêt pour son usage, sans toutefois qu'on puisse noter une incapacité majeure, comme c'est le cas dans des activités de lecture portant sur des textes alphabétiques.

Rappelons qu'il s'agit d'une épreuve facile, y compris pour de jeunes enfants, et qu'elle est bien acceptée grâce à son caractère ludique. De plus, l'absence de médiation graphomotrice (pas de stylo ni de crayon) écarte toute allusion excessive à l'écriture. Enfin, il ne s'agit pas non plus d'une tâche de lecture, mais d'une transmission d'un message oral que l'enfant est censé communiquer à un pair.

Plusieurs arguments convergent donc pour expliquer les résultats obtenus qui indiquent une proximité relative des enfants non lecteurs par rapport à des sujets lecteurs de même âge chronologique, tout au moins quant aux aspects de mémoire, de compréhension générale de la tâche et de motivation. Il est d'autant plus remarquable que pour deux aspects relevant de l'usage de règles conventionnelles d'un système d'écriture, l'utilisation des pictogrammes relationnels et l'adoption d'alignements horizontaux, les non-lecteurs ont des résultats proches de ceux des enfants prélecteurs.

On peut se demander si ces enfants en échec grave face à la conversion grapho-phonétique présenteraient encore des difficultés majeures dans l'organisation de l'espace graphique, si on écartait l'exercice même de cette conversion.

2. Lire, écrire, compter

CHAPITRE V

UNE ÉPREUVE DE LECTURE DE MOTS EN CONTEXTE-IMAGE

Comparaisons entre enfants en difficultés sévères d'apprentissage de la lecture [1], bons lecteurs, prélecteurs et novices

Liliane Sprenger-Charolles

Introduction

Trois questions principales, fortement reliées, sont au centre des débats actuels sur la lecture et son apprentissage, à savoir :

– quelles sont les procédures utilisées par les lecteurs pour identifier les mots ?

– comment évoluent ces procédures au cours de l'apprentissage ?

– quel rôle joue le contexte à ce niveau ?

Ces différentes questions peuvent être abordées à partir de l'observation des procédures de lecture mises en œuvre par des lecteurs plus ou moins compétents. On peut en effet supposer que les composantes qui entrent en jeu dans la lecture se structurent différemment selon le niveau d'expertise – ou de maîtrise – du savoir-lire.

---

1. Ces enfants sont appelés « non-lecteurs » dans ce livre, mais nous préférons l'appellation ci-dessus dans la mesure où ils ne se comportent ni comme des prélecteurs qui n'ont pas encore appris à lire, ni comme des lecteurs novices qui commencent l'apprentissage de la lecture.

Les différentes « voies » de la lecture

L'enfant qui apprend à lire dans un système d'écriture alphabétique passe par trois étapes successives (*cf.* Frith, 1985 ; Morton, 1989 ; Seymour, 1986. Pour une présentation en français, on peut consulter : Seymour, 1993, in Jaffré *et al.* ; Rieben et Perfetti, 1989 ; Sprenger-Charolles, 1992). La première étape, qui est une étape de prélecture, est dite logographique. Dans cette étape, les traits pertinents pour l'identification d'un mot sont souvent des indices contextuels, non linguistiques : par exemple, « Coca-Cola » ne sera reconnu que s'il est présenté en rouge et blanc avec sa graphie typique. Outre ces indices contextuels, les enfants ont également recours à des indices visuels relatifs à la forme générale du mot ou à des configurations particulièrement saillantes : ils pourront lire *jupe* parce que *« ça commence comme Julie »*. Cette stratégie de lecture peut même les conduire à penser que « bicyclette » c'est VTT parce qu'il y a deux *t*. Sur cette base se constitue un vocabulaire visuel dont l'étendue reste extrêmement limitée.

La seconde étape est dite alphabétique. En s'appuyant sur leurs connaissances des lettres de l'alphabet, les enfants utilisent d'abord les relations entre lettres et sons pour lire, mais également pour écrire : par exemple, « pays » sera écrit *pi*. Dans un second temps, ils prennent en compte les relations plus complexes entre graphèmes et phonèmes. La lecture par médiation phonologique est donc sensible à la régularité orthographique des items : des mots réguliers comme « fable » ou « bouche » seront lus correctement, à la différence des irréguliers, pour lesquels on observera des erreurs de régularisation (« album » lu *albüm* voire *albû*).

Cette modalité de lecture permet de lire des mots nouveaux qui n'ont jamais été rencontrés et, par là, de renforcer les connaissances des relations entre orthographe et phonologie. Elle conduit cependant à produire des erreurs pour les mots irréguliers. Aussi, dans une dernière étape développementale, des modalités orthographiques de traitement vont se substituer progressivement, mais pas totalement, aux modalités alphabétiques. Les mots fréquents réguliers et irréguliers sont reconnus directement sur leur seule base orthographique – par voie directe – alors que les mots rares, tout comme les pseudo-mots, sont lus par médiation phonologique – par voie indirecte. Cette dernière étape développementale est celle de la lecture « experte ».

Quel rôle joue le contexte ?

Pour le lecteur expert, les mécanismes d'identification des mots ne sont pas immédiatement influencés par le contexte linguistique. C'est ce que montrent les résultats d'une expérience célèbre réalisée par Swinney (1979 ; voir également Fodor, 1983), qui comportait une tâche de décision lexicale : les sujets devaient dire si ce qu'on leur montrait était un mot. Les mots sélectionnés étaient reliés à l'un des deux sens d'un item ambigu présenté dans un contexte désambiguïsateur. Par exemple, s'il était question d'un « charcutier » et de « farce », les mots sur lesquels portaient la décision lexicale pouvaient être « salée », « drôle », ou le pseudo-mot « dutre ». Un de ces trois items apparaissait ensuite dans deux conditions : immédiatement après l'item ambigu ou après un court délai, de l'ordre du quart de seconde. Pour évaluer les biais contextuels, on a comparé le temps de réponse pour les différents items. Si le contexte avait une influence immédiate, on aurait dû observer, dans les deux conditions, des temps plus courts pour « salée » que pour « drôle ». En fait, dans la première condition, on a observé une diminution du temps de réponse pour tous les mots – comparativement aux non-mots – qu'ils soient reliés à l'un ou à l'autre des deux sens de l'item ambigu. Mais après un court délai, cet effet facilitateur pour les mots devient sélectif : il n'existe plus que sur le sens filtré par le contexte, en l'occurrence « salée ».

Ces résultats peuvent s'interpréter dans le cadre du modèle de Swinney, qui est largement utilisé par Fodor dans son argumentation sur la modularité. Dans un premier temps, les sujets effectuent très rapidement – en moins d'un quart de seconde – une identification de l'item ambigu qui n'est pas perméable aux effets contextuels, et cette opération transitoire, parce que automatique, ne laisse aucune trace en mémoire. C'est uniquement dans un second temps, immédiatement après l'identification, qu'interviennent les biais contextuels permettant de sélectionner le sens de l'item ambigu adéquat par rapport au contexte.

Les résultats de Swinney portent sur des lecteurs experts. Or, les effets du contexte varient en fonction du niveau de lecture des sujets. Ainsi, on a pu montrer que les mauvais lecteurs (prélecteurs, novices, enfants en difficultés sévères d'apprentissage de la lecture) sont plus dépendants du contexte que les experts (voir Perfetti *et al,* 1979 et 1981 ; Perfetti, 1985 ; Stanovich, 1979 et 1980 ; et, pour une présentation en français, Morais, 1993 ; in Jaffré *et al.*) : par exemple, s'il est question d'une « aronge » dans un panier de fruits, les bons lecteurs liront d'abord ce qui est écrit, puis corrigeront leur réponse alors que les mauvais lecteurs ne percevront pas la « coquille ».

L'hypothèse d'un « processus interactif compensatoire », (*cf.* le modèle de Stanovich, 1980 et 1986) permet de rendre compte de ce phénomène : le niveau de lecture n'est pas déterminé par les capacités d'anticipation des sujets ; ce sont plutôt les difficultés d'identification des mots qui entraînent un plus grand recours à des anticipations contextuelles. Cette hypothèse nécessite une différenciation entre deux types de processus : des processus « automatiques » et des processus « attentionnels ». Les premiers sont rapides, économiques (par rapport à la charge de traitement demandée) et non sensibles aux effets d'inhibition contextuelle. À l'inverse, les processus attentionnels sont plus lents, plus coûteux et sensibles aux effets du contexte.

Le recours à l'un ou l'autre de ces deux types de processus permet d'expliquer les différences de résultats entre lecteurs plus jeunes et/ou moins habiles et lecteurs confirmés. Les premiers n'ont pas encore totalement automatisé les procédures d'identification des mots, si bien qu'ils ont recours, de façon compensatoire, à des processus attentionnels – ce qui peut également expliquer leur lenteur. Cette catégorie de lecteurs est donc plus sensible aux effets du contexte que les experts.

Mais la mise en œuvre des processus attentionnels implique, par rapport aux processus automatiques, une surcharge de traitement. Aussi les lecteurs moins habiles, qui utilisent le contexte pour identifier les mots, ont moins de ressources disponibles pour traiter le contexte à des niveaux plus globaux. À l'inverse, les bons lecteurs, en raison du fait qu'ils ont automatisé les procédures d'identification des mots, pourront orienter leurs ressources cognitives vers d'autres tâches, en l'occurrence les tâches de compréhension [2].

C'est sur ces différentes questions que porte le présent chapitre qui a pour objectif de décrire les types de stratégies d'identification de mots mises en œuvre, préférentiellement, par des enfants en difficultés persistantes d'apprentissage de la lecture. L'étude porte plus spécifiquement sur la comparaison des résultats de ces enfants avec ceux de trois autres groupes : des bons lecteurs, des novices qui commencent l'apprentissage de la lecture et des prélecteurs, qui n'ont pas encore appris à lire.

Première comparaison : enfants en difficultés d'apprentissage de la lecture et enfants bons lecteurs [3]

Introduction

Pour observer le type de procédures mises en œuvre – spontanément – par les enfants, il nous fallait trouver une situation de lecture qui induise le moins possible un recours sélectif à certains modes de traitement. Nous avons en conséquence éliminé la lecture à haute voix, qui peut conduire à privilégier le décodage, tout comme l'utilisation de mots dégradés présentés

2. Les résultats contradictoires obtenus par Goodman (1976) s'expliquent par une non-différenciation du rôle du contexte dans la reconnaissance des mots et dans la compréhension : les bons lecteurs ayant recours au contexte dans le second cas, de façon plus performante que les mauvais lecteurs, et surtout sans rigidité, mais pas dans le premier.

3. La première partie de cette étude a également été publiée dans Rieben et Perfetti, 1989, 1991. L'épreuve utilisée dans cette étude a été élaborée par A. Khomsi.

dans des phrases, qui peut entraîner une prédominance des stratégies d'anticipation contextuelle. En outre, ne pouvant aborder avec les enfants en difficultés graves d'apprentissage de la lecture la question du rôle du contexte dans l'identification de mots en utilisant des écrits longs, nous avons élaboré une épreuve de lecture de mots en contexte-image. Ce choix se justifie par le fait que le mot est la plus petite unité de la langue ayant un sens que peuvent « lire », sans échec massif, les enfants en difficultés sévères d'apprentissage de la lecture et les prélecteurs.

L'ÉPREUVE PROPOSÉE

Il s'agit de l'épreuve de lecture de mot en contexte : on présente aux enfants un petit dessin sous lequel est écrit un mot. Ils doivent dire si le mot qui est sous le dessin est bien le bon mot. Deux types d'items peuvent se présenter : la dénomination est erronée soit sur le plan graphique soit au niveau sémantico-contextuel. Pour les items de la première catégorie, les perturbations graphiques ont pour origine une modification portant sur une seule lettre (« pantalin » pour pantalon). Dans le cas des perturbations sémantico-contextuelles, on trouve, à la place de la dénomination exacte de ce qui figure sur l'image, un mot appartenant au même réseau sémantique mais qui n'entretient pas une relation de synonymie avec l'item-cible : par exemple le mot « limace » sous le dessin d'un escargot. Cette seconde catégorie d'items ne comporte que trois occurrences afin de ne pas privilégier les stratégies auxquelles semblent avoir recours massivement les lecteurs en difficulté.

Nous avons donné le nom de « pseudo-logatomes » aux items de la première catégorie – le choix de cette dénomination s'expliquant par le fait qu'il s'agit de suites de lettres qui n'existent pas en tant que mots de la langue (d'où logatomes), tout en étant proches d'un mot de la langue – et appelé « pseudo-synonymes » les seconds.

Les enfants passent l'ensemble de l'épreuve individuellement. On leur présente une à une les cartes sur lesquelles se trouvent la dénomination et l'image. Ils doivent regarder les cartes et dire, sans lire à haute voix, si l'item qui est sous l'image est le bon mot. Dans le cas d'une réponse négative, une justification est systématiquement demandée. De même, et ceci afin de vérifier si les sujets effectuent correctement la tâche, lorsque les réponses positives erronées semblent trop nombreuses, on demande de préciser, après avoir retourné la carte, ce qui était écrit.

Nous avons décompté le nombre de pseudo-logatomes et de pseudo-synonymes refusés par les enfants ainsi que le type de justification accompagnant ces refus. Sont considérées comme étant des justifications pertinentes les détections précises d'erreurs graphiques accompagnées de corrections adéquates, ainsi que les corrections erronées sur le plan orthographique qui aboutissent à la production d'un homophone : par exemple, « péléphone » c'est « doublement faux, il faut un *t* au début et un *f* au milieu ». Nous avons également calculé le nombre de fausses justifications sémantiques pour les pseudo-logatomes refusés par les enfants parce qu'ils ne correspondent pas à leur attente : rejet de « binyclette » motivé par le fait qu'il n'y a pas écrit *vélo*. Par ailleurs, et dans la mesure où pour certaines réponses positives erronées, nous avons demandé aux enfants de nous dire le mot qui était écrit, nous avons, en plus, calculé le nombre de paralexies sémantiques : par exemple, acceptation de « tampourin » accompagnée par la production du mot *tambour*.

NOS HYPOTHÈSES

Cette épreuve vise à laisser chaque lecteur utiliser les procédures dominantes dans son comportement habituel. Les enfants doivent donc se constituer une représentation de la tâche (vérification sémantico-contextuelle et/ou orthographique) qui peut évoluer en cours de passation. Outre la dominance de certains types de procédure, les changements de procédure en cours de passation, ou la systématicité du comportement sont également observés.

Si on se situe dans la perspective des recherches présentées en introduction de ce chapitre, on devrait observer que les enfants en difficultés sévères d'apprentissage de la lecture, tout comme les prélecteurs, voire les novices, auront massivement recours à des anticipations sémantico-contextuelles pour identifier les mots. Ils utiliseront le contexte-image pour produire une réponse et ne vérifieront que de façon très globale l'adéquation de cette anticipation. En conséquence, on peut prédire que ces sujets détecteront les perturbations sémantiques (les pseudo-synonymes) en utilisant des procédures de reconnaissance globale des mots. En revanche les erreurs graphiques (les pseudo-logatomes) ne devraient pas être décelées par eux, sauf dans les cas où les modifications portent sur des éléments saillants. En outre, on devrait constater, chez les enfants en difficultés sévères d'apprentissage de la lecture, une certaine rigidité dans leurs réponses.

Les enfants

La population était composée au départ de deux groupes d'enfants de même âge ayant des niveaux contrastés de lecture : des enfants en difficultés sévères d'apprentissage de la lecture et un groupe de bons lecteurs. Ce type de comparaison pose un certain nombre de questions. En particulier, les différences de résultats qu'il est possible d'observer entre des populations constituées de sujets de même âge, ne se distinguant que par leurs performances en lecture, peuvent n'être justement que la conséquence du non-apprentissage de la lecture. Ce type de comparaison n'aurait donc qu'un faible – voire même aucun – pouvoir explicatif. Pour cette raison, nous avons, dans un second temps, fait passer l'épreuve de lecture de mots en contexte-image à des enfants scolarisés en début de CP (janvier) qui en début d'apprentissage, ont un niveau de lecture que l'on peut approximativement comparer à celui des enfants en difficultés d'apprentissage de la lecture. Ces enfants, qui sont suivis dans le cadre d'une étude longitudinale, avaient également passé l'épreuve en fin de grande section de maternelle ; à cette époque, ils ne savaient pas lire.

La population des enfants en difficultés persistantes d'apprentissage de la lecture comporte 21 des enfants appartenant au groupe des non-lecteurs et celle des bons lecteurs 21 sujets approximativement de même âge (respectivement, 10 ans 1 mois et 9 ans 4 mois). Ces derniers n'ont pas eu de difficultés particulières au cours des premiers apprentissages de la lecture et sont considérés par leurs instituteurs comme étant de bons lecteurs. Ils ont été également scolarisés en français depuis la classe maternelle et la composition sociologique de ce groupe est similaire à celle du groupe précédent.

Nous présenterons dans un premier temps les résultats des enfants en difficultés sévères d'apprentissage de la lecture et des bons lecteurs. Dans la mesure où les prélecteurs et les novices ont passé une version remaniée de l'épreuve de lecture de mots en contexte-image, les résultats de ces enfants seront présentés dans un second temps.

Résultats et discussion

Résultats quantitatifs

Le tableau 1 présente les pourcentages moyens de réponses correctes (réponses négatives) et de justifications pour les réponses correctes : justifications correctes, justifications sémantiques et autres justifications. Sont également indiqués les pourcentages moyens de paralexies sémantiques pour les réponses erronées (réponses positives).

Tableau 1 : Enfants en difficultés sévères d'apprentissage de la lecture et bons lecteurs (pourcentages de justifications par rapport au nombre total de réponses)

Types de réponses	Pseudo-logatomes (N15)		Pseudo-synonymes (N3)	
	DAL (21)	Bons lecteurs (21)	Dyslexiques (21)	Bons lecteurs (21)
Réponses correctes	37 %*	97 %	81 %	79 %
Justifications correctes	12 %*	96 %	38 %*	79 %
Justifications sémantiques	15 %*	0,6 %	–	–
Autres justifications	10 %	0,3 %	43 %	0 %
Paralexies sémantiques	10 %*	0,3 %	8 %	0 %

* = t significatif à .01 ; DAL = enfants en difficultés d'apprentissage.

Ce tableau nous permet de constater que la différence entre la détection des pseudo-logatomes et des pseudo-synonymes est importante chez les enfants en difficultés sévères d'apprentissage de la lecture : seulement 37% de bonnes réponses dans le premier cas, contre 81% dans le second. En revanche, les bons lecteurs refusent tous les pseudo-logatomes (97%), et presque tous les pseudo-synonymes (79%).

En outre, on peut observer chez les bons lecteurs, mais pas dans l'autre groupe, une correspondance presque totale entre le nombre des bonnes réponses et celui des bonnes justifications. Cette tendance est surtout marquée pour les pseudo-logatomes. En effet, les enfants en difficultés sévères d'apprentissage de la lecture justifient correctement un peu moins du tiers de leurs réponses correctes pour ces items, alors que pratiquement la moitié des rejets de pseudo-synonymes sont accompagnés de justifications pertinentes : 12% de justifications correctes pour 37% de bonnes réponses dans le premier cas et 38% de justifications correctes pour 81% de bonnes réponses dans le second. De plus, les enfants en difficultés sévères d'apprentissage de la lecture produisent 15% de fausses justifications sémantiques pour les pseudo-logatomes. On constate également chez ces sujets un nombre élevé de paralexies sémantiques : 10% pour les pseudo-logatomes et 8% pour les pseudo-synonymes. Les erreurs sémantiques (paralexies et justifications sémantiques) sont au contraire quasi inexistantes dans la population des bons lecteurs.

Les enfants en difficultés sévères d'apprentissage de la lecture ne détectent donc que rarement les erreurs graphiques. Ils sont en revanche plus sensibles aux erreurs sémantiques. Les bons lecteurs ont globalement un score de réussite supérieur, avec un repérage presque total des erreurs graphiques et une détection un peu plus faible de la non-adéquation sémantique de la dénomination par rapport à l'objet représenté.

Analyse qualitative des résultats des enfants en difficultés sévères d'apprentissage de la lecture

Détection des pseudo-logatomes

Certains sujets refusent – ou acceptent – des pseudo-logatomes simplement en fonction de leur image globale. Par exemple, Martin accepte *escalir* (mis à la place de *escalier*) en annonçant qu'il connaît ce mot « par cœur ». Cet enfant, tout comme Raoul qui argumente son refus d'*aupomobile* par le fait que le nom *voiture,* qu'il a « déjà vu », n'est pas « aussi long que ça », utilise essentiellement une image globale du mot pour vérifier si l'item écrit correspond bien à celui qu'il a anticipé via l'image.

D'autres se contentent de juxtaposer les résultats de l'anticipation de la dénomination via l'image à ceux d'un décodage partiel, ce qui entraîne une certaine incohérence dans les réponses. Ainsi, Abel, après avoir essayé de lire à haute voix, malgré la consigne, *pâ, pa* (pour « lampasaire ») dit que « c'est bon : *lampe* ».

La vérification de l'adéquation des anticipations peut également s'effectuer à partir du repérage de quelques indices graphiques prélevés dans les mots écrits. Pratiquement tous les enfants en difficultés sévères d'apprentissage de la lecture ont recours à cette stratégie. Le plus souvent, ce sont les premières lettres des items qui sont utilisées. Par exemple, les pseudo-logatomes « binyclette » et « aupomobile » sont fréquemment refusés par ces enfants parce qu'ils ne commencent pas par *v* (le *v* de *voiture* et de *vélo*), alors que, pour « lampasaire » et « tampourin », la présence de lam et de tam leur permet de dire qu'il s'agit bien du bon mot : en l'occurrence *lampe,* voire même *lumière,* et *tambour*. Dans d'autres cas, mais plus rarement, les indices graphiques qui servent à justifier un refus, ou une acceptation, sont prélevés en milieu, ou en fin de mot.

Le cas de Martin illustre l'ensemble de ces problèmes. Tout comme les autres enfants en difficultés sévères d'apprentissage de la lecture, Martin n'arrive pas à utiliser les procédures de lecture par mise en correspondance graphie-phonie, bien que le fait que cet enfant lise à haute voix, malgré la consigne, et en détachant toutes les syllabes, puisse laisser présumer le contraire. Ce n'est là qu'un leurre : le prouve le rétablissement immédiat de la prononciation correcte de l'item-cible dans le cas où le mot comporte une coquille. Ainsi pour « péléphone », Martin lit */te/le/fo/n/* et juge la dénomination correcte. En revanche, cet enfant refuse systématiquement les items « binyclette » ou *aupomobile* en apportant comme justification que « c'est écrit trop long... c'est pas *vélo* » (ou *voiture*).

Le comportement des enfants en difficultés sévères d'apprentissage de la lecture dans la détection des pseudo-logatomes se caractérise donc par la priorité accordée à des anticipations contextuelles dont certaines s'appuient sur une simple reconnaissance globale des mots alors que d'autres mettent également en œuvre des procédures de lecture par mise en correspondance partielle graphie-phonie. Dans presque tous les cas, lorsqu'il y a non-correspondance entre le mot attendu et celui qui est réellement écrit, l'item sera refusé. Les pseudo-logatomes acceptés sont ceux qui ressemblent partiellement au mot anticipé.

Traitement des pseudo-synonymes

Les enfants en difficultés sévères d'apprentissage de la lecture détectent 81% de pseudo-synonymes avec, dans 38% des cas, une justification correcte, de type : « Ce n'est pas bon, c'est écrit *limace* alors que sur l'image il y a un escargot. » La correspondance entre les bonnes réponses et les bonnes justifications est donc plus importante que pour les pseudo-logatomes : pratiquement une bonne réponse sur deux est accompagnée d'une justification correcte pour les pseudo-synonymes, contre moins d'une sur trois pour les pseudo-logatomes.

L'analyse des réponses de Christian permet d'envisager une explication plausible de cette différence. Ainsi, alors que cet enfant, à propos de l'escargot dénommé limace peut, relativement rapidement, effectuer un jugement de non-adéquation (« C'est pas bon... c'est pas écrit *escargot*... c'est *limace* »), lorsque à la fin de l'épreuve on lui demande de lire ce qui est écrit en ne montrant que la dénomination – sans l'image – il lui faudra beaucoup de temps pour prononcer */li/mak/*. Il n'est possible d'interpréter ce résultat que si on postule que, dans la mémoire des sujets, les représentations lexicales sont organisées en réseaux : l'anticipation via l'image du terme *escargot* pourrait permettre d'activer des connaissances lexicales sur cette catégorie d'animaux et, par là, d'accéder au mot *limace*. On trouve des constats similaires dans les observations portant sur les alexies acquises (*cf.* entre autres, Weigl et Bierwich, 1976).

ANALYSE QUALITATIVE DES RÉSULTATS DES BONS LECTEURS

Les bons lecteurs s'avèrent capables d'utiliser des procédures de lecture qui leur permettent de repérer pratiquement tous les pseudo-logatomes en apportant toujours des justifications pertinentes. Ils sont également sensibles aux erreurs sémantico-contextuelles. Par exemple, Aurélien dit que « *lampasaire*, c'est doublement faux : c'est mal écrit, il faut un *d* à la place du *s* et, en plus, on dirait pas *lampadaire*, mais *lampe*». Dans le cas des pseudo-synonymes, à la différence des enfants en difficultés sévères d'apprentissage de la lecture, ils proposent souvent plusieurs dénominations. Ainsi, Mathilde suggère de remplacer « botte » par *chaussure*, ou *soulier* ou encore, « comme dit maman », par *talons*. Cette relativisation de la réponse (« on dirait plutôt » ou « comme dit Untel ») se retrouve fréquemment dans la population des bons lecteurs.

On peut interpréter la moins bonne détection des erreurs sémantiques par le fait que les items comportant des erreurs graphiques sont, sur l'ensemble de l'épreuve, plus nombreux. Certains des bons lecteurs ont pu, rapidement, en tirer des conclusions sur la nature de ce qui leur était demandé : il s'agit uniquement de repérer des erreurs graphiques. Dans ce cas de figure, il est évident que le recours à l'image-contexte ne s'avère pas nécessaire pour un sujet qui maîtrise correctement les procédures d'identification des mots. Ce n'est que lorsque les bons lecteurs s'apercevront qu'il y a également des inadéquations entre le dessin et la dénomination qu'ils vérifieront systématiquement, outre la correction graphique de l'item, son adéquation par rapport au contexte-image. De fait, les non-détections d'erreurs sémantiques portent essentiellement sur la première vignette présentée comportant ce type de problème, alors qu'elles sont moins nombreuses, voire quasi inexistantes, à la fin de l'épreuve : 9 non-détections du premier pseudo-synonyme, à savoir « canard » (c'est-à-dire pratiquement 50% d'erreurs), contre 2 pour « botte » et 2 pour « limace ».

Ce phénomène démontrerait que les bons lecteurs ont une certaine capacité d'adaptation : ils utilisent les procédures qui leur semblent le mieux convenir pour résoudre un problème en généralisant rapidement, mais sans rigidité. Cette flexibilité comportementale s'observe également au niveau de la capacité des bons lecteurs à mobiliser un vocabulaire varié, c'est-à-dire à proposer plusieurs substituts lexicaux dans le cas où ils constatent une inadéquation entre la dénomination et l'image.

Observations complémentaires sur les enfants en difficultés sévères d'apprentissage de la lecture

Évolution des réponses en cours d'épreuve

L'analyse de l'évolution des procédures de lecture utilisées par les enfants en difficultés sévères d'apprentissage de la lecture montre qu'il n'y a pas d'amélioration de leurs performances entre le début et la fin de l'épreuve. Le regroupement des résultats par séries de 5 pseudo-logatomes (*cf.* tableau 2) permet même d'observer une baisse du nombre des détections correctes entre le début et la fin du test : 50% en début d'épreuve et moins de 30% en fin d'épreuve. Toutefois un léger changement de stratégie semble intervenir en cours de passation, les sujets ayant tendance à faire moins d'erreurs sémantiques (fausses justifications et paralexies sémantiques confondues) en fin d'épreuve. Cependant cette diminution des erreurs sémantiques s'explique essentiellement par la baisse du nombre des détections correctes de pseudo-logatomes, et elle ne s'accompagne pas d'une augmentation des bonnes justifications, dont le nombre reste à peu près constant : il se stabilise aux alentours de 12%.

Tableau 2 : Évolution des réponses des enfants en difficultés sévères d'apprentissage de la lecture. Résultats regroupés par séries de 5 pseudo-logatomes

Place des PL	Réponses correctes	Justifications*		
		Correctes	Sémantiques	Autres
Début	49,5%	12,5%	24%	13%
Milieu	31,5%	12,5%	8,5%	
Fin	29,5%	11,5%	9,5%	8,5%

* Ces pourcentages sont calculés par rapport au nombre total de réponses.

Ces résultats témoignent des problèmes rencontrés par ces enfants pour vérifier, à la fois, si les items correspondent bien à ce qui est dessiné sur l'image et s'ils sont correctement écrits. Et il semblerait qu'après quelques tentatives de recherche de procédures adaptées à la résolution de la tâche, ces enfants abandonnent, partiellement, la partie.

La population est-elle homogène ?

La plus ou moins grande systématicité du recours à des anticipations contextuelles semble permettre de repérer plusieurs sous-groupes d'enfants en difficultés sévères d'apprentissage de la lecture. En effet, les erreurs sémantiques (fausses justifications et paralexies) ne se répartissent pas de façon identique sur l'ensemble de cette population (*cf.* tableau 3).

Tableau 3 : Résultats par sous-groupes

	Pseudo-logatomes (15)				Pseudo-synonymes (3)	
	RC	JC	JS	PLS	RC	JC
Groupe 1 (15)	39%	8% *	20% *	13%	80%	24% *
Groupe 2 (4)	42%	33%	0%	3%	83%	83%
Ensemble (19) [4]	37%	12%	15%	10%	81%	38%
Bon lecteurs (21)	97%	96%	0,6%	0,3%	79%	79%

* = F significatif à .01
RC = réponses correctes.
JC = justifications correctes (pourcentages par rapport au total des réponses).
JS = justifications sémantiques erronées (pourcentage par rapport au total de réponses).
PLS = paralexies sémantiques (pourcentage par rapport au total des réponses).

Les enfants du premier groupe (15 sujets) forment une population relativement homogène. Ils ne fournissent que peu de justifications pertinentes du refus d'un pseudo-logatome ou d'un pseudo-synonyme : moins d'une sur quatre dans le premier cas et moins d'une sur trois dans le second cas (soit 8% des 39% de réponses correctes pour les pseudo-logatomes et 24% des 80% des réponses correctes pour les pseudo-synonymes). En outre, ils produisent de nombreuses fausses justifications et paralexies sémantiques.

4. Deux sujets ont été exclus de cette typologie parce qu'ils présentent des caractéristiques communes aux deux groupes : comme les enfants du premier groupe, ils produisent un nombre élevé de non-détections pour les pseudo-logatomes et comme ceux du second groupe, ils ne font pas d'erreurs sémantiques.

Les enfants du second groupe (4 sujets) justifient correctement pratiquement tous les rejets d'un item : 100% pour les pseudo-synonymes et 80% pour les pseudo-logatomes. De plus, ils ne produisent que peu de fausses justifications ou de paralexies sémantiques.

Pour les enfants du premier groupe la lecture semble être un jeu de devinette. Les propos tenus par Rémi à la fin de l'épreuve résument bien leur comportement : « Ça sert à rien, je sais pas lire, si j'ai bon c'est parce que j'ai de la mémoire, je connais les mots par cœur, le reste je devine. » Comme le souligne Rémi, les sujets de ce sous-groupe utilisent prioritairement les anticipations contextuelles. Certains peuvent également mettre en œuvre, occasionnellement et partiellement, des stratégies d'analyse des mots, mais l'effort demandé leur semble tellement coûteux qu'ils ne persévèrent pas. En dehors de la généralisation des stratégies d'anticipation, il y a plus de divergences que de convergences, entre les différents sujets de ce sous-groupe et, chez un même sujet, entre les comportements adoptés tout au long de l'examen : rapidité ou lenteur des réponses, présence ou absence de subvocalisation.

Les enfants du second groupe ont des résultats similaires à ceux des bons lecteurs : la différence est, à première vue, plus quantitative (nombre de réponses) que qualitative (nature des réponses). Comme les bons lecteurs, ces sujets s'avèrent capables de justifier correctement pratiquement tous leurs refus, qu'il s'agisse de pseudo-logatomes ou de pseudo-synonymes ; de plus, ils ne produisent presque aucune erreur pouvant s'expliquer par une utilisation rigide des stratégies d'anticipation.

Par ailleurs on peut déceler chez ces 4 enfants la présence de traces de subvocalisation. Ce constat, et l'observation d'un nombre important de justifications pertinentes pour les erreurs graphiques décelées dans les pseudo-logatomes, permet de penser qu'il y a chez ces enfants une utilisation partielle de procédures de lecture par mise en correspondance graphie-phonie. Leur comportement est donc proche de celui des bons lecteurs.

On observe cependant une différence majeure entre ces deux groupes : les sujets du premier groupe, comme l'ensemble des enfants en difficultés sévères d'apprentissage de la lecture, produisent plus de réponses correctes et de justifications pertinentes pour les pseudo-synonymes que pour les pseudo-logatomes. Ils ont donc surtout des difficultés dans le repérage des erreurs graphiques et non dans celui des erreurs sémantico-contextuelles, ce qui n'est pas le cas des bons lecteurs.

En résumé, si on peut différencier deux sous-groupes d'enfants en difficultés sévères d'apprentissage de la lecture en fonction du plus ou moins grand recours aux anticipations contextuelles, il faut cependant reconnaître que les sujets de ces deux sous-groupes se caractérisent, dans l'ensemble, par des difficultés sélectives pour le repérage des erreurs graphiques. Ce sont essentiellement les procédures analytiques qui semblent défaillantes chez ces enfants qui perçoivent relativement bien les inadéquations globales entre le mot écrit et celui qu'ils ont pu anticiper via l'image.

Les enfants en difficultés sévères d'apprentissage de la lecture semblent donc avoir plutôt recours à des procédures globales d'identification des mots, et non à des procédures de lecture par mise en relation graphie-phonie systématique. Cette modalité de lecture constitue pourtant une étape importante dans l'apprentissage de la lecture : les procédures de lecture par médiation phonologique seraient utilisées de façon dominante par les enfants jusqu'à 8 ans. Or les sujets de la population d'enfants en difficultés d'apprentissage de la lecture ont 9 ans et plus.

Seconde comparaison : enfants prélecteurs, enfants novices et enfants en difficultés sévères d'apprentissage de la lecture

Introduction

L'ÉPREUVE PROPOSÉE

En fonction des résultats obtenus par les enfants en difficultés sévères d'apprentissage de la lecture et les bons lecteurs dans l'épreuve de lecture de mots en contexte-image, nous avons élaboré une nouvelle version de ce test qui comporte deux séries d'items-tests. Les items de la première catégorie permettent d'évaluer l'utilisation du critère longueur des mots, et ceux de la seconde, l'utilisation d'indices graphiques saillants. Plus précisément, les items de la première catégorie, au nombre de 5, sont des synonymes moins fréquents et plus longs que le mot utilisé par les jeunes enfants pour désigner ce qui est dessiné sur l'image (par exemple, *bicyclette* pour *vélo, autobus* pour *car* ou *bus, militaire* pour *soldat,* etc. [5]). Il ne s'agit donc pas, comme dans la première version du test, de pseudo-synonymes qui appartiennent simplement au même réseau sémantique que l'item cible. En conséquence, la réponse correcte est « oui » et pas « non ». Les items de la seconde catégorie, au nombre de 12, sont des non-mots construits en changeant la consonne initiale du mot cible (*danane* pour *banane, falise* pour *valise, pavabo* pour *lavabo*). Les mots-tests sont inclus dans une liste comportant des items de remplissage afin d'équilibrer le nombre de réponses positives et négatives.

La méthodologie utilisée est identique à celle de la première expérience. Le décompte des réponses et des justifications a également été effectué selon le même principe que pour le test précédent, la seule différence concerne la demande systématique de justification pour les synonymes quand la réponse est correcte, c'est-à-dire positive.

Les enfants

La population comporte 37 sujets scolarisés en CP qui sont suivis dans le cadre d'une étude longitudinale. Ces enfants ont été vus une première fois en fin de grande section de maternelle. À cette époque, ils ne savaient pas lire : leur niveau de lecture, évalué en fonction des résultats à la BATELEM, était alors équivalent au mieux à celui obtenu par des lecteurs au

5. Trois des cinq mots sélectionnés sont des items, utilisés comme pseudo-logatomes dans la première expérience, pour lesquels les enfants en difficultés sévères d'apprentissage de la lecture avaient produit de nombreuses erreurs sémantiques (paralexies et fausses justifications).

tout début de la première année du primaire (5 éléments lus au maximum). Ces sujets ont comme langue maternelle le français, sont de milieux sociologiques variés excluant les déprivations culturelles majeures, ne sont ni en retard ni en avance sur le plan scolaire, et ne sont pas suivis en rééducation pour des troubles langagiers ou psychologiques. En outre, ils ont un niveau cognitif non verbal moyen à supérieur : situé dans les centiles 50, 75 et 90 d'après les résultats aux matrices de Raven.

Les enfants ont passé à deux reprises l'épreuve de lecture de mots en contexte image : en fin de grande section de maternelle et au mois de janvier en CP, soit après un trimestre d'apprentissage de la lecture. Lors de la première passation, ils étaient prélecteurs, ne sachant pas encore lire ; lors de la seconde, ils étaient lecteurs novices, en début d'apprentissage. Le groupe des novices présente donc des caractéristiques voisines de celui des enfants en difficultés sévères d'apprentissage de la lecture : ils ont approximativement le même niveau de lecture (le niveau de lecture des enfants en difficultés sévères d'apprentissage de la lecture correspondait au mieux à celui d'enfants en milieu de première année de l'école élémentaire), le même niveau cognitif non verbal, et la composition sociologique des deux populations est similaire. Les prélecteurs ont en revanche un niveau de lecture normalement inférieur à celui des enfants en difficultés sévères d'apprentissage de la lecture puisque ces enfants ne savaient pas lire en fin de maternelle.

NOS HYPOTHÈSES

Si les novices, tout comme les prélecteurs, utilisent des stratégies logographiques, on peut s'attendre à observer un nombre important d'erreurs pour les items de la première catégorie dans la mesure où les mots-tests sont plus longs que les synonymes normalement utilisés par les jeunes enfants. En revanche, pour la même raison, les paralexies sémantiques ne devraient pas être nombreuses : un mot comme *bicyclette* pouvant difficilement se confondre avec *vélo*. Si, outre ce critère longueur, les novices tout comme les prélecteurs utilisent des indices graphiques saillants, ils devraient correctement repérer les mots comportant des erreurs graphiques à l'initiale.

Résultats

ENFANTS PRÉLECTEURS ET NOVICES

Le tableau suivant récapitule les résultats obtenus par les prélecteurs et les novices.

Tableau 4 : Résultats des novices et des prélecteurs

Types de réponses	Pseudo-log. (12)	Synonymes (5)
PRÉLECTEURS (37)		
• Réponses correctes	32%	59%
• Justif. correctes*	2%	6%
• Paralexies sémantiques*		34%
NOVICES (37)		
• Réponses correctes	52%	55%
• Justif. correctes*	35%	42%
• Paralexies sémantiques*		3%

* Ces pourcentages sont calculés par rapport au nombre total de réponses.

On peut constater que, pour l'ensemble des pseudo-logatomes, les prélecteurs répondent correctement dans 32% des cas mais avec seulement 2% de justifications correctes. De même, pour les synonymes, ils proposent 59% de bonnes réponses, et 6% de justifications correctes. En revanche, 34% du nombre total des justifications pour ces derniers items sont des paralexies. Ces erreurs montrent que les prélecteurs n'utilisent pas massivement le critère longueur du mot pour identifier ce qui est écrit, puisque cet item est systématiquement plus long que le synonyme qu'ils proposent (*cf.* les paralexies de type : c'est écrit *vélo* ou *voiture* ou *car* alors que la dénomination qui figure sous l'image est respectivement *bicyclette, automobile, autobus*). De plus, les prélecteurs semblent accepter ou refuser ce qui est écrit un peu au hasard, avec toutefois une préférence pour les réponses positives et ce quelles que soient les caractéristiques des items : 59% de réponses positives pour les synonymes, 68% pour les pseudo-logatomes.

Le comportement des novices est différent de celui des prélecteurs. Ces sujets justifient en effet correctement la majeure partie de leurs réponses correctes : 35% des 52% de réponses correctes pour les pseudo-logatomes (soit 67%) et 42% des 55% de bonnes réponses pour les synonymes (soit 76%). En outre, ils ne produisent pratiquement aucune paralexie sémantique pour les synonymes : 3%.

Comparaison des résultats des enfants prélecteurs, des novices, des bons lecteurs et des enfants en difficultés sévères d'apprentissage de la lecture

Il n'est pas possible de comparer véritablement les résultats des enfants en difficultés sévères d'apprentissage de la lecture et ceux des novices et des prélecteurs en raison des différences entre les deux tests utilisés. On peut cependant essayer de cerner quelques tendances qui pourraient permettre de voir si les enfants en difficultés sévères d'apprentissage de la lecture ont des comportements différents de ceux des novices et des prélecteurs ou similaires à ceux obtenus par l'un ou l'autre de ces deux groupes de sujets.

Le tableau suivant récapitule les résultats des quatre groupes d'enfants.

Les résultats des prélecteurs sont quantitativement et qualitativement différents de ceux des bons lecteurs. En effet, ces enfants ne proposent qu'un faible nombre de réponses correctes, et surtout ils ne produisent pratiquement pas de justifications pertinentes.

Mais les prélecteurs ont, pour les pseudo-logatomes et tout au moins pour ce qui concerne le nombre de réponses correctes, des résultats voisins de ceux obtenus par les enfants en difficultés sévères d'apprentissage de la lecture : 32% de réponses correctes pour les prélecteurs et 37% pour les enfants en difficultés sévères d'apprentissage de la lecture. Cependant les prélecteurs proposent moins de justifications pertinentes que les enfants en difficultés sévères d'apprentissage de la lec-

Tableau 5 : Enfants en difficultés sévères d'apprentissage DAL de la lecture, novices, prélecteurs et bons lecteurs

	Pseudo-logatomes (test 1 : 15, test 2 : 12)				Pseudo-synonymes (test 1 : 3) Synonymes (test 2 : 5)			
	Pré-lecteurs (N : 37) test 2	Novices (N : 37) test 2	Efts en DAL (N : 21) test 1	Bon lecteurs (N : 21) test 1	Pré-lecteurs (N : 37) test 2	Novices (N : 37) test 2	Efts en DAL (N : 21) test 1	Bon lecteurs (N : 21) test 1
RC	32%	52%	37%	97%	59%	55%	81%	79%
JC	2%	35%	12%	96%	6%	42%	38%	79%
PLS	–	–	–	–	34%	3%	8%	–

Efts en DAL : enfants en difficultés d'apprentissage de la lecture.
RC = réponses correctes.
JC = pourcentage de justifications correctes par rapport au total des réponses.
PLS = pourcentage de paralexies sémantiques par rapport au total des réponses.

ture : 6% des réponses correctes sont bien justifiées par les prélecteurs contre 32% par les enfants en difficultés sévères d'apprentissage de la lecture. Pourtant les pseudo-logatomes de la seconde expérience ne comportent que des modifications systématiquement localisées à l'initiale des items. L'épreuve proposée aux prélecteurs et aux novices était donc plus facile que celle des enfants en difficultés sévères d'apprentissage de la lecture.

Les résultats des prélecteurs sont voisins de ceux des enfants en difficultés sévères d'apprentissage de la lecture à un autre niveau. En effet, comme ces derniers, ils produisent plus de réponses et de justifications correctes pour les synonymes que pour les pseudo-logatomes. Cependant, les résultats des prélecteurs peuvent n'être qu'une conséquence de la différence de nature des réponses correctes attendues dans les deux cas : réponse négative pour les pseudo-logatomes et réponse positive pour les synonymes (ce qui n'était pas le cas pour le test 1 passé par les enfants en difficultés sévères d'apprentissage de la lecture). Or ces enfants ont tendance à répondre de façon aléatoire, avec toutefois une préférence accordée aux « oui », quelles que soient les caractéristiques des items.

Le meilleur repérage des erreurs sémantiques par les enfants en difficultés sévères d'apprentissage de la lecture peut s'expliquer par le fait que ces sujets, d'une part, auraient acquis une image visuelle globale de certains mots et que, d'autre part, ils auraient des connaissances lexicales plus élaborées que les prélecteurs, plus jeunes qu'eux. Ces connaissances lexicales pourraient leur permettre, à partir de l'anticipation via l'image d'un terme spécifique, d'accéder à un terme sémantiquement relié (par exemple, de « escargot » à « limace »). En revanche, les prélecteurs ne s'avèrent pas capables de passer de « vélo » (voire de VTT !) à « bicyclette » ou de « voiture » à « automobile ». Ces enfants semblent accepter ou refuser ce qui est écrit un peu au hasard, avec une préférence pour les réponses positives. Enfin, le nombre important de paralexies observé chez les prélecteurs montre que ces enfants ne semblent pas s'appuyer massivement sur la forme globale du mot écrit pour produire leurs réponses, puisque ce mot est systématiquement plus long que le synonyme qu'ils proposent le plus souvent. Les prélecteurs, à la différence des enfants en difficultés sévères d'apprentissage de la lecture, n'ont donc pas acquis un vocabulaire visuel global, tout au moins pour les mots de la liste des synonymes proposés dans l'expérience.

Dans l'ensemble, le comportement des enfants en difficultés sévères d'apprentissage de la lecture est donc différent de celui des prélecteurs. Ce résultat est peu surprenant dans la mesure où les prélecteurs ne savent pas encore lire. En revanche, on aurait pu penser que les résultats des enfants en difficultés sévères d'apprentissage de la lecture étaient plutôt proches de ceux des enfants en début d'apprentissage : à savoir les novices.

Or les novices, comme les bons lecteurs, ne font presque aucune erreur pouvant s'expliquer par une utilisation rigide des stratégies d'anticipation. En témoigne le très faible pourcentage de paralexies sémantiques observé pour les synonymes (3%). De plus, les novices, toujours comme les bons lecteurs, produisent un nombre équivalent de réponses correctes pour les pseudo-logatomes et les synonymes et proposent des justifications pertinentes pour la majeure partie de leurs réponses : 35% des 52% de réponses correctes pour les pseudo-logatomes (soit 67%) et 42% des 55% de bonnes réponses pour les synonymes (soit 76%). Le comportement des novices est donc similaire à celui des bons lecteurs, la différence est plus quantitative que qualitative : ces sujets proposent simplement moins de réponses et de justifications correctes que les bons lecteurs.

En revanche, les résultats des novices sont différents de ceux des enfants en difficultés sévères d'apprentissage de la lecture. Ils proposent en effet plus de justifications correctes que ces derniers : 35% contre 12% pour les pseudo-logatomes et 42% contre 38% pour les synonymes. De plus, ils détectent aussi bien les erreurs graphiques que les erreurs sémantico-contextuelles : 52% de réponses correctes dans le premier cas et 55% dans le second, alors que les scores des enfants en difficultés sévères d'apprentissage de la lecture sont respectivement de 37% et 81%. On ne retrouve donc pas, chez les novices, la dissociation observée dans cette population entre le repérage des erreurs graphiques et celui des erreurs sémantico-contextuelles. Le relativement bon résultat obtenu par les novices pour les pseudo-logatomes peut cependant s'expliquer par le fait que les erreurs graphiques étaient systématiquement localisées à l'initiale des items, alors que, dans l'épreuve des enfants en difficultés sévères d'apprentissage de la lecture, les erreurs étaient localisées à n'importe quel endroit du mot.

Les novices ont, dans l'ensemble, des résultats différents de ceux des enfants en difficultés sévères d'apprentissage de la lecture. On peut arguer que cette différence n'est que la conséquence du fait que les novices n'ont pas passé exactement le même test. Cependant, les novices ont des résultats voisins de ceux des bons lecteurs qui ont, pour leur part, effectué le même test que les enfants en difficultés sévères d'apprentissage de la lecture. Ces considérations permettent de penser que les différences observées entre novices et enfants en difficultés sévères d'apprentissage de la lecture ne peuvent pas être simplement attribuées à des différences entre tests.

Discussion générale et conclusion

Ce qui ressort des observations présentées, c'est que les enfants en difficultés sévères d'apprentissage de la lecture ont surtout des problèmes pour repérer les erreurs graphiques, ce qui n'est pas le cas des novices et des bons lecteurs. Cependant les prélecteurs, comme les enfants en difficultés sévères d'apprentissage de la lecture, semblent détecter un peu mieux les erreurs sémantiques mais ce résultat, qui n'est pas quantitativement aussi marqué que chez les enfants en difficultés sévères d'apprentissage de la lecture, peut s'expliquer par la nature des réponses correctes attendues : réponse négative pour les pseudo-logatomes et réponse positive pour les synonymes. Or les prélecteurs ont tendance à répondre de façon aléatoire, avec toutefois une préférence accordée aux « oui » quelles que soient les caractéristiques des items.

Les résultats des enfants en difficultés sévères d'apprentissage de la lecture se différencient également de ceux des bons lecteurs, des novices et des prélecteurs à d'autres niveaux.

Ainsi, pour ce qui concerne la comparaison entre prélecteurs et enfants en difficultés sévères d'apprentissage de la lecture, on a relevé que ces derniers repèrent les inadéquations globales entre l'item qu'ils ont pu anticiper et celui qui est effectivement écrit, ce qui permet de penser que ces sujets ont acquis une image visuelle de certains mots. En revanche, les prélecteurs produisent pour les synonymes un nombre important de paralexies, ce qui montre que ces enfants ne semblent pas s'appuyer massivement sur la forme globale du mot écrit pour répondre puisque ce mot est systématiquement plus long que le synonyme qu'ils ont anticipé via l'image.

Le comportement des enfants en difficultés sévères d'apprentissage de la lecture se différencie également de celui des bons lecteurs et des novices. Les enfants de ces deux groupes, qui ont des performances relativement similaires, justifient en effet correctement la majeure partie de leurs réponses, ce qui n'est pas le cas des enfants en difficultés sévères d'apprentissage de la lecture.

En outre, ces enfants ont un comportement rigide. Cette attitude contraste fortement avec celle des bons lecteurs à deux niveaux. D'une part, les bons lecteurs s'avèrent capables de modifier progressivement leur représentation de la tâche : en témoigne le fait que, dans un premier temps, ces sujets ne relèvent pas les erreurs d'appariement sémantique alors que, dans un second temps, ils s'avèrent parfaitement capables de vérifier à la fois l'adéquation graphique et sémantique des dénominations proposées. D'autre part, dans le cas des pseudo-synonymes, lorsque le mot écrit ne correspond pas à celui qui est dessiné sur l'image, les bons lecteurs proposent souvent plusieurs dénominations, tout en relativisant leurs réponses, par des formules de type : « On dirait plutôt... »

À l'inverse, le comportement des enfants en difficultés sévères d'apprentissage de la lecture n'évolue guère en cours de passation, ils n'ont recours, dans l'ensemble, qu'à un seul type de stratégie, et ils se bloquent sur leurs premières réponses. Ces phénomènes de rigidité, particulièrement sensibles pour ce qui concerne les capacités de mobilisation d'un vocabulaire varié, pourraient avoir comme origine la pauvreté du vocabulaire des enfants en difficultés sévères d'apprentissage de la lecture, qui serait, partiellement au moins, une des conséquences du non-apprentissage de la lecture. Mais il est également possible d'expliquer ce manque de flexibilité par des difficultés linguistiques, et surtout métalinguistiques, plus générales, qui pourraient être une des causes des difficultés d'apprentissage de la lecture.

En résumé, les stratégies de traitement de l'information utilisées par les enfants en difficultés sévères d'apprentissage de la lecture se différencient donc, non seulement de celles des bons lecteurs qui ont approximativement le même âge qu'eux, mais également de celles des novices qui ont pratiquement le même niveau de lecture ainsi que de celles des prélecteurs, qui ne savent pas lire. Ce sont essentiellement les procédures analytiques qui semblent défaillantes chez ces enfants qui perçoivent relativement bien les inadéquations globales entre le mot écrit et celui qu'ils ont pu anticiper via l'image. Les enfants en difficultés sévères d'apprentissage de la lecture semblent donc mettre en œuvre, essentiellement, des procédures globales d'identification des mots. On peut penser que ces stratégies ne sont utilisées qu'à titre compensatoire par ces enfants, pour pallier leur incapacité à mettre en œuvre des procédures d'identification des mots pertinentes et automatisées. Par ailleurs, le comportement des enfants en difficultés sévères d'apprentissage de la lecture se caractérise par une certaine rigidité.

CHAPITRE VI

L'ÉCRIT D'ENFANTS NON LECTEURS

Geneviève Vermès

Aussi surprenant que cela puisse paraître, les enfants non lecteurs écrivent, et investissent même considérablement leur écriture, tout particulièrement celle de leur prénom et de leur nom (Vermès, 1990). Ils ont accepté de réaliser, pour nous, des tâches d'écriture de type scolaire. Dans le cadre de leur scolarité, depuis plus de trois ans, ils ont été systématiquement confrontés à des activités d'écriture et de lecture élémentaires, à des écrits spécifiques des situations d'apprentissage et à d'autres écrits plus ordinaires, et bien sûr également à l'exposition du système, économique, qui les génère, tout au moins de ses grandes lignes [1]. Qu'en ont-ils retenu ?

1. Dans le cadre d'un enseignement systématique de la transcription de la parole, phonographique puis orthographique, qui veut rendre le plus direct possible, le passage de l'oral à l'écrit.

La correspondance entre langue écrite et langue parlée

L'écriture du français n'est pas sémantique mais alphabétique : chaque son élémentaire, qu'il soit vocalique ou consonantique, doit être noté. Il l'est en général par une lettre, mais il peut l'être aussi par un groupement de lettres, qui a une valeur phonique distincte de celle de ses composants. La valeur exacte d'une lettre ou d'un groupe de lettres ne se définit pas de façon autonome, elle n'apparaît souvent qu'en liaison avec des lettres voisines, en général les suivantes (Gak, 1976). Cette asymétrie entre le son et le signe écrit obéit à des règles [2]. La maîtrise des lettres, des groupes et des principales variations de leur valeur selon leur environnement permet de rendre compte de l'orthographe de 90% des mots. C'est sur cette base que sont construites les figures des signifiants de première articulation, les unités lexicales composant les phrases ; ce sont ces unités de première articulation qui sont les plus grandes unités orthographiques.

Un principe secondaire au premier, mais non pour autant marginal, est que, dans notre système graphique, les unités de signification qui composent le mot sont figurées de manière spécifique. Un morphème (affixe, radical, désinences) conserve une même forme graphique (le *s* du pluriel, les marques des personnes sur les verbes...). Le français distingue soigneusement dans l'écriture, de nombreuses formes qui sonnent identiquement à l'oreille, établissant ainsi une différenciation plus marquée des catégories grammaticales. Cette différenciation spécifie clairement alors la fonction du mot dans la phrase, ainsi que les rapports entre les mots. Au travers de la notation de lettres muettes, du doublement des consonnes aux frontières morphémiques par exemple, ce principe conduit à définir l'écriture non pas sur le seul axe syntagmatique, mais aussi sur l'axe paradigmatique (le *t* final de *dent* n'émerge qu'en relation avec *dentiste, dentifrice* et *dentition* par exemple). L'on peut ainsi se demander s'il existe une relation entre écri-

---

2. « Grâce à nos 26 lettres, nous parvenons à combiner plus de 130 groupes ou graphèmes différents qui peuvent atteindre plus de 300 valeurs différentes » (Catach N., « Avant-propos », p. 7, in Gak V. 1976).

ture des mots et compétence morphémique, c'est-à-dire compétence à se représenter et à organiser entre elles les unités de signification élémentaires [3].

En aval de l'acquisition des règles orthographiques, il faut donc disposer non seulement d'une bonne conscience phonique, mais encore d'un bon analyseur morphémique, tant lexical que grammatical. Les enfants non lecteurs en disposent-ils ?

Un troisième principe, mineur, va dans le même sens : pour différencier les homonymes, des signes peuvent être utilisés sans être en relation directe avec la prononciation. Des lettres muettes, à valeur non morphémique, comme les signes diacritiques confèrent ainsi au mot une physionomie globale qui l'individualise et le différencie.

Ces trois principes phonétique, morphologique, différenciatif [4] organisent les règles d'écriture en un véritable système qui implique la nécessité de prendre en compte simultanément plusieurs niveaux d'analyse de la langue. Pour écrire le français, il faut ainsi savoir représenter par une lettre, ou un groupe, un son donné en prenant en compte son environnement, savoir noter des lettres muettes à valeur morphémique, savoir utiliser des signes et lettres pour différencier les homonymes, et enfin savoir marquer par un blanc la segmentation en mots. Le son en situation, le morphème et le mot constituent ainsi les unités du langage oral pertinentes pour la projection dans notre écriture. Partant d'une base phonétique, l'orthographe prend donc en compte la signification du mot, sa morphologie, sa fonction syntaxique. Les connaissances du code phonographique doivent être couplées avec des connaissances lexicales, et une conscience fine des unités syntagmatiques qui composent une phrase. Les écrits des enfants non lecteurs attestent-ils la maîtrise de ces trois niveaux d'analyse ?

---

3. Cela ne veut pas dire que l'on ait à postuler d'emblée que l'écriture de la signification correspond seulement à l'activation d'une mémoire lexicale, où serait stockée, globalement, sous forme d'unité irréductible, l'unité de signification.

4. Nous n'avons pas considéré ici les orthographes traditionnelles et étymologiques, qui nécessitent certainement d'autres modèles d'apprentissage.

La représentation de la langue écrite est donc composite : elle doit répondre à des contraintes liées au système de transcodage des phonèmes en graphèmes, et à la figuration des significations élémentaires. En outre, pour écrire, il faut savoir que tout ne se transcrit pas, par exemple il n'y a pas de graphème correspondant aux modalités intonatives (en désignant par là aussi bien la voix que la mélodie ou les accents individuels ou locaux), et qu'en revanche des choses absolument non phonétisées, tel l'espacement entre les mots, sont transcrites. Les enfants non lecteurs possèdent-ils ces savoirs ?

Pour écrire, comme il leur est demandé d'écrire à leur âge, compte tenu de leur nombre d'années de scolarisation, les enfants non lecteurs prennent-ils en compte les différents niveaux d'analyse d'ordre linguistique en jeu ; ou, stoppés dans l'acquisition, ne prennent-ils en compte que le premier niveau d'analyse présenté lors de l'apprentissage, le niveau de correspondance phonographique, voire aucun ?

Représentabilité du réel linguistique

Mais avant même de se trouver en situation d'appropriation des grands principes orthographiques, l'enfant doit avoir compris ce qu'est écrire. Comment inscrire du sens ? C'est peut-être la première question que doit rencontrer l'apprenti scripteur. S'il la pose, on lui répondra : à partir de traces vides de sens. Il lui faudra comprendre. Le passage du sens de la parole à sa transcription n'est pas direct.

La mise en relation de contenus d'expérience, au sens large et sans plus les définir, et de segments graphiques n'est pas immédiate ; elle est médiatisée par une série d'opérations. Avant toute entrée dans notre système d'écriture, on peut concevoir de communiquer des contenus à l'aide de signes visibles, sans que le message écrit corresponde aux formes de parole. C'est seulement une fois rentré dans la logique de transcription des formes linguistiques que l'on peut se demander quelles sont les caractéristiques du message oral qu'il s'agit de transcrire. Et là, la réponse est loin d'être évidente. Une réponse erronée serait de s'attacher aux caractéristiques discursives de l'énoncé, aussi bien qu'au sens de l'énoncé ou à sa structure profonde. La première opération, pertinente, consiste, de fait, à s'attacher exclusivement à la structure de surface. Celle-ci est à décomposer, en fonction du principe de double articulation (Catach, 1978), en mots, composés eux-même de phonèmes. Les enfants non lecteurs ont-ils mis en place cette opération, ou projettent-ils plus ou moins directement du sens sur la page sans passer par cette attention à la forme de surface du langage ?

Par ailleurs, cette opération doit être doublée d'une opération de démotivation des signifiants par rapport au référent. Les recherches sur ce point ont porté pour l'essentiel sur l'acquisition de la fonction dénominative de l'unité lexicale, du signe. C'est lorsque les noms cessent d'être des caractéristiques *per se* de l'objet, que leur figuration quitte l'ordre du dessin, du descriptif pour entrer dans celui de la désignation, de l'identification (Gelb, 1973 ; Ferreiro, 1988). L'on s'inscrit, dès lors, dans la logique linguistique à trois termes, ce ne sont plus les caractéristiques de l'objet qui seront figurées au travers de son nom, mais les caractéristiques formelles, dans l'ordre du signifiant et du signifié de ce nom. L'examen des modes d'écriture du nom propre et prénom, chez les enfants non lecteurs, nous a beaucoup appris sur ce point.

Lexicalisation et phonétisation du signe écrit

La troisième opération présente deux aspects. Elle peut être qualifiée de grammatisation – l'énoncé doit être décomposé en unités significatives fonctionnelles – et de lexicalisation – l'unité lexicale est autonomisée et va désormais occuper la place centrale. Ce que cette opération produit, c'est l'équivalence de chaque unité lexicale, quels que soient son statut, sa catégorie, sa fonction, aboutissant à la segmentation en mots. Les enfants non lecteurs ont-ils construit cette équivalence générale, ou reste-t-elle limitée à quelques unités ?

La quatrième opération, de phonétisation, conduit à la décomposition des unités de signification en éléments phoniques. La parole n'est probablement pas analysée directement phonétiquement, en tant que chaîne sonore continue, mais une fois décomposée en unités de première articulation. C'est seulement sur la base de cette opération de lexicalisation que l'apprenant pourra s'approprier les principes orthographiques de l'écriture de sa langue.

Ces opérations métacognitives d'objectivation de la langue, médiatiseraient la projection de la parole et de son sens sur une surface. L'écriture serait une activité cognitive de mise en forme de la langue avant que d'être une activité langagière même de niveau second. L'appropriation de l'écrit s'opérerait sur la base de conceptualisations de ce qu'il y a à transcrire. Le grand écart des écrits des enfants non lecteurs par rapport aux stimulations graphiques doit permettre de se focaliser sur leur travail cognitif et leurs représentations internes de ce qu'est écrire.

Pouvons-nous trouver, dans les écrits des enfants non lecteurs, trace de troubles portant sur ces opérations d'objectivation des caractéristiques formelles de la langue à écrire [5] ? Savent-ils bien ce qui doit s'écrire ? Leurs « théories » sont-elles consistantes ?

Les données

Les recueils de données et comptes rendus ont été réalisés par Thérèse Lagrange, alors étudiante en maîtrise de psychologie à Paris-VIII, que nous tenons ici à remercier. Chaque enfant a été testé individuellement dans le même cadre que pour les autres recherches présentées dans cet ouvrage.

Les enfants pouvaient choisir pour écrire soit des grandes feuilles de papier blanc non quadrillées, soit des petites feuilles de cahier scolaire à grands carreaux. Ils ont tous choisi

5. Il n'y a aucune raison de penser que l'ordre présenté ici corresponde à un ordre d'acquisition, ou à un ordre de traitement.

d'écrire sur les feuilles quadrillées. Ils pouvaient aussi choisir soit d'écrire au crayon à papier, soit au stylo à bille, soit au feutre bleu. Ils n'ont pas refusé d'écrire, disant seulement qu'ils ne savaient pas écrire. Ils ont même coopéré activement, se sont appliqués lorsqu'on leur a dit que l'on s'intéressait à ce qu'ils savaient de la manière dont on écrit.

Il leur a été demandé [6] d'écrire leur prénom et leur nom. Lorsque cela s'avérait impossible pour un enfant, nous l'écrivions pour lui. Dans tous les cas, nous leur en proposions la lecture à trois niveaux : nom entier, syllabe et lettre. Pour les lettres ou les syllabes, nous mettions en place un jeu en cachant l'une d'entre elles ou ne laissant voir qu'une syllabe ou une lettre. Nous demandions alors à l'enfant de lire la seule partie visible du nom. Cette procédure visait à mettre en évidence la valeur représentative que l'enfant attribue à ces différents constituants. Par exemple, la syllabe vaut-elle pour le prénom tout entier ou peut-elle être identifiée pour elle-même ?

On leur a demandé d'écrire toutes les lettres qu'ils connaissaient et les chiffres [7].

Puis on leur dictait des lettres, des nombres, des mots, des phrases.

Ensuite, ils devaient :

– écrire des mots sous des images ;

– composer des phrases avec des étiquettes sur lesquelles étaient écrits des syntagmes ;

– segmenter des phrases : on leur disait à voix haute une phrase écrite sans segmentation, en la suivant du doigt. On demandait ensuite à l'enfant de la répéter, de la relire, en la suivant également du doigt, puis de la segmenter en traçant un trait entre les mots ;

6. Compte tenu de l'orientation de notre recherche, nous n'avons pas demandé aux enfants de réaliser certaines tâches d'écriture telles que la copie par exemple.

7. Nous ne présentons pas ici l'analyse de cette transcription de chiffres. À partir d'autres épreuves, son étude spécifique a été développée dans le chapitre VII.

– enfin, ils devaient composer oralement un texte sur la base de trois images à ordonner, et l'écrire. Le corpus de mots utilisés était extrêmement réduit. Une bonne partie de ces mots était à la fois dictée, à transcrire sous les images, présente dans les phrases à segmenter ou à fabriquer, et pouvait être reprise dans le récit.

Nous n'avons pas étudié la ponctuation, généralement absente, ni la division des mots en fin de ligne, qui ne s'est jamais présentée. Pour ce qui concerne la mise en page, nous en sommes restées au stade des remarques, celle-ci ayant fait l'objet d'un travail spécifique, même si c'est dans un autre contexte, au chapitre IV.

Ces enfants ont donné à voir une écriture toujours cursive, scripte ou liée, plus soignée et moins dysharmonieuse qu'on aurait pu le penser. Ils sont pourtant très profondément convaincus de ne pas avoir une belle écriture et disent spontanément qu'ils ne l'aiment pas, qu'ils ne la trouvent pas jolie. Cet aspect fait pour eux symptôme, avant même tout autre type de distance à la norme. Certains n'ont pu écrire tout ce qui leur était demandé, et particulièrement n'ont pu procéder à l'écriture de phrases et d'un texte libre. Leurs écrits, à l'exception de quelques mots, globalement bien formés, chez l'un ou l'autre, stockés probablement en mémoire lexicale, sont très éloignés des normes orthographiques.

Nous examinons ici plus particulièrement les écrits très différents de quatre enfants qui nous semblent bien présenter et réunir les grandes caractéristiques qui, avec plus ou moins de force, spécifient les écrits de tous les enfants non lecteurs étudiés.

Les écrits de quatre enfants non lecteurs

IGOR

Il a 10 ans. Son nom de famille peut également être un prénom, ce qui constitue pour lui une source de confusion permanente. Lorsqu'on lui demande, en effet, des deux, lequel est son prénom et lequel est son nom, il se trouve dans l'impossibilité de fournir une réponse claire, invoquant, sur un mode dubitatif, les façons dont les autres l'appellent. Il n'a pu réussir à les écrire, mais a pu procéder à leur lecture globale. De fait, il différencie ces noms de leurs constituants syllabiques et dans le « jeu des syllabes cachées », ne donne pas valeur de nom ou de prénom aux syllabes de l'un ou de l'autre. En revanche, il doit épeler pour lire les syllabes de son prénom. Et il a beaucoup de difficultés à combiner dans la lecture de son prénom plus de deux lettres à la fois : il réussit à lire *an* mais pas *xan*, *re* mais pas *dre*.

Il écrit l'alphabet sans ordre, de manière incomplète et sous dictée confond même quelques lettres.

Son écriture est plutôt de type syllabique, mais ses orthographes présentent un enchevêtrement de « savoirs » de différents niveaux. Il complique et déplace : il écrit *cheaqr, bapto, queto* pour « chapeau, bateau, couteau ».

Tout en repérant l'individualité d'unités lexicales, il fait également des erreurs de segmentation : *un nopital, un casidans, un nason* (« un hôpital, un accident, un oiseau »).

Lors de la segmentation des phrases, en relisant, il produit : *Bébé n'aime pas le dire* à la place de « Bébé n'aime pas le lait » ; et *C'était la nuit le loup m'a mangé* pour « C'était la nuit le renard a mangé mon coq » (si l'on tient compte de sa graphie *qr*, dans l'écriture de « chapeau », il peut avoir lu *corps* à la place de « coq »). Sa projection de savoirs d'autres niveaux externes (culturels, sociaux) et d'une problématique affective, sur la lecture et l'écriture des correspondances grapho-phoniques est patente.

La manière dont il écrit présente de grandes dysmorphies, il semble à la fois retardé et perturbé : pour plusieurs sons complexes différents, il utilise la même graphie complexe ; mais *a contrario,* son utilisation de l'espace de la feuille témoigne d'un bon niveau.

Igor maîtrise la notion de phrase : si on enlève une partie de la phrase à reconstituer, il dit très bien que cela n'a plus de sens. Mais il refuse de rédiger un texte à partir de son récit oral sur les trois images ; pourtant, avec la psychologue qu'il verra immédiatement après, il produit et écrit une phrase en rapport avec ce qu'il avait décrit oralement : *Le garçon joue au ballon* (il avait affirmé que la tartine que mangeait le petit garçon sur sa bicyclette, sur l'image examinée, était un ballon).

Igor réfléchit énormément avant d'écrire, choisissant une solution un peu toujours comme à regret, et donne l'impression d'opérer des ébauches d'analyse sans pouvoir aller jusqu'au bout de celles-ci.

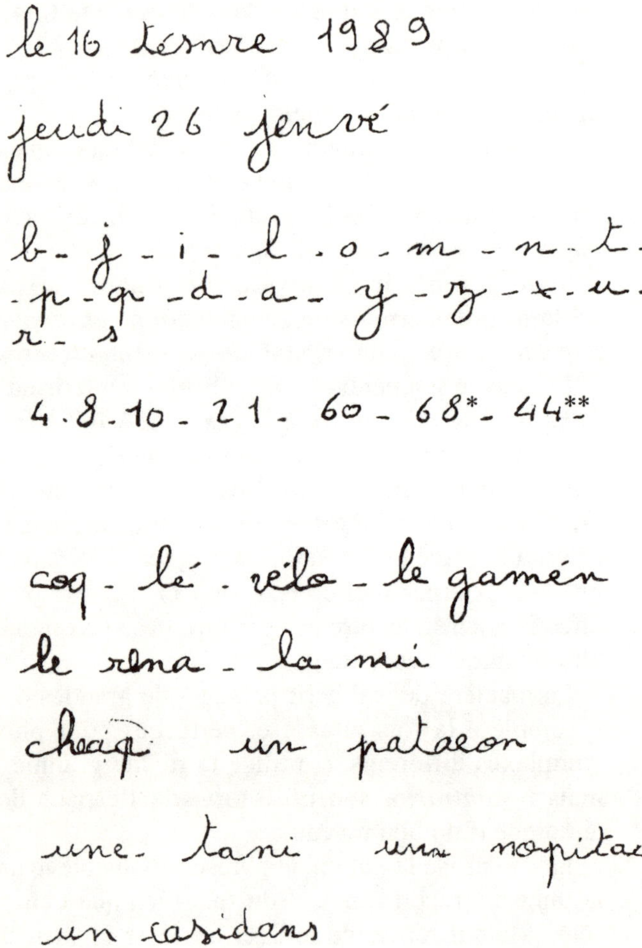
le 16 tésnre 1989

jeudi 26 jenvé

b - j - i - l . o - m - n - t .
- p - q - d - a - y - z - x - u -
r - s

4 . 8 - 10 - 21 - 60 - 68* - 44**

coq - lé . vélo - le gamén

le rena - la mii

cheqi un pataeon

une - tani una napitae

un casidans

---

* Pour 78.

** Pour 84.

THOMAS

Thomas, 8 ans 9 mois, est d'abord assez effrayé. Il sera difficile de le faire parler, c'est l'heure du déjeuner, et il a passé des épreuves toute la matinée. Il ne connaît pas sa date de naissance et pour jeudi 19 janvier, date du jour de la passation, il écrit *sandi 19 fé.*

Thomas parvient à écrire son prénom et son nom et saura identifier correctement les graphèmes qui les constituent. Il nous montre clairement que ces unités ne valent pas pour la totalité du nom ou du prénom.

À l'épreuve « écris toutes les lettres que tu connais », il en écrit très peu dont une fois *a* en minuscule, et *A* en capitale. Sous dictée, il écrit 2 pour le son « d », puis le transcrit par *dé* ; puis, lorsque nous lui proposons le son « de », il écrit *te*, soudain il « comprend » ce que l'on tente de lui faire écrire, barre les : *e, t, e,* et reprend en dessous très proprement la transciption des lettres que nous lui dictons, soit *d, t.*

Ses voyelles sont incertaines. Pour « navire », il écrit d'abord *neb,* il le barre, toujours très proprement, puis écrit *navira,* « vélo » sera écrit d'abord *volo* puis *vola.*

À l'épreuve « écris le mot sous le dessin », il écrit parfaitement *pipe, lune, tomate* et *chat et chien,* mais pour « numéro », il écrit *mo*. Pour écrire « télé », il procédera de manière étonnante : il écrit d'abord *tel* puis passe à l'image suivante : représentant un nez qu'il écrit *le mê* ; là nous lui disons, puisqu'il montre sa connaissance des accents, qu'il manque peut-être quelque chose à *tel*. À ce *tel*, il rajoute alors *tmê*, ce qui donne : *teltmê, tmê* vaut-il pour « é » ? « Télé » a-t-il été transcrit deux fois ?

Les exercices de segmentation mettent en évidence qu'il arrive au sens de la phrase à partir des quelques unités qu'il a repérées : *le, la, me, été,* il segmente ainsi correctement la phrase simple, mais ne parvient ni au sens ni à la segmentation de la phrase plus complexe.

Thomas ne réussira pas à produire un texte écrit à partir de son récit oral.

Malgré ses difficultés considérables et ses mauvaises performances, tout se passe comme si cet enfant disposait de connaissances, éparses, mais non organisées entre elles.

THOMAS

sandi 19 fe

a.c.e.i.s.u.ay.

b.l.d.~~t.c.~~

d.t.c.n.m.maman.~~nel~~ navire.

v

0.21.60.68.884.8

quatre vingt quatorze 94

3 de Briçu

Texte → vola pi ~~un ab~~

une alen un n

bébénaimepaslelait.

jaiétéemmepromenerenavion.

cétaitlanuitlerenardamangémoncoq.

MATTHIEU

Matthieu, 9 ans 2 mois, présente des difficultés extrêmes d'écriture. Pourtant, ses connaissances de la structure de la langue écrite sont bonnes ; il repère les différents mots, les fonctions des mots, une fois le sens de la phrase donné. Il a appris, et fait un usage assez systématique de son savoir sur ce qu'est l'écrit, mais sa maîtrise de la correspondance phonie-graphie est très mince.

Parvenant difficilement à écrire son prénom, il se montre également dans l'incapacité totale de faire correspondre les phonèmes adéquats aux lettres de celui-ci. Spontanément, il ne peut écrire ni chiffres, ni lettres, ni une courte histoire.

Il s'applique dans la dictée de mots, pour faire plaisir, mais ne maîtrise pas les sons complexes. Lorsqu'il ne sait pas, il semble émettre des hypothèses, et atteste un niveau d'analyse syllabique avec quelques essais alphabétiques peu adéquats. Il a même des difficultés à identifier les lettres, comme en témoigne le *m* coupé lors de la segmentation de phrase : « J'ai été me promener » qui devient *j'ai é ten ne promener*.

Sous dictée, il écrit l'alphabet et les nombres en mettant exactement un espace d'un carreau entre chaque unité. On lui demande de lire les lettres qu'il a écrites. La lettre *f*, qui est l'initiale de son prénom réel, écrite en capitale sera relue *r*. Par ailleurs, dans l'écriture de son prénom, à la place de ce *F* initial, Matthieu avait écrit la lettre *k* et lu, quand on cache la suite, *k*. Sous dictée, il écrit « cachet » un *qkc, k* est la dernière lettre de son prénom. Dans les syllabes de ses nom et prénom, quelle que soit la syllabe à lire, il lira toujours *frère*. Il connaît pourtant la correspondance grapho-phonique du *f* puisqu'il écrit *de efere* pour « des fleurs ».

À l'oral, il construit une histoire bien élaborée à partir des trois images proposées. Mais, quand il passe à la transcription de l'histoire, il veut écrire « l'accident » (en titre ?), mot qu'il n'a pas utilisé dans son récit. Il n'écrit que *la*, bute sur la segmentation d'un mot qu'il a pourtant écrit dans la dictée de mots *asidans,* et s'arrête.

Globalement, Matthieu est très soucieux de bien faire et a constamment besoin d'être rassuré sur ses écrits et encouragé. Il fait quelques ratures mais son travail a toujours un aspect soigné. Il dispose d'assez bonnes connaissances syntaxiques et lexicales pour écrire, mais émet de mauvaises hypothèses sur les correspondances phonographiques.

ALAIN

Alain, 9 ans 6 mois, est très gai ; il s'amuse à ce travail et ne cesse de le commenter de façon amusante, ponctuant ses observations par de joyeux « Tu vois ! ». Il écrit avec une sorte de jubilation et me demande de lui dicter « des phrases en supplément ».

Il écrit correctement son prénom, sa date de naissance. Il utilise la feuille de manière très particulière ; l'occupation de l'espace est extrêmement contrôlée. Arrivé en fin de page, l'enfant en refuse une autre, et utilise pour les exercices suivants tous les « vides » de la feuille, comme s'il lui fallait garder tout sous les yeux, ou comme s'il ne supportait pas qu'il reste un espace inoccupé.

Sa graphie est celle d'un enfant appliqué, niveau CE2, mais présente quelques incertitudes. Il écrit l'alphabet en n'omettant aucune lettre, mais en mélangeant majuscules et minuscules, déclare du *h* et du *g*, et le reprendra par la suite : « Tu vois, elles sont pareilles mais elles ne sont pas pareilles. Elles sont pareilles ? » De même, pour *p* et *q*, il s'exclame en les montrant : « Tu vois là, c'est dur, il ne faut pas se tromper. » Il émet des hypothèses sur l'existence de lettres muettes en relation probablement avec l'hypothèse qu'il a mise en place sur la structure, régulière, de la syllabe, en consonne-voyelle, consonne-voyelle ; il en ajoute souvent aux mots, ainsi il écrit « gamin », *gamine* mais se relit *gamin* ; il procède de même pour *renare, le tiroire, un nacidene*.

Il tient à élaborer, expliciter et contrôler ses connaissances. Il écrit *poison* pour « poisson » et dit : « Tu vois, c'est difficile parce que si tu mets deux *s*, ça fait *z*. » Devant mon air dubitatif, il rit, reconnaît son erreur et corrige.

Dans l'épreuve de récit à produire à l'oral puis à transcrire, il dit : « Il y a plein de choses dans cette histoire, mais alors plein. » Il transcrit son histoire correctement, avec les mêmes types d'erreurs, erreurs d'un niveau d'apprentissage de CE1 (il *pase* pour il « passe », il se *bèse* pour il se « blesse »), que celles qu'il a produites dans les épreuves dictées. Il introduit là encore beaucoup de *e* muets (le *nédesine* pour le médecin), la segmentation des unités lexicales n'est pas bien acquise : *un narbre, lopitale, tout tacou.*

Aux exercices de segmentation, il segmente la première phrase syllabe par syllabe, mais la seconde, mot à mot, sans erreur. La dernière, plus difficile, est segmentée aussi correctement, il ne bute que sur : *c'était la nuit le renar/da/ mangé.* Cela révèle un apprentissage dynamique, en train de s'organiser.

À l'épreuve de lecture de parties de son nom, il reconnaît les unités phonétiques, mais affirme que Alain vaut pour son prénom et son nom. Ainsi lorsque nous lui montrons la première syllabe de son prénom et simultanément la première syllabe de son nom, il déclare qu'« ALCE c'est très bien aussi », mais précise en revanche ne pas pouvoir lire son nom seul, « il ne dit pas qui c'est ».

Dans l'ensemble, il ne semble pas avoir de problèmes spécifiques. Il est en cours d'apprentissage, a une assez bonne connaissance des principes et même des règles de l'écriture, mais il n'est pas en mesure de les appliquer. Ses écrits présentent un niveau d'acquisition et d'intégration des savoirs bien supérieur à celui des trois autres enfants non lecteurs. Il faut noter que lorsque nous l'avons examiné, il avait compris, avec C. Rose, ce qu'était et n'était pas la lecture, et qu'il commençait à lire très efficacement. Ses compétences en écriture attestent que, bien que ne sachant pas lire, il était, à l'instar des autres enfants non lecteurs examinés, entré dans l'écrit, et disposait de connaissances parfaitement congruentes avec ce qu'est notre système d'écriture.

Quoique l'on ne puisse définir à partir de ces données un profil type de l'écriture des enfants non lecteurs, toutes les données vont néanmoins dans le même sens. Comme ces quatre enfants, tous les enfants non lecteurs que nous avons examinés connaissent les caractéristiques formelles de ce qui doit être transcrit, ainsi que les principes de l'orthographe, mais ils les utilisent de manière désordonnée, partielle et inconséquente.

ALAIN

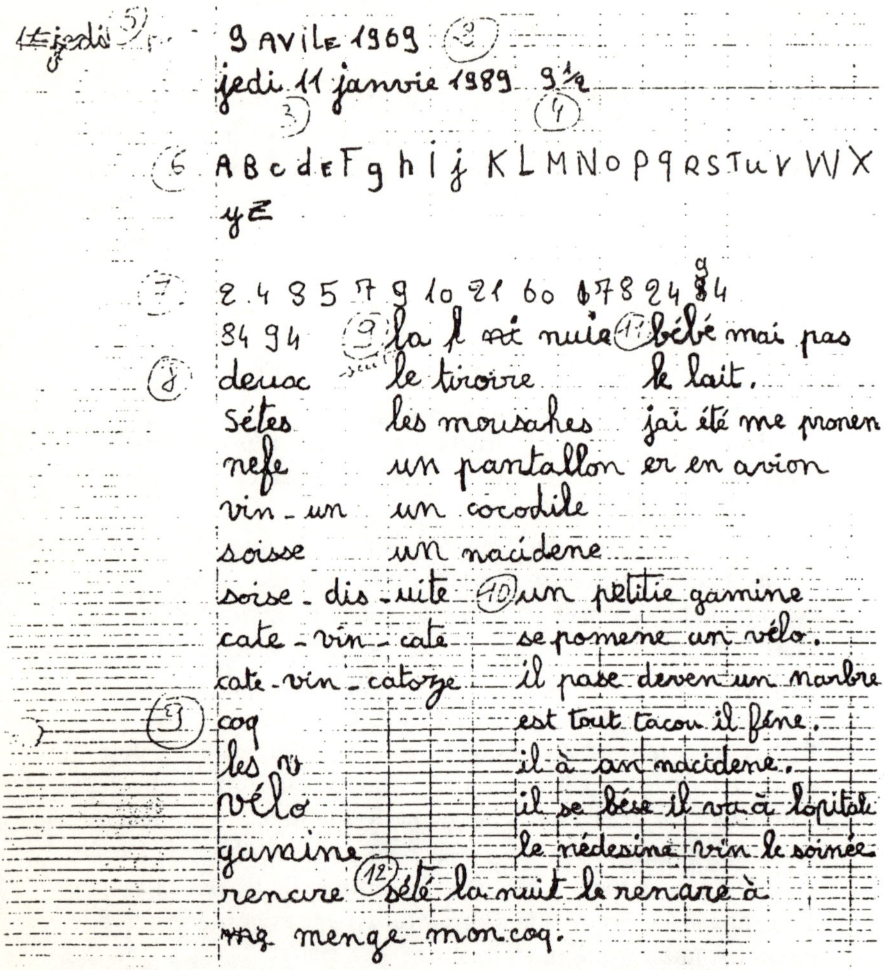
9 AVILE 1969
jedi 11 janvie 1989 9½
ABcdEFghIj KLMNoPqRSTuVWX
yZ
2 4 8 5 7 9 10 21 60 678 24 84
84 94
deuac
sétes
nefe
vin-un
soisse
soise-dis-uite
cate-vin-cate
cate-vin-catoze
coq
les v
vélo
gamine
rencure
la f sat nuie
le tiroire
les mousahes
un pantallon
un cocodile
un nacidene
un petitie gamine
se pomene un vélo.
il pase deven un narbre
est tout tacou il fene.
il à an nacidene.
il se bése il va à lopitale
le médesine vin le soinée.
bébé mai pas
le lait.
jai été me ponen
er en avion
sété la nuit le renaré à
menge mon coq.

Peut-on mettre en évidence des différences entre ces écrits et ceux de trois autres enfants examinés aussi dans le cadre des consultations de Sainte-Anne mais non définis selon nos critères comme des non-lecteurs : un enfant de 8 ans en légère difficulté d'acquisition de la lecture (Maxime), un enfant mauvais lecteur (Brice), et un enfant sachant lire à peu près correctement mais ayant des difficultés d'écriture (Nicolas).

Les écrits de trois enfants en difficulté

MAXIME

Il a 8 ans ; sous un aspect joyeux, il manifeste tout au long de l'examen un peu d'agitation et parfois un peu d'impertinence. Il réclame aide et soutien, et semble apprécier d'être assisté dans son travail. Il se montre peu autonome et affirme au début de chaque épreuve : « Je ne sais pas ».

Alors qu'il lui est demandé d'écrire son prénom et son nom, il dit : « Tout ce qui m'ennuie c'est d'écrire ». Puis il écrit une partie de son prénom et le début d'un autre nom que le sien, et dit qu'il ne sait plus. Il écrit pour son âge « 8 », ne sait pas sa date de naissance, et pour la date du jour, qui lui est dite : « vendredi 3 mars », il écrira *verndi février.*

À l'épreuve « écris toutes les lettres que tu connais », il dit qu'il ne connaît pas de lettres. Sous dictée, il les écrit. Il ne sait pas non plus explicitement ce qui est consonne ou voyelle, mais il vocalise toutes les voyelles en les écrivant, ce qui ne sera le cas pour aucune consonne.

La dictée de mots révèle un niveau proche du niveau alphabétique. La complexité des sons est transcrite. Ainsi *l* suivi d'une voyelle nasale est bien rendu par *le + consonne nasale*: il écrit ambulance *mbulmse.* Il produit encore des inversions de sons : *casi dan* pour accident.

À l'épreuve de segmentation de phrases écrites, il comprend qu'il faut prendre appui sur les unités lexicales, mais ne parvient pas à une segmentation tout à fait correcte.

Pour composer des phrases il accepte un syntagme nominal suivi d'un syntagme verbal, même quand le verbe exige un syntagme verbal objet, mais refuse comme non-phrase une suite de deux syntagmes nominaux.

À l'épreuve « classe les images et raconte l'histoire », il refuse de l'écrire car « il ne sait pas », il veut faire un dessin, puis encouragé, il écrit. Son écriture correspond alors plutôt à un niveau d'analyse syllabique, avec une moins bonne segmentation en unités lexicales qu'aux épreuves dictées. Par exemple, il écrit *iseco* pour « Il se cogne ».

Il se montre très performant à l'épreuve de la lecture des syllabes isolées de ses nom et prénom ; il sait même lire celles qui sont cachées. Pourtant il persiste à dire qu'il ne sait pas écrire son nom en entier.

Globalement, pour écrire, il utilise très systématiquement ses savoirs, au niveau où il est, et présente, tout à fait normalement, un décalage entre les écrits produits sous dictée et ceux non soutenus par une oralisation simultanée. Ses acquisitions sont cohérentes et bien organisées.

Maxime

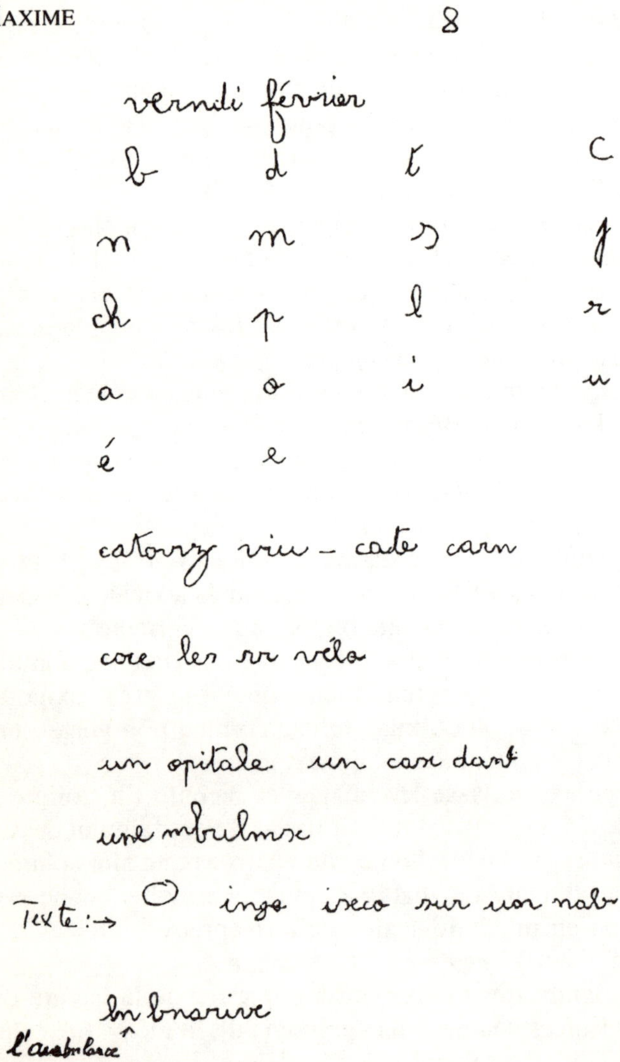
8
verndi février
b d t c
n m s j
ch p l r
a o i u
é e
catorz viu - cate carn
coce les rr vélo
un opitale un car dant
une mbulmse
Texte :→ O ingo iseco sur uon nab
bnarive
l'ambulance

BRICE

Cet enfant est ce que nous sommes convenus d'appeler un mauvais lecteur. Ses écrits manifestent qu'il est bien dans l'ordre alphabétique, mais il ne semble pas du tout maîtriser les principes orthographiques. Il ne peut écrire ses nom et prénom. Pour écrire en lettres les chiffres qu'il vient d'écrire correctement, il hésite, se trouble, ne sait pas s'il faut rattacher les

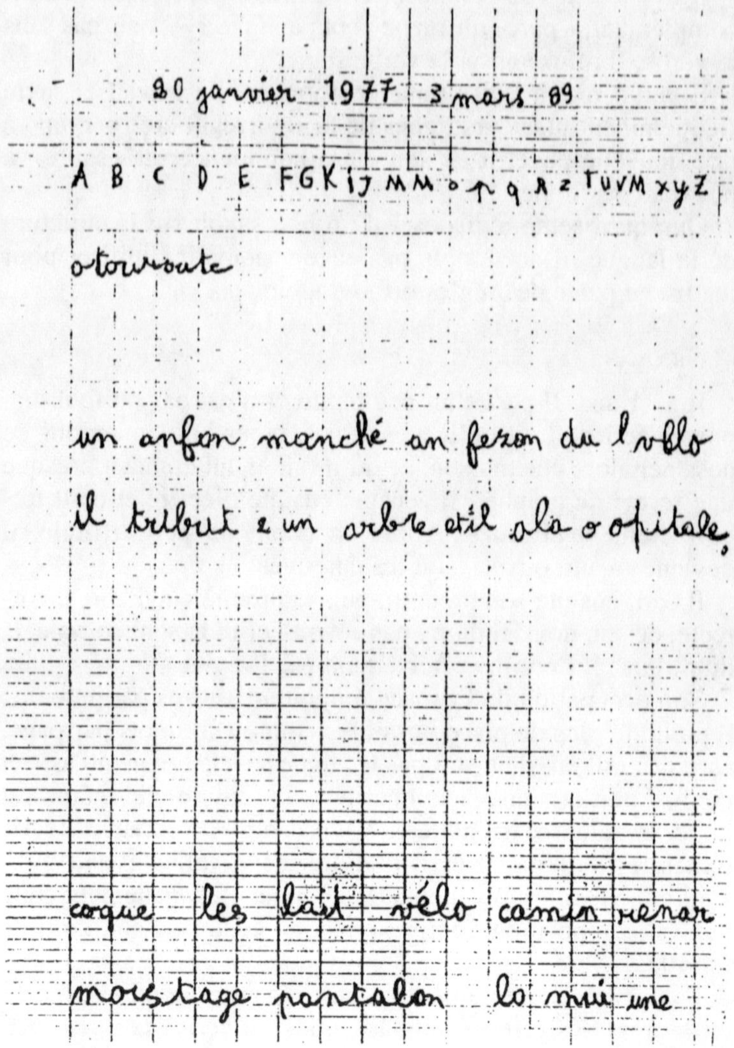

unités. Il dispose de bonnes connaissances lexicales, il réussit très bien à segmenter.

Les mots et phrases écrits sous dictée révèlent, chez lui aussi, un niveau scolaire supérieur (niveau mi-CE2) à celui du texte libre (fin de CP). Sous dictée, il écrit *un hopitale,* dans le texte *il ala o opitale.* Il omet souvent d'écrire l'article qui lui est dicté.

Brice accepte de composer des phrases sans sujet ou sans complément, « parce qu'on ne peut pas savoir », mais pas sans le verbe. Il refuse aussi le verbe seul.

Il paraît mal à l'aise pour positionner son travail et saute fréquemment plusieurs lignes de façon irrégulière ; parvenu à une nouvelle page, il ne sait où la commencer et « saute » à nouveau des lignes.

Quoiqu'il semble disposer d'un bon savoir sur la structure de la langue, il ne semble pas encore pouvoir l'utiliser pour mettre en place des règles orthographiques.

NICOLAS

Il a 11 ans. Il paraît un peu tendu et n'est pas du tout disposé à écrire. Il dit qu'il ne sait pas. Nous lui demandons de dessiner alors une maison, ce qu'il fait en lui donnant presque une forme de graphie. Il accepte ensuite d'écrire et écrit très correctement *écriture.* Après un début un peu difficile, il devient vivant, ouvert, suit les épreuves.

Il écrit ensuite son prénom, puis la première syllabe, incorrecte, de son nom. Il dit ne pas savoir écrire le son, complexe, du milieu ; il l'écrira correctement par la suite.

Son occupation de l'espace graphique est très particulière ; il prend le plus de place possible : cinq ou six mots par page, écrits au milieu, il ne suit pas les lignes. Cela donne un aspect confus, non organisé à son écriture. L'écriture elle-même est large, anguleuse, irrégulière, et descend. À l'épreuve « écris toutes les lettres », il écrit d'abord les voyelles et sait qu'il s'agit de voyelles, qu'il en a oublié une, c'est justement celle qui, en composition complexe, est au centre de son nom de famille.

Il écrit très correctement les chiffres et les nombres, même en lettres. Scs erreurs sont logiques : il écrit *dix* puis *vinx.*

texte : →

~~ti~~ il monge un gatean
il va londe

la anbulansi vien (1) il vient
a lopitalor

d dē
b drē
bē

~~le~~ bebe
drèille Jeudi
22
decembre

un portalon

~~la~~ opitale

diens otoroute
tu a été tē premveni

Il écrit « quatorze » *quatanze*, on l'aide à rectifier, et il écrit dans la dictée de mots *portalon* pour « pantalon », puis il reprend à la page suivante, l'écriture du « o » en *an*, il écrit *gâtan* pour « gâteau ». Il semble qu'il écrive certains mots avec des graphèmes qu'il a écrits peu de temps auparavant. Il écrit *premeni* pour « promener » et *ambilanci* pour « ambulance ».

Il segmente très correctement la première phrase, pour la deuxième phrase, il a des difficultés, il ne segmente pas : *j'aiéténe*, puis alors que nous pensons l'avoir aidé à comprendre pourquoi on peut encore couper, il segmente : *j/a/i/été/me*. Il peut aussi segmenter la dernière phrase. En fin d'épreuve il accepte d'écrire son nom.

Malgré la présentation désastreuse de ses écrits, son niveau d'écriture, quoique faible (trois mois de CE1), est homogène et assez cohérent. Ses difficultés à l'oral semblent avoir entravé une bonne acquisition des correspondances grapho-phoniques, mais ses compétences à lire et ses savoirs métalinguistiques semblent relativement pallier ces difficultés.

Les écrits des enfants en difficulté se différencient bien des écrits des enfants non lecteurs, ils sont d'un niveau d'écriture plus homogène, des règles d'écriture cohérentes ont l'air de se mettre en place. Ils sont très dépendants d'une analyse de l'énoncé oral qu'ils entendent, et s'inscrivent donc bien dans une logique d'apprentissage. Ces enfants peuvent aussi réaliser des écrits sans support oral concomitant, et dans ce cas leur niveau d'écriture est inférieur.

Analyse des écrits de tous les non-lecteurs examinés

L'écriture du prénom

L'écriture du prénom recouvre-t-elle une écriture de lettres ou une forme associée à ce signe très particulier au sein duquel le référent et le signifié sont confondus ? Nous avons obtenu des mélanges de capitales et de graphies liées. Cela correspondrait, selon Besse *et al* (1993), à la coexistence d'écriture mémorisée, c'est-à-dire d'écriture de formes, et d'écriture construite. Le prénom est-il bien phonétisé ? En cachant des parties du prénom écrit, nous avons pu constater, en demandant aux enfants non lecteurs de lire la partie non cachée, que, dans ce contexte, ils ne pouvaient pas lire des graphies non complètes et que pour certains, par ailleurs, leur prénom tout entier ou une syllabe pouvaient être contenus dans une graphie.

Ainsi l'écriture du prénom laisse voir que, s'ils savent qu'à l'unité de sens correspond bien une forme, ils n'introduisent pas forcément systématiquement le second niveau d'articulation. Tout au moins pour ce signe, à charge affective lourde, l'écrit de ces enfants non lecteurs, quoique le plus souvent correct, ne semble pas encore strictement alphabétique.

Segmentation et repérage des unités de première articulation

L'établissement d'une correspondance entre une phrase écrite et un énoncé oral suppose une véritable conceptualisation syntaxique. Quelles sont les parties d'un énoncé, s'il y en a, que tous les enfants examinés pensent représentées dans une phrase écrite ?

Les phrases présentées non segmentées ont été segmentées, mais l'autonomisation de tous les mots, quelles que soient leur taille et leur catégorie syntaxique, n'a jamais été réussie. Les segmentations obtenues sont de deux ordres pour chacun des enfants : ils ont à la fois maintenu attachées des séquences graphiques qui devaient être séparées, et pour d'autres items ils ont segmenté plus qu'ils n'auraient dû. Les places de ces séparations sont indicatrices du flottement et de l'imbrication non contrôlée des hypothèses des enfants. Celles-ci ont rarement été utilisées systématiquement. La segmentation syllabique a été largement utilisée, mais les enfants ont aussi procédé en isolant les unités lexicales qu'ils connaissaient et avaient repérées. Les substantifs ont le plus souvent été écrits sous forme d'unités séparées et bien segmentées ; pour les autres unités, il ne semble pas possible de mettre en évidence de grandes régularités. Généralement, l'article défini a été maintenu attaché au nom, ainsi que les pronoms au verbe.

Dans l'épreuve de dictée des phrases, les enfants non lecteurs ont aussi souvent omis de transcrire les prépositions et les déterminants, ce qui atteste bien un traitement syntaxique, non exclusivement phonographique et lexical de la chaîne sonore, sinon on ne peut pas comprendre comment ces unités à la fois sont repérées en tant que telles, et échappent à la transcription. Les auxiliaires et les articles ne sont pas, non plus, toujours transcrits ; et quand, dans ce cas, on leur demandait de pointer ces unités dans leurs écrits, ils ont ou refusé de pointer ou désigné des mots écrits comme si ces éléments y étaient inclus.

Ces résultats vont dans le même sens que ceux présentés par E. Ferreiro en 1978 : les éléments grammaticaux, bien qu'analysés (articles, prépositions, conjonctions), ne sont pas d'abord « conçus » par les enfants qui entrent dans l'écrit comme faisant partie de ce qui s'écrit.

Doit-on avancer que, pour ces enfants, dès lors, le texte est encore plus une représentation d'objets ou tout au moins d'un contenu qu'une représentation formelle de toutes les unités de première articulation ? L'énoncé, quoique analysé formellement, ne serait pas entièrement projeté et transcrit selon ces formes. Serait-ce plutôt l'événement décrit par l'énoncé, les actants, l'action, qui seraient projetés ? Le repérage et l'écriture corrects des quelques grandes unités significatives ne peuvent suffire pour inférer que ces enfants sont rentrés totalement dans l'ordre lexique.

Le mot graphique

L'unité mot en français n'est pas toujours phonétiquement indépendante dans la phrase, il existe un phénomène important de liaisons entre les finales consonantiques et les initiales vocaliques (Sprenger-Charolles, in Fayol *et al,* 1993). Les difficultés des enfants non lecteurs à séparer déterminant et nom commençant par une voyelle sont considérables.

Les unités lexicales et les unités grammaticales entretiennent des relations complexes. Ainsi les morphèmes peuvent aussi être fusionnels, tels que le *s* de la deuxième personne du singulier du verbe (Jaffré et David, 1993). Le mot graphique peut donc être un simple lexème ou morphème ou un composite lexème-morphème ; l'objectivation, l'autonomisation des unités grammaticales et leur mode de relation avec les unités lexicales ne vont pas de soi.

Tous les enfants non lecteurs examinés sont dans une grande déroute face à l'ordre morpho-syntaxique. Ils notent fort peu, fort mal les catégories grammaticales liées à l'unité lexicale. Ils semblent néanmoins pressentir que l'orthographe d'un mot se justifie du point de vue non seulement de sa structure phonétique mais aussi de sa structure morphologique. Ils introduisent par exemple bon nombre de lettres muettes et de consonnes doubles qui ne peuvent s'expliquer par une régularisation de la structure des syllabes, comme nous l'avons vu plus haut. Leurs fautes d'orthographe grammaticale correspondent le plus souvent à une « identification » incorrecte des morphèmes liés au mot plus qu'à une orthographe incorrecte d'une catégorie grammaticale qui aurait été correctement interprétée.

Les procédures d'assemblage entre lettres et phonèmes

L'instabilité des formes écrites que nous avons observée chez tous ces enfants non lecteurs est très grande, il semble bien difficile d'en rendre compte en faisant référence à des procédures d'accès direct au lexique mental. Elle semble plutôt le fait d'une instabilité dans les modes d'assemblage des unités de la chaîne grapho-phonique (Jaffré, 1992). Ce lexique orthographique, s'il est constitué pour quelques mots, semble d'ailleurs peu fonctionnel. Les enfants n'ont pas donné une même forme écrite à une même unité dans les différentes épreuves.

Les enfants non lecteurs connaissent presque tous, toutes les lettres ; ils imposent à leur écriture des contraintes formelles. Il faut, selon eux, un minimum de graphies pour écrire quelque chose. Aucun enfant non lecteur n'a produit de séquences similaires pour des mots différents, ni un nombre fixe de graphèmes par mot, c'est dire qu'aucun de ces enfants n'a produit d'écrits correspondant à ces deux premiers niveaux de la genèse de l'écriture, définis par Ferreiro et Gomez Palacio

(1992). Nous avons toujours obtenu des transcriptions relativement complètes de la chaîne phonique, mais mal normées.

La syllabe, l'unité privilégiée de la perception auditive (Mehler *et al.*, 1981), est transcrite par eux, assez souvent par une seule lettre, le plus souvent une consonne : les unités prononçables seraient isolées formellement avant même les débuts de l'apprentissage systématique de la lecture-écriture. Globalement, dans leurs écrits, le nombre de lettres est inférieur à l'écriture alphabétique mais supérieur à celui que donnerait une stricte correspondance syllabique ; ils semblent ainsi s'inscrire dans une logique syllabo-alphabétique. Aucun de leurs écrits ne propose une correspondance alphabétique exhaustive, on ne dispose pas d'une unité graphique simple ou complexe pour chaque consonne et pour chaque voyelle.

Cependant la correspondance grapho-phonique, si elle n'est pas tout à fait stable, semble relativement établie. Les lettres utilisées ont le plus souvent une valeur sonore assez juste. Les voyelles et les consonnes sont à peu près bien différenciées ; les catégories phonologiques des consonnes sont en général maintenues.

Ils produisent aussi pas mal d'erreurs visuelles ainsi que des déplacements. Quoique les erreurs de régularisation et de simplification de la syllabe soient assez générales, les enfants non lecteurs étudiés ne régularisent pas systématiquement les relations graphie-phonie pour tâcher de donner une plus grande efficacité aux procédures d'assemblage.

L'écriture de texte sans le support d'une oralisation simultanée

Écrire du sens sans support phonique s'est avéré être une tâche pratiquement insurmontable pour les enfants non lecteurs examinés, alors qu'ils n'avaient pas eu de difficultés particulières pour inscrire les noms d'objets dessinés. Doit-on supposer que, dans ce cas, ils évoquaient ce nom et soutenaient par là même leur écriture ?

Cependant, quand ce type d'écriture a pu être produit, contrairement à ce qui s'est passé pour les trois enfants qui ont permis la comparaison – l'apprenant, le mauvais lecteur et le mauvais scripteur – le niveau orthographique de l'écrit spontané n'a pas été plus bas que celui des écrits dictés. Le récit a en revanche pris une forme extrêmement élémentaire, réduite à l'extrême par rapport au récit oral, devenant quasiment une transcription du sens global pour Matthieu (accident), ou d'indicateurs de récit pour Thomas (voilà..., puis..., un..., allait...). Bien entendu ce que nous avançons ici ne vaut pas pour le récit d'Alain, non-lecteur devenant au moment même de l'observation lecteur. En bref, ni les sollicitations d'écriture dans le contexte social large, comme dans celui restreint, à la fois plus limité, cadré et circonstancié de la classe, ni l'attente des autres et leurs pressions, ne semblent avoir pu créer, chez ces enfants, un rôle de scripteur individuel, le positionnant, avec les autres, au sein de la culture écrite.

Un bricolage sans système

L'examen des écrits d'enfants non lecteurs de 9 ans et plus, atteste deux choses : l'existence de savoirs parfaitement congruents avec notre écriture et notre système orthographique, et un grand trouble dans la projection de ces savoirs d'ordre différent dans l'écriture. Confrontés à l'écriture d'énoncés complets, ces enfants n'ont pas seulement utilisé les procédures grapho-phoniques ; le découpage de la chaîne sonore relève bien pour eux de traitements opérant sur plusieurs niveaux d'analyse. Même si l'analyse des unités phonographiques ne semble pas bien constituée, des analyses d'autres niveaux sont réalisées. Si nous suivions une stricte logique développementale, constructiviste, nous serions conduits à définir un ordre quasi strict, et des ruptures entre les traitements de ces différents niveaux au cours de l'acquisition de l'écriture. Les productions écrites des non-lecteurs, qui ont déjà trois ans au moins d'apprentissage systématique des principes d'écriture, ne semblent pas pouvoir être approchées et comprises selon cette logique, elles n'attestent pas un « maintien au niveau » de la mise en place des correspondances grapho-phoniques, celles-ci bien que non installées de manière satisfaisante et opérationnelle sont combinées avec d'autres ébauches de savoirs.

Tout se passe comme si c'était l'interaction entre la segmentation syllabique, qui peut se développer sur la base du substrat phonique, et l'assimilation du système graphique lui-même, c'est-à-dire des règles orthographiques, qui était problématique et entravait la mise en place de procédures automatiques, générales et articulées, fonctionnelles et adéquates. Leurs productions ne semblent pas s'inscrire dans la constitution d'un système général ; on se trouverait plutôt face à des concurrences de stratégies mal définies, mal mises en perspective, à des savoirs locaux, partiels, non organisés, non systématisés, sans que l'on puisse, néanmoins, identifier de problèmes liés à la non-mise en place ou non-actualisation des différentes compétences d'analyses formelles du langage indispensables à l'écriture. Les flottements, les oscillations au sein d'un même niveau d'analyse et entre les différents niveaux d'analyse semblent être la trace de procédures non automatisées. Ces enfants ne semblent pas avoir pu tirer bénéfice de la planification, de la mise en ordre des procédures proposées par l'enseignement, et n'avoir pas pu élaborer de systématisation de leurs procédés d'écriture. Quel type de relation ce mode particulier d'écriture entretient-il avec les impossibilités de lecture de ces enfants ?

CHAPITRE VII

LIRE ET ÉCRIRE DES MOTS-NOMBRES EN FRANÇAIS. L'EXEMPLE DES NON-LECTEURS [1]

Claire Meljac

Ce travail présentera un essai d'analyse des difficultés auxquelles se heurtent dans la lecture et la transcription les enfants que nous avons appelés non-lecteurs. L'analyse s'effectuera sur un matériel inhabituel : non point des phrases mais des chiffres et des mots-nombres. Au-delà des clartés qu'elle peut apporter sur le fonctionnement de ces sujets « hors du lire », elle vise aussi à aider l'enseignant, le rééducateur ou le psychologue confrontés au problème de la lecture et de l'écriture des mots-nombres, y compris chez des enfants « tout-venant ». Nous souhaitons que de telles données puissent contribuer à une meilleure appréhension des mécanismes en jeu dans tout passage de l'écrit à l'oral ou de l'oral à l'écrit.

Avant de poursuivre, il convient d'avoir bien en tête les particularités du système oral des mots-nombres en français. Un travail comme celui de Dessailly (1992) permet d'apprécier la quantité de « pièges » qu'il est nécessaire d'apprendre à déjouer

1. Le présent chapitre reprend les principaux éléments d'un dossier publié par la revue *Soins infirmiers-Psychiatrie* – n° 152-153, juin-juillet 1993, pp. 28-50.

dès les premières années de la scolarité, c'est-à-dire avant même l'abord de la deuxième centaine. Ainsi, la correspondance entre un mot-nombre et un concept numérique (une quantité) ne s'observe que jusqu'à seize ; on prononce deux mots-nombres (par exemple « dix-sept ») pour énoncer les quantités suivantes. Cependant, il faut aussi garder présente l'idée que les mots-nombres « simples » de la première dizaine sont, en fait des contractions : *douze* exprime l'idée de dix plus deux. Quant aux noms des dizaines, relativement réguliers jusqu'à soixante, ils se complexifient ensuite, de sorte que trois ou quatre mots-nombres sont utilisés, à la fin de la première centaine, pour exprimer une quantité s'écrivant avec deux chiffres (« quatre-vingt-dix, quatre-vingt-dix-sept »). Cela pour nous borner à la récitation. Nous verrons ensuite, de plus près, les problèmes de la transcription. Ce sont ces difficultés, parmi d'autres, que le jeune écolier « tout-venant » maîtrise progressivement, tandis qu'il accède, parallèlement, aux raisonnements et au calcul. Nous avons vu plus haut (voir le chapitre sur les aspects opératoires de la pensée) que les sujets dont nous nous occupons ici ne rencontrent pas d'obstacles particuliers dans l'acquisition du nombre, tant qu'il s'agit de ses aspects conceptuels. Il n'en est pas de même s'agissant de la « récitation » de la suite numérique.

Toutefois, nos observations dans le cadre de ce travail ont commencé trop tard (enfants âgés de plus de 9 ans) pour que nous ayons pu saisir « sur le vif » un nombre suffisant d'exemples concernant la chaîne parlée. Nous nous bornerons donc, ici, à l'étude de l'écriture des nombres et à leur « transcodage », c'est-à-dire aux opérations mentales nécessaires pour passer du registre parlé à son inscription et à sa mise en mémoire, ou inversement, de l'inscription à l'oralisation.

Pour parvenir à écrire correctement des nombres simples ou à plusieurs chiffres, l'« apprenti » s'appuie sur des règles fondamentales de transcription. Leur évocation consciente guide ses premiers essais, mais elles sont ensuite automatisées, si bien qu'il se trouve assez vite en mesure de construire progressivement une correspondance immédiate entre ce qu'il entend et ce qu'il transcrit, entre les signes qu'il voit et le nombre qu'il énonce. Enfin, pour être capable d'aller suffisamment vite dans la résolution d'un problème, il enrichira, tous les jours, son répertoire de « faits numériques » (les Anglo-Saxons parlent de *numerical facts,* et cette expression commence à être utilisée en français – voir Fayol, 1990), c'est-à-dire qu'il stockera des résultats tout faits d'additions, de soustractions, de multiplications. On peut évidemment, jusqu'à un certain seuil de difficulté, se « débrouiller » en ne se servant que d'instruments conceptuels généraux et d'un recueil limité de modes d'emploi. Cependant, celui qui est perpétuellement obligé de tout réinventer à partir d'éléments premiers (on reconnaît ici le type d'activités qui a sûrement été longtemps déployé, au cœur des campagnes, par les bergers analphabètes, très efficients dans la gestion des troupeaux) se trouvera vite freiné.

Il est de fait, en tout cas, que l'apprentissage effectué en classe vise essentiellement à fournir aux débutants des outils pertinents. La lecture et l'écriture des nombres (que nous analyserons en nous référant aux travaux de Deloche et Seron, – voir leur contribution *in* Bideaud *et al.,* 1991) font partie de ces outils. Pour pouvoir manier le langage des quantités dans le cadre scolaire, et plus largement social, il faut avoir compris, au cours de leçons ordonnées, comment passer du code phonologique au code des chiffres, c'est-à-dire du nom des nombres à leur correspondant graphique (et vice-versa).

Il convient donc maintenant, après avoir parlé des difficultés liées au nom des nombres (*cf.* plus haut), de situer les tâches de transcodage (lecture et écriture des nombres) dans la numération de position qui est la nôtre, et de les comparer à la lecture et à l'écriture du discours (c'est-à-dire à la transcription alphabétique et au déchiffrage de mots et de phrases). Il va de soi que ce type d'analyse est relatif à une culture donnée, et que nous ne parviendrions pas aux mêmes conclusions dans le système hiéroglyphique égyptien par exemple, et que – même à l'intérieur des langues latines – le français et l'italien présentent quelques divergences. Ces préambules étant énoncés, voyons successivement analogies et différences entre écriture des nombres et écriture du discours :

– dans le cas de la transcription des nombres, comme dans celui de l'écriture du discours, le sujet se trouve dans l'obligation de transposer dans un espace – celui de la page – dont les caractéristiques sont appréhendables instantanément, les aspects successifs d'un énoncé ;

– dans l'ordre du discours, les règles qui ordonnent ce transcodage sont complexes – surtout en français, moins en d'autres langues, comme l'espagnol, par exemple – et ne permettent pas de constituer un répertoire ferme de bijections immuables (le son « o » en français est rendu par des graphies aussi différentes que, « eau », « ôt », « ho », « ault », etc.) ; les liens, dans le domaine du nombre, sont simples à construire au moins pour la première dizaine. Une même suite de sons (le nom du nombre, le mot-nombre) correspond alors à une même quantité, et se transcrit par un même chiffre [2]. Le son complexe *huit* s'écrit 8 et désigne le total toujours obtenu, par exemple en additionnant 5 + 3, ou 2 + 6. Le mot *huit* ne s'appliquera jamais au cardinal d'une collection constituée par 4 objets.

Cette opération de correspondance parfaite connaît cependant vite des limites : cent huit ne se retranscrit pas en un signe qui signifierait 100, puis, plus loin, 8. Le principe de « concaténation », d'inclusion complexe est la conséquence de la convention géniale qui règle notre système : la position d'un chiffre dans le nombre détermine sa valeur. Ce principe permet d'écrire à l'infini en ne disposant que de dix formes différentes. L'écriture alphabétique des mots, elle, aboutissement d'un système tout aussi subtil puisqu'il peut transcrire le français (et d'autres langues) en 26 lettres, ne fonctionne toutefois pas sur des emboîtements successifs ;

– le transcodage numérique admet à l'ensemble de règles qui le gouverne des exceptions d'autant plus « fracassantes »

---

2. Précisons la différence entre chiffre et nombre excellemment rappelée par Dessailly (1992) : « Le premier évoque un symbole graphique (comme une lettre de l'alphabet). Le second désigne une entité mentale liée à une extension numérique. L'écriture décimale *1000* est constituée de quatre chiffres (le même chiffre étant écrit trois fois !) qui, ainsi combinés, désignent le nombre *mille*. »

qu'elles sont très rares et concernent essentiellement le début de la deuxième dizaine (jusqu'à seize inclus), d'une part – et, d'autre part, les dizaines supérieures à soixante (soixante-dix, quatre-vingts, quatre-vingt-dix).

Ces deux types d'« exceptions » opèrent en sens contraire. En effet, dans la deuxième dizaine, les six premiers composés (particuliers) onze, douze... jusqu'à seize, transcrits avec deux chiffres, sont rendus par un seul mot-nombre. Nous avons déjà traité plus haut de l'exception qu'ils constituent, à propos de la suite parlée. On observe donc, concernant le transcodage, une diminution des entités quand on passe de l'écrit à l'oral, et une augmentation pour la démarche inverse. C'est aussi le cas des « dizaines rondes » (trente, quarante, etc.) qui sont rendues à l'écrit par deux chiffres (30, 40).

Tout au contraire, dans le deuxième type de transformation, qui concerne les dizaines « complexes », deux ou trois mots sont codés par un seul signe. Lors de l'oralisation de 98, par exemple, quatre mots-nombres devront être énoncés pour deux chiffres écrits : quatre, vingt, dix, huit. La complexification (conséquence de la séquentialisation de l'énoncé) a donc lieu, dans ce dernier cas, quand on passe de l'écrit à l'oral, et la simplification (on pourrait aussi dire la simultanéisation) s'observe de l'oral à l'écrit.

Quant à l'ordre du discours (c'est-à-dire si nous considérons maintenant les mots et les phrases qu'ils composent), nous constatons que la complexification s'observe surtout dans le passage entre oral et écrit : il faut, comme pour les « dizaines rondes » et les nombres « particuliers », en « rajouter » lors de la transcription puisqu'un son peut être rendu par plusieurs lettres (en français *è* par *aient,* pour ne citer que ce cas). En revanche il convient d'en « laisser tomber » ou d'en fondre ensemble plusieurs lors de l'oralisation [3].

Rappelons, enfin, que les exceptions abondent dans la transcription alphabétique, ce qui n'est pas vrai du domaine

---

3. Le cas où le nom d'une lettre s'énonce en plusieurs phonèmes *(x, y, z...)* est particulier. De toute façon, un seul de ces sons est retenu lorsque ces lettres composent un mot.

numérique, mis à part les accidents que nous avons rappelés et qui s'expliquent par des circonstances historiques particulières (*cf.* Guitel, 1975, ou encore Ifrah, 1981 et 1994) ou sont la conséquence de la logique du système (*cf.* les « dizaines rondes »).

Seron, Deloche et Noël, dans leur analyse très précise du transcodage (*in* Bideaud *et al.*, 1991), distinguent, s'agissant de dictée des nombres, les erreurs lexicales des erreurs syntaxiques.

Les premières (erreurs lexicales) concernent les productions d'éléments individuels du nombre (c'est-à-dire un chiffre isolé ou un mot isolé). Ces éléments sont alors, toutefois, correctement assemblés sous l'angle syntaxique et produisent un nombre dont le gabarit (le nombre de chiffres) est correct. Ainsi (en retranscrivant en italique ce qui est produit) le transcodage de « quatre mille vingt-cinq » par *3 025* détermine-t-il une erreur lexicale, alors que cette même séquence en *4 000 25* constitue une erreur syntaxique. Les auteurs montrent que les erreurs lexicales, notables pour les dizaines complexes et les milliers au début de l'apprentissage, diminuent considérablement dès la seconde et la troisième années primaires. À l'intérieur des erreurs lexicales, pour celles commises sur les unités, les dizaines, et les « particuliers » (de onze à seize), ils opèrent une intéressante distinction entre erreur de position dans la pile et erreur de pile. Dans le premier cas, il s'agit d'une transcription défectueuse d'un mot-nombre par un autre, voisin, jouant le même rôle, et de catégorie identique (« quatre » transcodé *5* ; ou bien encore « douze » transcodé *11*). Dans les erreurs de pile, l'erreur produite appartient à une autre catégorie lexicale, mais la position est respectée : par exemple quand « vingt » est transcrit par *2*, il s'agit d'une faute bien particulière puisque demeure l'idée de « deuxième » (dans la catégorie des dizaines ou des unités). De même, quand « trois » est transcodé par *13* (idée de troisième position), ou « seize » par *60* (idée de sixième).

Quant aux erreurs syntaxiques, elles portent sur l'assemblage des éléments et ont pour conséquence une transformation du gabarit de l'écriture du nombre (ainsi la transformation de « quatre mille vingt-cinq » en *4000 25*). Dans leur analyse très fine, Seron et coll. considèrent à part :

1. les lexicalisations, qui consistent à transcrire chaque primitive lexicale (par exemple « cent ») par sa valeur en chiffre. Dans ce cas le mécanisme d'intégration des divers éléments du nombre en un tout ne fonctionne pas et chaque élément de la suite dictée est transcrit comme un nombre isolé (ex : « cent neuf » : *1 009* ; « cent trente » : *10 030* – Voir aussi l'exemple cité plus haut pour « quatre mille vingt-cinq »).

2. les erreurs de type *10X* (pour « cent ») ou *100X* (pour « 1 000 »). Elles consistent à ajouter un ou deux zéro(s) surnuméraire(s) (par exemple « mille vingt » transcodé *10 020*). Il nous semble qu'elles constituent un compromis entre l'erreur syntaxique et la transcription correcte fonctionnant par inclusion d'un ordre dans celui qui lui est supérieur ;

3. il existe enfin quelques autres erreurs, plus rares, sur lesquelles nous ne nous étendrons pas dans le cadre de ce texte.

Les périodes de lexicalisation (rappelons qu'il s'agit d'un type précis d'erreurs syntaxiques) semblent correspondre aux débuts de l'apprentissage, qu'il s'agisse de la décomposition des centaines ou des milliers.

Dans l'ensemble, la plupart des erreurs produites par les enfants résultent, selon Seron et coll., de la généralisation abusive de règles correctement construites à des cas de figures pour lesquelles elles ne sont pas d'application. C'est aussi ce qu'on observe dans les cas d'erreurs d'orthographe, et surtout pour ce qui concerne la construction du langage oral. Mais ces phases d'hésitation sont, en général, assez brèves. Après trois ou quatre années d'école, le système de transcodage des nombres se trouve correctement construit et des correspondances fermes sont établies entre chiffres inscrits et mots-nombres, même dans le cas de messages complexes (ex : « mille quatre-vingt-seize » dont le transcodage ne s'effectue ni avec 1 000, ni avec 4, ni avec 20, ni avec 16 !).

Munis de ces définitions, nous tenterons maintenant, à l'aide de quelques exemples, de mieux cerner les performances numériques de quelques enfants non lecteurs en nous attachant à l'exactitude de leurs procédures au cours d'épreuves tirées de la batterie UDN 80 (pour de plus amples renseignements, se reporter au chapitre sur l'activité opératoire). Nous examinerons, dans un premier temps, où se situe chaque sujet dans son élaboration du nombre en tant qu'outil conceptuel puis nous nous attacherons, plus spécifiquement, à sa maîtrise du code oral et écrit : récitation et écriture de la suite, lecture de chiffres, et transcription de nombres sous dictée, les mots-nombres ou les chiffres tracés, dans cette deuxième partie de l'exercice, ne se présentant pas selon une série ordonnée quantitativement.

Albert

Parfait non-lecteur, gaucher (c'est le seul gaucher de l'échantillon retenu pour ce chapitre), Albert est âgé de 9 ans et un mois quand nous le voyons pour la première fois. Son niveau d'intelligence, mesuré aux tests, est parfaitement normal. Toutes les épreuves qui visent à mettre en lumière sa compréhension du nombre sont réussies. Il parvient, par exemple, sans hésitation à apporter le nombre exact de robes correspondant aux poupées présentées, qu'il compte préalablement sans qu'on le lui ait explicitement demandé, et il sait modifier de plusieurs façons des collections pour que A en ait plus, moins ou autant que B. Il s'agit là de réussites cohérentes avec son âge et son niveau intellectuel. En revanche, ses performances sont bien inférieures lorsque nous abordons le domaine de la transcription. Il ne sait écrire à la suite que jusqu'à 20, et déjà, marque de nombreuses hésitations après 10. Le successeur de 19 est pour lui... 213 : visiblement, après avoir écrit 2, il ne sait plus quelle est la place du 0 et se borne à restituer (en désordre) la suite familière : 1, 2, 3.

Voici maintenant ses performances en lecture :

Jusqu'à 17, les résultats sont corrects. Cependant (en chiffres, ce qui est écrit – en lettres italiques ce que lit l'enfant) :

– 15 donne *cinquante ;*

– 19 est lu *vingt-neuf ;*

– 18, *vingt-huit.*

À la dictée ses résultats sont les suivants : jusqu'à 14, il écrit de la main gauche correctement, puis (en lettres ce que dit l'adulte, en chiffres en italiques ce qu'écrit l'enfant) « vingt-cinq » est écrit *15* ; « seize » donne sous sa plume *66*.

Nous examinons à nouveau Albert lorsqu'il est âgé de 10 ans 8 mois.

Maintenant, il écrit la suite jusqu'à 100, avec toujours des hésitations, et il commet, de plus, des inversions dans la forme du 7, ce qui n'était pas le cas auparavant (voir reproduction).

Sa lecture des nombres est correcte jusqu'à 69, mais, après, il se trouve très embarrassé. On lui présente 70 : il ne sait pas. À 73, il répond *quatre-vingt-trois* puis *soixante-trois*. Il commet, bizarrement, peu d'erreurs de lecture pour la série 80. Mais il hésite beaucoup pour toutes les finales en 0.

90 : ??

91 : *quatre-vingt-un.*

Quant à l'écriture sous dictée, ses résultats sont corrects jusqu'à 60. Les erreurs sont ensuite fréquentes :

– « soixante-sept » est écrit *77* ;

– « quatre-vingt-treize », *63* ;

– « quatre-vingt-huit », *48,* puis *88* ;

– « quatre-vingt-dix-neuf » donne *819*.

En revanche, « cent vingt-six », « cent cinquante-huit », « cent soixante-trois » sont écrits correctement.

Nous revoyons une troisième fois Albert alors qu'il est âgé de 11 ans 5 mois.

Il obtient toujours de bonnes réussites pour les aspects conceptuels du nombre. L'écriture de la suite est correcte jusqu'à 100, qui est écrit 1 100. La lecture discontinue se déroule bien jusqu'à 69. Ensuite : 70 est rendu par *soixante et onze* (à deux reprises). Albert ne sait toujours pas comment traiter les écritures qui se terminent par 0 ;

– 75 donne *soixante-cinq* ;

– 94, *quatre-vingts* ;

– 90 le plonge dans la perplexité, car se pose toujours le problème du 0. Albert sait lire 89 (nous avons vu, plus haut, qu'il réussissait bien la série des 80). Mais la tâche se compliquant, les résultats se gâtent : 90 est lu *soixante-douze*. Albert est totalement décontenancé par le 0.

Albert

La première fois que nous le voyons, Albert sait écrire la suite des nombres jusqu'à... 213 (à la place de 20). Il ne sait pourtant lire ni 15 : il dit *vingt-cinq*, ni 66 : il dit *seize*.

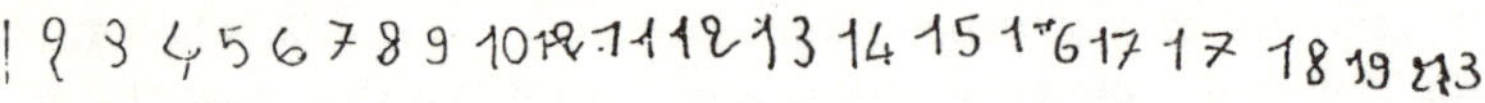

La deuxième fois, il commet des inversions de formes inattendues (banales chez les « débutants »)... Il écrit donc 7 en miroir.

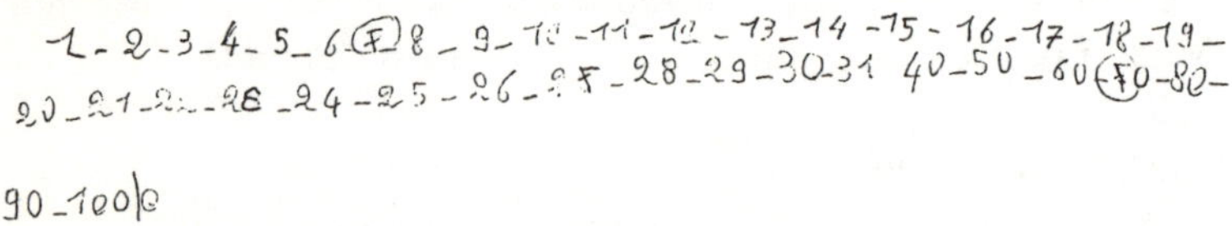

La troisième fois, il va jusqu'à 99, mais les 0 de 100 le font hésiter.

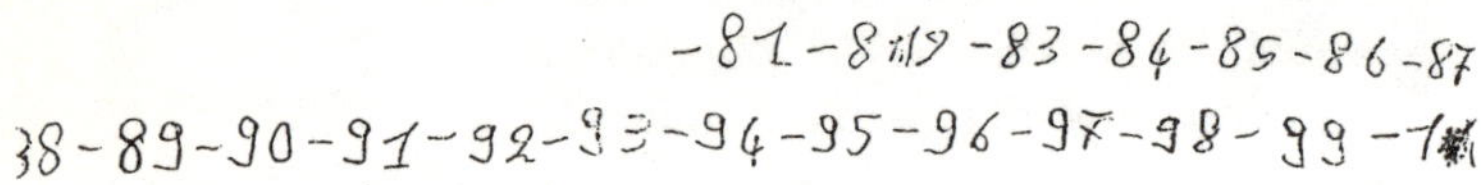

Clément

Voyons maintenant les performances de Clément. Ce garçon est âgé de 9 ans 6 mois quand nous le voyons pour la première fois. Il réussit très bien toutes les épreuves qui portent sur les aspects conceptuels du nombre. Mises à part quelques difficultés au passage des dizaines, il réussit bien à écrire la suite des nombres jusqu'à 100. Mais, en lecture, ses erreurs sont nombreuses, dès 69 :

– 96 est lu *quatre, cinq, six*;
– 72 : *six cents, soixante-dix et onze*;
– 96 : *quatre-vingt-six*;
– 82 : *quarante-deux*;
– 74 : *soixante.*

Quant au transcodage impliqué dans la dictée, s'il est correct jusqu'à 60, il pose, ensuite, bien des problèmes :

– « soixante-quinze » donne *65*,

– « quatre-vingt-treize » : *95* (qu'il barre), *9* (qu'il barre aussi) ;

– « soixante-quinze », au deuxième essai, est cependant bien écrit, de même que « soixante-dix-neuf ».

Abel

Abel est âgé de 9 ans 5 mois quand nous le rencontrons pour la première fois. Abel réussit toutes les épreuves conceptuelles, avec, cependant un peu plus de difficultés que les sujets que nous avons précédemment décrits : il a tendance, en effet, à oublier les résultats partiels au fur et à mesure du déroulement de l'épreuve. L'écriture de la suite des nombres ne pose pas de problèmes particuliers (voir reproduction).

Malgré quelques hésitations et erreurs spontanément corrigées, Abel domine la « logique » du système de la numération de position.

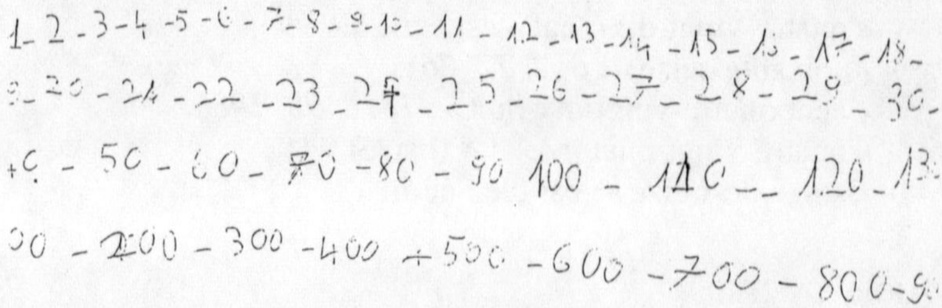

La lecture, à peu près correcte jusqu'à 69, se déroule pour les nombres supérieurs comme suit :

– 73 : *quatre-vingt-treize, soixante,* ensuite *treize,* puis il parvient à articuler les deux mots-nombres et donne la réponse correcte ;

– 98 : *dix-huit, quatre-vingt-huit,* puis réponse correcte ;

– 85 est lu correctement ;

– 71 : *soixante-dix* (« je l'ai eu faux »), *soixante et... un, soixante-douze, soixante-dix.*

On représente à nouveau le même nombre :

– 71 : *soixante et un, quatre-vingt-un ;*

– 70 est lu correctement ;

– 71 (à nouveau) : *soixante-dix, soixante-douze, soixante-treize.* « Qu'est-ce qu'il y a au bout ? » *Onze, soixante et onze*;

– 951 : *deux cent cinquante et un ; quatre-vingt-un, cinquante ;*

– 900 : *quatre-vingt zéro.*

L'écriture sous dictée donne lieu aux performances suivantes :

– « soixante-dix » : *61, 610, 69, 610* ;

– « quatre-vingt-dix » : *810* ;

– 73 est bien écrit ;

– « deux cent vingt-trois » : *2030, 203, 230* ;

– « cent vingt-trois » : *130, 103* (relu *cent trente-trois*).

Nous revoyons Abel quelques mois plus tard. La lecture des nombres est correcte jusqu'à 1000. Mais des hésitations sont notables à 16, lu *six, dix, seize.*

Voici comment s'établit l'écriture sous dictée au cours des différents essais :

– « quatre-vingt-dix-neuf » est écrit *89, 99* ;

– « soixante-seize » : *6, 7, 77, 76* ;

– « cent quatre-vingt-dix-huit » : *1818, 98, 198* ;

– « quatre-vingt-quatorze » : *8* (barré) *94* ;

– « soixante-treize » : est bien écrit.

IGOR

Igor a 9 ans quand nous l'examinons pour la première fois. De même que les autres non-lecteurs, il réussit parfaitement les épreuves portant sur les aspects conceptuels du nombre. Il écrit correctement la suite des nombres jusqu'à 99, avec, toutefois, une reproduction en miroir du 7 (comme Albert, et d'ailleurs beaucoup d'enfants en début d'apprentissage) et, parfois seulement, du 5 et du 9 (voir reproduction).

Les vraies difficultés apparaissent pour la lecture après 40 et la transcription :

– pour lire 43, il se reporte à la suite entière à partir de 0, qu'il a tracée précédemment et dit : *trente-quatre*;

– 59 est bien lu ;
– 63 donne *trente-six*;
– 60 : *quarante*;
– 70 : n'est visiblement pas connu.

Dans l'exercice d'écriture sous dictée, Igor est débordé :
– « dix-huit » ne suscite que des interrogations ;
– « quatorze » donne *4* ;
– « quinze » donne *55*.

Igor, dans un exercice simple d'écriture des nombres sous dictée, bute dès la seconde dizaine et commet beaucoup d'erreurs de pile ; cependant, malgré quelques formes en miroir (le 5 et le 7, curieusement bien tracés lors de la première dizaine), il peut dérouler spontanément l'ensemble jusqu'à 99.

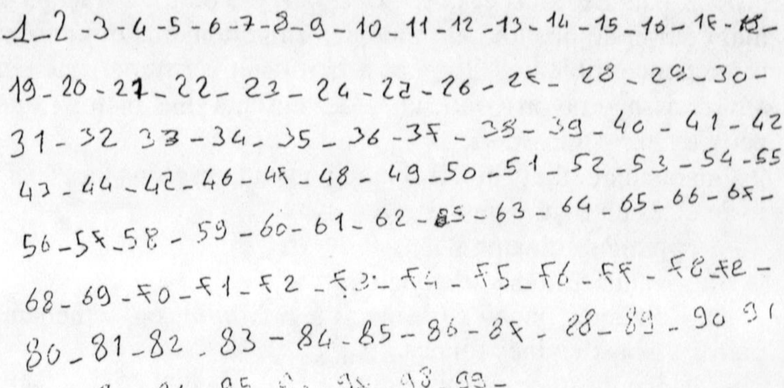

Nous terminerons par le cas d'Igor ces descriptions concernant l'écriture, la lecture et les transcriptions de nombres observées chez des enfants en graves difficultés d'apprentissage de la lecture des textes. Quelles conclusions est-il possible d'en tirer ?

Celles-ci apparaissent de deux ordres, concernant d'une part la nature même des opérations de transcodage ; et d'autre part les caractéristiques spécifiques des enfants non lecteurs.

Pour ce qui concerne la nature des opérations de transcodage, les exemples énoncés nous semblent assez parlants. Les non-lecteurs nous donnent, en effet, des renseignements très riches sur la façon dont s'opèrent lecture et écriture des nombres. Les difficultés apparaissent chez eux comme grossies par une loupe. Car ce n'est que par habitude que nous considérons comme allant de soi le transcodage dans le domaine numérique. On a vu, plus haut, la quantité de pièges qu'il recèle. La plupart des erreurs des enfants tout-venant, exceptionnellement résistantes chez les non-lecteurs, ne sont pas « illogiques ». La structure même du code peut en rendre compte. L'apprentissage des opérations d'écriture et de lecture des nombres exige une forte charge cognitive qui leur est spécifique. Il est à noter que les obstacles sont particulièrement précoces en français, et que d'autres langues présentent un système de mots-nombres beaucoup plus cohérent (à ce propos voir Bideaud et coll., 1991). Mais, de toute façon, la numération de position entraîne des emboîtements qui posent forcément problème. On peut à bon droit s'étonner que cet apprentissage ne provoque chez des enfants sans histoire que peu de heurts apparents.

Quant aux enfants non lecteurs, nous analyserons leurs performances en distinguant :

– la première dizaine ;

– les « particuliers » (de *onze* à *seize*) ;

– les dizaines banales (de *vingt* à *soixante*), en détachant, parfois, les « dizaines rondes » ;

– les dizaines complexes ;

– les centaines et les milliers (rarement abordés dans cette population).

Les performances des enfants dont nous avons rendu compte plus haut ne présentent, en général, pas de difficultés pour les premiers nombres. Quelques-uns tracent cependant quelques chiffres en miroir, fait d'autant plus notable qu'ils ne présentent pas de troubles particuliers dans l'analyse de données spatiales générales. Les reproductions inversées seraient-elle réservées au seul matériel graphique codant des connaissances ? Par ailleurs, le fait que ces enfants semblent maintenant, à plus de 9 ans, avoir acquis la transcription de la première dizaine n'implique pas que les débuts de ce travail aient été pour eux faciles. D'autres enfants non lecteurs, qui ne sont pas cités plus haut, conservent des confusions, même s'agissant de petits nombres. Ainsi Grégoire, âgé de 10 ans, ne sait pas toujours distinguer un 6 d'un 8, peut-être parce qu'il s'agit de signes « ronds » – tout comme lui qui s'enveloppe d'au moins dix kilos excédentaires.

La seconde dizaine (et dans celle-ci les nombres « particuliers ») recèle bien des pièges pour les enfants non lecteurs : dans l'évocation, le nom du 11 constitue pour certains d'entre eux une pierre d'achoppement, peut-être parce qu'il ne respecte pas le schème syllabique habituel : à l'inverse des autres noms de cette dizaine, il commence par une voyelle, moins accentuée qu'une consonne. Les autres erreurs produites se rangent essentiellement dans la catégorie des erreurs de pile (pour les définitions, voir plus haut). Ainsi Albert transcrit-il « seize » par *66* (redoublant en quelque sorte l'idée de la position sixième), peut-être parce qu'il se rappelle que la transcription du nombre finit par un 6. De même, Igor écrit *4* pour « quatorze » (il procède ainsi à une simplification, opération très fréquente chez les enfants en difficulté que nous avons observés, et dont nous avons maints autres exemples) et « quinze », toujours pour lui, donne *55*.

Parfois, des nombres appartenant à la troisième dizaine (à partir de 20) se trouvent rendus par des « particuliers » dont la finale est la même (Albert écrit *15* quand on lui dicte « vingt-cinq »). Il s'agit dans les exemples ci-dessus d'écriture. Mais les erreurs sont de nature identique en lecture puisque Albert dit *vingt-neuf* (pour 19) et *cinquante* pour 15 (erreur de pile). Le même lit 18 comme s'il s'agissait de *vingt-huit*. Cette confusion entre deuxième et troisième dizaine nous paraît très intéressante et pourrait peut-être s'expliquer (si nous en croyons les explications, assez confuses, il est vrai, que nous donnent certains enfants examinés) par la similitude entre le son « un » (codé 1) et la terminaison de « vingt » qui fournit à l'oreille une rime riche, source d'égarement possible. Le son du « deux » apparaît franchement trop éloigné de celui du « vingt » (codé 20). Du coup, la graphie qui lui correspond n'apparaît guère comme une retranscription satisfaisante, alors que le 1 (« un ») offre une proximité phonique rassurante. Les erreurs de lecture et d'écriture auraient donc la même source : la « ressemblance » entre « un » d'une part, et « vingt », de l'autre.

Les dizaines « régulières » présentent moins de difficultés que les nombres précédents pour le non-lecteur, comme d'ailleurs pour l'enfant en cours d'apprentissage, exception faite, bien sûr, de la mise en mémoire de leur nom. De 20 à 69 la bijection, constante, entre un mot-nombre et un chiffre écrit réduit les occasions de trouble et les erreurs sont souvent constituées par des inversions (voir les performances d'Igor) – sauf, bien sûr, dans les cas des « dizaines rondes ». Celles-ci troublent particulièrement Albert, qui, à cet égard, présente des hésitations tout à fait remarquables.

Or, fait notable, cette bijection disparaît après 69, un seul chiffre (la dizaine de 70, 80, 90) représentant alors un, deux, ou trois mot(s)-nombre(s). En même temps, les particuliers entrent à nouveau en scène : ces particuliers sont, nous l'avons dit, déjà en eux-mêmes difficiles à analyser. Les voici maintenant faisant partie de compositions où, tout en étant présents phonématiquement, c'est-à-dire à l'oral, ils disparaissent à moitié à l'écrit, puisque le 1 inaugural est supprimé et qu'ils ne laissent pour mémoire que leur terminaison (1, 2, 3, 4, 5, 6). Dans cette série cauchemardesque, on conçoit que « quatre-vingts » offre une oasis puisqu'au moins il se combine avec des unités simples. On comprend, dès lors, pourquoi cette dizaine est souvent mieux réussie que celles qui l'encadrent, et qu'elle fournisse des réponses de substitution simplificatrices : Albert lit 91 comme s'il s'agissait de *quatre-vingt-un*. Abel, quant à lui, fournit des illustrations très intéressantes d'un travail ardu d'assemblage. Il donne ainsi des lectures partielles de chaque membre du nombre pour parvenir, enfin, le plus souvent à les joindre. L'échec de ce processus peut donner lieu à plusieurs types d'erreurs, dont les simplifications, déjà mentionnées (82 lu *quarante-deux* par Clément), ou bien, encore, les erreurs syntaxiques de lexicalisation, souvent incomplètes : « quatre-vingt-dix-neuf » qui pourrait s'écrire 4, 20, 10, 9 est transcrit en *819* par Albert. Le « dix-neuf » est donc lexicalisé, en tant qu'entité, cependant qu'on peut penser que le *81* est une transcription du «quatre-vingt-dix», exprimant au moins l'idée qu'une dizaine doit être rajoutée à 8. Ce qui fascine dans ces cas, c'est la dissociation entre la bonne compréhension de certains principes qui régissent l'écriture (tous ces enfants peuvent enchaîner des nombres par écrit, tant qu'ils n'ont pas à les lire) et les échecs dans les différents transcodages (de l'oral à l'écrit, et de l'écrit à l'oral).

Pour ce qui concerne les centaines (et les milliers), il est intéressant de noter que ces nombres désignant des quantités pourtant plus importantes (et par conséquent plus complexes à se représenter) sont l'occasion de beaucoup moins d'erreurs, aussi longtemps que leur lecture ou leur écriture s'effectue sans 0 intercalaires. Cela est vrai pour autant que centaines et milliers aient été abordés dans le cadre scolaire. Ces apprentissages n'ont cependant pas toujours été réalisés dans notre population, car elle décourage vite les enseignants. Les transcriptions et lectures correctes de nombres supérieurs à 100, apparaissent, à première vue, surprenantes. Elles s'expliquent pourtant facilement par le fait que les traductions de ces nombres respectent le principe de bijection : un chiffre figure alors un mot-nombre et inversement. Les opérations de séquentialisation ou concaténation, pour passer de l'oral à l'écrit ou inversement, ne sont, dès lors, plus nécessaires, à part les inclusions communes requises par le système de la numération de position.

En bref, les non-lecteurs apparaissent tous comme animés par la recherche obstinée d'un parfait terme à terme entre ce qui est entendu et ce qui est écrit. Mus par cet unique souci, ils se révèlent alors incapables d'opérer des découpages souples entre les éléments de la chaîne sonore comme des signes graphiques, opération particulièrement indispensable dans la lecture et la transcription des dizaines complexes. Mais on pourrait aussi formuler le même fait de façon inverse et décrire de tels enfants comme perdus dans le flot sonore de ce qu'ils entendent et de ce qu'ils évoquent. Plongés dans la plus grande confusion, ils tentent, alors, désespérément de se raccrocher à des bouées de sauvetage, en privilégiant le chiffre qui leur semble important. Ils l'écrivent – ou l'oralisent en mot-nombre – au début de leur rendu, le redoublant parfois. Ce n'est toutefois pas la quantité par elle-même qui les limite dans leurs performances, mais les modalités de sa dénomination. À ce titre, les particularités du français hexagonal constituent autant d'obstacles. Sans doute commettraient-ils moins d'erreurs en Belgique ou en Suisse, tout au moins dans la première centaine. Il faut cependant bien voir que ces étrangetés dans les mots-nombres constituent, nous l'avons déjà dit, des révélateurs particulièrement éloquents. Elles aident à préciser les failles d'un système que les non-lecteurs sont susceptibles de manifester ailleurs : quand les quantités à transcoder désignent – même dans des systèmes plus « transparents » – des collections importantes (au-delà de 1 000) ou lors de la lecture des mots et des textes.

Les différents errements de ces apprentis nous semblent donc autant d'exemples de choix, permettant de mieux comprendre ce qu'ils éprouvent et les obstacles qu'ils ont à vaincre. Ils éclairent, du même coup, nos propres tâtonnements passés et, le plus souvent, refoulés. Ce qui explique peut-être pourquoi, détruisant les bases sur lesquelles nous fonctionnons, leurs égarements suscitent presque toujours un malaise intense. Ce malaise rend encore plus aventureuse la mise en perspective des démarches que nous avons tentée ici, et qui aura peut-être décontenancé le lecteur. Nous espérons pourtant que cet essai d'analyse contribuera à éclairer un peu la nature des embarras, certes beaucoup plus importants, que des populations en grave échec scolaire sont susceptibles d'éprouver dans le domaine de la lecture.

CHAPITRE VIII

LECTURE, CROYANCES, DOUTE ET FRAGILITÉ. LE « DILEMME EXISTENTIEL » DES ENFANTS NON LECTEURS

Carol F. C. Rose

Au cours de mes cinq années de travail avec les enfants et adolescents en graves difficultés d'apprentissage de la lecture, j'ai constaté à maintes reprises que, d'emblée, l'adulte responsable de la prise en charge se trouvait confronté à des blocs compacts, résultant de conceptions que ces « apprentis » se faisaient de la lecture. Ce sont ces conceptions, vraisemblablement ancrées depuis longtemps, que j'ai appelées croyances. Dans un autre contexte, les fausses croyances ont fait l'objet d'études expérimentales poussées chez les très jeunes enfants (Flavell, 1990). Cet auteur montre le poids de ces attitudes mentales dans l'appréhension de la réalité et ses relations avec le développement cognitif. Il nous a semblé intéressant de reprendre cette perspective pour étudier, non pas l'appréhension d'objets, mais la représentation que les sujets se font d'un acte, à savoir, ici, l'acte de lire. Dans ce chapitre, je tente ainsi de dégager quelques-unes des croyances implicites qu'élaborent les enfants non lecteurs, qui sous-tendent leurs stratégies de lecture et se retrouvent fréquemment à la source d'échecs persistants.

Au sens courant du terme, la croyance consiste à accepter des faits ou des données comme tels, sans s'interroger sur leur véracité. Dans le cas présent, la croyance pousse à adopter des procédures dont la fonctionnalité n'a pas été mise à l'épreuve et se présente comme un écran qui empêche la recherche d'autres solutions. Dans une démarche relevant de la croyance, il n'y a pas place pour le doute, car s'il survient, il est susceptible de mettre à mal des croyances pourtant bien agréables. Catastrophe : le Père Noël n'existe pas !

Quant aux non-lecteurs, la fonction de la croyance semble bien être justement de repousser l'état de doute. Il s'agit, avant tout, de ne pas savoir et de continuer ainsi à s'agripper au statu quo.

Pour quitter le domaine de la croyance, il est nécessaire de faire des hypothèses et de les mettre à l'épreuve. Une telle entreprise suppose, évidemment, que l'on accepte le doute, et qu'on prenne la responsabilité de décider soi-même des démarches à suivre. Un doute subtil sert d'instrument lorsqu'il est accepté, mais les enfants et adolescents non lecteurs se trouvent pris dans un « étau » qui ne leur laisse pas la liberté d'avancer sur une voie où ils peuvent rencontrer le doute. Chez eux, l'évitement du doute à tout prix mène droit à des positions rigides et cloisonnées.

Les non-lecteurs détiennent tous, en effet, des idées spécifiques au sujet de la lecture. Hélas ! elle leur est familière : déjà rencontrée, exercée (mais comment ?) et revue encore ! Rien d'étonnant à cela : chacun d'eux a eu au minimum un contact direct de trois ans ou plus avec l'enseignement classique. Des procédures, même fragmentaires, sont en place : automatisées, encapsulées. Rien dans cet ensemble n'est sujet à révision sans intervention extérieure. Or, ces procédures qui n'aboutissent pas à la lecture ne peuvent être considérées comme fonctionnelles. Selon le vieux dicton anglais, *The proof of the pudding is in the eating* [1].

Il s'agit donc d'interroger les conceptions de ces enfants sur le statut et le fonctionnement de l'écrit. Les observations que j'ai faites s'inscrivent dans un contexte bien précis : celui de

1. Ce proverbe n'a pas d'équivalent en français : le sens en est que seul le résultat prouve l'adéquation de la démarche.

l'abord pédagogique provenant des travaux que C. Gattegno a effectués sur l'apprentissage, et plus particulièrement sur la lecture, de 1955 à 1988. Un autre chapitre du présent ouvrage (chapitre XV) présente extensivement cette approche.

Après des années de travail clinique avec cette population d'enfants, il est possible de dégager quelques croyances-forces observables chez la plupart de ceux que nous avons eus en charge. Elles ne sont pas toutes identiquement aberrantes : certaines, même, peuvent apparaître comme partiellement vraies. Toutefois, isolées du contexte et posées en système, elles conduisent forcément à des échecs. Nous tenterons de les énumérer, de la plus manifeste à la moins évidente.

Première croyance : lire, ce n'est pas produire du sens mais c'est avant tout une activité imposée par autrui, en général par l'adulte. Il s'agit donc d'adopter un maintien et un ton de voix spécifiques qui manifestent la lecture aux yeux de l'observateur. Par exemple, suivre la ligne de gauche à droite, utiliser éventuellement le doigt pour fixer les mots, ânonner.

Cette croyance est parfois paradoxalement associée à son inverse chez un même enfant : lire, c'est broder, deviner à partir de reconnaissances globales isolées. La forme générale du mot renvoie alors directement à un sens, sans que l'enfant passe par une représentation phonétique implicite ou explicite. En s'appuyant sur de telles stratégies, l'enfant fait l'économie d'une « vraie » lecture et, ayant cru repérer un sens global, se met à dériver, ce qui l'entrave dans son accès au sens. En fait, il s'agit d'une authentique parodie de la lecture experte.

Deuxième croyance : lire, c'est apprendre par cœur. Cette stratégie qui peut se concevoir en tout début d'apprentissage, et qui est alors souvent encouragée par les enseignants (surtout dans le cadre du mot), par les parents (dans le cadre de la page, combien de fois l'enfant a-t-il entendu : « As-tu appris ta page ? ») mène tout droit à la catastrophe si elle n'est pas rapidement remplacée par une stratégie alphabétique. Remarquons que, paradoxalement, la récitation par cœur peut « aider » le non-lecteur à rester un certain temps inaperçu. Il y a là erreur sur la personne. Or, comment apprendre à lire quand on est supposé déjà bien avancé en la matière ?

Troisième croyance : lire, c'est nommer des lettres. En conséquence, le recours exclusif à l'épellation remplace la mise en correspondance phonie-graphie, première étape de l'abord d'un système alphabétique. Dans toutes les méthodes, on parle des lettres en les nommant, mais les sujets que nous avons observés en restent à cette nomenclature sans la transformer en un système dynamique. Ainsi, suivant les démarches préconisées par des instances qui font autorité, se trouvent-ils dans des impasses : devant trois mots *(cas, celle, c'est)* Stéphane s'écrit : « C'est un *c* ! » sans aller plus loin. Pour les non-lecteurs en classe depuis trois ans, qui connaissent d'autant mieux leurs lettres qu'ils considèrent qu'il est inutile d'aller chercher ailleurs, la lettre fonctionne comme un substantif aussi peu susceptible de transformation qu'une table ou une chaise : c'est une table, c'est un *b,* c'est un *a.* Dans cette optique, il est particulièrement délicat d'accoler à une consonne qui la contient la lettre *é.* Pourquoi *été* s'écrirait-il avec trois lettres, alors que deux lettres suffisent lorsqu'on énonce le nom de la lettre : *et* pour *été*, *rap* doit se lire *râpé*, ou encore *aj* convient pour écrire *agi.*

À ce sujet, rappelons que Ferreiro et Teberovsky (1979) ont remarqué que « l'une des indications les plus sûres de la constitution des lettres en tant qu'objets substituts » chez des enfants hispanophones se voyait lorsqu'ils réservaient l'usage de l'article indéfini pour la lettre-objet dessinée, et laissaient tomber l'article pour la lettre, en tant qu'objet substitut. « C'est un *a* » signe le premier usage, et « C'est *a* » signe le second.

Chez nos consultants, il est possible que cette croyance soit antérieure à leur scolarité, en tout cas à leur abord de la lecture, comme tendrait à le prouver le fait que certaines lettres de leurs nom et prénom soient demeurées sans équivalent phonémique. Ainsi Rodolphe, dont le nom de famille commence par un *s,* ne peut pas donner de correspondant phonémique aux lettres *r, d, s,* lorsqu'il les rencontre dans des mots, tout en connaissant leur nom. Si l'épellation est nécessaire lorsqu'on écrit ou lorsqu'on communique son nom à autrui, pour apprendre à lire, il va de soi qu'on ne peut s'en tenir exclusivement à cette démarche. Le recours à l'épellation démontre bien ce qu'on entend par croyance : au début, il s'agit de suggestions malheureuses (faites par certains adultes de bonne volonté, peu au fait du fonctionnement de la lecture). Ces conseils donnent ensuite lieu à des simplifications à outrance ; l'autorité pédagogique est, dans un troisième temps, citée en caution. L'ensemble aboutit à une absence totale de résultats adéquats (ni lecture ni déchiffrage), et toute évolution se trouve freinée par l'impossibilité où ces apprentis se trouvent d'abandonner cette démarche inefficace : l'abandon d'une nomenclature alphabétique est, en effet, si ardu pour certains qu'ils mettent « de la lettre » là où il n'y en a pas du tout, c'est-à-dire sur la face neutre des rectangles de couleurs (*cf.* chapitre XV).

Quatrième croyance : une suite d'éléments identiques doit toujours être lue de la même manière, quel que soit leur ordre. Ils sont, en quelque sorte, commutatifs comme les termes d'une addition. Pour Alain, Thomas et bien d'autres, l'ordre temporel qu'ils pratiquent en distinguant clairement *il* de *li* dans leur langage spontané devient confus, perd sa pertinence lorsqu'il s'agit de lecture. *Il* et *li* sont lus de manière indistincte. Ces deux syllabes sont en quelque sorte rendues identiques. Ce balbutiement traduit le trouble produit par l'hésitation sur le point de décider de ce qu'il faut dire en premier. Si, dans la langue parlée, le critère de l'origine se trouve dans la succession temporelle, il est spatial dans la langue écrite : cette correspondance n'est pas établie. Cette lacune se conjugue avec la préférence pour une lecture consonne/voyelle (plutôt que voyelle/consonne). La notion de temps en rapport avec l'orientation gauche-droite se trouve en bout de course supprimée.

Cinquième croyance : deux éléments identiques qui se suivent n'ont pas besoin d'être lus deux fois. Cela donne *li* pour *lili* par exemple. Une telle procédure entrave radicalement la lecture, car à l'écrit la duplication syllabique, toujours, et phonématique, le plus souvent, a un sens. La question est, ici, en somme, de savoir combien il y a de dires pour combien de lettres. Peut-être ce refus de la répétition est-il pour eux une façon de se débarrasser du problème des lettres « en surplus » car non prononcées, dont on connaît la haute fréquence en français (on peut prendre, entre mille, l'exemple du mot « haie »).

Sixième croyance : chaque blanc, au moins, doit renvoyer à un silence (de même que chaque lettre doit renvoyer à un son). Les exemples de telles conduites sont nombreux dans les premières séances. Alors que dans le langage parlé des groupes de souffle correspondent à des groupes de sens qu'il faut conserver lors de l'oralisation en lecture, les enfants que nous suivons croient bon de s'arrêter systématiquement lors de chaque espace entre deux mots. En revanche, la ponctuation est négligée alors que plusieurs connaissent son vocabulaire : *apostrophe, vergule (sic),* ou *guillemets*. Ils vont parfois jusqu'à faire une pause entre chaque syllabe, ce qui aboutit à une lecture ânonnée. L'accès au sens s'en trouve notablement altéré. C'est comme s'ils déchiffraient une langue étrangère. Bien sûr, ce stade de l'ânonnement est fréquent chez les apprentis lecteurs. Mais les enfants de notre groupe ne l'ont en général pas dépassé en raison des effets combinés de leurs ignorances en lecture et de leur attachement à un seul mode de fonctionnement.

Au cours de la rééducation, l'usage du pointeur (*cf.* chapitre XV) qui oblige l'enfant à ne pas produire de pauses artificielles, permet d'éviter la fixation sur un tel mode de lecture.

Nous illustrerons ces quelques observations à l'aide des conduites observées chez deux enfants tout au long de leur rééducation. Nous verrons alors comment ces croyances ont pour effet de troubler les possibilités d'accession à la lecture.

Alain

Alain, un garçon de 9 ans, qui vient consulter pour non-acquisition de la lecture, est accompagné par son père, aveugle depuis l'âge de 3 ans. Ce dernier reste dans la salle d'attente pendant que je vois l'enfant. Alain frappe par son aspect sérieux. D'emblée, il m'informe qu'il n'est pas venu pour jouer mais pour travailler, et il me confie qu'il a de grandes difficultés en dictée.

Les premiers instants de notre travail mettent en évidence plusieurs aspects saillants du dysfonctionnement de ses stratégies lexiques. En revanche, pendant ces quelques minutes, Alain démontre qu'il a de bonnes capacités d'apprentissage, une soif de connaître, et une mobilité d'esprit exceptionnelle chez un enfant présentant de telles difficultés.

Lorsque nous travaillons avec un pointeur et le premier tableau des rectangles/phonèmes en couleur, donc sans lettres (*cf.* chapitre XV), nous constatons qu'Alain peut rapidement garder un rapport stable entre un phonème et une couleur. Cette stabilité, de bon augure, est le complément de sa bonne démarche temporelle ; il n'a aucune difficulté à dire les éléments pointés dans l'ordre indiqué. Cependant, très vite des méconnaissances diverses se font jour.

1. Dans un premier temps, il pense que s'il rencontre deux fois le même rectangle de couleur, il ne doit le dire qu'une seule fois : comme il l'a déjà identifié et nommé, pourquoi donc le prononcer deux fois (défaut d'itération, cinquième croyance) !

2. Un peu plus avant dans la séance, après avoir progressé sur l'itération, il se montre tout à fait insensible à la pause dans le pointage entraînée par l'intervalle lorsqu'on pointe la séquence colorée de rectangles rouge, rouge, rouge / blanc, soit *iii a*, il dit *iia*. Cette difficulté à respecter les silences (il en enlève ou en ajoute), ici associée à un défaut d'itération, se retrouve, plus tard dans la séance, lorsqu'il est confronté à des mots.

3. Il croit qu'il faut laisser une longue pause entre les syllabes orales (ce que Gattegno appelle les « battements »). Ainsi *ami* devient *a mi* (sixième croyance).

Dans le même ordre d'idées, mais avec des lettres, les trois éléments du mot « mal » ne se fondent pas pour lui en un battement. Sa lecture *ma elle* aboutit à découper ce monosyllabique en deux syllabes : *ma,* plus le nom de la lettre *l (elle). Lune* (un seul battement) est prononcé *lu ne* (deux battements) : ânnonement, première croyance.

4. Alain affectionne, dans sa découpe des mots, une configuration consonne/voyelle, et ne peut pas aisément déchiffrer *il*, qu'il prononce entre *il* et *li* (quatrième croyance).

5. Alain utilise l'épellation. *La* devient *elle a* (troisième croyance). En cela, il se comporte comme tous ceux qui ont un recours abusif à la lettre. Il se cantonne dans la nomination d'un objet/lettre qui occupe la place d'un objet statique, d'un substantif que l'on nomme, tel un nom propre, et qui ne peut pas se transformer.

Nous travaillons intensément ces démarches de base pendant la première heure passée ensemble. Alain parvient progressivement à se frayer le chemin d'une véritable lecture débutante. Je dois clore la séance car il ne veut pas partir.

Nous devons fixer les dates et l'heure des rendez-vous après Noël. J'accompagne Alain dans la salle où l'attend son père aveugle. Je lui dis que j'ai été contente de travailler avec son fils. Alain présente à son père un papier avec les dates des prochains rendez-vous. En raison de sa cécité, je les énumère à haute voix. Il demande à Alain, d'un ton sévère, à « voir » le papier. Ce dernier le lui tend. Son père met le papier à l'envers devant ses yeux et fait semblant d'en lire le contenu, suivant de sa tête la ligne écrite de gauche à droite, et utilisant son doigt pour « fixer » les mots, comme il l'a sans doute vu faire avant de devenir aveugle. Il « lit » à haute voix : « Rendez-vous le 8 janvier à 3 heures, et le 12 à 5 heures. » Il tient donc à faire croire que, malgré sa cécité, il est capable de déchiffrer un document écrit qu'il ne peut pas voir. Il use ainsi d'un simulacre qui évoque ceux observés chez des tout-petits qui « lisent » leurs livres de contes tout en inventant le contenu d'après le souvenir d'une lecture à haute voix, effectuée auparavant par une autre personne.

Alors que je manifeste ma surprise, Alain le regarde faire tranquillement. Son père garde un ton impavide et je suis à nouveau étonnée de voir que c'est lui, l'aveugle, qui mène son fils par la main pour descendre les trois marches de la salle d'attente, tourner dans le couloir et reprendre le grand escalier. Alain le suit docilement.

Cette courte scène m'a beaucoup frappée, et il me semble qu'elle peut nous donner la clé (ou une des clés) expliquant l'échec spectaculaire d'Alain dans le domaine de la lecture. Son comportement face à l'écrit n'est-il pas en effet, venant d'un fils soumis, la reprise obéissante de la démarche du père ? Peut-être même ce désir d'identification important a-t-il chapeauté l'ensemble de l'activité. Finalement, pour Alain, on a l'impression que :

– lire veut dire faire certains gestes des yeux, de la tête et du doigt ;

– à partir de prises d'indices parcellaires, il importe de transmettre une idée générale d'un contenu qui vient d'ailleurs. La traduction d'un écrit passe donc par un certain nombre de mouvements autour d'un texte, suivis d'une restitution paraphrasée d'un sens préalablement entendu, si bien que le contenu de cette paraphrase arrive parfois à ne plus avoir aucun rapport avec l'écrit en question.

Si nous avons choisi de raconter cette première heure du travail, c'est parce qu'elle illustre de manière très parlante comment l'accumulation de croyances erronées peut empêcher la lecture de se mettre en place.

Le travail avec les tableaux en couleurs a été immédiatement efficace, comme le montre l'évolution d'Alain qui, au cours des séances suivantes, a pu restructurer ses croyances concernant la lecture.

Au retour de deux semaines de vacances scolaires, je demande à l'enfant comment il s'est occupé. Il me dit, comme si cela allait de soi, qu'il a lu un livre intitulé *Yann*. Les faits confirment ses dires. Il est maintenant capable de lire en y mettant du sens, et sans faire trop d'erreurs, même si c'est lentement. Depuis, Alain est devenu un lecteur acharné et son vocabulaire s'est beaucoup élargi.

Cette belle histoire qui permet d'observer comment des croyances non fonctionnelles peuvent faire obstacle à l'acquisition de la lecture n'est certes pas exemplaire du travail avec d'autres enfants. Alain était calme, capable et désireux de travailler. En cela, il se différencie nettement des autres consultants non lecteurs, dont les démarches sont opaques et les persévérations dans l'échec, névrotiques. Alain, pour sa part, désirait simplement parvenir à la clarté cognitive dont parlent Downing et Fijalkow (1984). Pendant la séance et grâce aux instruments de travail, il a pu trouver une réponse aux questions qu'il se posait sans doute depuis longtemps. Ce que l'on constate tout au long de la première séance de rééducation avec Alain, est sa capacité à changer ou à modifier ses conceptions sans en souffrir sur le plan psychologique. Ce fait est assez rare pour mériter d'être souligné.

Avec la population des non-lecteurs, en effet, nous nous trouvons confrontés, comme nous l'avons déjà dit, à des enfants dont le recours indiscutable et rigide à des croyances empêche la recherche d'autres points de vue plus fructueux. Des obstacles d'ordre affectif entravent leurs processus d'évolution et la « croyance en la croyance » enlève la possibilité d'avancer dans la mise en place et le perfectionnement de savoir-faire. Puisqu'aucun questionnement n'est en cause (le « moteur » du doute, de la curiosité, ou de la question est absent), l'apprentissage ne se construit pas, et l'enfant a recours à des conduites diverses entraînant l'évitement. Cet évitement entretient l'incompétence qui, à son tour, renforce l'absence d'intérêt pour l'écrit (Ferreiro, 1990). C'est ainsi que se dessine un cercle vicieux chez des enfants angoissés ou apparemment insensibles, terrorisés qu'ils sont par le fait de savoir (Monnier, 1987) ou d'acquérir un savoir-faire. Devant la critique et la dérision des autres, certains s'organisent pour se cacher. Ce faisant, ils rajoutent un nouvel élément qui empire le tableau : celui du secret comme stratégie qui empêche encore davantage la confrontation des modèles personnels avec la réalité.

HUGUES

Le cas de Hugues éclaire quelque peu la relation entre secret familial et échec en lecture.

Le père de Hugues, longtemps réfugié politique d'un régime totalitaire discrédité en France, avait donné à son fils un prénom rappelant le nom du dictateur mort le jour de la naissance de son enfant. Hugues portait, par ailleurs, le nom de famille de sa mère, ses parents n'étant pas mariés. Or, pendant l'année de la remédiation, ceux-ci ont décidé d'officialiser leur union. Hugues a alors opté pour le nom à consonance étrangère de son père, qui, de même que son origine, avait été soigneusement caché jusqu'alors. À partir du moment où Hugues a pu endosser le nom de son père et admettre l'origine de celui-ci, il s'est enfin autorisé à être curieux et à accéder à la lecture. Son intérêt très vif pour les oiseaux (il avait été élevé, les premières années, par une grand-mère à la campagne et connaissait beaucoup de chants d'oiseaux) l'a poussé vers des ouvrages d'ornithologie.

Rodolphe

Cette observation ouvre la question de l'identification au père (Monnier, 1987) souvent problématique dans cette population. Dans le cas de Hugues, le statut du père s'est trouvé revalorisé. Il en est autrement pour Rodolphe, qui lit après huit séances de rééducation, mais qui pourtant se retrouve dans une totale incapacité une semaine plus tard. Entre-temps, un incident professionnel s'est produit ; son père y est gravement impliqué. Est-ce une simple coïncidence ? Rodolphe met du temps à récupérer son rythme antérieur, puis lit à nouveau jusqu'au moment où d'autres ennuis du même type surviennent. Rodolphe ne peut alors plus lire. J'assiste, impuissante, à une dégringolade et à une dépression croissante, partagée aussi par la mère. Il ne vient plus aux séances car son père ne peut plus l'accompagner. Honteux et fuyant, celui-ci a perdu confiance en lui-même, entraînant son fils dans son sillage.

Comme Hugues et Rodolphe, les enfants dont nous nous sommes occupés manquent singulièrement de confiance en eux et se présentent souvent comme butés ou battus d'avance. Ce sont des attitudes plus difficiles à changer que celles régissant l'apprentissage de la lecture proprement dit. L'erreur provoque le plus souvent des réactions tellement fortes que beaucoup d'entre eux se trouvent handicapés et ne peuvent continuer le travail. Vue sous l'angle fautif avec sanction à l'appui, l'erreur mène directement à l'échec. Alors qu'entendue comme simple hypothèse susceptible de rectification, elle leur redonnerait la liberté d'agir.

Thomas

Ces observations générales s'appliquent particulièrement à Thomas, dont nous rapportons maintenant le cas. Il est exemplaire de nombreux enfants chez qui l'inhibition se situe au premier plan. Le manque de liberté dû à la peur et une importante ambivalence le rendent impuissant à entrer dans un champ d'apprentissage où il faut constamment opérer des choix, se prononcer, se tromper, l'accepter, rectifier et continuer.

Thomas est un petit garçon inhibé et anxieux de 9 ans : il me chuchote qu'il vient me voir à cause « d'affaires de lecture », et ajoute qu'il aime bien les lettres : par cela veut-il dire qu'il aime recevoir du courrier ? J'ai du mal à l'entendre car il parle très bas. Ses parents répondent aux questions qui lui sont directement posées. Ils affirment : « Il est... Il ne sait pas... » Lorsque je leur demande poliment de laisser parler Thomas, ils éprouvent beaucoup de mal à se taire. De son côté, Thomas est excessivement lent à formuler quoi que ce soit et ne montre aucun mouvement de révolte lorsque ses parents confisquent sa parole, le désignant du regard.

D'autres personnes de sa famille viennent l'accompagner par la suite. Elles s'en occupent toutes comme d'un bébé. Thomas fait partie de ces enfants qui ne quittent leur position de dépendance à autrui qu'avec difficulté. Il ne s'habille pas tout seul, ne prend aucune décision à son propre compte et attend poliment qu'on fasse tout à sa place.

Des difficultés expressives se font sentir dès qu'il commence à savoir lire : son oralisation est plate, exempte d'expressivité. Mais son attitude corporelle marque son trop-plein émotif.

Pourtant, Thomas montre dès la première séance qu'il dispose de certaines bases techniques assez fonctionnelles. C'est par la suite que, confronté à une difficulté, il s'écroule et, comme en plongeant, quitte le champ du travail pour s'emmurer dans un mutisme lourd de signification. Lorsqu'il revient à lui, il a oublié le contenu de la question, une forme de recours inconscient à l'évitement. Contrairement à Alain qui poursuit son chemin en travaillant et retravaillant des questions qu'il pense ne pas maîtriser, Thomas s'effondre.

Cette première séance permet de délimiter le champ du travail. Sur le plan technique Thomas a, certes, à acquérir des critères fonctionnels sur le rapport battement/son, la réversibilité, et la différence entre l'épellation et la lecture ; mais, plus important, il s'agit surtout de l'aider à se maîtriser dans des moments de doute. Dix séances lui suffisent pour devenir lecteur débutant, mais de nouveaux problèmes surgissent, intimement liés à sa place de sujet. Choisissant de communiquer avec moi par écrit [2], Thomas a bien du mal à adopter une position énonciative claire. Ainsi, lorsqu'on lui pose, par l'intermédiaire de l'ordinateur, la question : « Qu'est-ce que tu as mangé à midi ? », il répond : « Marc a mangé du rosbif », en utilisant le prénom de son grand-frère, qui n'avait pas consommé le même menu que lui. Il lui est difficile d'assumer la position de sujet dans sa parole, et l'on peut s'interroger sur ce que représentent pour lui le « il » ou le « je » d'un texte écrit. Alors qu'il possède les moyens techniques de sortir de la non-lecture, ses hésitations « existentielles » l'empêchent de prendre en charge cet apprentissage.

Le cas de Thomas nous montre que les remédiations, dans un tel contexte, ne sauraient se cantonner à la transmission des seules modalités techniques.

De fait, et pour conclure, il convient de souligner :

– l'extrême impact des conceptions que ces enfants se font de l'acte lexique sur leurs difficultés d'apprentissage : conceptions partielles ou erronées, elles se définissent avant tout par leur caractère statique qui s'oppose ou entrave l'accès à la dynamique de la lecture ;

– la complexité de l'interaction entre la profonde ambivalence qui caractérise ces sujets, et leurs difficultés à dégager les procédures qui régissent toute lecture alphabétique.

Accéder à la lecture dans un système orthographique comme le français, suppose :

– tout d'abord, de renoncer à la rassurante relation d'égalité portée par une correspondance biunivoque puis d'accepter la

2. L'inhibition l'empêche de me parler directement.

notion d'équivalence : à un même phonème peut correspondre toute une « famille » d'équivalents graphémiques, par exemple, *ã* : en, ant, ans, aon, hant...

– simultanément, d'utiliser ces critères de correspondance avec souplesse, puisque avec la valeur de position des lettres, pour ne prendre qu'un seul des critères d'« emploi » de la relation phonie/graphie, à tout moment, ceux-ci doivent céder la place à ceux-là et le lecteur accepter que la graphie *en* se lise *ã*, lorsqu'il s'agit de la préposition, /ɛn/, s'il s'agit du mot « benne » ou encore ne doive pas être lue, lorsque, suivie d'un *t*, elle se trouve à la fin d'un verbe à la troisième personne du pluriel : « ils chantent. »

À tout moment, l'apprenti lecteur doit suspendre son jugement pour opérer des choix et prendre des décisions qui peuvent le conduire à faire des erreurs.

Paralysés à l'idée de se tromper et envahis par un doute impossible à assumer, les enfants non lecteurs s'accrochent désespérément à ce qu'ils croient être vrai. Ces croyances auxquelles ils s'agrippent sont le revers d'une ambivalence aux ressentis douloureux. Mais aussi familières et rassurantes qu'elles puissent leur apparaître, ce sont de fausses bouées de sauvetage, qui les laissent le plus souvent sombrer.

On conçoit alors que toute solution – pédagogique ou autre – qui reconnaît la nécessité de réduire l'emprise du pouvoir de ces croyances rigides, opérera des changements bénéfiques. La seule voie possible de travail avec ces enfants est celle qui représente pour chacun d'entre eux une invitation à un changement profond de la manière d'appréhender le monde autour d'eux.

Mais il n'est pas prudent de penser que tout est gagné, lorsqu'un non-lecteur se met à lire ! Se penser compétent peut occasionner des dégâts de l'ordre de la perte : perte de foi dans autrui et perte de la situation de dépendance. Si, au contraire, le cheminement qui consiste à se frayer un chemin personnel pour se trouver une compétence peut se faire, alors, comme nous avons pu le constater (*cf.* chapitre XV), les non-lecteurs peuvent accéder à la lecture dans au moins 75 % des cas, avec une remédiation comportant de 1 à 30 séances.

3. Langage, pensée, personnalité

CHAPITRE IX

CONDUITES NARRATIVES : RÉCITS D'ENFANTS NON LECTEURS

Christiane Préneron, Anne Salazar-Orvig,
Marie Kugler-Lambert, Jacques David

La lecture est aussi et avant tout une affaire de langage. Lire, c'est interpréter une parole, produite par un autre que soi. Dans cet acte, se trouve donc sollicitée, au même titre qu'à l'oral, la maîtrise de différents éléments indispensables à la compréhension d'un discours. Bien plus, la question de l'implication des compétences linguistiques et métalinguistiques a été souvent évoquée [1] à propos des difficultés d'apprentissage de la lecture. Le caractère massif des troubles lexiques chez les enfants non lecteurs nous invitait à explorer leur(s) maniement(s) du langage afin de déterminer la présence éventuelle de troubles et/ou de modes de fonctionnement spécifiques. D'emblée il apparaît, à la simple écoute des enfants, qu'ils ne présentent pas de perturbations systématiques de la parole ni de la langue. L'analyse de leur discours oral – nous avons eu des conversations avec eux, nous leur avons fait raconter des histoires et définir des mots – montre

1. On pourra se reporter pour une présentation résumée à Gombert (1990). *Cf.* également ici même le chapitre suivant sur les conduites métalinguistiques.

que, hormis quelques ratés lexicaux ou syntaxiques, leurs énoncés ne se distinguent pas notablement de ceux d'enfants tout-venant correspondant en cela au critère de sélection préétabli.

Toutefois, ce savoir-parler ne se limite pas à la construction de phrases ou à l'évocation d'un lexique plus ou moins riche. C'est aussi « entrer dans différents jeux de langage [...] c'est savoir alternativement répondre, raconter, argumenter, comparer » (François *et al.*, 1984, p. 7).

Parmi les différents types de discours, le récit apparaît comme un lieu de rencontre des dimensions affectives et cognitives. Il est en même temps lieu de manifestation d'un pathos (François, 1993) et tâche mobilisant des capacités cognitives certaines. En particulier, l'organisation d'une narration suppose la gestion d'un déroulement chronologique et de la permanence des actants, impliquant ainsi plus particulièrement la maîtrise de l'enchaînement temporel et de la coréférence [2]. Ces éléments s'inscrivent le plus souvent dans une complexité événementielle et temporelle à laquelle peut s'ajouter l'existence de différents plans narratifs : un récit peut mettre en scène des voix différentes (Genette, 1972) et plus particulièrement celle de l'énonciateur/narrateur, et celle des personnages.

Les récits se construisent par ailleurs dans une certaine cohérence dialogique, en fonction des savoirs et des attentes de l'interlocuteur, et ils ne trouvent leur sens qu'à accomplir un certain effet sur l'auditeur lecteur (Labov, 1978) : toute narration garde trace du pourquoi et du pour qui quelqu'un raconte.

Enfin, les récits apparaissent comme un lieu privilégié de manifestation de la façon dont « la culture donne forme à l'esprit » (Bruner, 1991), car ils fournissent au sujet d'importants éléments d'élaboration de sa « connaissance du monde ».

Les récits de très jeunes enfants montrent l'importance première des conduites de dramatisation et d'évaluation (Fran-

2. On appelle coréférence, au sein d'un discours, le phénomène de renvoi à un même référent (à un même objet de la réalité) par différentes unités linguistiques.

çois, 1993). C'est sur elles, en tant que manifestation du pathos du sujet et de l'impact dialogique, que semble se construire la maîtrise d'une macrostructure de base qui n'est intégrée que, vers 7 ans, et donc de façon contemporaine à l'acquisition de la lecture (Denhière et Baudet, 1987).

Les approches développementales ont également mis en évidence la complexité des systèmes linguistiques mobilisés lors d'une tâche comme le récit. Ainsi les outils d'actualisation et de coréférence recouvrent-ils des fonctions différentes : une même unité, comme, par exemple, le déterminant défini *le* peut servir à la fois à renvoyer à un objet culturellement connu (« Regarde *le* soleil »), à un objet présent dans la situation d'interlocution (« Passe-moi *le* cahier rouge ») ou à un élément préalablement mentionné dans le discours (« J'ai apporté un cahier... *le* cahier est sur la table »). Deixis, exophore [3] et anaphore participent d'un système unique, tout en correspondant à des modes de référence différents. Cette double facette explique que les jeunes enfants en fassent d'abord une utilisation simplifiée ; ils partent d'une relation d'équivalence première entre une forme et une fonction, et construisent au fil des années la plurifonctionnalité du sous-système (Karmiloff-Smith, 1979), allant d'une référence essentiellement déictique à une référence exophorique puis anaphorique.

Si le maniement de ces outils de présentation et de reprise est difficile à acquérir, c'est également parce que s'y manifeste la façon dont le locuteur se représente l'ensemble du discours (Karmiloff-Smith, 1985, 1992) et les possibilités de compréhension de l'interlocuteur. En effet, la coréférence ne correspond pas uniquement à la simple reprise d'éléments identiques dans le discours. Elle suppose l'intégration des

3. On ne discutera pas ici des différences entre deixis et exophore, et des recouvrements et intersections possibles entre ces termes (*cf.* Kleiber, 1986). Nous définirons ici deixis comme le mode de référence qui prend sa source directement dans la situation d'énonciation, comme exophore celui qui présente le référent comme connu en dehors du discours et comme anaphore celui qui s'appuie sur l'univers posé par le discours.

différentes caractérisations des personnages et des modifications apportées par les événements qui se succèdent au long du texte. La complexité de cet aspect de la coréférence se trouve amplifiée dès lors que l'on met les enfants en situation de reprise d'une narration qui leur a été préalablement proposée. En effet il s'agit là, non de mettre en mots une expérience directement vécue ou imaginée, mais bien de reprendre, en le reformulant, un matériau ayant déjà une forme narrative. La construction du récit suppose donc empathie et dialogue avec ce codage élaboré par un autre énonciateur.

C'est ce type de tâche que nous avons proposé aux enfants non lecteurs, car il permet de saisir à la fois leurs modes d'élaboration d'un discours et leur travail de reformulation, voire d'appréhension d'une narration déjà organisée. Quatre récits leur ont ainsi été soumis :

– deux récits à paraphraser. Les enfants avaient à raconter à un adulte, supposé naïf, deux histoires, *Les dangers de l'auto-stop*, dorénavant *Les dangers,* et *Deux enfants aventureux,* dorénavant *Pierre et Bernard,* lues préalablement par l'expérimentateur ;

– deux récits d'après bandes dessinées : le premier, dorénavant BD, mettant en scène Cubitus. Les enfants observaient les planches le temps qu'ils le souhaitaient avant de raconter l'histoire à l'adulte. Dans le deuxième cas, les enfants ont été invités à dicter un texte à l'adulte, en se référant à une histoire présentée sous la forme d'une suite de cinq images [4]. Ils devaient ainsi énoncer un récit, en adoptant un registre le plus proche possible de l'écrit [5], en intégrant les points de vue d'un

4. Le matériel est emprunté à Charolles, 1988, et inspiré par l'étude de Bartlett, 1984 dont nous n'avons retenu que la version facile, celle où chacun des deux sauveteurs peut être identifié par rapport à la teinte de ses cheveux : « le blond... le brun ».

5. Le texte produit a été relu deux fois par l'expérimentateur : la première en respectant les pauses de dictée (notées /) introduites par l'enfant au cours de son énonciation, la seconde plus sémantique en proposant une interprétation orale suggérant l'éventualité de modifications.

lecteur préalablement défini (mais proche par l'âge) en sachant que ce lecteur n'aurait pas la suite d'images sous les yeux, et ne pourrait donc pas s'y référer.

RÉCITS

Les dangers de l'auto-stop

« Souvent Albert va dans le Midi. Il s'arrête pour prendre un ou deux auto-stoppeurs. Il bavarde avec eux et le temps lui semble moins long. Une fois, à la sortie de Lyon, il remarqua deux religieuses [6], qui lui faisaient signe. Des religieuses, il ne pouvait pas les laisser seules sur la route ! Il les fit monter dans sa voiture. Il essaya de leur parler. Elles ne répondaient presque rien et elles avaient une grosse voix. Bientôt il leur trouva un air bizarre. Il avait lu dans un journal qu'une banque avait été attaquée par deux bandits quelques jours auparavant. Il pensa : "Ces bandits ont pu s'habiller en religieuses et c'est peut-être eux qui sont assis derrière moi." Alors il eut peur. Et peu après, en traversant Vienne, il s'arrêta devant un hôtel en expliquant aux deux auto-stoppeuses qu'il n'allait pas plus loin. Elles s'en allèrent rapidement sans le remercier. Après dîner, la radio annonça : "On vient d'arrêter près de Vienne les auteurs du hold-up de la Banque populaire, ils avaient pris des habits de religieuses et faisaient de l'auto-stop. Malheureusement pour eux, ils ont stoppé une voiture de police et un gendarme les a reconnus : ils portaient de grosses chaussures d'homme." Eh bien, Albert l'avait échappé belle ! »

Deux enfants aventureux

« Au bord d'une plage, Pierre et Bernard aperçoivent une barque qui semble abandonnée. Ils décident d'en profiter pour faire un petit tour en mer. Le temps était assez clair. Mais très vite le ciel s'est mis à s'assombrir, la mer à gonfler. Bernard

---

6. Constatant que l'expression « religieuse » était peu connue des enfants nous l'avons souvent remplacée par « bonnes sœurs ».

et Pierre tentent de regagner la rive quand tout à coup une énorme vague les soulève et renverse l'embarcation. Bernard se retrouve seul assis sur un rocher. Il s'inquiète : où peut bien être passé Pierre ? Soudain, il aperçoit quelque chose. Pierre est toujours dans le bateau. Pierre, Petit Pierre ! Bernard est fou de joie, il saute sur son rocher. En ramant, Pierre parvient à s'approcher du rocher de Bernard. Mais au moment d'y arriver, une vague rejette la barque. Pierre aperçoit une corde au fond de celle-ci, il la lance à Bernard, Bernard saisit la corde et tire la barque jusqu'à lui. Les deux amis sont enfin réunis. »

Pour des raisons diverses, et en particulier la longueur des épreuves, tous les enfants n'ont pu effectuer les quatre récits. Ainsi compte-t-on 40 enfants non lecteurs pour *Les dangers*, 35 pour *Pierre et Bernard*, 44 pour la BD et 22 pour le récit dicté. À des fins comparatives, nous avons proposé ces récits à des enfants tout-venant [7]. Les paraphrases ont été ainsi effectuées par 15 enfants de même âge que les plus jeunes des non-lecteurs (en fin de CE2) et par 15 enfants de CP. La BD a été racontée par 20 enfants de début de CM1 et 15 enfants de CP. Afin d'obtenir des productions faites dans des conditions de non-lecture proches de celles des non-lecteurs, la bulle de la BD proposée à 10 des enfants de CE2 (et quelques enfants de CP) était en cyrillique [8]. Enfin le récit dicté a été effectué par 10 enfants prélecteurs (en début de CP) et autant de lecteurs débutants (CE1).

Des études antérieures (Préneron, Salazar-Orvig, 1987 ; David, Kugler, Préneron, Salazar-Orvig, 1990) mettent en évidence que les enfants non lecteurs ne se différencient pas

---

7. Nous tenons à remercier ici les directrices/teurs, institutrices/teurs ainsi que les enfants de l'école de la Mare, Paris XXe, de l'école Jenner, Paris XIIIe, de l'école Marcel-Doret, à Châtillon, Hauts-de-Seine et de l'école Jeanne-d'Arc, à Franconville, Val-d'Oise, ainsi que Corinne Chassagne-Arzel, Françoise Garbugio, Corinne Lambrescak et Jean-Marie Colleu, qui ont effectué certains des enregistrements dans le cadre de leur mémoire d'orthophonie.

8. Les narrations produites par ces enfants se sont avérées souvent être des meilleures, ce qui montre que ce n'est pas parce qu'ils n'ont pas le contenu de la bulle que les enfants ont du mal à raconter ces histoires.

CUBITUS
DUPA
LA BOÎTE QUI PARLE...,
C'EST MON NOUVEL ALBUM!
ET TOI, C'EST OÙ QU'IL HABITE, DIS, TON PAPA ?...
LOIN ?

D. R.

Récit à dicter. *(D. R.)*

des enfants tout-venant par leur capacité à produire un récit. Toutefois même si la population est hétérogène, les récits obtenus présentent un certain nombre de traits qui, associés, aboutissent à des textes d'une moindre « qualité narrative ». Dans les paraphrases (Préneron, Salazar-Orvig, 1987), cela correspond à une mise à plat de l'histoire par le biais de simplifications affectant les actions dites secondaires, la dimension temporo-spatiale et les modalités subjective. On note également des difficultés à maîtriser l'équilibre de la relation au texte et à l'interlocuteur, mais aussi entre éléments explicites et implicites, ainsi que la suppression d'énoncés commentaires. L'analyse de l'organisation générale des récits est ici reprise dans le cadre de la BD et du récit dicté. Puis, pour l'ensemble des récits, nous avons choisi de centrer notre présentation sur le maniement de la structure de figuration (Diguer, 1993), et donc sur l'étude des personnages dans leurs modalités de présentation et de reprise, dans la mesure où cet aspect du récit se trouve à l'interface du maniement des relations intradiscursives et de la relation à l'autre.

Organisation narrative :
Les bandes dessinées

La BD Cubitus [9] se compose de 11 images qui contiennent des éléments centraux ou secondaires pour la construction de l'histoire. Nous n'observons pas de différence notable entre non-lecteurs et tout-venant sur le nombre global d'éléments restitués qui s'élève à 67 % chez les non-lecteurs et les enfants tout-venant de CM1 et 57 % chez les CP. Cependant, l'analyse détaillée montre que :

– les 2 images d'importance secondaire dans l'histoire sont codées par de nombreux non-lecteurs (62 %), alors que seuls 20 % des CP et 30 % des CM1 y réfèrent. Cela implique que les

9. Deux autres BD, ayant pour héros Donald, ont aussi été proposées aux enfants mais l'analyse détaillée s'en tient ici à Cubitus. En revanche, pour ce qui concerne le codage des personnages, nous prenons en compte l'ensemble des BD.

non-lecteurs ont verbalisé moins d'images contenant des actions centrales, il s'agit en particulier de la dernière image, la seule qui comporte une bulle. Cette différence est essentielle car les non-lecteurs (15 %) qui omettent cette image, tronquent le récit, suppriment la chute et oblitèrent l'allusion possible à l'écrit :

> Fabien, non-lecteur : « C'est l'histoire d'un petit ours qui nage dans l'eau, pi y'a un petit poisson qui voit sa queue jaune et i la mord, et pi euh... c'est... i voit... pi après le grotours i mord la queue de... du poisson pi après le... pi après i s'amène un gros gros poisson pi après i court partout dans la maison parce que c'était un rêve. »

Les non-lecteurs sont proches ici encore des CP, qui sont 20 % à ne pas référer à cette dernière image, ce qui n'arrive chez aucun CM1.

Ainsi, pour les non-lecteurs et les enfants les plus jeunes, la hiérarchisation du central et du secondaire s'avère moins efficiente que chez les CM1, et la finalité de l'histoire n'est pas toujours perçue.

Mais c'est moins en raison de ces faits, ne concernant qu'un petit nombre d'enfants, que par un ensemble de failles caractéristiques que l'on peut dire de ces narrations des non-lecteurs qu'elles fonctionnent mal. C'est la structure même du récit qui est atteinte, et au plan de l'organisation narrative, et au plan de l'enchaînement causal. En effet, 19 % des non-lecteurs remanient la succession fixée par les images et réorganisent le récit en annonçant que le héros rêve (ce que font 35 % des CM1 et 20 % des CP). Par ailleurs, la moitié des non-lecteurs ne fournissent aucun élément du cadre de l'histoire ce qui est moins fréquent chez les tout-venant de CP et de CM1 (35 %). Des inadéquations dans la présentation de Cubitus ramènent parfois celui-ci au même rang que les autres personnages, l'histoire n'a pas de héros chez quelques non-lecteurs.

Enfin, et ceci est un facteur essentiel de faiblesse de la cohérence narrative, les liens causaux sont distendus, car peu, mal ou non verbalisés chez la majorité des non-lecteurs (mais également des CP), les éléments de pathos qui sous-tendent les actions n'apparaissent que rarement, et les interprétations erronées sont beaucoup plus fréquentes chez les non-lecteurs que che les tout-venant.

En conséquence, des relations entre les événements ne sont reconstituables que chez 49 % des non-lecteurs et 26 % des CP alors qu'ils sont clairs chez 75 % des CM1.

Tout cela, associé au flou causé par les nombreuses ambiguïtés anaphoriques relevées dans leurs récits et à une restitution d'événements édulcorée, conduit à ce que les narrations des non-lecteurs soient bien souvent peu compréhensibles pour l'auditeur :

> Aymar, non-lecteur : « Y'a un petit carnivore qui lui mord la queue, après i le remord sa queue après i recontinue pi y' l'papa pi après i s'réveille c'était un rêve et pi après i descend i regarde son poisson rouge. »
>
> Raoul, non-lecteur : « Y'a un chien quelque chose comme ça qui saute dans l'eau un poisson l'a mordu après lui... après le chien l'a mordu... après c'était un gros poisson et il est sorti de son lit il a eu peur il a couru y'a quelqu'un qui a ouvert la porte il est descendu les escaliers après dans la dernière il a prié. »
>
> Kevin : « Alors c'est l'histoire d'un ours qui dort il est en train de rêver il est dans l'eau y'a un petit poisson qui... un petit poisson rouge qui lui mord la queue alors après i fait pareil pour s'venger le petit poisson rouge s'en va avec la queue abîmée i revient avec un bandeau et avec euh... son père j'crois... et son père veut l'avaler mais heureusement qu'i s'réveille et pi i descend l'escalier et pi i va voir son p'tit poisson rouge et i lui dit de... euh... de pas faire ça. »

La présence d'une bulle contenant un court texte, dans la dernière image de cette BD, nous a permis d'observer l'attitude des enfants à l'égard de l'écrit.

Plus que de savoir si la lecture spontanée du texte avait été effectuée ou non par les enfants, ce sont les manifestations d'une prise en compte de ce « quelque chose d'écrit », qui ont retenu notre attention. En effet, de façon générale, le contenu des bulles est rarement lu dans les BD, quand les enfants peuvent – d'après les seules images – donner un sens à l'histoire. De fait, seuls quelques CM1 paraphasent ou restituent le texte dans leur narration. En absence de lecture, les autres façons de référer au « dit » sont l'invention du texte (*cf.* Kevin ci-dessus) ou la simple mention du fait que Cubitus parle à son poisson.

Les enfants se départagent nettement selon le groupe auquel ils appartiennent : 60 % des CM1, mais seulement 27 % des non-lecteurs réfèrent à un « dit », et ces derniers se rapprochent encore des CP chez qui cela ne se produit jamais. Les enfants de CP, apprentis lecteurs, négligent donc tous spontanément l'écrit ici, cependant, la plupart d'entre eux le lisent ensuite à la demande de l'adulte, et cette lecture fait sens le plus souvent dans l'histoire qu'ils viennent de raconter. À l'opposé, il est souvent difficile aux non-lecteurs de faire rétroagir sur le récit qu'ils viennent de faire le contenu de la bulle que l'adulte leur lit.

Quelques-uns parmi ces 73 % qui passent la bulle sous silence vont jusqu'à nier son existence même :

> Samuel : « Un jour i rêve là... il a rêvé qu'il était dans l'eau y'a un piranha qui essaie de lui manger sa queue là alors l'ours i mord la queue du piranha après le piranha va pleurer le... lui là i met un pans... le poisson aussi après i regarde... après i regarde le poisson après soudain y'a un géant poisson... après i s'réveille i court vite pour voir quelque chose... après i va voir son poisson.
>
> A. – Est-ce qu'il dit quelque chose à son poisson ?
>
> Samuel : – Ah ! non i lui dit rien du tout ! »

Et l'on voit bien dans cet exemple comment la relation difficile de ces enfants à l'écrit peut aller jusqu'à un évitement actif.

Le récit dicté

Dans plusieurs récits dictés de non-lecteurs, nous observons une énonciation image par image plus proche de la description que du récit, qui empêche la construction totale ou partielle d'une quelconque trame temporelle et révèle une difficile mise à distance narrative. La chronologie des événements, impliquée par la succession des images, n'est, de fait, qu'imparfaitement restituée. Ainsi, André :

> André, non-lecteur de 9 ans 7 mois : « Y'a y a bonhomme qui est dans l'eau / y a deux bonhommes avec une barque / qui va chercher le bonhomme qui est dans l'eau / y a les bonhommes qui tirent / il(s) ramène(nt) les deux bonhommes ils l'amènent à l'île / pi après ils se disputent //. »

André commence son texte en énumérant chacun des personnages sur chacune des images, sans montrer les liens temporo-causaux qui unissent les trois personnages successivement présentés dans les trois premières images. Ce traitement image par image – au moins dans la première partie du texte dicté – rappelle la difficulté observée dans la bande dessinée à reconnaître et à restituer des relations de chronologie et de causalité, mais aussi, à élaborer dans la construction langagière d'une forme narrative minimale.

Les actions sont toutes placées sur le même plan, sans aucune différenciation temporelle des formes verbales : « qui est », « qui va chercher », « qui est », « qui tirent », « il ramène », « ils l'amènent », « ils se disputent ». La coordination des énoncés et propositions est sous-entendue et non exprimée ; seul un connecteur apparaît parfois de manière quasi accidentelle (« pi après ils se disputent »). Les éléments non humains liés aux actions ou au cadre sont réduits à l'extrême (une barque... l'île).

Nous sommes, en effet, très loin des récits dictés dans les mêmes conditions par des enfants plus jeunes, prélecteurs ou lecteurs débutants.

> Jérémy, prélecteur de 6 ans 8 mois : « Il était une fois / un enfant qui était dans l'eau et qui savait pas nager / alors y avait d'autres enfants qui passaient par ici / et qui le sauva / i z'ont été gentils / et il monta dans le bateau et i z'arriva jusqu'à l'île / et qu'i z'arriva près de l'île et i sont allés sur l'île et après i sont allés faire une promenade / et après y z'ont été très contents ensemble //. »
>
> Jean, lecteur débutant de 7 ans 6 mois : « C'est un garçon qui est dans l'eau / il appelle ses parents / et ses parents i viennent avec un bateau et ils le sortent de l'eau [.] / Ils le tirent et il nage en même temps / après i sont arrivés sur une île / après i [ils] transportent leur bateau et l'enfant il est sur terre / après i s'assied l'enfant [l'enfant s'assied] / près d'un palmier / et ses parents disent "qu'est-ce qui s'est passé ?" //»

Certes, dans ces deux récits, nous trouvons quelques erreurs dans le maniement des pronoms personnels et des formes verbales, notamment dans le passé simple. Mais d'une manière générale, nous observons des mises en texte cohérentes avec le genre narratif. Les personnages sont caractérisés, des relations de parenté supposées sont exprimées. Les actions sont restituées chronologiquement et placées sur un arrière-plan défini par des verbes à l'imparfait : « Il était une fois », « qui était », « qui savait », « alors y avait », « qui passaient », « qui le sauva / i z'ont été gentils », « il monta », « et i z'arriva ». Des connecteurs spécifiques sont utilisés – « qui était dans l'eau et qui », « alors y avait », « et qui savait pas », « et il monta », « et i z'arriva », « et i sont allés », « et après i sont allés », « et après i z'ont » – en alternance avec des ponctuations fortes rajoutées après relecture : « et ils le sortent de l'eau [.] ». Les objets et les éléments du cadre sont donnés comme faisant partie soit d'un événement particulier – « dans le bateau », « jusqu'à l'île », « près de l'île », « sur l'île » – soit d'un décor plus ou moins nécessaire à la localisation des déplacements et des lieux : « Il est sur terre », « près d'un palmier ». Et surtout, les émotions des personnages sont exprimées en cohérence avec les événements relatés – « i z'ont été gentils », « i z'ont été très contents ensemble » –, témoignant ainsi d'une certaine interprétation des images – « et ses parents disent "qu'est-ce qui s'est passé ?" » – voire d'un prolongement ou d'une clôture du récit dans un dénouement plus ou moins heureux – « et après i sont allés faire une promenade / et après i z'ont été très contents ensemble ».

Dans aucun des récits dictés d'enfants non lecteurs, nous ne trouvons de telles interprétations des images.

Les détails plus ou moins facultatifs, liés au cadre ou à la spécification des actants, sont occultés. Les émotions sont également « évitées », seules sont restituées, et de façon très aplanie, les actions des différents protagonistes de l'histoire.

Lorsque des relations temporo-spatiales sont données, elles se trouvent réduites au minimum. Mais généralement, elles sont effacées ou inversées dans des conditions parfois extrêmes, qui peuvent rendre le récit complètement incompréhensible.

> Antoine, non-lecteur de 9 ans 6 mois : « Alors c'est un monsieur / qu'ils ont jeté à l'eau / et / il(s) voi(en)t une île / pi ils le reprennent / et ils le ramènent / l'amènent sur l'île /... // »

Nous pouvons réellement nous demander si l'ordre de présentation des images est bien perçu. Son « histoire » démarre sur un événement dramatique supposant une inversion des images et suggérant une interprétation très singulière du jeu des personnages. Dans des cas aussi particuliers, nous sommes amenés à faire l'hypothèse de phénomènes, plus ou moins intentionnels, qui dépassent l'analyse strictement langagière de la production.

D'une manière générale, la dramatisation du récit est massivement « évitée ». Et, l'on observe des formes d'effacement ou de contournement des difficultés qui lui sont liées. Cependant, nous ne pouvons toujours en expliquer l'origine. En effet, certains de ces phénomènes d'évitement peuvent être interprétés comme une manière plus ou moins rapide et efficace de se débarrasser de problèmes linguistiques complexes, notamment la gestion des anaphores. Ils peuvent également se comprendre soit comme une incapacité à exprimer, soit comme une volonté de nier les relations causales, les éléments forts et les facteurs émotionnels trop prégnants dans ce récit en images. À l'inverse et dans des proportions heureusement négligeables, nous trouvons quelques textes difficilement interprétables qui révèlent, comme dans celui d'Antoine, une tentative, partiellement ou complètement inconsciente, d'exprimer ou de projeter un pathos personnel.

La structure de figuration

Nous nous sommes demandé ce qu'il en était en deçà des relations événementielles en considérant la structure de figuration. En effet, puisqu'il ne peut y avoir d'histoire sans noyau figuratif, présence de personnages ou d'objets à partir desquels les événements prennent existence, toute organisation narrative s'origine dans une structure de figuration. Traduisant à la fois la façon d'envisager l'histoire et les modalités de la prise en compte de l'interlocuteur, cela se joue sur plusieurs niveaux :

– celui du codage et de la hiérarchisation des actants principaux et secondaires,
– celui du mode de présentation,
– celui des modalités de reprise.

Hiérarchisation des personnages

PRÉSENCE / ABSENCE

Les enfants partent de narrations préalablement organisées comme telles, verbalement ou graphiquement, et pour lesquelles

les personnages sont désignés, montrés, voire présentés. Le travail discursif de l'enfant va donc relever de la reprise-reformulation d'un donné verbal (paraphrases) ou de la mise en mots d'un référent iconique (BD).

Les personnages centraux

Une première constatation est que les sujets se différencient dans leurs façons d'organiser leurs narrations autour des personnages centraux, avec toutefois des variations selon le référent de départ.

Pour *Les dangers*, 24 % des récits des non-lecteurs présentent au moins un problème de présence ou de hiérarchie des actants centraux.

Ainsi, certains enfants non lecteurs opèrent des traitements particuliers : un enfant exclut Albert de son récit, sept ont déplacé la centration du récit en en faisant une histoire de religieuses/bandits. En outre, d'autres ne reprennent plus, à un moment de l'histoire, un des deux actants (2) ou le traitent comme un personnage secondaire (4). Ainsi Geoffroy :

> Geoffroy : « ... Ça parle des de bonnes sœurs qui se sont déguisées en voleurs... alors elles ont fait l'auto-stop après i... i... après elles sont montées dans la voiture... après le bonhomme i s'est arrêté... après les deux bonnes sœurs elles avaient fait encore de l'auto-stop après y'avait une voiture de police et i les avait reconnues et après elles étaient arrêtées... et voilà. »

Chez les enfants tout-venant ce type de failles n'apparaît qu'exceptionnellement (dans deux récits de CP et partiellement dans un récit de CE2).

Dans *Pierre et Bernard*, la stratégie de secondarisation d'un des deux héros, rare chez les tout-venant (1 en CE2 et 1 en CP) est plus également fréquente chez les non-lecteurs (7 sur 35). Dans la BD, si comme le tout-venant ces enfants codent tous les personnages, quelques non-lecteurs placent aussi le héros au même plan que les autres personnages.

Les personnages secondaires

Des deux récits, seul *Les dangers* comporte des personnages secondaires :

– apparaissant au tout début de l'histoire, « un ou deux auto-stoppeurs », qui participent à la caractérisation du héros, et dont le rôle s'arrête là ;

– « un gendarme », qui intervient dans la résolution du récit ;

– enfin, deux « sources discursives », qui ne sont pas traitées directement comme personnages, mais dont la mention est importante dans la gestion de la double identité des religieuses/bandits : le journal et la radio.

Ces personnages sont souvent omis par les non-lecteurs et les CP alors que les CE2 tendent à les maintenir. Ainsi, les « auto-stoppeurs » sont les personnages secondaires le plus souvent effacés (20 sur 39 des non-lecteurs, 12 sur 15 des CP et seulement 5 sur 15 des CE2). Ce « gommage » peu préjudiciable pour la trame centrale de l'histoire implique tout de même la perte du cadre explicatif des événements. En effet, c'est parce qu'il aime prendre des auto-stoppeurs qu'Albert prend des bonnes sœurs, c'est parce qu'il passe le temps à bavarder avec eux qu'il essaye d'en faire autant avec les religieuses. Dans la BD Cubitus, un personnage très secondaire, un vieux monsieur fait une apparition fugitive. Mais il n'est que très exceptionnellement mentionné (2 non-lecteurs et 1 CM1).

Comment les enfants présentent-ils les personnages ?

COMME CONNUS OU INCONNUS ?

La première apparition d'un personnage (mais aussi d'un objet) constitue un moment crucial dans l'élaboration d'un récit. En effet, la manière dont le locuteur l'actualise, dont il l'introduit dans le discours, est significative de la façon dont il se place dans son activité discursive et de ce qu'il projette sur les savoirs de son interlocuteur, de celui à qui le récit est adressé.

Lorsqu'on raconte une histoire à quelqu'un, il est nécessaire de prendre en compte le fait qu'il ne la connaît pas, et donc de lui donner certains éléments, en particulier le cadre de l'histoire et les personnages inconnus de lui jusque-là. Et pour cela il faut adopter des verbalisations adaptées (déterminant + nom, par exemple : « un monsieur » ou encore des pronoms comme « quelqu'un »).

Dans un tel contexte, les mises en mots comprenant un exophorique ou un déictique (déterminant défini, démonstratif ou pronom de troisième personne) présupposent un savoir commun entre interlocuteurs ou la possibilité pour le destinataire de reconstituer ou identifier la réalité dont on lui parle.

Or, chez les non-lecteurs on relève souvent des références laissées à l'implicite par un recours à la deixis ou à l'exophore.

Dans la BD dont Cubitus est le héros, participent également à l'histoire : un petit poisson, puis son père, tous deux protagonistes du rêve que fait Cubitus, et enfin le petit poisson rouge de celui-ci dans son bocal.

Les modalités de présentation de ces personnages varient en fonction du statut de chacun d'eux dans l'histoire.

Strictement inconnu, le petit poisson du rêve est « un petit poisson » pour 90 % des enfants de chaque groupe, la forme canonique usuelle (indéfini + nom) pour une première présentation est donc majoritairement respectée ici.

> Fabien : « C'est l'histoire d'un petit ours qui nage dans l'eau y'a *un petit poisson* qui voit sa queue... »

Les autres personnages ne sont pas aussi anonymes : Cubitus est le héros, le gros poisson du rêve, le père du petit, et le poisson du bocal appartient à Cubitus. Pour les présenter, le narrateur peut donc utiliser, outre l'indéfini + nom, le nom propre (« Cubitus », mais il est peu connu des enfants), l'expression du lien parenté (« le papa ») ou d'appartenance (« son poisson »).

Le gros poisson du rêve est « traité » comme inconnu (indéfini + nom) par la moitié des enfants de chaque groupe :

> Fabien : «... pi après i s'amène *un gros gros poisson...* »

Chez l'autre moitié des non-lecteurs et des CM1, les enfants verbalisent un lien de parenté avec le petit poisson :

> Éric : «... et d'un seul coup y'a *le papa* du petit poisson qui arrive... »

Les non-lecteurs privilégient l'ascendance maternelle, mais leurs codages restent proches de ceux des CM1 pour ce personnage, alors qu'aucun CP n'établit de lien parental et que 50 % d'entre eux le présentent à l'aide d'un exophorique.

C'est pour la présentation des 2 autres personnages que les non-lecteurs et aussi les CP, ont recours à des modalités souvent inadéquates.

Cubitus a embarrassé surtout les non-lecteurs puisque un tiers de ces enfants l'ont présenté en utilisant un défini + nom.

> Lucien : « C'est un poisson... *l'ours* i mord le poisson... »

et même plus souvent encore par un exophorique :

> Thomas : « *I* va dans l'eau y'a un poisson qui lui mord la queue... »

Quelques CP (13 %) procèdent de cette façon, mais aucun CM1.

Cette particularité des enfants non lecteurs concernant la non-présentation du héros laisse à penser que ces enfants considèrent peut-être comme savoir partagé avec l'adulte le statut de héros de ce personnage si omniprésent que le présenter ne leur semblerait pas nécessaire :

> Aymar : « Y'a un petit carnivore qui *lui* mord la queue *lui i* le remord sa queue... »

Mais les enfants non-lecteurs montrent aussi leurs difficultés à maîtriser les structures actantielles avec le dernier personnage, le petit poisson du bocal. C'est uniquement dans les productions de ces enfants que l'on relève des présentations de la forme indéfini + nom :

> Geoffroy : « ... après i descend vite après i voit *un poisson* et voilà. »

forme peu adaptée cette fois, ce personnage étant dans la logique événementielle connu du héros, donc pas « nouveau » dans l'histoire. C'est la verbalisation d'un lien d'appartenance que l'on attendait ici, et si on la trouve chez 70 % des CM1 :

> Philippe : «... alors i se lève et puis i va voir *son poisson* si il est toujours dans le bocal. »

elle n'apparaît que chez 35 % des non-lecteurs et 20 % des CP. Les enfants de ces 2 groupes ont privilégié la forme défini + nom :

> Thomas : « ... après i sort i s'renva en bas descendre les escaliers i va voir *le poisson*. »

ce qui conduit ici à l'indétermination : s'agit-il d'un exophorique, ou d'un anaphorique qui, confondant les 2 petits poissons abolirait l'opposition rêve/réalité.

Dans les récits dictés, on observe également une indétermination référentielle des personnages, comme le montre cet exemple où les « sauveteurs » ne sont pas préalablement dénommés en tant que tels :

> Antoine : « Alors c'est un monsieur / qu'*ils* ont jeté à l'eau / et / *il(s)* voi(en)t une île / pi *ils* le reprennent / et *ils* le ramènent / l'amènent sur l'île /... »

Les pronoms fonctionnent ici comme des exophoriques dont l'antécédent est présupposé.

Dans *Les dangers*, on constate également une différence de stratégie suivant les groupes.

Pour *Albert*, présenté dans le récit d'origine par son nom propre, on note que tous les CE2 et 14 CP sur 15 n'utilisent que des formes indéfinies, alors que 7 enfants non lecteurs présentent le héros en utilisant un exophorique (pronom *il*, ou un défini + nom *le monsieur*), renvoyant donc à une connaissance supposée de leur interlocuteur. Ces sujets situent ainsi leur parole en continuité avec celle de l'adulte qui leur a lu l'histoire sans prendre en compte le changement d'interlocuteur.

En revanche, aucun enfant (sauf 1) ne code les « religieuses » comme personnage connu. On a là le même contraste que pour Cubitus dans la BD. Ici, le personnage principal, Albert, est donné par certains enfants comme connu de l'interlocuteur, alors que ces personnages secondaires sont actualisés comme nouveaux. De fait, le seul enfant qui présente les religieuses à l'aide d'un défini est celui qui a exclu Albert du récit.

Pour ce qui concerne les personnages secondaires, on constate plus fréquemment ches les non-lecteurs les tendances suivantes :

– la personnalisation des instances discursives :

> Rodolphe, non-lecteur : « I(l)s ont dit dans la radio... »

– et la tendance à actualiser de façon exophorique des personnages culturellement et discursivement typiques et/ou prévisibles, comme par exemple le policier, mais allant jusqu'à l'indétermination des actants :

> Christian, non-lecteur : « Et après i(l)s ont dit qu'i les avait arrêtés. »

Pour *Pierre et Bernard* en revanche, les enfants non lecteurs se différencient très peu des enfants tout-venant :

– en effet, si ceux-ci, les CP comme les CE2, ont tous la stratégie de présenter le héros de l'histoire, ceux-là procèdent ainsi à 91 % puisque seulement 3 d'entre eux omettent de faire cette présentation et commencent par exemple comme Thierry : « Eh ben... i z'étaient dans une barque... », sans indiquer le « de qui on va parler ».

Pour expliquer cette unanimité de présentation, on peut invoquer la prégnance du titre de l'histoire, *Deux enfants aventureux*, qui favorise ce choix.

Mais la présupposition d'un savoir partagé ou non, n'est pas le seul aspect qui différencie les maniements discursifs dans le codage des personnages. La façon dont les enfants dénomment et/ou caractérisent les personnages permet de percevoir comment ils intègrent les différentes informations explicites et implicites des narrations d'origine ou des BD. Sauf quand les enfants reprennent telles quelles les dénominations préalablement attribuées à ces personnages, tout codage manifeste à des degrés divers une interprétation. Ainsi les BD supposent la mise en mots de personnages non présentés par le discours de l'adulte alors que pour la paraphrase les sujets ont comme point de départ un matériau linguistique qu'ils peuvent soit reprendre, soit modifier, reformuler.

Toutefois, la dénomination n'est pas le seul élément de caractérisation d'un personnage. Les actions qui lui sont attribuées contribuent à la construction de son image, de son rôle. Et ce deuxième niveau d'élaboration du sens peut jouer aussi bien dans la « lecture » des narrations d'origine que dans leur restitution.

Nous avons examiné ces dénominations en distinguant l'emploi de noms propres de celui des noms communs, accompagnés ou pas d'une caractérisation.

Les noms propres

Les deux paraphrases introduisent les héros par leur prénom, en les désignant directement. Les BD comportent des personnages identifiés par leur nom propre : Cubitus et Donald.

Pour les paraphrases, on observe une différenciation très marquée, à la fois selon l'âge chez les tout-venant et entre non-lecteurs et enfants tout-venant du même âge. Ainsi, l'emploi du prénom en première présentation varie dans les proportions suivantes :

Tableau 1 : Emploi du prénom

Groupe	CP	CE2	Non-lecteurs
Les dangers	40 %	80 %	44 %
Pierre et Bernard	33 %	80 %	56 %

On note que les CE2 réutilisent massivement les prénoms des personnages des récits à paraphaser alors que les non-lecteurs se rapprochent des enfants de CP, avec cependant une différence entre les deux récits.

Cette différence peut s'expliquer en partie par la variation de la fréquence d'apparition des prénoms dans le récit d'origine : 8 fois Pierre, 7 fois Bernard et 2 fois Albert, variation à laquelle les CE2 ne sont pas sensibles. Les non-lecteurs sont de ce point de vue plus proches des CP, tout en ayant de meilleures performances lorsque les prénoms sont répétés dans le texte d'origine.

Dans *Pierre et Bernard*, l'emploi du nom propre n'a pas la même raison d'être selon les moments du récit. Dans un premier temps, ces personnages sont ensemble, et que ce soit en reprenant leurs prénoms, par le biais d'un nom commun (garçons, enfants, aventuriers), ou en réunissant ces deux stratégies, leur présentation passe par un codage pluriel associant ces personnages. Dans un deuxième temps, un événement (une énorme vague) les sépare, et il s'agit alors de les distinguer par une mise en mots différenciatrice. Il est possible d'utiliser des pronoms *(l'un, l'autre)*, mais l'utilisation des prénoms reste la solution la plus économique.

De ce point de vue, les enfants non lecteurs se différencient des enfants tout-venant : au CP 5 enfants sur 15 utilisent les prénoms dès la présentation des personnages, mais parmi les 10 autres, 6 le font à cette deuxième étape. Chez ceux-ci, la différenciation imposée par la référence à dire se traduit donc par une adaptation discursive immédiate. Au CE2, la même tendance s'observe puisque, parmi les 3 enfants qui ne les avaient pas prénommés en première présentation, 2 le font aussi à ce moment. Dans le groupe des non-lecteurs, parmi les 17 qui avaient opté pour une autre stratégie que l'emploi du prénom, 5 seulement les font alors apparaître, dont 3 avec difficulté.

Gérer cette différenciation ne va pas de soi. En effet, dans la mesure où avant la séparation seuls les prénoms différencient les deux personnages, ils sont interchangeables. De fait, il arrive que les tout-venant procèdent à l'inversion (Franck : « Pierre se retrouve assis sur un rocher, alors il s'inquiète de ne plus voir Bernard... »), ce qui ne prête pas à conséquence si cette attribution est maintenue de façon cohérente tout au long du récit. Car à partir de la séparation, à l'inverse, les événements qui leur sont associés les caractérisent chacun, et les prénoms ne sont plus interchangeables. Or, certains non-lecteurs continuent à les utiliser comme s'ils l'étaient, avec des inversions successives.

Un cas extrême de cette difficulté à attacher un prénom à un personnage donné se présente lorsque le même prénom est associé à des événements forcément contradictoires :

> Alfred : « *Pierre* qui est tombé à l'eau et pi i voit au loin sur son rocher à la nage pasqu'il est revenu à la nage sur son rocher i voit qu'y'a *Pierre* dans son rocher. »

Dans les BD, le fait que le personnage de Cubitus soit peu connu explique la rare utilisation de ce nom. Donald, en revanche, héros de la seconde BD, est un personnage familier, et de fait c'est par ce nom que tous les enfants tout-venant de CE2 (sauf un) et la majorité des CP le désignent. Quatre de ces derniers et quelques non-lecteurs le nomment Picsou, parent suffisamment proche de Donald pour que nous ne nous arrêtions pas sur cette erreur.

En revanche, 45 % des non-lecteurs manifestent des embarras très particuliers dans l'emploi du nom propre :

– difficulté d'évocation :

Martin : « Alors i voit euh... Mince, comment i s'appelle... Euh... Donald i voit l'pauvre. »

– difficulté de nomination, l'enfant use alors du pronom personnel :

André : « Y a une dame, y a un monsieur qui s'déguise en femme et qui fait exprès d'être aveugle et après il lui donne une pièce et après i part. »

– confusion dans les noms de personnages pourtant bien connus des enfants, Mickey pouvant remplacer Donald, ce qui ne s'est rencontré chez aucun enfant tout-venant :

Joseph, non-lecteur : « Bon alors tu vois c'est Mickey... y a une femme qui s'est déguisée. »

– instabilité du nom propre :

Erico, non-lecteur : « Pis euh... Mickey i met une pièce... quoi... Donald pi i dit euh... (...) pi après Mickey i r'vient, i prend tous les sous [...] pi après y a l'policier qui poursuit l'autre... pis après Donald i prend l'truc. »

Ces exemples montrent que, pour ces enfants, un nom vaut pour l'autre, les deux pouvant ainsi alterner pendant tout le récit sans que l'enfant le remarque.

– enfin, on relève de véritables résistances à utiliser le nom propre fourni par l'adulte [10], comme pour Christian :

A.: « Tu connais ce personnage ?
C.: – C'est Mickey !
A.: – C'est un ami de Mickey, il s'appelle Donald.
C.: – On voit un monsieur, il a un genre de tasse et puis là *le canard* i passe... »

Ou Laurenzo :

A.: « Comment s'appelle le personnage ?
L.: – Mickey !
A.: – Mickey ou...?
L.: – J'm'en rappelle plus
A.: – C'est Donald.
L.: – Bon y a Mickey pi y a un pauvre. »

10. La lettre A désigne l'adulte, interlocuteur de l'enfant.

Comment interpréter les difficultés de ces enfants dans le maniement du nom propre ? Si d'un point de vue on peut considérer que les noms propres sont, pour reprendre la formulation de Kripke (1982), des « désignateurs rigides » qu'on ne saurait remplacer ou reformuler, il reste que tout acte de référence s'inscrit dans une situation énonciative, et que le nom propre comme tout autre moyen de référence n'est pas indépendant du contexte (K. Jonasson, 1990 ; B. Wiederspiel, 1990). Son maniement et son interprétation sont donc à relier aux conditions de son emploi.

Or, il est vrai que dans ces récits à paraphraser, les noms des personnages ne sont pas des noms propres qui associent d'emblée à chacun de ceux-ci, un critère d'identité différent, la caractérisation des actants y est progressive dans le texte. Et, à l'origine des résultats recensés, on pourrait invoquer cette relative indétermination contextuelle, les prénoms n'opérant pas alors une différenciation suffisante. Mais cette particularité s'observe également dans les BD, où, en particulier pour Donald, le nom propre est familier et, en revanche, attaché à un personnage habituellement bien identifié sur l'image.

Enfin, au cours de nos entretiens avec ces enfants, nous avons pu constater que ces difficultés d'évocation concernaient aussi des personnes de leur environnement proche, voire de leur famille. Cette spécificité a également été remarquée par d'autres acteurs dans cette recherche (*cf.* par exemple chapitre XIV). Il est donc permis de penser que la difficulté, à ce niveau, ne relève pas directement d'une fragilité dans le maniement langagier.

Ceci étant, le nom propre n'est, bien sûr, pas la seule façon de référer aux personnages et nous allons maintenant examiner ce qu'il se passe lorsque les enfants choisissent d'utiliser le nom commun.

Dénomination par un nom commun et caractérisation

Deux des tâches proposées semblent présenter, aux enfants non lecteurs et aux enfants plus jeunes pour des raisons très différentes, des difficultés spécifiques de la dénomination/caractérisation : *Les dangers* et le récit dicté.

1. Les dangers de l'auto-stop

Le héros, *Albert,* est uniquement présenté par son prénom, et ne fait l'objet d'aucune dénomination caractérisante (contrairement à l'autre récit paraphrasé pour lequel les deux héros sont immédiatement caractérisés comme « deux enfants » par le titre). Cependant les implications textuelles (à partir en particulier des premières phrases : « Souvent Albert va dans le Midi ; il s'arrête pour prendre un ou deux auto-stoppeurs », et « il les fit monter dans sa voiture ») permettent de l'identifier comme un adulte. En revanche, les deux religieuses/bandits sont d'emblée codées comme telles. La difficulté se situe à un autre niveau, comme nous le verrons : celui de leur double identité.

Pour ce qui concerne Albert on constate que, quand il est présenté par un nom commun (20 non-lecteurs, 8 CP et 4 CE2) les enfants utilisent le plus souvent « un/le monsieur » ou « le/un (bon)homme », codages qui supposent un premier niveau d'interprétation par inférence de l'âge du héros (14 non-lecteurs, 5 CP, 2 CE2). Un seul codage intègre une donnée supplémentaire : un non-lecteur parle d'un automobiliste. Mais si la majorité des enfants utilisant un nom commun paraphrasent de cette façon attendue le personnage principal, on constate dans certains cas des codages contradictoires avec les implications contextuelles. Ceux-ci peuvent correspondre à :

– une interférence avec d'autres personnages : ainsi Albert a-t-il pu être codé par un non-lecteur comme un policier, et par un CP comme un auto-stoppeur. De même dans l'attribution de prédicats caractérisants, quelques enfants associent, dans les trois populations, « Albert » et « l'auto-stop » :

> Miguel, non-lecteur : Un homme... des fois i va à (...) dans le midi et des fois i s'arrête i fait de l'auto-stop pour parler et i i passe le temps moins long après i reva dans sa voiture pour et i voit deux bonnes mères i fait de l'auto-stop. »

Mais cela peut relever d'une simple méconnaissance de l'orientation actantielle de ce terme : « faire du stop », pouvant avoir été interprété comme « prendre des auto-stoppeurs ». Ainsi, les CE2 et la plupart des CP, qui procèdent à cette attribution respectent les rôles effectifs des personnages dans le récit. Toutefois, chez 4 non-lecteurs, 2 CP, mais aucun CE2, Albert change de rôle :

Clément, non-lecteur : « Alors c'est Albert i va dans le midi i prend des... i fait de l'autos de l'osto.

A. : – De l'auto-stop ?

C. : – Oui

A. : – C'est ça que tu veux dire ?

C. : – Oui et i i il voit alors y a un chauffeur qu'en prend alors il l'emmène dans le midi. »

Dans cet exemple l'enfant est même amené à ajouter un nouveau personnage, un chauffeur, pour restituer une certaine cohérence au récit. Toutefois cette transformation du récit laisse penser que lors de telles inversions les enfants s'appuient sur des données locales sans faire jouer les autres données du contexte, qu'elles soient explicites (comme l'orientation de « pour prendre des auto-stoppeurs ») ou de l'ordre de l'implication (comme le fait que la mention « dans sa voiture » implique que c'est Albert qui conduit) ;

– à une caractérisation différente du héros : 6 enfants non-lecteurs codent *Albert* comme un garçon et même comme un petit garçon. Ce phénomène, rare dans les autres populations (chez un seul CP et deux CE2 qui corrigent tout de suite cette dénomination par une détermination : « un jeune, un grand garçon ») semble relever du même mode d'interprétation. On peut se demander si la caractérisation du héros comme un garçon relève d'un processus d'identification du locuteur au héros ou si sa dénomination dans le récit d'origine, par son prénom, n'aurait pas suscité son interprétation comme un enfant, les adultes étant au contraire, plutôt désignés par leur nom de famille. Quoi qu'il en soit, ce codage manifeste l'absence de prise en compte des données/implications qui caractérisent *Albert* comme un adulte.

Ces différences de codage dans la présentation du héros (qui se présentent dans 9 récits de non-lecteurs 2 d'entre eux cumulent ces 2 différences) manifestent une difficulté à faire interagir, dans la paraphrase ou dans la compréhension, des informations de statut différent et localisées à différents moments du texte.

2. Récit dicté

Les personnages sont généralement dénommés avec des termes génériques et imprécis : « le bonhomme/les bonhommes », « le garçon / les garçons », qui augmentent de fait les risques d'erreur et de confusion dans les reprises ultérieures. Nous n'avons qu'une minorité de récits reposant sur des rôles définis au préalable. Au mieux, nous avons trouvé des déformations ou des interprétations très « libres » des images puisque les trois personnages sont masculins : « un enfant/ses parents » et « un garçon/un homme et une femme ».

Or, dans ce contexte, c'est à deux reprises que les enfants ont à élaborer une verbalisation différenciée des personnages pour composer le récit. D'une part le « noyé » et les « sauveteurs » doivent être définis séparément, d'autre part les deux sauveteurs doivent être distingués : « Le blond soutient le noyé hors de l'eau pendant que le brun rame... le premier porte le noyé sous l'arbre pendant que le second tire la barque sur le rivage. »

Sur cet aspect, la plupart des non-lecteurs (19 sur 22, soit 86 %) ne parviennent pas à distinguer les actions des deux « sauveteurs » et ne les distinguent pas dans la construction de leur récit :

> Aymar : « Un garçon tombe à l'eau / des autres enfants le voient / prennent une barque / et vont l'aider à remonter sur une île inconnue / ils disent maintenant nous sommes perdus / c'est tout //. »

Certains d'entre eux (3 sur 12) vont jusqu'à globaliser les actions des trois personnages, celles du noyé avec celles des deux « sauveteurs » :

> Abel : « C'était une fois / trois enfants / qui voulaient / faire du bateau / ils / prennent / un bateau / et vont / à la mer / eux trois / et / il / y a un / qui tombe / dans l'eau et / ils / le / ramassent / et remonte(nt) / sur l'île / fini //. »

Les enfants de CP et de CE1 quant à eux ne confondent jamais les rôles des trois personnages. Ils distinguent toujours au moins la place du « noyé » et celle des deux « sauveteurs », et pour une majorité d'entre eux les actions de chacun de ces deux « sauveteurs », allant parfois jusqu'à utiliser des procès linguistiques complexes jamais attestés chez les non-lecteurs :

Séverin, CP : « Y'a un monsieur qui est tombé dans l'eau / après le petit garçon et la fille i veulent le mettre dans le bateau / après le monsieur il a... appelle / et puis après la dame elle soulève après... // »

Barry, CP : « Alors y'a un bonhomme dans l'eau / la deuxième c'est y a trois bonhommes le premier il est dans un bateau avec le deuxième et le troisième est dans l'eau / après 'y a / le premier i rame / le deuxième il est en train de chercher le troisième dans l'eau / après 'y a le premier i prend le bateau pour le mettre sur la terre / le deuxième i porte... //»

Nous constatons donc des écarts importants dans le maniement et la diversité d'emploi de ces procédés de dénomination. Et ces observations donnent à penser que la quasi-totalité des non-lecteurs évitent de se lancer dans une narration complexe impliquant une différenciation de chacun des trois personnages et préfèrent énoncer un récit simplifié en globalisant leurs actions.

Les conduites des non-lecteurs par rapport aux personnages sont donc souvent proches de celles d'enfants de CP.

Les personnages dans le fil du texte : les reprises

D'une façon générale les enfants non lecteurs présentent, tous textes confondus, des difficultés dans la gestion de la coréférence. En outre, une étude de la distribution du pourcentage de reprises problématiques (*cf.* tableau annexe) met en évidence trois faits complémentaires :

– alors que 60 % des enfants lecteurs (CE1, CE2, CM1) dominent les récits avec moins de 5 % ou aucune reprise problématique, 15 % seulement des non-lecteurs y parviennent ;

– les résultats des enfants non lecteurs sont plus « étalés », leur comportement est donc globalement plus hétérogène ;

– un nombre important de récits d'enfants non lecteurs présentent plus de 50 % de reprises problématiques.

Ceci est confirmé par la comparaison des moyennes des reprises problématiques pour chaque population (*cf.* tableau ci-dessous) qui met en évidence l'opposition entre non-lecteurs et tout-venant.

Tableau 2 : Pourcentages de reprises problématiques

Moyenne	*Dangers*	*Pierre et Bernard*	BD	RDI
CE2/CE1	1 %	9 %	17 %	4,75 %
CP	8 %	10 %	43 %	7 %
N-L	20 %	39 %	44 %	29 %

Ainsi, les enfants non lecteurs sont loin d'avoir le même type de performance que des enfants de CE2, et se rapprochent – voire restent en-deçà – des conduites des enfants en début d'acquisition de la lecture. Néanmoins, comme on peut le constater sur ce tableau, ils sont sensibles à la différence des textes et des tâches, même si ce n'est pas dans les mêmes proportions que les tout-venant. S'inscrivant dans différentes continuités discursives, les embarras dans le maniement de la reprise prennent de formes diverses. Les enfants ont pu ainsi présenter les personnages de façon globalisée, indéterminée ou inverser leurs rôles.

Dans le récit dicté et dans *Pierre et Bernard*, il est nécessaire de distinguer en permanence des personnages qui ne se différencient que par leurs actions. C'est cette différenciation qui s'avère la plus difficile pour les non-lecteurs (non-lecteurs : 29 % de reprises ambiguës ; CP : 7 %; CE2 : 4,75 %).

Dans le récit dicté, lorsque ceux-ci tentent de distinguer le rôle des deux sauveteurs, on obtient des textes ambigus, incohérents dans la construction et le maintien des chaînes de coréférence et inévitablement opaques pour le destinataire. Soit ils utilisent des pronoms déictiques en désignant l'un des personnages sur l'image, omettant en cela l'une des contraintes de l'énonciation sous dictée (absence du support images lors de la réception) :

> Thibaut : « Alors y'a un mec qu'est il était dans l'eau / y'a deux messieurs qui passent qui l'ramassent / après i va l'mettre jusqu'à la (là ?) / au bout de la plage / après lui il l'emmène près de l'arbre lui il emmène le bateau//. »

Soit l'un des deux « sauveteurs » est spécifié linguistiquement par un substitut sans antécédent et se trouve ainsi, en cours de récit, brutalement séparé de son « collègue » sans qu'on puisse l'identifier :

> Thomas : « C'est un enfant qui se noie dans l'eau / après c'est une barque qui vient / y'a deux messieurs qui l'prend par la main / après il(s) le traîne(nt) jusqu'à l'île et l'autre il rame / et après il la retourne la barque / après les deux messieurs vont mettre contre un arbre//. »

Soit enfin, les chaînes de la coréférence sont complètement brouillées : les actants étant curieusement inversés par l'emploi de pronoms inadéquats :

> Pierre-Alexis : « Alors y'a un enfant qu'est dans l'eau / y'a deux gens / enfin j'crois qu'c'est ses parents / il les prend l'autre il le lâche / l'autre il l'a rattrapé/il(s) le ramène(nt) chez lui / devant l'arbre / pi i fait la tête c'est tout//. »

Ces ambiguïtés manifestent certainement des difficultés dans la maîtrise de ces formes de reprises : les pronoms et les déterminants anaphoriques, les noms et syntagmes de substitution ; elles témoignent également chez la plupart des non-lecteurs de l'impossibilité de fournir les précisions nécessaires et indispensables à la compréhension du jeu des actants. De fait, 10 non-lecteurs sur 22 (c'est-à-dire 45 % d'entre eux contre 20 % chez les CP et les CE1) insèrent dans leurs textes des anaphores pronominales confuses.

Le croisement des deux sauveteurs et du noyé provoque également des ambiguïtés que les non-lecteurs ne parviennent pas à lever dans la composition de leur récit. Dans certains textes, la distinction des deux fonctions (noyé/sauveteurs) est bien marquée dès le début (garçon/deux jeunes hommes), mais se trouve perturbée par l'emploi du même substitut (le jeune homme) et en fin de parcours par une troisième dénomination (l'homme). Ainsi :

> Alain, non-lecteur : « Un garçon est dans l'eau il appelle au secours au secours / deux jeunes hommes sont venus le secourir avec une barque / ils l'ont ramené au bord de l'eau / le jeune homme s'est évanoui / les deux jeunes hommes l'ont posé à côté d'un cocotier et ils ont attendu jusqu'à tant que l'homme se réveille//. »

Dans ce cas, les ambiguïtés sont légères et, à partir des procès, le lecteur peut reconstruire le jeu des personnages. En revanche, dans d'autres productions, la confusion est totale et il s'avère impossible de trouver une quelconque continuité anaphorique :

> Rémi : « Alors / c'est le monsieur / il est dans l'eau / (alors y'a un / bonhomme / il est dans l'eau) / il appelle son ses copains / ceux qui sont en bateau (il appelle son copain leur copain/non) (lui il appelle / son le son ses deux copains/ses deux copains / il appelle ses copains) / alors eux / ils prennent leur bateau / à rame / (et après ils le montent dans le bateau) alors après / ils amènent sur l'île//. »

Dans *Pierre et Bernard*, de la même façon, le maniement de la coréférence est beaucoup moins bien maîtrisé que chez les tout-venant : la troisième étape de ce récit relève d'une plus grande complexité discursive ; en effet, les personnages qui ont été séparés tentent de se réunir, chacun d'eux est concerné par une action distincte, mais en relation avec l'autre. L'interaction va, ici, de pair avec la différenciation. Cette reprise disjointe, mais en permanente interaction, s'est révélée l'aspect le plus difficile à manier.

Tout d'abord, 4 enfants seulement sur les 35 ayant paraphrasé ce récit maîtrisent totalement la reprise des actants une fois que ces actants sont séparés. Chez les 31 autres enfants, les erreurs sont fréquentes. Dans la mesure où ils utilisent moins souvent le prénom pour présenter les personnages et/ou les séparer, comme on pouvait s'y attendre, les non-lecteurs utilisent essentiellement les pronoms pour poursuivre leur récit et raconter les aventures des deux garçons.

Sur l'ensemble des reprises établissant la continuité textuelle dans cette partie de l'histoire, soit 234, on totalise 88 reprises problématiques chez les non-lecteurs. Parmi celles-ci, on relève quelques codages globalisant (6 sur 88) qui, sans comporter d'inadéquation réelle, représentent une solution d'« évitement » astucieuse dans la mesure où il n'est plus alors question de gérer l'alternance des codages. C'est ce que fait Nicolas par exemple :

> Nicolas : « et /uyit/ repart l'embarcation puis après i prennent une corde et puis i se la lancent et puis i vont ensemble /uyit/ voilà. »

Un grand nombre (36 sur 88, soit 40 %) prennent la forme d'indéterminations ou d'ambiguïtés référentielles, les successions pronominales indifférenciées ne permettant plus d'interpréter qui fait quoi – qui recherche l'autre ? qui trouve une corde ? qui tire ?

Christian : « y'en a un qui vient qui arrive allongé sur un rocher l'autre il est tout le temps dans la barque et il essaye d'aller le rechercher tout d'un coup y'a une autre grosse vague qui arrive et puis euh et puis i trouve une corde alors i tire et puis euh i montent tous les deux dedans et puis... (...) »

Encore plus fréquentes sont les inversions (46 sur 88, 52 %) qui résultent :

– de la non-prise en compte dans le discours, du changement d'actant sujet :

Samuel : « Pierre lance la corde alors i tire... » (dans le texte d'origine c'est Bernard qui tire la barque à lui).

– d'une difficulté (cas le plus fréquent) chez le sujet discursif à maintenir une cohérence textuelle lorsqu'il y a changement de fil conducteur :

Dimitri : « Bernard était sur le rocher... il a reconnu Petit Pierre... après il a essayé de revenir au rocher. »

Ces deux formes pouvant se retrouver dans le récit d'un même enfant :

Bernard : « Pierre il est descendu d'la barque... (dans l'eau ? oui) et l'aut il était dans la barque et *il* s'approchait du rocher où qu'était Bernard mais après une grosse vague *le* repousse après il trouve une grosse corde dans la... Pierre trouve une grosse corde dans la barque et il lance ça *i* tire la barque. »

On retrouve ici la même difficulté à gérer le changement de fil conducteur et les implications textuelles qui s'observent lorsque ces enfants dénomment et/ou emploient les noms propres.

Dans la BD Cubitus, le nombre moyen de reprises par enfant varie selon les groupes : non-lecteurs 10, CP 12 et CE2 14. Comme il apparaît dans le tableau ci-dessous, dans la proportion de reprises problématiques les non-lecteurs se rapprochent, encore plus que pour la présentation des personnages, des enfants les plus jeunes.

Chez tous les enfants, les difficultés tiennent au fait qu'ils ne renominalisent pas toujours le héros lorsque c'est nécessaire, et pour les non-lecteurs, cela s'ajoute aux failles déjà évoquées dans l'introduction de ce personnage.

Ce qui caractérise davantage les non-lecteurs, c'est que les ambiguïtés s'installent souvent (39 %) dès le début du récit (20 % chez les CP), alors que chez les CE2 les embarras n'apparaissent qu'au moment de l'arrivée du gros poisson appelé par son fils ou du réveil de Cubitus, moments charnières de ce récit.

Tableau 3 : Les ambiguïtés

Groupe	Non-lecteurs	CP	CE2
Début	39 %	20 %	0 %
Appel/arrivée du père	15 %	20 %	10 %
Réveil	7 %	26 %	35 %

Chez presque la moitié des non-lecteurs, les récits sont donc très rapidement embrouillés, voire opaques :

> Thomas : « I va dans l'eau y'a un poisson qui l'mord à la queue l'poisson i vient d'vant lui i l'mord la queue i met ses mains pour l'attraper l'a un gros poisson qui vient l'manger i s'réveille après i sort i s'renva en bas descendre les escaliers i va voir le poisson. »

Pour 10 à 20 % des enfants de chaque groupe, c'est à « l'appel du père » que les ambiguïtés surgissent :

> Martin : « Alors y'a un ours i plonge et pi y'a un piranha qui l'suit pi après i mord la queue à l'ours et pi après le piranha i veut se sauver pi l'ours i mord la queue au piranha pi après le piranha i pleure pi l'ours il a mis un pansement pi i va appeler son papa alors son papa i va *l*'pourchasser pi après *i* s'réveille », etc.

On voit que les renominalisations nombreuses permettent de toujours savoir « qui fait quoi » jusqu'à l'arrivée du troisième personnage. L'enfant ne lèvera pas cette ambiguïté par une nouvelle nominalisation.

Enfin, chez les tout-venant, c'est presque toujours au moment de la menace du gros poisson ou du réveil du héros qu'une faille se produit, chez quelques non-lecteurs aussi :

Clément : « Alors c'est un chien qui rêve et i va dans l'eau et un t'i poisson i li mord... i le mord sur la queue alors le poisson i part il a mal le chien et i lui mord la queue au poisson alors le poisson il est pas content i va appeler sa maman et le chien i part et i revient le poisson et y'a sa maman i arrive et avec sa bouche i fait wâ et après i s'réveille i va dans la salle », etc.

Deux raisons peuvent être avancées pour expliquer les embarras des enfants à cet endroit du récit. L'une est d'ordre linguistique, à savoir qu'il est plus complexe d'organiser la narration quand interviennent trois et non plus deux personnages. L'autre tient à l'impact des images de la BD : en effet, à partir de son réveil, le héros reste seul présent sur les images (hormis la dernière) et le différencier dès lors a pu paraître superflu pour certains enfants.

Dans *Les dangers*, les problèmes sont autres, les personnages centraux se différencient par leur nombre et leur sexe, mais les enfants n'utilisent pas toujours les marques grammaticales porteuses de la distinction :

Rodolphe : « Il les fait monter alors i raconte mais i *répond* pas il *a* une grosse voix. »

Ces erreurs du maniement de l'opposition singulier/pluriel, parfois doublées, comme c'est le cas ici, d'une substitution masculin/féminin, conduisent à des interprétations incompatibles avec l'histoire d'origine, voire contradictoires au sein même de l'énoncé :

Henri : «... il *lui* a répondu... »

Alors qu'il est évident qu'il n'y a pas de doute sur le nombre de religieuses, puisque les enfants les présentent tous au pluriel, ce qui semble en jeu c'est moins le maniement du système morphologique que la valeur discursive de ces marques. Le locuteur se trouverait ici aux prises avec deux systèmes : celui de la coréférence et celui de la morphologie, qui nécessitent tous les deux une gestion du contexte et l'interprétation de données interdépendantes.

En revanche un problème spécifique apparaît dans ce texte : celui de la gestion de la double identité des religieuses/bandits. En effet, dans ce cas l'identité d'un référent change le long du texte. Il ne s'agit pas, ici, d'une évolution intrinsèque

(Charolles et Schnedecker, 1993) mais de changements successifs de points de vue. Le passage des religieuses aux voleurs fait alterner pronoms masculins, pronoms féminins et différentes nominalisations. La coréférence intègre ainsi les perspectives à partir desquelles les personnages et/ou le narrateur perçoivent cette réalité. Cette évolution doit par ailleurs s'inscrire dans une progression mesurée afin de ne pas dévoiler d'emblée l'énigme de cette double identité.

On ne peut donc saisir la gestion de cette double identité sans prendre en compte le déroulement du récit, chaque étape correspondant à une nouvelle facette des personnages.

Aucun enfant, ni CE2, ni CP, ni non-lecteur, n'a reproduit, ces étapes exactement comme dans le récit d'origine. Toutefois, les modifications que ce parcours subit ont des conséquences différentes selon le moment où elles interviennent dans le déroulement de l'histoire et la portée qu'elles ont dans l'agencement complexe des différentes perspectives en jeu.

Ainsi constate-t-on que les enfants non lecteurs se différencient des enfants tout-venant (des CE2 et dans une moindre mesure des CP) en ce qu'ils sont très nombreux à anticiper, très tôt, dans leur narration la révélation de la double identité. Celle-ci peut intervenir

– dès la présentation des personnages :

> Christian : « Y avait deux personnes qui faisaient du stop puis il les a pris et i là puis il les a emmenées puis il les a emmenées et puis plus loin l'avait deux monsieurs déguisés en bonnes sœurs »

– ou lors des premières reprises pronominales faites au masculin, avant même que ne s'installe, dans l'esprit du personnage, la possibilité de cette double identité :

> Benoît : « Ben c'est c'est deux dames puis qui faisaient du l'ost/l'ostostop puis un garçon aussi faisait de l'ostostop pui il y avait deux bonnes sœurs et puis les et puis il il les a pris dans leur voiture puis i portaient ils ils portaient des grosses chaussures [...] et pi en i'z avaient un grosse voix et pi parlaient pas souvent. »

Cette utilisation du pronom masculin met en évidence la difficulté que rencontrent les non-lecteurs à gérer différence de point de vue du narrateur (« qui sait tout ») et du personnage (« qui ne sait pas »).

Mais cette double identité peut être elle-même en question, les enfants non lecteurs laissent plus souvent que les CP une de ses deux facettes. Quand il s'agit de l'aspect féminin, le récit se transforme en une simple histoire de « voleurs » :

> Enrico : « L'histoire de deux voleurs qui voulaient monter dans une voiture et i font du stop i conduit une voiture et puis ils montent dans la voiture puis ils vont ils partent (...) on a arrêté les deux voleurs deux voleurs qui z'ont dévlisé la banque et puis et après... »

On peut aussi rencontrer les récits dans lesquels c'est l'aspect bandit qui reste dans le non-dit. Les indices fonctionnent alors à vide tant que la double identité n'est pas dans l'horizon référentiel. Se pose alors pour ces récits la question du « pourquoi » des attributs des religieuses et des actions du héros par rapport à la logique du déroulement narratif.

> Matthieu : « C'est quelqu'un qui roule puis ya quelqu'un qui fait de l'autostop et il les prend pi il parle et pi ça fait passer l'temps ensuite après ils avancent la voiture avance puis ensuite après i voyent i i voit deux bonnes sœurs pi pi i s'est dit qu'il fallait pas les laisser là alors il les a prises pi euh pi les bonnes sœurs avaient une grosse voix ensuite après ils ont traversé le midi pi pi pi ensuite après il a dit qu'euh qu'il s'arrêtait. »

De même l'hypothèse du déguisement ou sa confirmation peuvent être codées de façon relativement allusive. Ainsi Matthieu, qui ne présente pas l'aspect « religieuse » du personnage, y fait allusion de façon implicite dans sa formulation du doute d'Albert :

> Matthieu : « Il a vu sur le journal qu'il y avait deux voleuses deux voleurs qui 'z avaient volé une banque et puis euh ils avaient il sa i croyait que c'*était eux* parce qu'ils avaient une grosse voix. »

Laurenzo termine son récit par une simple identification des voleurs sans coder le déguisement :

> Laurenzo : « Et puis après la voiture de police il les arrête et puis ils voient que c'est eux pasque ils avaient des grandes chaussures d'homme. »

Cette confirmation peut rester en outre totalement implicite, portée uniquement par le codage des indices :

> Pedro : « Il a entendu à la radio qu'y avait aviez deux bonnes sœurs qui avaient qui avaient fait de l'auto-stop et c'était un une voiture de police qui les a qu'a vu et puis le monsieur i il les a arrêtées il a vu qu'i'z avaient des chaussures des grosses chaussures. »

Enfin, on observe une mise à plat des différentes perspectives qui composent le texte. Ainsi, dans le récit d'origine, l'annonce de l'arrestation est effectuée par le biais de la radio. Tout en se situant dans la même continuité temporelle (on nous dit ce qui arrive aux religieuses une fois qu'*Albert* les a déposées), les événements sont racontés à partir du point de vue des auditeurs qui ne connaissent pas l'existence des religieuses mais seulement des bandits. Ce changement de point de vue suppose à la fois que l'on renomme le personnage (pour passer des religieuses vues par Albert aux bandits annoncés par la radio) et que l'on utilise le défini puisqu'il s'agit de personnages connus par les auditeurs. Certains CP et non-lecteurs ne tiennent pas compte du caractère connu pour les auditeurs de ce personnage et utilisent l'indéfini :

> Armand : « Après arrivé à devant un hôtel i leur i dit qu'il n'allait pas plus loin... après il a entendu qu'à la radio y avait *des* bandits qui avaient attaqué une banque qui étaient déguisés en religieuses. »

Mais surtout 12 non-lecteurs et 6 CP n'utilisent pas de nom. Qu'il mentionne ou non la radio, l'enfant privilégie la continuité actantielle et/ou événementielle par rapport au dénivellement produit par le changement de point de vue :

> Henri : « Et après les dames elles sont parties euh parties à pied alors après euh elles les ont fait du stop et après un commissaire il les ont pris ils avaient des chaussures d'homme. »

Les parcours individuels au fil des événements et des points de vue sont très souvent hétérogènes : les failles à une étape n'impliquent pas nécessairement de failles à d'autres niveaux.

Ces problèmes ne sont en outre pas toujours spécifiques des non-lecteurs : sur certains points ils se rapprochent, tout en restant en deçà, des conduites des CP. Ils se différencient des CP cependant en ce qu'on ne trouve jamais chez ces derniers de gommage de la double identité, ni d'implication totale de la confirmation, ni enfin d'anticipation précoce par le pronom féminin. En outre une pondération de ces résultats montre que les non-lecteurs sont plus nombreux à cumuler les modifications dans un même récit, montrant ainsi les difficultés que rencontrent ces enfants à jouer avec les changements de points de vue que cette double identité suppose.

A.: « Ben, de quoi il s'agit ?

Albert : – D'un monsieur et de deux voleurs qui sont montés dans la voiture du monsieur puis après il avait vu dans un journal que y avait une bijouterie qui a été volée puis euh il croyait que c'était il avait vu que enfin il croyait que c'était eux les deux voleurs qu'ils z'avaient habillé en bonnes sœurs et puis il a dit bon je m'arrête là et puis euh les deux voleurs sont partis sans lui dire euh merci puis après il s'est on a on a entendu dans le poste qu'ils ont été arrêtés que euh ils ont fait de l'auto-stop avec une voiture de policier puis le policier il avait vu de grosses chaussures il l'avait arrêtés puis après euh après après... après j'sais plus. »

Conclusion

Notre conclusion sera brève car, en présentant des récits de ces enfants non lecteurs, nous pensons avoir donné une image que nous espérons fidèle de leurs savoirs narratifs et de leurs difficultés langagières.

Un fait important doit d'abord être souligné, c'est l'hétérogénéité de ces sujets dans leurs conduites narratives et l'impossibilité où nous sommes de les opposer de façon absolue au groupe des tout-venant. Toutefois, qu'il s'agisse de la trame narrative ou de la structure de figuration, les textes de ces enfants présentent, le plus souvent, une accumulation de failles diverses, aux différents plans de la référence et de la coréférence. L'analyse des récits en BD et des récits dictés, confirme, avec les variations inhérentes à chaque tâche, l'indétermination référentielle de leurs productions narratives, une tendance marquée à l'évitement de la dramatisation, et enfin leur difficulté à gérer la relation à l'interlocuteur.

Si l'on considère maintenant les façons dont ils élaborent la structure de figuration : prise en compte, dénomination et reprise des personnages, plusieurs grandes caractéristiques se dégagent :

– leurs organisations narratives peuvent comporter un déplacement de la centration du récit sur un autre actant principal, voire une moindre efficience de la hiérarchisation actant central, actant secondaire ;

– avec des conduites qui se rapprochent, voire sont parfois en deçà de celles d'enfants beaucoup plus jeunes, la présentation des personnages manifeste fréquemment une distance particulière au destinataire, la présupposition inadaptée du savoir partagé avec l'adulte interlocuteur ;

– dans le cadre de la dénomination, des troubles très spécifiques dans le maniement des noms propres, mais aussi des stratégies qui manifestent une difficulté certaine à interpréter et à gérer les implications textuelles ;

– d'importantes difficultés à établir clairement les chaînes de coréférence, surtout lorsqu'il s'agit d'intégrer à l'élaboration discursive les différents changements de points de vue du narrateur et/ou des héros.

Ces embarras dans les différents mouvements d'adaptation discursive peuvent aboutir à une indétermination référentielle préjudiciable à l'établissement d'une continuité discursive clairement interprétable, parfois à des productions incompréhensibles.

Ces modes de fonctionnement langagier correspondent donc à un traitement particulier des données linguistiques et l'on peut s'interroger sur l'effet de la non-lecture à la fois dans la construction d'une compétence narrative et dans l'accès à une culture écrite correspondante, se demander si les caractéristiques ne sont pas amplifiées par la situation de non-lecture elle-même. En effet, c'est bien en lisant que les autres enfants s'imprègnent d'histoires et se familiarisent avec les différents modèles de structures narratives.

Distribution des reprises problématiques

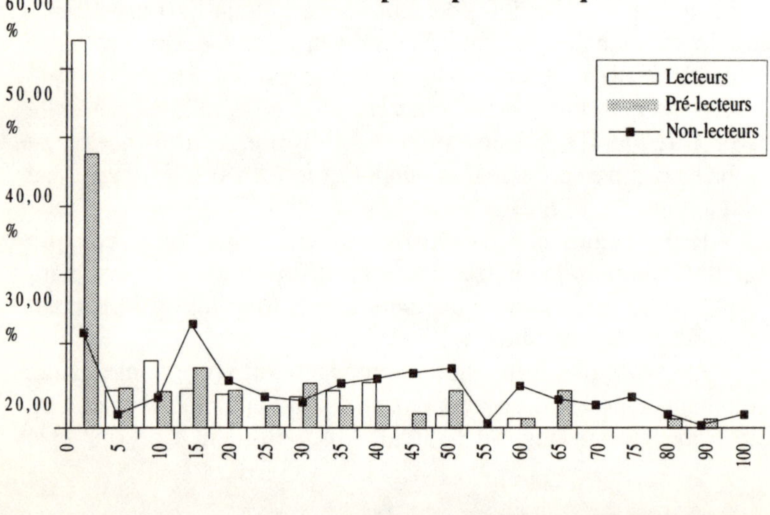

CHAPITRE X

CONDUITES MÉTALANGAGIÈRES ET NON-LECTURE : L'EXEMPLE DE LA DÉFINITION DE MOTS [1]

Anne Salazar-Orvig,
Christiane Préneron, Marie Kugler-Lambert

Parmi les relations souvent évoquées entre langage oral et troubles d'apprentissage de la lecture, le développement métalinguistique, c'est-à-dire l'ensemble des capacités qui vont de la conscience phonologique à la capacité métatextuelle, apparaît comme primordial, dans la possibilité d'accès à l'écrit. Dans l'interaction entre ces différentes capacités métalinguistiques et la lecture, les déficiences de la conscience phonologique apparaissent désormais au premier plan. La conscience métalinguistique des constituants phonologiques serait, ainsi, fondamentale pour la maîtrise d'une écriture alphabétique. De nombreux travaux soulignent la multiplicité des liens unissant capacité métaphonologique et modalités d'acquisition de la lecture (Liberman et Shankweiler, 1989 ; Alegria et Morais, 1989).

Ainsi, les enfants ayant une conscience phonologique moins développée accéderaient moins facilement à la lecture,

1. Cette étude a déjà fait l'objet d'une publication dans *Langue française 80,* 1988.

dont l'apprentissage et l'exercice joueraient en retour un rôle dans le développement de ces capacités métalinguistiques. Concernant les enfants non lecteurs de cette recherche, plusieurs études (Sprenger-Charolles, 1988 ; Abitzmil et Thomas, 1989) ont été menées, visant à interroger ces relations et à examiner ce qu'il en était de leur conscience segmentale. Il apparaît, et ce n'était pas pour nous surprendre, que leur capacité à segmenter varie considérablement selon l'unité envisagée (phone, syllabe ou mot). Et, si ces apprentis ne se différencient pas des enfants tout-venant dans la segmentation en syllabes et même en mots, pour ce qui concerne les phones, ils font autant d'erreurs que des enfants de CP enregistrés en tout début d'année. Les observations de ces auteurs signalent, par ailleurs, que chez les CP l'apprentissage de la lecture s'accompagne d'une progression très nette des performances métaphonologiques, confirmant par là même la circularité de la relation entre les deux comportements. Constatant que la défaillance en ce domaine était fondamentalement accentuée par la situation de non-lecture, nous nous sommes demandé ce qu'il en était de conduites métalangagières, non plus implicites ou intégrées, mais explicites et participant à des situations de communication, obligatoirement rencontrées par ces enfants. Nous avons ainsi choisi d'étudier leurs conduites explicatives, et plus particulièrement la définition de mots.

Notre perspective a été d'examiner leurs possibilités d'utiliser le travail langagier pour renvoyer au sens du mot à définir. En effet, les recherches portant sur les conduites de définition chez l'enfant (Cravatte, 1980; Aguttes et Van der Straten, 1983 ; François, 1983) mettent en évidence qu'on ne saurait considérer un modèle unique de la « bonne définition » mais que de multiples facteurs peuvent déterminer le type de codage définitionnel. Parmi ceux-ci, la classe syntaxique, la catégorie sémantique, l'appartenance du mot à un paradigme dérivationnel ainsi que, dans un autre ordre d'idées, l'âge de l'enfant, se répercutent de façon diverse et variable dans la définition de l'enfant.

Ainsi, pour ne prendre qu'un exemple de ces déterminants, l'âge de l'enfant intervient mais cela ne se produit pas de la même façon selon les mots : pour certains mots, les réponses sont relativement constantes, quel que soit l'âge ; pour d'autres, on observe une évolution. Ce qui semble plutôt caractériser le développement de l'enfant, c'est que les plus jeunes ont tendance « surtout à s'en tenir à un seul type d'explication, à un seul type de codage », la possibilité d'évoquer une multiplicité d'aspects n'apparaissant que chez les enfants plus âgés.

Notre étude ne se limite donc pas au premier codage donné par l'enfant, mais explore également sa capacité à changer de point de vue. Cette capacité nous semble importante non seulement parce qu'elle amène l'enfant à fournir différents aspects d'un même objet ou processus, mais également parce qu'elle permet de mettre en évidence son niveau de flexibilité, de souplesse ou au contraire sa difficulté, une fois engagé dans un certain mode, à changer de codage.

Méthodologie

Nous avons proposé à 14 non-lecteurs 27 mots [2] du langage courant tels qu'ils présupposaient l'intégration de leur signification. Ces mots, qui appartiennent à trois classes différentes (noms « abstraits » et « concrets », verbes et adjectifs), renvoient par ailleurs à des expériences suffisamment diversifiées pour ne pas induire un seul mode de définition. Ils leur ont été présentés dans l'ordre suivant : *animal, main, apprendre, tomate, grand, feu, plaisir, casquette, mer, sorcière, se souvenir, doux, plombier, tiède, tracteur, aimer, marteau, beauté, canard, forêt, méchant, soleil, agir, tristesse, argent, neige, jaune.*

Après une explication de la tâche (« Je vais te demander de m'expliquer des mots »), avec éventuellement une mise en

2. Nous avons repris la liste de mots qui avait fait l'objet de la recherche auprès d'enfants tout-venant et d'enfants aveugles (*cf.* ci-dessus, P. Aguttes et A. Van der Straten) en y ajoutant trois mots, *aimer, main* et *plaisir*.

situation (comme par exemple : « Comme si j'étais un enfant plus petit que toi, ou un petit copain anglais »), on posait la question sous la forme : « Qu'est-ce que c'est, pour toi ? » Après la première production de l'enfant, nous avons fait des relances générales comme : « Et encore ? », « C'est tout ce que tu peux dire ? »

Étant donné que ces enfants non lecteurs sont presque tous des garçons, nous avons pris comme population de référence des enfants tout-venant, garçons de 9 ans en fin de CE2 [3].

Critères d'analyse

Dans notre étude nous avons privilégié une approche sémantico-référentielle, en désignant par là l'analyse des différents procédés linguistiques et discursifs de renvoi au sens du mot. Nous avons ainsi établi trois catégories qui correspondent à autant de modalités contrastées de la mise en mots.

a) ***Un mode 1*** qui regroupe les codages relevant d'une mise en équivalence linguistique ou langagière des termes :

– par le recours à des structures linguistiquement codées par le genre, l'hyponymie, la synonymie, les relations d'opposition ou la dérivation ;

– par l'établissement d'une relation de paraphrase qui renvoie à une équivalence référentielle. Cette relation est, le plus souvent, codée par des outils linguistiques *ad hoc* : « C'est » ou « Ça veut dire » (Dimitri, pour *plaisir* : « Oh ! c'est être content. ») ;

– ont été également classés dans cette première catégorie les cas de codage par un pronom « (c'est) quelque chose » ou « (c'est) quelqu'un ». Ils peuvent correspondre à un automatisme de codage ou impliquer une classification en termes de genre ;

– enfin, nous avons classé, sous tautologie, les quelques cas où la reprise du terme ne correspond pas à une demande de

3. Nous tenons à remercier ici le directeur et l'enseignante de l'école primaire du 46, rue Jenner, à Paris (XIIIe), qui nous ont permis d'établir cette comparaison.

confirmation mais tient lieu de définition (Thierry, pour *animal* : « Ben c'est un animal. »).

*b) **Un mode 2*** qui correspond à une caractérisation de l'élément à définir. Il peut s'agir d'une description, de l'énoncé d'un attribut ou d'une qualité (Erico, pour *canard* : « C'est quelque chose qui vit. »).

*c) **Un mode 3 :*** cette dernière catégorie regroupe l'ensemble des énoncés qui codent le terme à définir par rapport à une situation présentée comme typique. Nous y incluons l'actualisation du mot à définir par rapport à d'autres unités auxquelles il peut s'appliquer (Abel, pour *aimer* : « Ben on aime bien quelque chose, euh, des bonbons. »), le recours à un exemple, à l'énonciation des circonstances ou de la localisation, de la cause, du processus ou de l'origine, de l'action, de l'effet ou des conséquences, de l'usage (en y incluant le codage comme lieu d'un processus ; Thierry, pour *mer* : « La mer, ben, on nage dedans. ») et la monstration.

Enfin nous avons regroupé dans une dernière sous-catégorie les rares énoncés relevant de commentaires ou d'évaluations subjectives. (Pierre-Alexis, pour *feu* : « Ben t'as pas intérêt d'y toucher. »)

La réalité de l'analyse s'est avérée complexe, car les énoncés de définitions peuvent relever à la fois de plusieurs catégories et continuer les modes 1, 2 ou 3. Afin de pouvoir rendre compte de la complexité et du niveau d'homogénéité ou d'hétérogénéité des conduites des enfants à la fois à l'intérieur des différents codages d'un même mot et dans leur stratégie globale, nous avons procédé en deux temps. Une première analyse porte exclusivement sur le premier énoncé de l'enfant. Ce n'est qu'en un deuxième temps que nous étudions les énoncés suivants, selon la relation qu'ils entretiennent au premier énoncé et entre eux.

Résultats

Il faut noter d'emblée que les enfants non lecteurs ne font pas de définitions aberrantes, mais on peut ici formuler la même remarque que pour leur conduite de récit, à savoir que c'est par la qualité de leur définition qu'ils se différencient des enfants tout-venant.

Cette différence dans le « savoir définir » résulte de l'addition d'un certain nombre de traits que nous allons maintenant présenter.

Échecs et difficultés de la tâche

Avant d'entrer dans le détail de l'analyse, il faut signaler que certains enfants manifestent une importante inhibition. Ainsi certains d'entre eux ont eu besoin de nombreuses incitations pour répondre et ont souvent opposé un « je ne sais pas » ou des silences aux premières questions de l'adulte et la définition n'a été obtenue qu'au bout de plusieurs prises de parole. En outre, 6 enfants se sont trouvés dans l'impossibilité de fournir un codage pour un ou plusieurs des mots suivants : *agir, beauté, tristesse, aimer, plaisir, doux* et *jaune.*

Chez les enfants tout-venant, nous ne trouvons ni échec, ni inhibition, ni difficulté à répondre.

Le premier énoncé

Plusieurs questions président à l'analyse du premier énoncé. Tout d'abord, les enfants non lecteurs présentent-ils et de façon plus marquée une plus grande homogénéité en tant que groupe ? En deuxième lieu se distinguent-ils des enfants tout-venant dans leurs modes de codage privilégiés ? En troisième lieu, sont-ils plus ou moins sensibles au poids du mot et dans quel sens ? Enfin, présentent-ils des stratégies individuelles marquées, ont-ils en tant qu'individus des conduites homogènes ou hétérogènes ?

LES CODAGES DOMINANTS

Une première approche globale des premiers énoncés (tous mots confondus) met en évidence une certaine différence dans les conduites de définition des enfants non lecteurs et des enfants tout-venant lecteurs. Le graphe n° 1 montre la distribution des premiers énoncés suivant qu'ils correspondent aux trois grands modes de codage (mode 1, 2 et 3) simples ou combinés :

Graphe n° 1
Distribution des premiers énoncés
Modes de codage 1, 2 ou 3

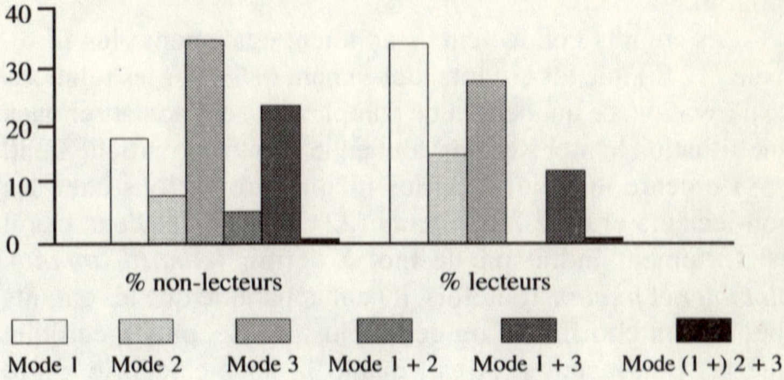

Tout en partageant quelques traits communs, les deux populations présentent des distributions assez différenciées. Alors que pour les enfants lecteurs le codage préférentiel (38 %) est de type intralinguistique (mode 1), chez les enfants non lecteurs, la mise en situation (mode 3) constitue le mode de codage dominant (38 %). Cela est d'autant plus accentué que pour les enfants non lecteurs la combinaison mode 1 + mode 3 occupe le deuxième rang (26 %) alors que pour les enfants tout-venant, elle est l'avant-dernière catégorie (14 %).

Le mode de codage de type 2, essentiellement descriptif, est moins fréquent chez les non-lecteurs (9 %) que chez les enfants tout-venant (17 %).

Enfin, d'une façon générale, les enfants non lecteurs utilisent bien plus souvent (30 %) des formules mixtes, qui combinent deux, voire les trois catégories.

Il semble donc que les deux groupes d'enfants ont des stratégies partiellement différentes dans leurs façons de renvoyer au sens des mots ; ce que confirme l'analyse des sous-catégories.

Distribution des sous-catégories du mode 1

– Tout d'abord les enfants non lecteurs effectuent quelques définitions tautologiques (4 %) alors que les enfants tout-venant n'en font aucune.

– Quand les enfants non lecteurs ont recours à ce qu'on appelle de façon large des procédés intralinguistiques, ils le font essentiellement par le biais des pronoms. En effet, 45 % de leurs codages de type 1 (ou 1 + 3 ou 2) font intervenir un pronom.

– Les enfants non lecteurs s'appuient également plus fortement (12 %) que les enfants tout-venant (4 %) sur les relations de dérivation, ce qui permet de paraphraser ou d'actualiser dans une situation le mot à définir tout en le reprenant partiellement.

– Le genre apparaît dans les mêmes proportions chez les non-lecteurs et chez les lecteurs (22 %). Dans les deux cas il est fortement induit par le mot à définir *(canard, tomate, plombier* et *jaune)*. Toutefois, il peut apparaître que les enfants tout-venant choisissent un genre plus proche, plus spécifique que les non-lecteurs. Ainsi, quand la sous-catégorie genre s'applique à *plombier* il s'agit pour les non-lecteurs toujours d'« un monsieur » qui en tant que nom générique (comme le sont d'ailleurs « un truc » ou « une chose » pour d'autres termes) se rapproche du pronom. En revanche, chez les enfants tout-venant de 9 ans nous trouvons des énoncés comme celui de Jean-Charles pour qui plombier, « c'est un travail ».

– Les relations d'opposition, qui concernent essentiellement deux mots *(méchant* et *tiède)*, sont utilisées de façon relativement équivalente par les deux groupes (6 % non-lecteurs, 7 % lecteurs).

– Bien que la paraphrase ne représente pas chez les non-lecteurs une catégorie négligeable (16 %), elle est privilégiée par les enfants tout-venant (32 %) qui, de surcroît, confèrent une place importante (second rang) aux relations de synonymie (23 %).

Ces dernières constituent un recours à des relations précodées par la langue mais, à la différence de celles qui sont dominantes chez les non-lecteurs, elle ne se basent pas sur une permanence du signifiant. Les relations de synonymie sont en ce sens plus « lâches », dirions-nous, que celles de dérivation. Une première caractéristique se profile, à savoir que les enfants non lecteurs s'appuient plutôt sur des structures fortement précodées que sur le travail des possibilités paraphrastiques de la langue.

Distribution des sous-catégories du mode 2

Le mode 2, dont nous avons vu qu'il est globalement un peu plus fréquent chez les enfants lecteurs, ne présente pas une très grande hétérogénéité interne. En effet, l'essentiel des codages de cette catégorie est de type descriptif, dont la spécificité dépendra du mot à définir. Ainsi, par exemple, *mer* est défini essentiellement par sa matière (« C'est de l'eau » pour les 8 enfants non lecteurs ayant utilisé ce codage), *feu* ou *neige*, par leur couleur (Armand, pour *feu*: « C'est jaune. », pour *neige*: « C'est blanc. »), *tracteur*, par ses composantes (Erico : « C'est quelque chose euh qu'a des grosses roues. »).

Les codages par l'attribut et par la qualité sont très minoritaires et ne concernent que quelques mots (*sorcière* et *plombier* pour les premiers, *canard* et *animal* pour les seconds).

Les deux populations se distinguent donc, par rapport à cette catégorie, bien plus sur le plan quantitatif que sur l'aspect qualitatif même de la définition.

Distribution des sous-catégories du mode 3

De l'analyse de cette catégorie, il ressort que, quand les deux groupes ont recours à des codages de renvoi à une situation typique, ils le font *grosso modo* de la même manière. Un fait notable, cependant si les codages par actualisation du terme ou par l'exemple sont les plus fréquents pour les deux groupes, ils constituent une catégorie plus importante chez les lecteurs (54 %) que chez les non-lecteurs (35 %).

Par ailleurs, si, pour ce qui concerne l'actualisation, les deux populations semblent avoir une conduite assez similaire il s'avère que chez les enfants tout-venant, les définitions par l'exemple, qui n'utilisent donc pas la reprise du terme à définir, sont bien plus nombreuses (près du tiers de l'ensemble de la sous-catégorie).

Le poids du mot

Si, comme cela apparaît dans l'analyse en sous-catégories, dans les deux populations les différents types de mots (tant dans leur classe syntaxique que dans leur sémantisme) induisent des stratégies préférentielles de définition, on remarque quelques différences entre les deux groupes. Ainsi, la prégnance du poids du mot est plus massive chez les non-lecteurs et concerne un nombre plus important de mots. Par exemple, *canard* ou *sorcière* sont très souvent définis par rapport à leurs actions typiques alors que les enfants lecteurs produisent également des définitions par le genre et la description. Ou encore, le codage par l'usage pour des mots tels que *argent* ou *main* n'est pas aussi fréquent chez les tout-venant (au plus le tiers des enfants) que chez les non-lecteurs (autour de la moitié).

Les stratégies individuelles

Si l'on se place du point de vue, non plus de l'ensemble du groupe ou des mots, mais de celui des individus, on observe, comme nous l'avons déjà remarqué pour leur conduite de récit, une certaine diversité des productions des enfants et, de façon peut-être plus prégnante que chez les enfants tout-venant, l'existence de stratégies individuelles marquées.

Ainsi pour 10 des 14 enfants, leur mode de codage préférentiel (qu'il s'agisse du mode de renvoi à une situation typique [mode 3] ou de la combinaison [mode 1 + 3]) correspond à au moins 44 % des premiers énoncés de l'enfant, pouvant atteindre même 62 % pour l'un d'entre eux (Christian). Ainsi ce dernier manifeste une nette préférence pour le renvoi à la situation :

– *plombier :* « (On met/mettre) des radiateurs dans toutes les maisons » ;
– *grand :* « Quand quelqu'un est grand (?) » ;
– *casquette :* « C'est... quand il fait beau » ;
– *soleil :* « (C'est) quand il faut beau » ;
– *méchant :* « Quand (il) embête les gens ».

Seuls 4 enfants présentent une distribution plus équilibrée des différents modes allant même pour un seul enfant jusqu'à l'absence d'une catégorie nettement dominante. Cela doit être mis en relation avec une autre caractéristique qui frappe à la simple lecture des corpus : la récurrence d'un type préférentiel d'énoncé dans la formulation de la définition. Ainsi, 10 enfants non lecteurs sur les 14 présentent une « formule d'attaque » préférentielle telle que : « C'est quelque chose qui... », « C'est quelqu'un qui... », « (c'est) pour/quand », « Ça veut dire... », ou « C'est que... ».

La fréquence de tels énoncés ne saurait nous étonner dans une tâche métalangagière. Mais ce qui semble spécifique des productions des enfants non lecteurs, c'est plutôt une certaine rigidité dans le recours à cette « formule d'attaque » que l'on retrouve dans la majorité des premiers codages... Ainsi, par exemple, pour Erico, la majorité de ses premiers codages (20 sur 27) commencent par *(c'est) + pronom*, qu'il s'agisse de définir des noms, des verbes ou des adjectifs :

– *doux :* « C'est quelque chose qui fait pas mal » ;
– *se souvenir :* « C'est quelque chose qu'on se rappelle qu'on a » ;
– *plombier :* « C'est quelque chose qui répare des tuyaux, un monsieur qui répare les tuyaux ».

Un autre enfant, Joël, passe essentiellement par des formules du type « Ça veut dire » :

– *animal :* « Ça veut dire un lion » ;
– *soleil :* « Ça veut dire chaude » ;
– *tristesse :* « Ça veut dire qu'on a personne pour s'amuser » ;
– *agir :* « Ça veut dire quand quelqu'un tombe que le rattraper ».

De ce fait, comme on peut le voir pour Erico *(plombier)*, cela peut entraîner des ratés, une personne étant codée comme une chose et quelquefois inversement.

Tout se passe donc comme si ces enfants non lecteurs étaient à la fois plus sensibles au poids du mot et pris dans des stratégies individuelles préférentielles. Quand les deux coïncident dans des codages somme toute « banals », la définition ne pose pas problème. En revanche, pour certains du moins, quand ces deux « forces » divergent, l'énoncé de l'enfant apparaît comme problématique, parce que présentant des failles au niveau de son adéquation sémantique ou de son élaboration syntaxique.

Ajouts et pluralité des points de vue

Considérant que la possibilité de changer de point de vue est aussi essentielle que le type de codage fourni en premier, nous nous sommes intéressées aux ajouts. En effet, pour définir un mot, plusieurs types de stratégies sont à la disposition d'un enfant :

– s'en tenir à un seul codage. Par exemple, *animal* : « Ça a quatre pattes », dont nous dirons qu'elle constitue une définition monaire ;

– ou en proposer plusieurs. *Animal :* « C'est une bête, ça vit dans les bois et ça peut voler », ce qui correspond à une définition plurielle.

En outre, spontanément ou à la suite de relances de notre part, les enfants peuvent avancer plusieurs codages et donc combiner ces différentes possibilités.

Enfin, dans le cas d'une seule prise de parole plurielle ou de plusieurs prises de parole, l'enfant peut continuer à utiliser le même mode de référenciation ou au contraire en changer, modifiant ainsi le point de vue apporté sur le mot en question. C'est cet aspect-là que nous avons cherché à apprécier dans les définitions des enfants non lecteurs, toujours en comparaison avec celles des enfants tout-venant.

Une première caractéristique est que l'on recense une proportion beaucoup plus élevée de définitions monaires chez les enfants non lecteurs : la conduite monaire concerne en effet 38 % de leurs prises de parole premières. C'est d'autant plus saillant que dans 55 % de ces cas les enfants qui adoptent cette stratégie de codage unique s'en tiennent exclusivement à celui-ci, ne donnant alors du mot qu'une référence très partielle. Cette conduite est exceptionnelle chez les enfants tout-venant, qui dans 93 % des cas font des définitions plurielles.

Néanmoins, dans la majorité de leurs définitions (62 % des cas), les enfants non lecteurs ajoutent à leur premier codage un ou plusieurs énoncés à l'intérieur d'une même prise de parole ou dans les prises de parole suivantes (suite à une relance, un commentaire, une reprise ou une ponctuation [« oui »] de l'adulte).

Nous présentons ici les résultats de l'analyse des énoncés

de la première prise de parole. En prenant comme point de départ le premier énoncé, nous avons classé les autres en :

– homogènes : s'ils restent dans la même catégorie sémantique que la précédente ;

– phomogènes (presque homogènes) : si tout en restant dans la même catégorie ils introduisent une légère différence (par exemple de sous-catégorie ou de syntaxe) ;

– hétérogènes : si leur mode de référenciation diffère de celui du premier énoncé ;

– enfin, les enfants peuvent avoir des mouvements d'ajout qui sont à la fois hétérogènes et homogènes, et que nous avons codés comme het/hom.

Graphe n° 2
Distribution des ajouts en première prise de parole

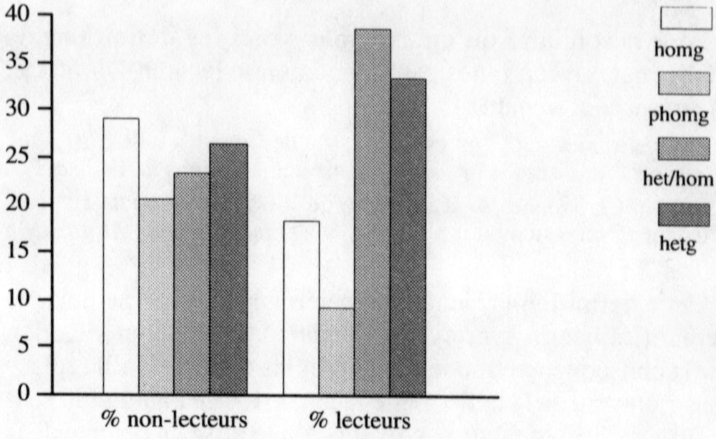

Comme il ressort de l'histogramme, on observe chez les enfants non lecteurs une plus grande tendance à l'homogénéité des ajouts que chez les lecteurs, ce qui manifeste une moindre capacité de ces enfants à changer de type de définition.

Premièrement, la catégorie homogène pure qui implique une centration sur un seul aspect du mot à définir, si l'on considère l'ensemble des définitions proposées par les 14 enfants non lecteurs, occupe chez ceux-ci le premier rang, et seulement le troisième chez les lecteurs. Deuxièmement, les quatre types d'ajout sont dans des proportions équivalentes ou proches chez les non-lecteurs, alors que chez les lecteurs l'écart se creuse entre les catégories homogène et hétérogène. C'est ainsi que, si nous regroupons d'une part les ajouts homogènes et phomogènes, d'autre part les ajouts het/hom et hétérogènes, la différence se marque très clairement entre les deux groupes d'enfants :

Nature des ajouts au cours d'une définition

	homogène/phomogène	het/hom/hétérogène
Non-lecteurs	50,20 %	49,80 %
Lecteurs	27,40 %	71,80 %

Pour ne prendre qu'un exemple, voici les définitions du même mot, *grand,* faites par un enfant non lecteur, Dimitri, et un enfant tout-venant :

Dimitri : « Grand ? on est grand, y'a des grandes salles, un grand bâtiment, une grande maison » (quatre actualisations de l'adjectif).

Jean-Christophe : « Ça veut dire qu'il est... il est haut et... il est haut mais on peut mourir plus vite... y'a grand, y'a petit, y'a gros, y'a maigre... »

Cette définition présente une hétérogénéité interne puisque l'enfant utilise la synonymie (mode 1), la mise en situation par la conséquence (mode 3) et enfin les opposés qu'il replace dans l'univers de la taille. Cette façon de tourner autour du sens de *grand* s'accompagne par ailleurs d'une prise en compte de la polysémie du mot, ce qui est exceptionnel chez les non-lecteurs.

Les définitions des enfants non lecteurs se caractérisent par une moins grande diversité sémantique, les codages seconds relevant plus souvent (et dans les exemples ci-dessus, exclusivement) d'un même mode d'approche du terme à définir. Chez les lecteurs, au contraire, les définitions offrent plus souvent une hétérogénéité interne en ce qu'elles présentent des stratégies différentes du premier codage proposé par l'enfant et, dans l'exemple ci-dessus, différentes entre elles.

Ce qui caractérise également cette différence de conduite entre les deux populations, c'est qu'en outre, dans le cas des définitions homogènes, l'homogénéité est plus marquée chez les non-lecteurs que chez les lecteurs :

– soit que les non-lecteurs aient tendance à s'en tenir à la même sous-catégorie, alors que les lecteurs utilisent diverses sous-catégories dans un même mode. C'est ce qu'on peut trouver dans les définitions d'*animal* :

> Clément, non-lecteur : « Ça veut dire un lion... chien euh... ou cheval..., panthère..., phoque..., otarie. »
>
> Patrice, lecteur : « C'est un mammifère euh... un félin..., un oiseau..., un insecte..., un poisson..., euh... une mouche, le tigre, le lion, la panthère, le chat, le chien..., une tortue..., une souris, un hamster..., euh... un cheval..., un veau..., un taureau. »

Ainsi, on relève chez l'enfant tout-venant une liste plus ouverte, faisant un inventaire beaucoup plus complet des espèces animales, et par ailleurs, précédant ces hyponymes par l'utilisation de sous-genres (mammifère, félin). De plus, on note que l'enfant non lecteur n'utilise pas de modalité, et qu'à l'inverse Patrice alterne deux types de modalités, le défini et l'indéfini, probablement selon le mode de relation et de connaissance que l'enfant entretient avec ces animaux :

– soit que tout en restant dans la même sous-catégorie, l'enfant hiérarchise celle-ci de telle façon que le premier énoncé fonctionne en fait comme s'il relevait d'un autre mode. Ainsi pour *casquette* :

> Joël, non-lecteur : « Ça veut dire pour abriter du soleil... quand il pleut... pour pas avoir une insolation... pour pas qu'on aye froid à la tête ».
>
> Jean-Charles, lecteur : « Pour mettre sur la tête, pour moins avoir du soleil... pour moins transpirer... euh... après j'en sais rien. »

On note une hiérarchisation des fonctions de l'objet dans le second cas, Jean-Charles, lecteur, débutant par sa fonction première, ce qui est une façon de dire qu'il s'agit d'une coiffure, et indiquant ensuite les possibilités qu'offre cet accessoire. Chez l'enfant non lecteur au contraire, ces mêmes usages sont énumérés sur le même plan, avant que n'apparaisse en fin d'énoncé et de façon secondaire la spécificité de l'objet.

De la même façon, les tout-venant font plus souvent des définitions plus hétérogènes, au sens où celles-ci combinent plus de modes et/ou plus d'aspects dans un même mode que les enfants non lecteurs. Voici pour le mot *forêt,* les définitions de 3 enfants non lecteurs et d'un enfant lecteur :

Armand : « C'est quelque chose qui est avec plein d'arbres... là où on peut se promener dedans. »

Abel : « C'est où y'a plein d'arbres, c'est la nature. »

Thierry : « Forêt ça veut dire qu'on est d'dans, y'a plein d'z'arbres, d'arbres... c'est tout. »

Gustave : « La forêt ? eh ben c'est plein d'arbres euh assemblés, quand y'en a beaucoup beaucoup quand ça a dépassé le nombre de mille ou peut-être un peu moins ou mille juste... ben ça peut former une forêt... et un bois c'est plus petit qu'une forêt... et une forêt ben les arbres i sont pas mis tout collés les uns aux autres mais... les feuilles elles le sont presque et euh... et euh... les arbres, c'est une sorte de labyrinthe ;... pasque si on a pas de boussole pour s'orienter eh ben... on peut pas retrouver son chemin... pis voilà. »

On voit donc bien ici le contraste entre deux « styles » langagiers, l'un consistant à donner rapidement, par le biais de deux ou trois modes juxtaposés, une image référentielle relativement adéquate mais peu diversifiée, l'autre à faire, dans la description du sens du mot, plusieurs « va-et-vient » dessinant avec eux une place du sujet comme énonciateur apportant ses propres codages du terme à définir. Tout se passe comme si, dans les définitions ci-dessus, les non-lecteurs avaient plus tendance à s'en tenir à un référent « commun » ou aux codages de base (*forêt*: description et lieu du processus) sans que ceux-ci fournissent l'occasion de dire, en même temps, ce à quoi ces mots renvoient « pour eux ».

En revanche, il arrive, mais de façon exceptionnelle, qu'un non-lecteur produise des définitions plus hétérogènes que celles correspondantes de certains lecteurs. Ainsi, on a retenu cette définition du mot *feu* comme illustrant la capacité de l'enfant à entrer dans diverses relations au terme à définir, la description et différents usages :

Dimitri : « Feu ? comme c'est rouge, du feu – du feu pour les briquets pour les / un bon petit feu / faire à manger avec du feu, faire un feu de bois pour se réchauffer... euh des torches... pour les torches des... euh mmm encore quoi ?... des torches et pour euh quand y'a de l'herbe qui commence qu'est qui est vieille pour la paille, la paille il faut la cramer euh quand y'a des incendies... mm ça sert à plein de trucs. »

De fait, s'il est incontestable que les lecteurs combinent plus facilement différents aspects et différents modes, et que dans son ensemble le groupe des non-lecteurs se caractérise par une plus grande rigidité de stratégies avec :

– une tendance beaucoup plus marquée à poursuivre ses définitions sur le mode utilisé dans le premier énoncé ;

– une homogénéité interne plus forte et une hétérogénéité souvent moins ouverte, il est également vrai que le style définitoire des non-lecteurs varie d'un enfant à l'autre, et qu'on ne saurait ici caractériser la conduite de définition de l'enfant non lecteur. Comme nous l'avons déjà noté dans l'analyse du premier énoncé, le groupe présente une certaine diversité et pour une minorité les définitions homogènes ne sont pas les définitions dominantes : chez 3 d'entre eux c'est la catégorie het/hom qui domine, et pour seulement 2 enfants la catégorie hétérogène.

Enfin, il faut noter que la tâche de définition favorise beaucoup plus souvent l'apparition d'interventions métalangagières chez les lecteurs que chez les non-lecteurs. En effet, si chez les non-lecteurs les modalisations (« des fois... des fois », « ça dépend », « peut-être ») sont relativement fréquentes, il faut cependant noter qu'ils s'en tiennent quasi exclusivement à cette catégorie de conduites métalangagières.

Chez les lecteurs, ces dernières offrent une plus grande diversité associée à leur plus grande fréquence et l'on relève ainsi, par exemple :

– la verbalisation explicite de la stratégie qui correspond à une actualisation de la polysémie.

Jean-Charles : « Grand, être euh... être plus grand, par exemple je vais dire un âge : 11 ans euh... *par exemple* être plus intelligent » ;

– la paraphrase incluse.

Jean-Charles, pour *main :* « Ça sert pour écrire... ça sert pour marquer... ça veut dire la même chose que écrire... » ;

– beaucoup plus souvent que pour les non-lecteurs, la comparaison :

Jean-Christophe, pour se *souvenir* : « C'est *comme* si tu revivais le passé » ;

– en dernier lieu, une différence qualitative dans les conduites de clôture. En effet, les non-lecteurs formulent leur clôture comme s'ils avaient fait le tour complet du mot à définir (« Voilà », « C'est tout », « Ben y'a qu'ça hein »), alors que les enfants tout-venant verbalisent explicitement qu'ils n'ont pas d'autres codages à proposer : « J'vois pas ce qu'on pourrait dire d'autre », « C'est tout c'que j'pourrais dire... », « Je vois pas d'autres utilisations à cet objet ».

Conclusion

Tout en sachant que les enfants non lecteurs présentent une certaine diversité dans leur façon d'expliquer des mots, on relève un certain nombre de traits communs dans leurs conduites de définition :

– une plus grande fréquence de codages simples ;

– une plus forte tendance à l'utilisation de la mise en situation par rapport à des codages de type intralinguistique, et, quand ces derniers sont utilisés, une centration préférentielle sur le précodé au détriment de l'utilisation des possibilités paraphrastiques ;

– si l'on considère le premier énoncé, une tendance au figement individuel dans un même type de définition, dans le recours à certaines catégories sémantico-référentielles ou dans la prégnance de formules d'attaque ;

– une tendance à une plus forte homogénéité des ajouts, ce qui manifeste une moindre capacité à changer de point de vue ;

– cela s'accompagnant par ailleurs d'une moindre épaisseur énonciative.

L'association de ces divers traits aboutit à un mode définitoire qui se caractérise par une certaine rigidité de leurs stratégies, et, probablement, par une moindre capacité à faire jouer les potentialités du langage, ce qui donne lieu à des définitions qui dépassent rarement le cadre d'un référent commun. Comme dans leurs conduites narratives, on peut imaginer l'incidence de la non-lecture, car c'est aussi en lisant que les enfants sont confrontés à un vocabulaire incessamment renouvelé, et sont amenés à rencontrer de multiples stratégies d'élaboration de la signification.

CHAPITRE XI

ANALYSE DE L'ORGANISATION INTELLECTUELLE À PARTIR DU WISC-R

Paulette Kossanyi, Agnès Grasselli, Rose-Marie Rebolledo

La recherche des relations qui existent entre les capacités de lecture et le fonctionnement intellectuel constitue la problématique de ce chapitre. Nous analysons donc les résultats obtenus au WISC-R par les enfants repérés pour des difficultés majeures de lecture dans le cadre de cette étude, et respectivement dénommés non-lecteurs et mauvais lecteurs, selon l'importance du déficit constaté.

Le WISC-R (Wechsler Intelligence Scale for Children, échelle de Wechsler pour la mesure de l'intelligence des enfants, dans la version révisée en 1981) est l'un des tests les plus utilisés en France. Il permet d'apprécier certains aspects du fonctionnement intellectuel.

Les résultats des enfants non lecteurs et mauvais lecteurs diffèrent-ils des résultats des enfants lecteurs de même âge ? Les différences observées sont-elles partiellement reliées à l'impossibilité ou la grande difficulté de lire ? Les caractères mis en évidence dans cette analyse suggèrent-ils des méthodes, ou du moins des pistes d'apprentissage, mieux adaptées à leur fonctionnement intellectuel particulier, que les méthodes pédagogiques traditionnelles ? Trois questions auxquelles nous avons tenté de répondre.

L'intelligence est définie par Wechsler comme « la capacité complexe ou globale de l'individu d'agir dans un but déterminé, de penser rationnellement, et d'avoir des rapports efficaces avec son environnement ». Le test qu'il a mis au point est fondé sur le modèle théorique de Vernon, qui introduit une hiérarchisation entre les aptitudes des individus. L'intelligence est d'abord caractérisée par un facteur général, puis sur un plan directement inférieur, par deux facteurs, un facteur verbal, qui correspond au champ verbal, numérique et scolaire, et un facteur spatial, qui recouvre le domaine spatial, mécanique et pratique. Au troisième plan apparaissent des facteurs mineurs, sous-facteurs et composantes de l'un ou l'autre des deux domaines principaux, verbal et spatial.

Le WISC-R comprend deux sous-échelles, l'échelle verbale et l'échelle de performance. Chaque sous-échelle est elle-même subdivisée en subtests qui permettent d'apprécier le comportement du sujet dans des situations très variées. En d'autres termes, le test permet d'observer de multiples facettes de l'intelligence ; il en donne une image différenciée conforme au modèle hiérarchisé auquel il se réfère, et constitue de ce fait pour le psychologue un précieux instrument d'investigation.

Les résultats ont été analysés sous deux angles. Nous avons identifié, comme le permet ce test, les aptitudes des sujets tant au plan de l'intelligence générale (QIT), de l'intelligence verbale (QIV), de l'intelligence spatiale et praxique (QIP), qu'au plan des capacités en relation avec les différents subtests constituant l'épreuve. Cette analyse fait apparaître un profil général d'efficience intellectuelle pour cette population.

Nous avons également effectué des regroupements entre les subtests des deux sous-échelles. Proposés par Bannatyne puis Vance et d'autres auteurs *(cf. infra)*, ils sont relatifs aux aptitudes mises en œuvre dans les apprentissages scolaires et notamment en lecture. Cette seconde analyse fait apparaître une certaine hétérogénéité au sein de la population et le bénéfice qu'il y aurait peut-être à proposer des programmes pédagogiques personnalisés adaptés à la spécificité et aux potentialités de chaque groupe, voire de chaque sujet.

Avant de présenter les résultats, nous introduirons les modèles théoriques qui peuvent être évoqués pour les interpréter, nous décrirons brièvement l'épreuve et rappellerons les critères retenus pour la sélection de la population observée.

Les modèles théoriques et quelques recherches connexes

Un modèle intéressant d'acquisition des connaissances est celui d'Anderson (1983). Il postule deux aspects majeurs dans le développement des aptitudes cognitives : un aspect déclaratif et un aspect procédural.

Les connaissances déclaratives existent de manière indépendante, alors que les secondes n'interviennent que dans l'activité finalisée. Les connaissances déclaratives incluent des faits, des listes, des itinéraires, des classifications, des séries de noms et de chiffres, des dates... Ces informations peuvent être déclarées, c'est-à-dire ramenées à l'esprit sous la forme d'une proposition verbale ou sous une forme imagée.

Les connaissances procédurales sont implicites et contingentes. On y accède au travers de la performance du sujet placé en situation de résoudre un problème. La résolution de problèmes d'arithmétique, par exemple, nécessite la connaissance des procédures d'exécution des opérations et des connaissances déclaratives que sont la suite des nombres, les tables de multiplication... D'après le modèle d'Anderson, l'absence de certaines compétences montre que le stade de développement procédural n'est pas atteint.

Les épreuves du WISC-R, comme toutes les activités mentales, font appel à la fois à des connaissances déclaratives et à des connaissances procédurales. Pour les enfants qui rencontrent de sérieuses difficultés d'apprentissage, notamment en lecture, certaines des capacités mesurées ne sont pas complètement développées. Le déficit observé est-il imputable aux lacunes dans les connaissances déclaratives ou dans les connaissances procédurales ?

Le modèle de la compréhension du langage et des textes, dû à Searle (1983), est fondé sur l'activation des représentations mentales. Les représentations types sont des structures mentales persistantes, des théories simples que possède l'individu sur le monde. Les représentations occurrentes sont événementielles. Ce sont les phénomènes qui se produisent dans le cerveau quand il reçoit un stimulus, quand on voit un objet ou quand on lit un texte ou entend une phrase. Lors d'une activité mentale, audition ou lecture, il y a inférence des représentations types aux représentations occurrentes. Peut-on interpréter l'impossibilité de lire dans le cadre de cette théorie ?

À part les recherches sur l'analyse du WISC-R destinées à caractériser les difficultés d'apprentissage, et qui seront examinées dans la suite de cet article, il n'existe pas d'études de l'efficience intellectuelle de sujets qui ne savent pas lire, et qui, de ce fait, pourraient être comparés à notre population. Nous citerons cependant une recherche déjà ancienne, effectuée dans un tout autre contexte et dans une perspective anthropologique, et ses prolongements : la recherche princeps menée en 1931 par Luria sur la suggestion de Vygotsky dans des villages ouzbeks et kirghizes.

Luria a constaté que les sujets non alphabétisés étaient capables d'établir des classifications entre différents objets, à partir de leur utilisation par exemple, mais qu'ils n'en dégageaient pas les propriétés communes permettant de définir le concept plus générique de classe. Ils n'utilisaient pas non plus le raisonnement déductif. Luria en a conclu que l'abstraction, c'est-à-dire l'utilisation de processus de raisonnement décontextualisés, était peut-être une résultante de la connaissance de l'écrit.

Plus récentes que les travaux de Luria, des recherches de Greenfields en 1972 et d'Olson en 1975 ont également mis en évidence des différences entre les modes de pensée de sujets scolarisés et de sujets analphabètes appartenant à l'ethnie des Wolofs. Placés également devant une tâche de classement d'objets familiers, les deux groupes n'utilisaient pas les mêmes méthodes et ils n'avaient pas la même manière d'en parler. Greenfields et Olson en déduisent aussi que la connaissance de l'écrit favorise l'émergence d'une pensée abstraite indépendante du contexte. Acquis dans la communication et l'échange de messages, le langage oral dépendrait de l'environnement. Par contraste et à l'inverse le langage écrit requiert que le sens soit clair, indépendamment d'une référence immédiate...

Peut-on rapprocher ces observations de nos résultats ? Et si oui, avec quelles précautions ?

Enfin de nombreuses recherches sur des populations d'enfants dyslexiques, et notamment celles de Morrison, Giordani et Nagy en 1977 et surtout celles de Jorm en 1979, ont montré chez ces enfants un déficit de la mémoire à court terme.

Le test

Le WISC-R se compose de dix subtests dont chacun recouvre des secteurs ou des domaines d'activité mentale spécifiés (Bourges, 1984). Cinq correspondent à l'échelle verbale, et cinq à l'échelle de performance. L'intérêt clinique du test vient de son étendue, qui couvre un large champ de l'activité mentale, et permet de le considérer comme un index valide de l'aptitude des sujets à agir de façon intelligente.

Pour faciliter la compréhension des résultats présentés, quelques détails techniques ne seront pas inutiles aux lecteurs non familiers avec la pratique du WISC-R.

Chaque question est notée 0, 1 ou 2 points ; la note obtenue à chaque subtest est la somme des notes affectées aux différentes questions. La cotation du test nécessite la transformation des notes brutes en notes dites standard. La valeur moyenne des notes standard est de 10, pour chacun des subtests, sur un échantillon statistiquement représentatif de la population. Le QI du sujet est déduit, pour chacune des deux échelles, de la somme des notes obtenues aux différents subtests. La somme des notes standard obtenues aux deux échelles fournit le QIT.

On obtient ainsi pour chaque sujet plusieurs notes, et au total une appréciation chiffrée, le quotient intellectuel. On calcule le quotient intellectuel général ou QIT, le quotient intellectuel verbal ou QIV, et le quotient intellectuel de performance ou QIP. Le WISC-R permet chez un même sujet la comparaison de l'efficience intellectuelle aux épreuves verbales et non verbales et de l'efficience intellectuelle à des âges différents ; il permet aussi la comparaison de l'efficience intellectuelle d'un sujet avec celle de sujets de même âge.

Par construction et pour chaque tranche d'âge, la moitié des sujets qui constituent la population d'étalonnage du test obtient des notes égales à 100 pour chacun des QI, QIV, QIP, QIT. Il existe des étalonnages du WISC-R pour les différents âges. Il en résulte que tout écart significatif des notes d'un sujet par rapport à 10 reflète pour l'épreuve considérée soit une compétence, s'il est positif, soit un déficit, s'il est négatif.

L'échelle verbale est constituée par les subtests Information, Similitudes, Arithmétique, Vocabulaire, Compréhension, au cours desquels le sujet répond oralement aux questions posées par l'examinateur. Il n'est donc pas nécessaire de savoir lire pour effectuer ce test. Il faut cependant signaler que les trois dernières questions du subtest Arithmétique sont écrites. Du fait de la nature des questions, les réponses sont influencées par l'environnement dans lequel a vécu le sujet et par l'éducation qu'il a reçue.

L'échelle de performance fait appel à des compétences praxiques. Les consignes sont également données oralement. Les épreuves sont toutes, sauf une, chronométrées. Elles mesurent l'habileté motrice et la rapidité. De façon générale les exercices renseignent sur les capacités de perception fine, d'analyse de l'espace, d'attention au détail et l'impact de la réalité environnante.

Une description plus détaillée de chaque subtest est annexée à ce chapitre.

La passation du WISC-R est rapide, compte tenu du nombre élevé de questions. Les notes obtenues ne doivent donc pas être considérées comme indicatives de l'efficience intellectuelle totale d'un sujet dans les différents domaines explorés, mais elles permettent de comparer ce sujet à des sujets de même âge placés, dans les mêmes conditions, devant les mêmes épreuves.

La population

Les critères de sélection de la population des enfants non lecteurs et mauvais lecteurs ont été précédemment décrits.

Nous ne reviendrons que sur la capacité de lire déterminée à partir de la vitesse de déchiffrage du texte de cinq lignes,

Notre lapin. Les enfants dits non lecteurs soit sont dans l'impossibilité totale de le déchiffrer, soit mettent plus de 3 minutes 6 secondes pour y parvenir. Ils n'ont donc pas atteint le niveau de lecture du cours préparatoire. Les mauvais lecteurs ont en général des temps de lecture un peu plus courts, de l'ordre de 2 minutes, mais ils font de nombreuses erreurs. Pour quelques enfants du groupe large un autre critères de sélection des non-lecteurs n'est pas rempli, par exemple celui qui concerne le niveau socioculturel familial ou encore l'âge (sujets plus jeunes).

Mais tous ces enfants ont développé des stratégies de lecture « aberrantes ». La séparation introduite entre les deux groupes est donc quelque peu arbitraire, si l'on se place au strict plan de la lecture, ce que confirme l'analyse statistique.

Le test non paramétrique de Kruskall-Wallis appliqué aux quotients intellectuels des deux groupes, c'est-à-dire aux valeurs des QIV, QIP et QIT donne en effet les résultats suivants :

– pour le QIV : H = 0,013 – p = 0,908946 ;
– pour le QIP : H = 1,777 – p = 0,182467 ;
– pour le QIT : H = 0,634 – p = 0,425938.

Pour ces trois grandeurs les valeurs du paramètre p sous le test Anova de Kruskall-Wallis sont supérieures à 0,05, ce qui prouve que les deux groupes d'enfants sont identiques au regard des trois QI caractéristiques de l'efficience intellectuelle. On peut donc considérer qu'ils ont les mêmes niveaux d'intelligence générale, verbale et praxique (*cf.* chapitre II).

Nous les avons par ailleurs comparés à trois autres populations de référence. Il s'agit de deux groupes d'enfants tout-venant issus de la population d'étalonnage du WISC-R, le groupe L-10, de même âge moyen, 10 ans et demi, que les enfants non lecteurs, et le groupe L-11, de même âge moyen, 11 ans et demi, que les enfants mauvais lecteurs. On peut ainsi comparer les notes avec celles de la population de référence de même âge.

Sont également considérés les résultats obtenus au WISC-R par un groupe d'enfants qui présentaient des troubles graves de l'apprentissage, le groupe DA dont les performances ont été étudiées par Vercoustre (1985). Les enfants de ce groupe lisent, mais ils sont en échec scolaire et pour 60 % d'entre eux scolarisés dans des classes de perfectionnement. La moyenne d'âge des enfants du groupe DA est de 12 ans, ce qui est proche de l'âge des enfants mauvais lecteurs. Les groupes L-10 et L-11 comprennent 60 enfants, et le groupe DA 185.

Les résultats et leur analyse selon Wechsler

Les résultats quantitatifs obtenus par les enfants non lecteurs, mauvais lecteurs, les enfants tout-venant et les enfants en difficultés scolaires sont présentés dans un tableau.

Pour les enfants des groupes non lecteurs et mauvais lecteurs, la note donnée pour chaque subtest est la valeur de la note médiane, c'est-à-dire de la note qui se situe au milieu de la distribution : ce qui signifie qu'il y a autant d'enfants avec des notes supérieures à la note médiane que d'enfants avec des notes inférieures. Nous donnons également pour chaque groupe la moyenne des notes et la déviation par rapport à cette moyenne (écart-type). Toutefois pour les groupes L-10, L-11, et le groupe DA, nous ne disposons que des moyennes et des écarts types.

Notes standard obtenues au WISC-R par différentes populations

Enfants / Âge	Non lecteurs 9 ans 1/2		Mauvais lecteurs 11 ans		Tout-venant 10 ans 1/2	Tout-venant 11 ans 1/2	En difficulté d'apprentissage
Subtests	Médiane	Moyenne	Médiane	Moyenne	Moyenne	Moyenne	Moyenne
Information	7	7 ± 2,4	8	8 ± 3	9,7 ± 2,8	10,7 ± 3,1	6,2 ± 3,2
Similitudes	10	10 ± 2,3	9	9,3 ± 3,4	9,5 ± 3,2	10,5 ± 3,1	6,4 ± 3,2
Arithmétique	6	6 ± 2,4	7	7,1 ± 3,2	10,9 ± 3,4	11,7 ± 3	4,9 ± 3,5
Vocabulaire	8	8,4 ± 3,1	8	8,8 ± 3,2	10 ± 2,7	10,3 ± 2,7	5,9 ± 3,3
Compréhension	11	10 ± 2,6	11	10,5 ± 3,6	10,2 ± 2,8	10,7 ± 2,8	6,8 ± 3,8
Complètement d'images	12	12 ± 2,5	12	12,3 ± 2,5	10,3 ± 2,9	11,5 ± 2,9	7,9 ± 3,6
Arrangement d'images	13	12 ± 2,5	13	12,5 ± 2,3	10,3 ± 3,1	12,2 ± 3,2	7,6 ± 3,5
Cubes de KOHS	10	10,2 ± 2,6	11	10,9 ± 2,4	9,9 ± 3	11,4 ± 2,9	7,4 ± 3,5
Assemblage d'objet	11	11 ± 2,6	11	10,7 ± 3	9,8 ± 2,9	12 ± 2,8	8,1 ± 3,4
Code	7	7,1 ± 2,5	8	7,9 ± 2,5	10,1 ± 3,1	12,5 ± 3,1	6,1 ± 3,2
QIV	90	90 ± 11,3	90	92 ± 17	99,6 ± 4,5	104 ± 14,2	75 ± 9
QIP	104	102 ± 11,2	106	107 ± 12	99,7 ± 13,6	112,5 ± 13,4	84 ± 9
QIT	96	95 ± 9,5	97	98,6 ± 13,7	99,6 ± 13,9	108,8 ± 13,4	80 ± 10

Sur l'intelligence générale

Pour le QIT les enfants non lecteurs obtiennent une moyenne de 95, inférieure de 4,5 points à celle des enfants tout-venant de même âge. L'écart n'est que de 2 points pour les enfants du groupe mauvais lecteurs, qui atteignent un score moyen de 98,6. Dans les deux cas, des valeurs voisines de 100 pour le QIT placent ces enfants dans la normalité pour ce qui concerne le niveau de l'intelligence générale, malgré le handicap que représente l'impossibilité de déchiffrer et comprendre les informations écrites. On peut considérer que ce résultat est la conséquence du biais des critères de sélection de notre population. Mais il confirme assurément que, pour certains enfants, l'impossibilité de lire n'est pas un problème de niveau d'intelligence générale, du moins telle que la définit Wechsler et que la mesure son test.

On sait depuis longtemps que des sujets dont le QIT est bas, de l'ordre de 65, sont capables de lire. Sans atteindre cet extrême, les enfants lecteurs du groupe DA ont un QIT moyen de 80... Plus proches par le niveau d'intelligence générale des enfants tout-venant que les enfants du groupe DA, les enfants non lecteurs et mauvais lecteurs ne peuvent pas lire ou lisent mal. On n'observe donc pas de liaison dans ce groupe entre la faculté d'adaptation à l'environnement que mesure le WISC-R et la lecture.

Sur le QIV et le QIP

L'examen d'un protocole de WISC-R porte généralement après la valeur du QIT sur la différence entre le QIV et le QIP. Grégoire une étude récente(1992) et exhaustive sur l'interprétation du WISC-R, considère que cette différence doit être supérieure à 12 points pour être significative, tout écart inférieur pouvant être attribué à l'imprécision des mesures. Le choix de cette valeur, qui résulte de considérations statistiques, permet de comparer la population étudiée à la population tout venant.

Dans la population d'étalonnage, des différences de cet ordre de grandeur (12 points) ne sont pas rares et se retrouvent dans 33 % des cas. Il s'agit donc d'un phénomène assez fréquent et qui est loin d'être anormal. Il est cependant beaucoup plus fréquent lorsqu'il y a un déficit important en lecture, puisque nous l'avons constaté chez 60 % des enfants non lecteurs et 68 % des mauvais lecteurs. Ce résultat n'est pas du tout surprenant. Dépendant fortement des apprentissages scolaires, le QIV est relié au niveau de lecture. Il doit donc s'altérer avec l'âge lorsque des difficultés de compréhension de l'écrit entraînent une importante perte d'information. On peut attendre dans ce cas une augmentation de l'écart entre le QIP et le QIV. C'est ce que nous observons dans cette étude. Toutefois la différence d'âge moyen entre les deux groupes d'enfants suivis (un an et demi) est trop faible pour que l'effet soit très net.

Sur l'étendue de la dispersion

La dispersion des notes ou *scatter*, constatée pour l'ensemble des épreuves du WISC-R, est également porteuse d'informations sur les aptitudes générales des sujets. Elle est représentée sur le graphique, qui fait apparaître pour les enfants non lecteurs et mauvais lecteurs un profil de compétences bien différent de celui de la moyenne de la population.

On obtient ce profil pour un sujet donné en calculant la moyenne des notes obtenues aux différents subtests et les écarts entre cette moyenne et chacune des notes des subtests. La dispersion des notes de part et d'autre de la moyenne, *scatter* individuel, renseigne sur l'homogénéité ou l'hétérogénéité des aptitudes du sujet.

Dans le cas des enfants non lecteurs et des enfants mauvais lecteurs, les résultats de l'échelle verbale diffèrent trop de ceux de l'échelle de performance pour comparer chaque note à la moyenne générale. Les écarts par rapport à cette moyenne seraient tous positifs pour la sous-échelle la mieux réussie et tous négatifs pour l'autre. On dissocie donc les deux sous-échelles et on calcule des dispersions par rapport à la moyenne de chaque sous-échelle ou *scatters* combinés. Pour chaque épreuve un histogramme représente les pourcentages des enfants à la moyenne et à un ou deux écarts-types au-dessus et au-dessous de cette moyenne.

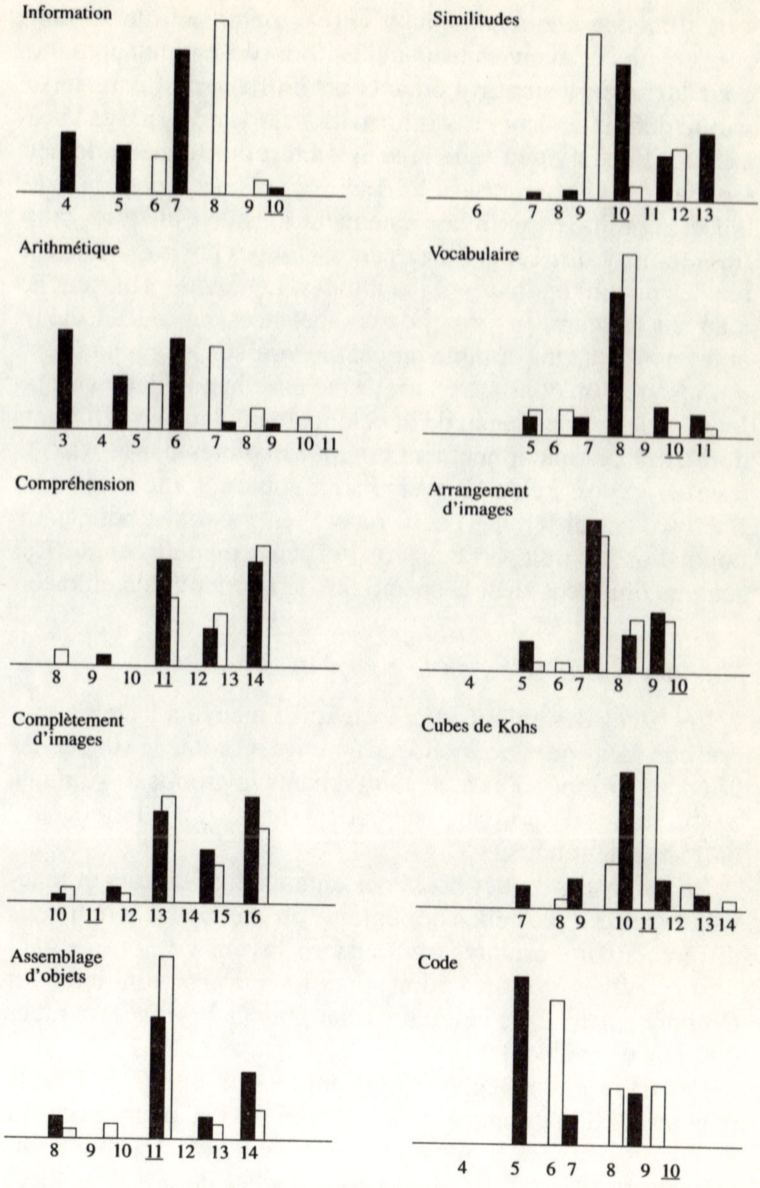

Histogramme des dispersions (Scatters) des notes autour de la note médiane par les enfants non-lecteurs ■ et mauvais lecteurs □ La note soulignée est la note médiane pour l'échantillon standard.

L'allure des *scatters* combinés est la même pour les enfants non lecteurs et mauvais lecteurs. Ils font clairement apparaître pour les deux groupes d'enfants un profil verbal caractérisé par un déficit aux subtests Information, Arithmétique et Vocabulaire. Il est évident que le seul subtest de l'échelle de performance non réussi est le Code.

Cela confirme tout à fait les conclusions de l'analyse statistique, c'est-à-dire l'identité des deux groupes qui possèdent à la fois les mêmes aptitudes et inaptitudes. Les *scatters* placent les mauvais lecteurs, en termes de compétences, entre les lecteurs et les non-lecteurs, comme on peut le voir sur le graphique.

Puisque l'on constate en moyenne pour la population d'étalonnage le même niveau de développement dans les différents domaines de fonctionnement cognitif explorés par le WISC-R, note 10 ou voisine de 10 pour chaque subtest, toute note significativement différente de 10 repère, en moyenne pour notre population, un trait particulier de l'efficience intellectuelle. Les scatters illustrent ainsi la spécificité de la population étudiée.

Sur la « spécificité » de la population

Les notes des enfants non lecteurs et mauvais lecteurs sont presque identiques pour chaque épreuve, comme le sont celles des deux groupes d'enfants tout-venant ; le groupe des enfants en difficultés d'apprentissage obtient des résultats homogènes uniformément bas.

La comparaison des notes des enfants non lecteurs et mauvais lecteurs avec celles des enfants du groupe DA montre des différences importantes, toujours en faveur de notre échantillon et allant jusqu'à 4 points pour les subtests Similitudes et Compréhension. Ce résultat plaide pour la normalité de leur efficience intellectuelle.

Les travaux de Dague (1984) ont montré que 69,8 % de la population d'étalonnage pour le QIV et 69,1 % pour le QIP ont des notes dans les limites de la normalité, c'est-à-dire comprises entre 85 et 115, valeurs très proches de la valeur théorique qui est 68 %. Dans les groupes d'enfants non lecteurs et mauvais lecteurs, 61 % des QIV, mais 89 % des QIP sont dans les limites de la normalité. Cela constitue une autre confirmation de la spécificité du trouble, en termes de déficit verbal sans aucune atteinte de la compétence praxique.

On observe aussi le même ordre de réussite des subtests pour les enfants non lecteurs et mauvais lecteurs : Compréhension, Similitudes, Vocabulaire, Information, Arithmétique pour l'échelle verbale, Arrangement d'images, Complètement d'images, Assemblage d'objets, Cubes de Kohs, Code pour l'échelle de performance. Pour la population tout-venant, l'épreuve Arithmétique est la mieux réussie, mais toutes les autres notes sont proches de 10.

À l'échelle de performance, les notes des enfants non lecteurs et mauvais lecteurs sont légèrement supérieures ou égales à celles de la population tout-venant, sauf pour le subtest Code. En dépit de leur échec à cette dernière épreuve leur QIP moyen est quelque peu supérieur à 100, traduisant une compétence au-dessus de la moyenne dans le domaine praxique.

Les résultats montrent aussi l'existence d'un continuum entre les populations de non-lecteurs, de mauvais lecteurs et de lecteurs, puisque les notes des seconds se situent pour toutes les épreuves entre celles des non-lecteurs et celles des lecteurs. Ce continuum correspond globalement à celui qui existe sur le niveau de lecture utilisé pour la sélection et la séparation des deux échantillons d'enfants non lecteurs et mauvais lecteurs (*cf.* chapitre II).

Sur le profil

On peut faire quelques hypothèses sur le profil psychologique de ces enfants tel que l'on peut l'interpréter en comparant leurs résultats aux subtests suivants : Information et Compréhension, Compréhension et Arithmétique, Vocabulaire et Similitudes.

Le subtest Information repose sur les connaissances factuelles que le sujet a eu l'occasion d'acquérir dans son milieu habituel. Il fait appel à son expérience et à sa mémoire. Ce sont des connaissances de type déclaratif. Le subtest Compréhension met un peu en jeu le même type de connaissances, mais surtout des capacités de jugement et de raisonnement.

Malgré la faiblesse des acquis de type mnémonique (I#7), il y a donc une bonne utilisation de ces acquis puisque les enfants portent des jugements adéquats (C#10). Le subtest Arithmétique requiert comme le subtest Compréhension des connaissances déclaratives, une base de données, et une aptitude à raisonner. Les résultats (A#7) > (C#10) suggèrent que l'échec au subtest Arithmétique serait davantage imputable au manque de connaissances déclaratives qu'à l'incapacité de raisonner...

Les subtests Similitudes (il s'agit de trouver des ressemblances entre des items familiers, tels que piano et guitare, chemise et chapeau, chat et souris...) et Vocabulaire (il consiste à définir des mots courants : caramel, paresseux, librairie, furieux, locomotive, gravier...) mesurent l'un et l'autre le niveau de pensée abstraite et l'aptitude à utiliser des concepts. Puisque le subtest Similitudes est le mieux réussi des deux (S#10 et V#8), le déficit observé n'est pas dû à la difficulté de développer des raisonnements abstraits. L'échec au subtest Vocabulaire serait donc imputable à l'ignorance des mots...

Dans l'ensemble les épreuves se rapportant au domaine exploré par l'échelle de performance sont réussies : en particulier les subtests Complètement d'images et Arrangement d'images dénotent à la fois une attention au détail et le respect de l'ordre logique et séquentiel des événements dans les situations sociales. Il en est de même pour les subtests Cubes de Kohs et Arrangement d'objets qui reflètent une bonne perception de l'espace.

En revanche l'échec au Code – médiane à 7 pour le groupe non lecteurs et à 8 pour le groupe mauvais lecteurs, versus 11 pour les enfants tout-venant de même âge – est très marqué. Il traduit une incapacité à établir une correspondance rapide entre deux symboles graphiques.

Il faut pour réaliser cette correspondance mémoriser différents symboles (mémoire à court terme), puis écarter chaque couple de signes du champ mental dès qu'il est reproduit pour passer au suivant. On repère donc des difficultés de mémorisation à court terme (*cf.* Jorm, 1979), de gestion des procédures dont la signification n'est pas évidente, et plus globalement des difficultés d'apprentissage.

La difficulté d'établir un lien entre deux codes graphiques, un chiffre et un signe, et de reproduire ce signe, rejoint peut-être l'impossibilité de lire dans la mesure où la mise en correspondance de deux systèmes, un système phonologique et un système graphique, est nécessaire à l'acte lexique.

Sur l'effet de l'âge

L'éventail d'âge du groupe des enfants non lecteurs est très étroit et ne permet pas d'observer un effet significatif de ce paramètre sur leurs résultats. Dans le groupe des enfants mauvais lecteurs, qui présente une dispersion d'âge beaucoup plus large, on observe avec l'âge la constance du QIP, mais une chute du QIV. Les dommages causés par l'incapacité de lire semblent d'autant plus graves que les sujets sont plus âgés. Ils sont dus sans doute aux effets cumulés de la perte d'information et de la marginalisation causée par la difficulté de lire.

Analyse selon le modèle de Bannatyne

On peut donner une lecture un peu différente des potentialités des sujets en se référant au modèle de Bannatyne (1968 et 1974), repris par Rugel (1974), Vance, Gaynor et Coleman (1976), Smith, Coleman, Dockecki et Davis (1977), Vance et Singer (1979). Ces auteurs regroupent les subtests en quatre classes faisant ainsi apparaître :

– un score spatial, qui est la moyenne des notes obtenues pour les trois épreuves nécessitant la manipulation d'objets ou d'images : Complètement d'images, Cubes de Kohs, Assemblage d'objets ;

– un score conceptuel ou verbal qui est la moyenne des notes obtenues aux subtests Compréhension, Similitudes et Vocabulaire, qui sont fortement corrélés au langage et font appel au raisonnement ;

– un score séquentiel qui est la moyenne des notes obtenues pour les épreuves Code et Arrangement d'images qui impliquent la gestion d'événements chronologiques (gestion du temps) ;

– un score connaissances acquises calculé à partir des notes Information, Arithmétique, Vocabulaire.

Fondés sur l'hypothèse que la mémoire séquentielle joue un rôle prépondérant dans le processus de lecture, ces regroupements font apparaître différents profils de compétences parmi les enfants non lecteurs et mauvais lecteurs. De plus, le score Connaissances acquises est toujours le moins réussi des quatre.

Pour l'un de ces profils (56 % des enfants non lecteurs et 37,5 % des enfants mauvais lecteurs) l'ordre décroissant de réussite des scores est *spatial, séquentiel, conceptuel.* Les fonctions praxiques sont plus développées que les fonctions conceptuelles, et le score spatial plus que le score séquentiel.

Pour un autre profil (24,5 % des enfants non lecteurs) l'ordre décroissant de réussite des scores est *conceptuel, spatial, séquentiel :* ce sont les fonctions conceptuelles qui sont les plus développées.

Avec un troisième profil (19,5 % des enfants non lecteurs et 40 % des enfants mauvais lecteurs) les aptitudes dessinées sont encore différentes : *spatial, conceptuel, séquentiel.* Il y a un développement moins homogène des fonctions praxiques, le score conceptuel s'intercalant entre le score spatial et le score séquentiel. Ce profil est associé par Bannatyne et d'autres auteurs aux difficultés de lecture.

Enfin 22,5 % des enfants mauvais lecteurs ont le profil : *séquentiel, spatial, conceptuel,* soit une dominante des aptitudes praxiques sur le domaine conceptuel, le score séquentiel l'emportant sur le score spatial... Malgré ce dernier résultat, un déficit de la gestion des séquences temporelles est souvent associé aux difficultés de lecture au sein de cet échantillon.

D'autres auteurs (Kaufman, 1981 ; Spafford, 1979) ont associé aux difficultés de lecture le *profil* ACID qui est caractérisé par une réussite décroissante aux subtests Arithmétique, Code, Information, Mémoire des chiffres... Nous n'avons pas de note pour ce dernier subtest, mais de fait les épreuves Arithmétique, Code et Information sont bien les moins réussies par les enfants non lecteurs et mauvais lecteurs.

L'intérêt de ces regroupements de notes est de faire apparaître au sein de la population étudiée différents modes de fonctionnement de l'efficience intellectuelle, et donc les points forts sur lesquels peuvent s'appuyer les démarches de remédiation (Vance, Wallbrown et Blaha, 1978).

Conclusion et discussion

Instrument d'investigation clinique, et notamment de positionnement d'un enfant par rapport aux enfants de même âge sur la base d'une série d'épreuves, le WISC-R donne une vision impressionniste de son efficience intellectuelle.

L'analyse des notes des enfants non lecteurs et mauvais lecteurs fournit un certain nombre de résultats importants :

– il n'y a pas de relation évidente dans cette population entre l'apprentissage de la lecture et le niveau d'intelligence générale ;

– il existe un rapport étroit entre le développement des aptitudes verbales et le niveau de lecture ;

– les difficultés de lecture ne semblent pas dues à un retard important dans le domaine de l'exploration et de l'organisation de l'espace ;

– le WISC-R donne des enfants non lecteurs ou mauvais lecteurs un profil très typique caractérisé par des notes inférieures à 10 aux épreuves verbales et supérieures à 10 aux subtests de l'échelle de performance. Ce constat n'est pas nouveau. Dès les années 60, de nombreux auteurs avaient remarqué que des difficultés dans le domaine de la lecture allaient souvent de pair avec une nette infériorité du QIV par rapport au QIP, et que, de plus, le QIV était très corrélé au niveau de lecture, alors que le QIP et le QIT ne l'étaient pas ;

– les difficultés de lecture ne semblent pas dues à un déficit dans le domaine de l'abstraction ou de la conceptualisation ; les enfants non lecteurs et mauvais lecteurs possèdent en effet des capacités de pensée catégorielle comparables à celles des enfants tout-venant. Elles se sont développées indépendamment du langage écrit. Sur ce point nos observations diffèrent de celles de Luria et de Greenfields et Olson *(cf. supra)* ;

– les difficultés de lecture sont associées à un échec à trois subtests : Information, Arithmétique et Code (profil ACID) ;

– la définition des scores *spatial, conceptuel, séquentiel* et connaissances acquises pour caractériser les capacités d'apprentissage semble tout à fait pertinente et fait apparaître différents profils d'efficience intellectuelle au sein de la population étudiée ;

– les résultats des enfants mauvais lecteurs sont intermédiaires entre les résultats des enfants non lecteurs et ceux des enfants tout-venant. Un enfant qui ne peut pas lire semble donc entravé pour l'une des voies de développement de son efficience intellectuelle, la voie verbale, telle que la mesure le WISC-R. Le handicap est d'autant plus grand que la lecture est moins bien maîtrisée, et l'on peut parler d'un effet débilitant de la non-lecture sur le fonctionnement intellectuel passant par la verbalisation ;

– l'impossibilité de lire semble associée à un déficit de la mémoire, mémoire à long terme (peu de connaissances déclaratives), mémoire à court terme (échec au Code), de la gestion des séquences temporelles (score séquentiel), et à des difficultés de gestion de certaines procédures (Arithmétique, Code).

Sur la nature des représentations occurrentes pertinentes

Comment expliquer la très nette réussite des enfants non lecteurs et mauvais lecteurs aux épreuves de l'échelle de performance qui impliquent comme les épreuves verbales la gestion de connaissances déclaratives et procédurales ? Peut-être en remarquant que pour ces épreuves les représentations occurrentes ne sont pas activées par des stimuli verbaux, mais par des stimuli perceptifs (vision des objets ou de leur image).

Dans notre étude échec au Code et échec en lecture sont simultanément constatés. Grégoire a observé que le Code, qui repose comme la lecture sur la gestion d'associations symboliques et de séquences temporelles, est mieux réussi lorsqu'on présente l'épreuve en utilisant des couleurs, c'est-à-dire quand on renforce le caractère perceptif des stimuli.

Il est intéressant de rapprocher ce résultat des méthodes de rééducation utilisées avec succès dans le service du docteur

Bergès (*cf.* les chapitres VIII et XV), du moins pour certains des enfants. Ces méthodes passent aussi par l'utilisation des couleurs pour favoriser l'apprentissage des séquences temporelles et pour induire la compréhension de la correspondance entre les signes écrits et la verbalisation.

Sur le plan du décodage, la description de la population serait incomplète si l'on ne citait pas l'expérience réalisée en 1987 par Pauchard. Cette expérience a montré que les enfants non lecteurs étaient capables d'apprendre rapidement la signification de pictogrammes représentant des mots ou des suites de mots, et de lire de courtes histoires écrites avec ces pictogrammes. L'activité de mise en correspondance de symboles et de mots n'est donc pas en défaut chez les enfants non lecteurs, du moins lorsque la transcription grapho-phonémique n'est pas sollicitée. Dans cette expérience, qui rejoint d'ailleurs des observations de même type (Rozin, Poritzsky et Sotsky, 1971), les représentations occurrentes sont stimulées par des signes directement associés à des mots ou des groupes de mots. De plus la compréhension est en jeu. L'enfant contrôle la cohérence de l'histoire. Il ne peut le faire dans une transcription grapho-phonémique qu'il ne maîtrise pas ou dans une épreuve de code dont la signification lui échappe.

Sur la rééducation

En dépit de leurs carences, les enfants non lecteurs et mauvais lecteurs obtiennent, grâce à leurs potentialités praxiques, des résultats qui restent dans les limites de la normalité pour le QIV et le QI total, et supérieurs à la norme pour le QIP. Ils se distinguent tout à fait des enfants que l'on retrouve dans les classes de perfectionnement ou les sections d'éducation spécialisée. Il convient donc d'envisager pour eux une orientation scolaire spécifique qui s'appuie sur leurs capacités, et surtout tende à développer des aptitudes qui leur font défaut dans le domaine des automatismes séquentiels (gestion du temps dans la vie courante, gestion des correspondances entre des codes écrits de nature différente), à les entraîner à l'utilisation de raisonnements procéduraux (exercices de logique) et à développer la mémoire à long terme (séries de mots, de chiffres, de dates, etc.).

Quant à l'apprentissage de la lecture, il devrait s'appuyer sur les aptitudes praxiques, utiliser des stimuli perceptifs et se situer dans la zone proximale de développement, définie comme « ce que l'on ne sait pas faire seul mais avec de l'aide ».

Dans le modèle de psychologie fonctionnelle proposé par Vygotsky les changements développementaux sont engendrés par les apprentissages ; le développement cognitif est toujours possible. Il se fait à travers un processus d'intériorisation et la médiation d'un autre plus compétent que soi. Dans ce modèle, tout processus intellectuel en présuppose un autre : la mémoire présuppose l'attention, la perception, la compréhension, mais la perception inclut l'attention, la mémoire, la compréhension... La maîtrise de l'écrit apparaît bien être l'une des briques de ce développement. La possession ou la non-possession de la compétence à lire détermine un effet boule de neige : quand on sait lire, on cultive une fonction verbale qui devient de plus en plus performante ; quand on ne sait pas lire, on s'oriente vers d'autres activités. La sphère verbale reste en friche et l'écart entre lecteurs et non-lecteurs augmente...

En recherchant des profils de compétences à partir des notes obtenues au WISC-R on tente d'aboutir à des recommandations pour un traitement clinique ou des techniques éducatives appropriées, voire une orientation professionnelle. Mais il est évidemment nécessaire d'analyser particulièrement chaque cas et d'intervenir en fonction de ses particularités, de son originalité.

C'est donc sur le rôle prééminent de la rééducation et des rééducateurs qu'il convient de conclure ce chapitre. La spécificité des aptitudes des enfants non lecteurs et mauvais lecteurs, leur profil, doit guider dans le choix des méthodes pédagogiques utilisées. Celles-ci seront d'autant plus efficaces qu'elles s'appuieront sur les compétences praxiques existantes pour mettre en place les compétences, connaissances et procédures verbales déficientes.

ANNEXE

DESCRIPTION DES SUBTESTS

L'échelle verbale

L'épreuve Information, qui comprend 30 items, est en relation avec l'influence du milieu culturel et scolaire ; elle reflète l'attention à la vie sociale et l'aisance verbale. Elle évalue les connaissances que le sujet a eu l'occasion d'acquérir dans son milieu habituel, son expérience et sa mémoire.

Composé de 17 items, le subtest Similitudes nécessite des capacités de conceptualisation, de généralisation, de pensée catégorielle. Il évalue la formation de concepts verbaux, c'est-à-dire l'aptitude de l'enfant à constituer des classes hiérarchisées, des catégories ou à rapprocher les objets par leur fonction, en un mot sa pensée abstraite.

L'épreuve Arithmétique, qui comprend 18 questions, nécessite la connaissance de la suite des nombres, des quatre opérations et l'habitude de les manipuler. Elle implique des facultés d'attention, de concentration, une certaine aisance en calcul mental et en particulier la compréhension correcte de l'énoncé. Elle renseigne sur l'adaptation scolaire, la capacité de représentation mentale de situations concrètes et d'opérations plus ou moins complexes.

L'épreuve Vocabulaire est en relation avec l'acquisition de connaissances générales, leur étendue et la facilité de verbalisation. Elle comporte 32 mots rangés par ordre de difficulté croissante que l'enfant est invité à définir. Elle demande un effort de réflexion et d'abstraction. Elle évalue le champ des connaissances et l'aptitude à apprendre.

L'épreuve Compréhension fait appel au bon sens tout en restant indépendante des acquisitions scolaires. Elle est constituée de 17 questions à caractère pratique qui reflètent les capacités d'adaptation à la vie sociale, d'intégration de l'éducation parentale, des normes, des mœurs, des comportements et des valeurs de groupe. Elle nécessite jugement et discernement.

L'échelle de performance

Le subtest Complètement d'images comporte 26 items. Il s'agit d'images incomplètes dont le sujet doit découvrir la partie manquante. Il évalue l'aptitude à saisir une situation dans son ensemble, à discriminer l'essentiel de l'accessoire, la reconnaissance visuelle et l'identification rapide de formes familières.

Le subtest Arrangement d'images est constitué de 12 items dont chacun est une série d'images rangées dans le désordre. Il s'agit de les ordonner logiquement. Pour Wechsler cette épreuve rend compte de la capacité de comprendre une situation dans son ensemble. De plus le sujet doit faire preuve d'une aptitude à planifier et à organiser des séquences temporelles.

Le subtest Cubes comprend 11 items. Le sujet est muni de cubes qu'il doit placer de façon à reproduire un dessin conforme à un modèle. Cette épreuve évalue l'intelligence indépendamment du langage. Elle fait appel à l'organisation perceptive et renseigne sur la démarche utilisée, qui peut être analytique ou synthétique, et les aptitudes de coordination visuo-motrice.

Le subtest Assemblage d'objets, constitué de 4 puzzles, est un exercice de structuration spatiale ; il implique la maîtrise du schéma corporel et une représentation articulée de l'image du corps. Il teste également la coordination visuo-motrice et l'aptitude à représenter mentalement les objets.

Pour réussir le subtest Code il faut établir rapidement une correspondance entre des symboles différents, des chiffres et des traits et reproduire l'un des codes à partir de l'autre. La performance dépend de l'attention du sujet et de sa mémoire à court terme.

CHAPITRE XII

RAISONNER ET NE PAS LIRE ! LES PERFORMANCES OPÉRATOIRES DES ENFANTS NON LECTEURS

Gilles Lemmel, Claire Meljac,
avec la collaboration de Patrick Denis

Les questions sur les relations entre efficience en lecture et niveau opératoire ne sont pas nouvelles. Elles ont fait l'objet de multiples recherches, surtout depuis la vulgarisation outre-Atlantique des théories de Piaget, et plus généralement des travaux de l'école de Genève.

Rappelons que l'opérativité fait partie des concepts centraux élaborés par Jean Piaget. On désigne habituellement ainsi l'accès à des systèmes d'opérations, ces dernières étant définies comme des actions intériorisées et devenues réversibles par leur coordination avec d'autres actions intériorisées en une structure d'ensemble comportant certaines lois de totalité (*cf.* Piaget, Beth et Mays, 1957). Les opérations sont réversibles parce qu'« elles embrassent tout le possible, tandis que le réel est irréversible, dans la mesure où il n'est qu'un tirage au sort parmi ces possibilités » (Piaget, 1950). À l'intérieur de cet ensemble, on distingue, des plus simples aux plus complexes, les opérations concrètes qui portent sur des contenus spécifiques, alors que les opérations formelles combinent des propositions générales, intégrant les aspects concrets précédemment dégagés en un réseau d'implications et d'incompatibilités. On considère, le plus souvent, que l'entrée dans la période des opérations concrètes se fait autour de 6-7 ans, soit au moment des débuts de la scolarité primaire, tandis que le seuil des opérations formelles, qui constituent la structure de l'équilibre final vers lequel tendent les opérations, se situe au cours des premières années de collège (vers 11-13 ans). Par ailleurs, selon le contenu traité, les opérations relèvent de catégories diverses : infralogiques, physiques ou spatio-temporelles, elles portent uniquement sur des positions, des états, etc., et expriment les transformations internes ou externes des objets au lieu de laisser ceux-ci constants. « Infralogique » ne signifie donc pas inférieur à la logique, mais renvoie à des éléments inférieurs à l'objet individuel. Les opérations logiques ou logico-arithmétiques, quant à elles, traitent des réunions d'éléments ou d'objets individuels, considérés comme indécomposables. Ce sont celles impliquant des classes (ou réunions de termes équivalents), des relations asymétriques (ou séries) et des nombres. Quant aux acquisitions des différents invariants (de l'objet, des quantités discrètes, de la longueur, de la substance, du poids, etc.), elles sont significatives des différents stades de développement parcourus par l'enfant, la découverte d'une notion de conservation étant toujours l'expression de la construction d'un « groupement » (logique et infralogique) ou d'un « groupe » mathématique d'opérations. Lorsqu'il entre dans la période opératoire, l'enfant « après avoir ignoré ou nié la conservation des formes les plus élémentaires de quantités, en arrive à considérer comme nécessaire l'invariance des ensembles logiques et numériques, des longueurs et des distances, des quantités physiques continues, etc. » (Piaget *et al.,* 1957).

Ce court rappel de quelques notions de base permet d'entrevoir la richesse des descriptions du système opératoire, fournies par Piaget et son école et, peut-être, de deviner la fécondité de l'édifice piagétien qui présente une très grande variété de notions, se développant chez des sujets fort différents (de l'amibe au savant). Le thème de l'accès à l'opérativité et de ses effets directs ou lointains a évidemment inspiré de fort nombreuses études. Dans cette vaste problématique, nous n'avons sélectionné qu'un seul point, à savoir les rapports éventuels entre opérativité et apprentissage de la lecture. Pour mener cette discussion, nous avons choisi de nous appuyer sur deux récentes revues de la question, débattant chacune, à l'aide de sources suffisamment variées, du problème qui nous intéresse. Il s'agit, d'une part, de l'article de Laurence Rieben (1992): « Intelligence globale, intelligence opératoire et apprentissage de la lecture » ; d'autre part d'un chapitre du livre de Jacques Fijalkow (1986, réédition 1990) intitulé: « Déficits instrumentaux et cognitifs (en tant que facteurs explicatifs des difficultés de lecture) ».

Si Laurence Rieben s'est principalement intéressée à l'apprenti lecteur tout-venant, poursuivant ses études dans des conditions normales, c'est l'écolier en échec, dénommé « mauvais lecteur », qui retient plutôt l'attention de Jacques Fijalkow.

Commençons par mentionner quelques-uns des points forts auxquels parviennent ces auteurs, ainsi que les interrogations méthodologiques importantes qu'ils soulèvent.

On peut tracer une analogie entre le modèle du développement en stades proposé par Piaget et la description de phases se succédant au cours de l'apprentissage de la lecture. Toute la question est alors de savoir comment concevoir l'organisation de ces acquisitions lexiques. C'est sur ce point que les auteurs divergent, car ils se représentent selon des schèmes différents les apprentissages dans ce domaine (Fitts et Posner, 1967 ; Elkind, 1981 ; Marsh, Friedman, Welsch et Desberg, 1981 ; Ferreiro et Gomez-Palacio, 1988). Quoi qu'il en soit, la plupart tombent d'accord sur le fait que la maîtrise de la conservation des quantités discontinues est en corrélation avec le succès dans l'apprentissage de la lecture. Un tel constat n'a vraiment rien d'étonnant dans la mesure où la conquête de cet invariant inaugure l'entrée dans la pensée opératoire (*cf.* plus haut), condition quasi indispensable à la progression dans le monde du savoir : bien sûr, ceux qui sont plus avancés dans cet itinéraire apprendront, en général, plus facilement à lire. Dans n'importe quelle classe les élèves dont le raisonnement est le plus élaboré se révèlent, au début de l'apprentissage, comme les meilleurs lecteurs. Réflexion de « bon sens » ordinaire que semblent corroborer un certain nombre de résultats obtenus par Lunzer, Dolan et Wilkinson (1976) – pour qui une batterie de tests piagétiens serait le meilleur prédicteur de l'apprentissage de la lecture dans un délai d'un an. Mais les faits rapportés par Brekke et ses collaborateurs (1971, 1973, 1975a, 1975b) montrent que le problème est peut-être plus délicat qu'il n'en a l'air : le contrôle des variables *intelligence* d'une part et *conservation* d'autre part annule pratiquement les effets sur la lecture de chacune prise isolément. Niveau intellectuel et acquisition de la conservation constitueraient alors deux indices de développement général, et l'un ne jouerait peut-être pas un rôle plus direct que l'autre dans l'acquisition de la lecture. D'autre part, interrogation qui mérite examen : peut-on inférer de ces travaux et de quelques autres l'existence d'une liaison durable entre progrès dans l'activité de lecture et opérativité exprimée par la réussite aux tâches de conservation (ce que pensent Fijalkow et Prêteur, 1933) ? Ou ne s'agit-il que d'une loi éphémère, qui n'est plus d'application dès la fin d'une très brève période correspondant aux premières étapes du déchiffrage – ce qui exprimerait peut-être plus une coïncidence temporelle de forces agissant dans le même sens qu'un rapport étroit de cause à effet ?

Une autre approche consiste, en partant des stratégies utilisées par les apprentis lecteurs, à discuter la validité du modèle piagétien. C'est le cas, par exemple, de Goswani et Brown (1990) qui examinent les modalités du raisonnement par analogie. Mais n'est-il pas un peu risqué de dégager une théorie générale de la pensée en se fondant sur des démarches utilisées dans un domaine aussi spécifique que celui de la lecture ?

On peut enfin tenter de décrire une hiérarchie entre différents aspects du fonctionnement opératoire. Rieben avance un ordre entre épreuves plus ou moins corrélées à l'apprentissage de la lecture : les tâches de sériation seraient plus fortement corrélées à l'activité lexique débutante que les tâches de conservation et de classification. Dans le même ordre d'idées, peut-on distinguer des épreuves particulièrement difficiles pour les enfants qui échouent dans le domaine de la lecture ? Aman-Gainotti et Casale (1980) constatent que les mauvais lecteurs diffèrent des lecteurs « ordinaires » dans la sériation des baguettes, la translation d'un carré, la différenciation entre ordre direct et ordre inverse, tandis que la classification d'objets géométriques, la correspondance terme à terme et la conservation des liquides sont réussies de manière semblable dans les deux groupes. Précédemment, Hurta (1972) avait repéré des distinctions qualitatives portant uniquement sur la conservation des longueurs entre deux groupes (mauvais lecteurs et lecteurs ordinaires). Ne peut-on pas les expliquer, au moins en partie, par les lacunes notées par Johnson (1973) dans les justifications fournies par les mauvais lecteurs aux épreuves de conservation ? Il est vrai qu'il n'est pas du tout aisé pour un enfant, *a fortiori* si son langage se trouve limité, d'exposer les raisons qui le poussent à affirmer un invariant. À ce propos aussi, on ne saurait éluder le rôle de l'âge des sujets au moment du recueil des données, ainsi que celui de leur niveau en lecture. On peut faire ici, de nouveau, l'hypothèse que la différenciation entre les épreuves ou leur hiérarchie ne s'observera pas de façon identique selon les étapes du développement cognitif, ou celles de l'apprentissage lexique.

Il nous semble, en conclusion, que les écarts mineurs, repérés dans le cadre des aléas courants du déroulement de l'apprentissage banal, en classe ordinaire, ne permettent pas de discuter à fond de phénomènes certainement importants quand ils sont observés dans d'autres contextes. À cet égard, la description d'enfants en grave difficulté, comme le sont les non-lecteurs qui font l'objet de cette étude, nous semble être en mesure d'apporter des éléments particulièrement intéressants : l'existence d'obstacles majeurs exacerbe sans doute les caractères distinctifs d'un tableau et le sens de certaines liaisons. Peut-être même ne peuvent-ils être notés à coup sûr que dans ces circonstances particulières.

Nous avons donc tenté d'identifier quelques constantes dans notre population, en nous interrogeant surtout, comme nous y invite L. Rieben, sur la nature de processus pouvant rendre compte en même temps de conduites opératoires et de stratégies de lecture.

Pour ce faire, nous avons appliqué à notre population de non-lecteurs (44 enfants, 43 protocoles complets) une longue batterie d'épreuves piagétiennes – ou s'inspirant plus ou moins directement de la théorie de Piaget (UDN, Meljac, 1980). Elle aurait exigé environ trois heures si elle avait été administrée dans sa totalité. Pour alléger la passation, nous avons supposé que certaines hiérarchies, en général vérifiées, étaient ici aussi pertinentes : ainsi, dans la mesure où des réussites à un niveau préformel nous « dispensaient » de la passation d'épreuves plus élémentaires, toute la gamme des épreuves de conservation n'a pas été systématiquement explorée. Dans le même ordre d'idées nous avons directement proposé aux enfants les plus âgés l'épreuve dite des « bandes de papier », sans passer par celle de la « ficelle » (*cf.* annexe descriptive).

En outre, certains « raffinements » de l'enquête nous ont été suggérés au cours de la recherche par les réactions inattendues des enfants eux-mêmes. C'est pourquoi ils font défaut dans les premières observations recueillies.

Telle qu'elle est, notre batterie permet des investigations couvrant toute la période des opérations concrètes (et pas seulement celles correspondant aux débuts classiques de la lecture), et autorise quelques incursions dans la logique préformelle.

Quant aux domaines explorés, il s'agit d'épreuves portant sur les conservations, les opérations logiques élémentaires (classifications, inclusions et sériations [1]), alors que d'autres subtests mettent plutôt en œuvre des opérations infralogiques (ficelle, bande de papier). Par ailleurs, quatre tâches explorent l'utilisation du nombre sous des aspects de constat (cartes de jetons et comparaisons) ou dans une perspective opérationnelle (poupées, épreuve E). D'autres sont consacrées à l'évaluation des connaissances scolaires (numération, vocabulaire des comparaisons, transcodage [2], évocation des « faits numériques », sens et technique des opérations arithmétiques avec recours au calcul pensé, à l'utilisation des doigts, ou à la manipulation de bûchettes) ;

1. Classiquement, on considère que l'ordonnancement des séries exige une opération de type logico-mathématique ; cependant, le fait que le matériel retenu soit des baguettes de longueurs différentes implique, par voie de conséquence, le recours éventuel à des opérations uniquement spatiales.

2. Le chapitre VII est consacré à cette question.

Précisons, enfin, qu'en préambule à l'examen proprement dit, certaines questions relatives au temps (connaissance de la date de naissance, de la durée de trajets à partir du domicile, etc.) ont été peu à peu systématisées, compte tenu de l'intérêt de leur analyse.

Les résultats obtenus ont été dépouillés sur un mode à la fois quantitatif et qualitatif en distinguant, à l'intérieur de la population, deux catégories de sujets : 26 enfants âgés de moins de 9 ans 11 mois et 17 enfants âgés de 10 ans et plus, dont 3 de plus de 12 ans.

Nous rendons compte maintenant des principales conclusions auxquelles nous avons pu parvenir dans les domaines suivants :

– repérages temporels ;
– conservations (des quantités discontinues, de la longueur, éventuellement de la substance, du poids, dissociation poids-volume) ;
– opérations logiques élémentaires (classification, inclusion, sériation) ;
– épreuves infralogiques de repérage d'une origine spatiale (ficelle, bande de papier) ;
– utilisation du nombre dans ses multiples aspects ;
– connaissances scolaires.

Repérages temporels

Sur les 30 sujets que nous avons interrogés à propos de leur date de naissance, 19 n'ont pu répondre correctement. Dans le groupe des plus jeunes (rappelons qu'ils ont tout de même au moins 8 ans 6 mois), 62% – 10 sur 16 sujets questionnés – n'ont aucune notion à ce propos ; le pourcentage est quasiment le même parmi les plus âgés (9 sur 14). Le renouvellement des stimulations (à l'école, et dans la vie, en général, on est très souvent interrogé sur la question) n'est apparemment pas un facteur de progrès. Il nous semble, à cet égard, important de noter que tous les enfants dont il s'agit sont nés dans les années 70 et 80 – mots-nombres dont on connaît la difficulté (*cf.* chapitre VII). Peut-être leur réponses auraient-elles été différentes si l'enquête avait été réalisée dans des années antérieures (et si les enfants interrogés étaient nés, par conséquent, dans des décennies plus « régulières » quant à leur appellation). Quoi qu'il en soit, il paraît évident que l'interrogation sur la date de naissance provoque dans ce groupe une certaine panique. Même si quelques-uns d'entre eux parviennent à se souvenir d'un élément (jour ou mois), environ la moitié ne réussit pas à la répéter *in extenso*, y compris dans les cas d'entraînement systématique en cours d'examen. Quant aux raisons qui – en complément des obstacles proprement cognitifs – peuvent expliquer cet oubli, parfois même cette répulsion, pour une donnée personnelle aussi fondamentale, Martin les éclaire peut-être en partie quand il déclare, visiblement écœuré : « Et après tout, qu'est-ce que ça peut bien faire si je suis né... »

La moitié des enfants interrogés dans une partie restreinte de l'échantillon ne peut, de plus, évaluer la durée des trajets.

Dans l'ensemble, les repères concernant l'organisation du temps social semblent donc très fragiles.

Conservations

Rappelons que l'ensemble de l'enquête sur les invariants, fort longue, n'a pas été proposée à toute la population. Les différentes études génétiques semblent indiquer que la conservation du poids est acquise, avec une certaine marge d'erreur, autour de 9 ans avec des variations normales entre 8 et 12 ans ; la dissociation poids-volume est réussie vers 11 ans avec des variations normales entre 9 et 14 ans. Ces épreuves ont été plus particulièrement proposées aux enfants âgés de 10 ans et plus tandis que la conservation des quantités discontinues réussie entre 6 et 7 ans, celle des longueurs vers 7 ans (selon Piaget, nettement plus tard d'après notre expérience) et celle de la substance vers 8 ans avec des variations normales entre 7 et 12 ans, ont été – non exclusivement toutefois – présentées aux plus jeunes.

Chez ces derniers, on ne note qu'un seul cas d'échec à la conservation des quantités discontinues ; la réussite est donc quasi totale sur l'échantillon. Notons encore que 65% de la population réussit l'épreuve de la conservation des longueurs, et plus de la moitié (58% exactement) maîtrise la conservation du poids, épreuve pour laquelle on ne note que cinq échecs nets (20% de la population). Les autres semblent se situer à une étape intermédiaire.

Le niveau de conservation apparaît donc tout à fait normal pour ce groupe.

Il en est de même pour les plus âgés : la conservation du poids est maîtrisée par la quasi-totalité de l'échantillon, et sept sujets sur neuf (soit 41% des 17 sujets du groupe) dissocient les notions de poids et de volume : cette épreuve, comme on le voit, n'a pas été proposée à tous ; seuls ceux qui avaient réussi les tâches de niveau inférieur ont été sollicités.

Les résultats de notre groupe sont donc qualitativement tout à fait normaux pour ce qui concerne l'acquisition des invariants, ce qui ne manque pas de soulever un certain nombre de questions sur le sens des liaisons entre acquisition des conservations et lecture. À la lumière de nos résultats et du moins pour ce qui concerne les non-lecteurs, un niveau « normal » en conservation ne semble pas, en tout cas, une condition suffisante à l'apprentissage de la lecture. Des sujets relevant d'autres types d'organisation mentale (par exemple très en retard sur le plan du développement général mais qui parviennent cependant à lire de façon à peu près satisfaisante) démontrent de leur côté qu'il ne s'agit pas non plus d'une condition nécessaire.

De telles observations ne contredisent évidemment pas les avantages de la « clarté cognitive » au sens de Downing et Fijalkow (1984) dans l'apprentissage lexique « standard ». Nos constatations n'en suggèrent pas moins qu'il convient, en la matière, de se méfier de tout réductionnisme : faire preuve d'intelligence ne suffit parfois pas à apprendre à lire et, réciproquement, il est possible d'apprendre à lire même si on ne dispose que de potentialités intellectuelles modestes. Une telle conclusion en faveur d'une représentation modulaire de l'activité lexique n'est certes pas nouvelle ; elle a le plus souvent été obtenue à l'aide d'instruments d'intelligence générale classiques (Binet-Simon, NEMI, WISC-R, etc.).

Ainsi, dernier exemple observé dans notre population générale d'enfants consultant dans notre unité, le jeune Jean-Baptiste (12 ans) qui obtient au WISC-R un QIV de 67, un QIP de 62 et un QIT de 61, atteint-il un niveau de CM1 à l'épreuve de lecture en démontrant une assez bonne compréhension d'un texte simple. Il est intéressant de voir que les examens opératoires – quant à la technique – et les non-lecteurs – quant à la population – renforcent encore la valeur de cette conception modulaire de l'activité lexique. Cette analyse purement quantitative (cotation par réussite et échec) est loin d'épuiser totalement la question du comportement des enfants face à de telles épreuves. Nous avons été, en effet, frappés par la pauvreté, voire parfois l'inexistence, de leur verbalisation spontanée. On sait que pour Piaget il ne suffit pas d'affirmer un invariant, encore faut-il justifier sa pensée par l'utilisation d'arguments pertinents (« Ce sont les mêmes » ou/et « On peut refaire comme c'était avant » ou/et « C'est plus long et c'est plus mince », etc.) et par une résistance nette aux éventuelles contre-suggestions de l'adulte (« Ça ne change rien », « Ça n'a pas d'importance », « Ceux qui disent le contraire ont tort », etc.). Or, sur tous ces points, les sujets de notre échantillon se révèlent étonnamment laconiques, se bornant à affirmer : « Je le sais », « Ça se voit », « C'est sûr », etc., ce qui, au demeurant, confirme les indications de Johnson, déjà citées. Des mots aussi courants que *cylindre, volume, éprouvette*, indispensables à l'augmentation au cours de l'expérience sur la dissociation du poids et du volume, sont totalement inconnus. Ce qui explique d'ailleurs, en passant, pourquoi l'épreuve n'a été réservée qu'à un certain nombre de sujets, ceux qui, au total, pouvaient le mieux s'exprimer. Il faut littéralement arracher à chaque enfant le moindre commentaire ; peut-être ces difficultés de passation ont-elles constitué un obstacle à un certain nombre de recherches effectuées sur le terrain par des opérateurs novices et à partir desquelles des auteurs ont pu conclure, un peu hâtivement, à l'importance des liaisons entre opérativité et acquisition de la lecture. À cette occasion, langage fluent et agilité dans le raisonnement ont, sans doute, été occasionnellement confondus. Il nous semble méthodologiquement plus intéressant et techniquement réalisable de distinguer ces deux aspects.

Opérations logiques élémentaires

Il existe une différence très importante dans les résultats des deux épreuves que nous avons employées : classification à plusieurs critères, d'une part, prolongée pour quelques-uns par la question de l'inclusion ; sériation d'autre part. C'est pourquoi nous les exposons séparément.

Classifications

Rappelons qu'il s'agit de dégager 3 critères sur 27 cartes : la nature, la couleur, la taille. Cette épreuve est, en général, réussie vers 7 ans, les trois critères étant alors repérés dans des tris successifs.

À cette épreuve, les enfants de notre échantillon éprouvent des difficultés spectaculaires. Les réussites sont rares et s'observent indépendamment de l'âge. Moins de la moitié parvient à isoler un critère au cours du premier tri ; entre le tiers et le quart y réussit au deuxième ou troisième tri, tous âges confondus. Les plus jeunes et les plus âgés adoptent le même type de conduites, c'est-à-dire qu'au lieu de dégagements séparés et du traitement successif des trois critères, on observe une recherche souvent quasi désespérée d'un épuisement simultané des caractéristiques de la carte. Les sujets réalisent alors des tables à double entrée complexes : horizontalement, la nature par exemple, verticalement, la couleur, et ordonnent de plus les éléments par taille à l'intérieur de chaque rangée. Ainsi *grand pull vert, moyen pull vert, petit pull vert, grande fleur verte, moyenne fleur verte, petite fleur verte, etc.* Chez les plus jeunes, ils sont 85%, chez les plus grands 88%, à agir de la sorte. Ici aussi, le rôle de l'âge apparaît nul.

La réalisation de ces tris, fort laborieuse, exige parfois jusqu'à trente minutes alors que, à partir de 7 ans, les classifications sont en général réalisées très rapidement : entre cinq et dix minutes maximum. Les propositions de regroupements introduites par une amorce de l'adulte (« Toutes les fleurs ensemble ») sont la plupart du temps vigoureusement repoussées : « Ce n'est pas les mêmes » ; il est évident que l'enfant ne cherche pas à constituer une classe mais à ordonner entre eux des éléments différents.

Au cours de l'étalonnage de l'épreuve, de telles procédures ont pu être repérées à quelques occasions, en grande section de maternelle chez des enfants particulièrement entraînés par des maîtresses entichées de tableaux cartésiens et convaincues de l'utilité précoce d'un tel enseignement. Ces écoliers superstimulés dans ce domaine ne semblaient pas non plus avoir élaboré le concept de classe malgré des performances apparemment surprenantes. Quelques enfants venant consulter pour difficulté (autre que la lecture), dont certains sont animés par un souci étouffant de perfection (plus marqué chez les plus âgés) utilisent parfois ce type de stratégies, qui cède en général à une simple suggestion de l'adulte.

C'est le caractère totalement « verrouillé » de l'approche des non-lecteurs qui les différencie nettement des autres sujets observés et constitue pour nous un indicateur précieux. On le retrouve, en cas de multiple passation, d'une année à l'autre quasiment inchangé et, dans certains cas, renforcé (*cf.* chapitre XVII). Ces enfants, si réservés en général, n'hésitent pas à remettre en question, parfois sur un mode agressif, une disposition effectuée par l'adulte ne respectant pas le principe de l'arrangement unique et total. Le désordre ainsi introduit leur semble véritablement insupportable.

Il convient certainement de s'interroger sur le sens d'un tel accrochage à une procédure qui, à notre connaissance, n'a pas été mise en évidence jusqu'ici et pourrait peut-être constituer un indice de pronostic. Ce refus obstiné de l'exclusion nous semble renvoyer à une impossibilité totale d'abandon des critères, de remaniement des données et d'élimination de spécificités figuratives, toutes opérations indispensables à la mise en place du décodage d'une écriture alphabétique et tout particulièrement dans le cas du français, qui présente à cet égard une très grande complexité (lettres supplémentaires obligatoires mais non lues, terminaisons marquant seulement le pluriel, etc.).

Inclusion

L'épreuve d'inclusion, au cours de laquelle on demande à l'enfant si, dans un bouquet comportant beaucoup de marguerites et quelques tulipes et, plus généralement, sur toute la terre, il y a plus de fleurs ou plus de marguerites, n'a été proposée qu'à moins de la moitié des enfants (19 sur les 43). Il s'agit en effet d'une épreuve très exigeante sur le plan du langage et dont on connaît, par ailleurs, les difficultés (*cf.* Bideaud, 1988). Contre toute attente, ces questions ont été résolues par un nombre non négligeable de sujets (entre un tiers et un quart de l'échantillon interrogé). Il semble, d'une certaine façon, moins problématique pour les enfants non lecteurs d'inclure des éléments dans des catégories de plus en plus larges allant jusqu'à l'infini plutôt que d'accepter de leur retirer mentalement une de leurs caractéristiques... Toutefois, même en cas de réussite, il est bien difficile aux sujets interrogés d'expliquer les raisons qui les poussent à affirmer que les fleurs sont forcément plus nombreuses que les marguerites. Ici encore la pauvreté de l'expression verbale dans une conduite argumentative est frappante. Ces locuteurs réticents n'en restent pas moins convaincus de la valeur générale de leurs affirmations.

Sériation

Parmi les 43 enfants non lecteurs, 88%, tous âges confondus, réussissent parfaitement et de façon opératoire à sérier dix baguettes qu'ils disposent élégamment sur une base commune. Chez les plus jeunes, la réussite est déjà obtenue par les trois quarts de l'échantillon qui se trouvent à l'aise au cours de ce travail. La dissociation est tout à fait frappante entre les comportements observés devant des opérations que l'on doit considérer comme très proches si l'on adhère à l'orthodoxie piagétienne : classification d'une part et sériation de l'autre. Cet écart, toutefois, n'est pas pour nous surprendre car, dans des populations consultant pour troubles de l'apprentissage, nous l'avons maintes fois observé, le plus souvent en sens contraire (classifications bien supérieures aux sériations chez les dyspraxiques par exemple). De tels constats soulèvent des interrogations d'ordre épistémologique qu'il ne nous paraît pas possible d'aborder dans le cadre de ce travail. Il semble, de toute façon, indéniable que l'excellence des procédures employées par les enfants non lecteurs au cours de l'épreuve de sériation témoigne d'un remarquable maniement des propriétés spatiales des objets, confirmé encore plus loin. L'ensemble de ces constats remet pour nous fortement en cause l'idée longtemps prévalente d'un lien permanent entre organisation de l'espace (appréhendé à travers les sériations) et réussite en lecture. À l'évidence, il ne suffit pas de savoir sérier pour accéder à la lecture.

Il est vrai, rappelons-le, que nous parlons de sujets relativement âgés et que cet échantillon ne nous permet pas d'inférer à partir de leur conduite le tableau psychologique de l'apprenti lecteur de 6 ans.

Repérage d'une origine spatiale

Deux épreuves différentes, quoique voisines dans leur rationnel, permettent d'explorer les procédures menant au repérage d'une origine spatiale : il s'agit du découpage, puis de la comparaison d'un morceau de ficelle analogue à un témoin (une seule dimension obtenue, dès 7 ans, par recouvrement des deux longueurs). La même tâche est proposée avec une bande de papier, elle aussi analogue à un témoin, cette épreuve beaucoup plus difficile exigeant la prise en compte de deux dimensions. Après un premier découpage d'une bande B, analogue à A (témoin) et d'une bande C (analogue à B) le sujet était invité à comparer A et C.

Notons dès maintenant – nous reviendrons sur ce fait – que les sujets n'ont pas forcément passé l'ensemble du dispositif :

nous avons évité de proposer la bande de papier aux sujets dont nous pensions qu'ils étaient trop jeunes – ou trop « saturés » en fin d'examen – pour réussir l'épreuve. En revanche, nous nous sommes bornés à la bande de papier avec les plus âgés ou les plus rapides. L'opération de repérage d'une ou deux origine(s) n'a été l'occasion d'aucune difficulté notable : la quasi-totalité du groupe des plus jeunes réussit l'épreuve de la ficelle (18 l'ont effectivement passée, et 8 ont abordé directement la bande de papier). On ne note qu'un seul échec sur l'ensemble. Dans ce groupe, 12 enfants se sont vu proposer l'épreuve de la bande de papier (4 après la passation de l'épreuve de la ficelle) : ils ont tous réussi. Ce résultat suggère que nous avions sous-estimé leurs possibilités. Pour ce qui concerne le groupe des plus âgés, nous avons présenté l'épreuve de la bande de papier à 13 sujets [3]. Ici aussi, le taux de réussite est de 100%. La facilité avec laquelle les problèmes de ce type sont résolus confirme l'aisance des sujets dans le secteur spatial.

En revanche, la transitivité (l'affirmation de l'égalité des dimensions entre C et A, par l'intermédiaire de B – *cf.* annexe), quoique affirmée par la majorité des sujets (20 sur 24 enfants sollicités, soit 83%), n'est justifiée à l'aide de conduites explicatives étayées par des connecteurs logiques (*si, donc, comme, puisque,* etc.) que par un seul sujet. Elle inspire des conduites de récit ne pouvant, dans ce contexte, tenir lieu d'explication (« J'ai fait ceci, puis ceci, puis cela ») chez 7 enfants, la majorité (12 sur 20, soit 60%) se contentant d'une vague affirmation sans justification (« Je le sais, je l'ai vu, elles sont pareilles », etc.). De telles observations confirment, s'il en était besoin, les difficultés langagières de ces enfants, déjà notées à plusieurs reprises, lorsqu'il s'agit d'adopter une démarche métacognitive et suggèrent une quasi-impossibilité, dans ce groupe, à rendre compte d'une démarche mentale.

3. Ce qui constitue une nouvelle preuve de notre erreur d'appréciation : nous aurions dû proposer à tous de découper les bandes de papier.

Le nombre : connaissances et utilisation

Les connaissances qu'ont pu acquérir sur le nombre des enfants en grande difficulté dans le domaine de la lecture, l'usage qu'ils en font n'ont pas suscité des études aussi riches que celles consacrées à leur apprentissage de la langue écrite. Il nous semble pourtant que les informations qui s'y rapportent sont particulièrement intéressantes, car elles nous permettent de mieux appréhender leurs particularités de fonctionnement mental : en même temps leurs capacités et la nature de leurs troubles.

Connaissances

L'évaluation des connaissances scolaires en mathématiques débute par une question sur la compréhension des termes de comparaison. En général, les enfants comprennent le sens des vecteurs comparatifs *(plus, moins)*, employés dès la maternelle. En revanche, le terme *autant* considéré comme un indice d'accès à la pensée opératoire concrète (Piérard et Thuvelle-Delahaye, 1985) dont nos enfants ont donné maintes preuves au cours de l'ensemble de l'examen – comme il ressort de la plupart des résultats exposés ici – semble étrangement méconnu et se trouve à l'origine de nombreux contresens.

Parmi les 43 enfants non lecteurs de notre population, 26, soit 60%, ignorent la signification de ce terme. Le pourcentage reste à peu près identique quelle que soit la tranche d'âge : 16 sur 26, soit 61% des moins de 10 ans, et 10 sur 17 soit 59% des enfants de plus de 10 ans répondent pour définir « autant » : « plus », « moins », « plein », « beaucoup », etc. Aussi étonnant que cela puisse paraître, étant donné les multiples stimulations pédagogiques autour du thème (la plupart des problèmes utilisent cette expression) l'ignorance perdure tout au long du trajet scolaire (ce que l'étude longitudinale confirme – *cf.* chapitre XVII).

Les performances en numération et en transcodage font l'objet d'un chapitre particulier. C'est pourquoi nous nous bornerons simplement ici à regrouper les données quantitatives les plus significatives. Lorsqu'on demande aux enfants non lecteurs de réciter la suite numérique, 17% d'entre eux (tous âges confondus) interrompent la comptine dès le nombre 20 ; 52% des moins de 10 ans et 18% des plus de 10 ans ne peuvent poursuivre la récitation au-delà de 69. Seulement 12% des « petits » et 18% des « grands » atteignent 100, tandis que 20% des plus jeunes et 47% des plus âgés peuvent poursuivre après 100. Bien que les résultats globaux soient très bas, en regard de l'âge et des capacités générales de la population, l'effet de l'apprentissage scolaire est net, du moins pour ce qui concerne les nombres à trois chiffres. Une fois un premier cap passé, que tous n'arrivent pas à franchir (ils fréquentent des classes où cet apprentissage n'est pas abordé), l'acquisition des « grands nombres » ne pose pas de problèmes supplémentaires : le principe général de construction est acquis.

Invités à écrire la suite des nombres, 33% des enfants de moins de 10 ans et 6% des enfants de plus de 10 ans atteignent seulement 20 (un enfant de moins de 10 ans n'a pas réussi à écrire les vingt premiers nombres : il s'agit d'Antoine, le plus jeune de l'échantillon).

Une tentative de repérage semble montrer que les performances des enfants ne sont pas uniformes mais plutôt diversifiées, certains comptent mieux oralement qu'ils n'écrivent et d'autres tout au contraire, faisant preuve d'une bonne maîtrise des principes de construction écrite, vont plus loin dans la suite transcrite que dans la suite oralisée : ils écrivent des nombres dont ils ignorent le nom et sont parfois obligés de repartir de zéro pour retrouver soit le nom, soit la graphie d'un constituant de la suite.

C'est ce que confirment les échecs notables dès le début de la lecture de nombres en désordre (ne respectant pas la suite numérique) écrits par l'examinateur. À cette tâche, 31% des enfants de moins de 10 ans et 6% des enfants de plus de 10 ans se trompent tout de suite après 10 ; 19% des plus jeunes et 12% des plus âgés ne peuvent lire correctement que des nombres des deux premières dizaines ; 35% des « petits » et 29% des « grands » réussissent jusqu'à 69. Notons que pour cette tranche, l'effet de l'âge ne se fait pas sentir. Au-delà de 69, les pourcentages de réussite deviennent très faibles chez les plus jeunes (15%), nettement plus élevés chez les plus âgés (53% d'entre eux peuvent lire des nombres à partir de 70, et pour certains supérieurs à 100). Pour plus de détails, on peut se reporter au chapitre VII consacré au transcodage.

Nous constatons donc que, tant pour ce qui concerne la récitation de la suite numérique que l'écriture ou la lecture des nombres, un seuil est constitué par la maîtrise des dizaines dites complexes. Pour les enfants les plus jeunes de notre population, cet effet de seuil paraît extrêmement important. Les phénomènes observés ne vont pas dans le même sens en deçà et au-delà de cette barre, fonctionnant apparemment comme une sélection en dessous de laquelle l'influence des répétitions scolaires ne se fait guère sentir. Une fois le barrage franchi, l'exercice semble produire des résultats.

Comme on pouvait s'y attendre, tant que la tâche numérique n'exige aucune connaissance verbale mais simplement une bonne compréhension du système, elle ne présente aucune difficulté ; ainsi, la comparaison de deux nombres de deux chiffres, même quand ils ne peuvent être lus correctement, n'entraîne aucun échec quel que soit l'âge du sujet.

Dans le groupe des enfants de moins de 10 ans, 42% d'entre eux ont mémorisé quelques égalités portant sur des petits nombres, alors que, sans doute par un effet de l'apprentissage scolaire, cette proportion passe à 80% des enfants de plus de 10 ans. Ce répertoire reste cependant dans l'ensemble très restreint : on ne constate pas, à ce propos, de véritable impossibilité mais la « saturation » joue sans doute très vite.

L'utilisation des doigts, qui sert dans certains cas à pallier l'absence de mémorisation, est quasi systématique quel que soit l'âge (94% des moins de 10 ans, 82% des plus de 10 ans).

L'épreuve des connaissances scolaires se termine par une évaluation du sens des quatre opérations : on demande à l'enfant d'en faire la démonstration à l'aide de bûchettes.

Les pourcentages ont été calculés sur le nombre d'enfants à qui l'on a présenté ces items (tous n'ont pas été confrontés à la division, comme on peut aisément l'admettre). Presque tous les enfants réussissent à démontrer le sens de l'addition à l'aide des bûchettes (95% tous âges confondus). Seulement 60% réussissent pour la soustraction : la plupart de ceux qui échouent dans cette démonstration se bornent à illustrer les termes. Par exemple pour 5-3, ils saisissent un paquet de 5 bûchettes qu'ils disposent verticalement ; une bûchette est ensuite disposée horizontalement pour représenter le signe moins, les 3 suivantes sont mises comme les 5 premières ; enfin 2 dernières bûchettes couchées figurent le signe égal (IIIII – III =) ; l'enfant se borne à enlever les 3 dernières bûchettes, 5-3 se trouvant alors égal à 5.

Parmi les moins de 10 ans, 30%, et 81% des plus de 10 ans connaissent la multiplication.

Aucun enfant de moins de 10 ans et seulement un sujet de plus de 10 ans peut expliquer la division (il est vrai le plus souvent enseignée à partir du CM1, classe dans laquelle bien peu des sujets de notre population sont scolarisés).

Dans l'ensemble les performances des enfants apparaissent très faibles dans le secteur des connaissances scolaires numériques ; la rubrique suivante montrera qu'il n'en est pas de même lorsqu'on étudie leurs possibilités de compréhension en opérant une distinction nette entre celles-ci et les aspects de codage ou de rétention.

Utilisation du nombre

Nous distinguerons deux types de situations au cours desquelles cette utilisation a été sollicitée :

– épreuves de constat d'une part : il s'agit pour l'enfant d'émettre un jugement sans consignes explicites ;

– épreuves présentant un problème à résoudre par l'emploi du nombre, ce que nous avons appelé « utilisation opérationnelle » en référence à Gréco (1962).

ÉPREUVES DE CONSTAT

Cartes de jetons

Dans la population étudiée, 19 sujets, soit 44% de l'échantillon, ont spontanément l'idée de dénombrer la totalité de la collection à partir de 9 éléments. Les résultats sont légèrement plus élevés chez les grands (53%) que chez les petits (42%). Ce n'est point qu'ils éprouvent une difficulté à mettre en œuvre un dénombrement. Seuls trois enfants ont des conduites quelque peu hésitantes et une bijection peu assurée ; c'est plutôt qu'ils préfèrent utiliser, devant les cartes où sont collés les jetons, d'autres stratégies. Ainsi Kevin isole-t-il des constellations partielles (« par trois », dit-il) en paraissant fasciné par « les petits trous » (espaces entre les éléments). Même conduite chez Rodolphe qui constitue des petits groupements de trois jetons. Stanislas, lui, procède à des distributions fictives (« tu en as trois, moi, j'en ai trois »). Parfois, les groupements de jetons donnent lieu à des interprétations de style projectif comme chez Henri qui confond visiblement cette épreuve avec le Rorschach. D'autres, comme Martin, oscillent entre interprétations et tentatives de reconnaissance de dominos devant les cartes présentant des points groupés en bonne forme. Certains, très mal à l'aise, tel Thomas, gardent un silence gêné. Il est pourtant notable qu'aucun de ces sujets n'éprouve de peine à compter sitôt qu'on lui en a donné l'ordre. C'est l'initiative qui leur manque ; ils perçoivent les éléments par regroupements parcellaires, et non dans leur totalité. D'après notre expérience, de telles conduites sont extrêmement rares chez des enfants tout-venant et même chez des consultants examinés pour d'autres troubles que des difficultés intenses en lecture.

Il nous semble qu'il existe une relation directe entre ce type de stratégies et celles retrouvées à l'épreuve de classification. Dans les deux cas, les ensembles sont scindés à l'extrême, la seule issue à ce découpage résidant dans les globalisations-interprétations.

Comparaisons

On distribue à l'enfant des collections de cubes et on observe s'il utilise ou non la notion de quantité pour les comparer. Tous les enfants à qui cette épreuve a été présentée, l'ensemble de l'échantillon sauf deux, dénombrent pour comparer. On sait que psychogénétiquement cette épreuve inspire très tôt (dès 4-5 ans, *cf.* Meljac, 1979) des conduites spontanées de dénombrement.

Les autres parties de l'épreuve de comparaison sont étudiées dans la rubrique qui suit.

UTILISATION OPÉRATIONNELLE DU NOMBRE

Modification des collections

Au cours de l'épreuve de comparaison, on sollicite l'enfant pour lui faire modifier les rapports entre deux collections. Il peut, pour en donner plus à B qu'à A, ou bien en retirer à A pour les donner à B, ou bien puiser dans la réserve, ou encore en retirer simplement à A (sans les donner à B). On peut aussi l'inviter au même travail en interdisant toute modification directe de la collection nommée ; ainsi pour en avoir plus en B qu'en A, il suffit d'en retirer à A sans jamais toucher à B et pour en avoir moins, il convient d'effectuer la manipulation inverse. À ces épreuves, franchement difficiles notamment pour ce qui concerne la dernière série (transformation inverse d'un énoncé), les enfants de l'échantillon se révèlent extrêmement brillants : 76% trouvent d'emblée deux solutions différentes pour modifier le sens des comparaisons, 20% pensent même d'emblée à trois solutions.

Pour ce qui concerne les transformations inverses, la solution est trouvée par 85% de la population (65% dans le groupe de moins de 10 ans). Il s'agit d'une tâche impliquant un maniement quasi formel de la réversibilité et la compréhension de relations de type algébrique (un retrait de A déterminant une augmentation relative de B). Parmi bien d'autres, cette épreuve confirme, s'il en était encore besoin, les possibilités proprement opératoires de ces enfants dans des conditions où la verbalisation est réduite au minimum, l'examinateur parlant peu et l'enfant pas du tout.

Épreuve des poupées

Rappelons qu'il s'agit d'habiller 9 poupées à l'aide d'un tas d'une vingtaine de robes disposées à l'autre bout de la pièce.

Lorsque l'enfant va chercher les robes, les poupées sont hors de son champ visuel. Pour résoudre le problème, il lui faut donc, préalablement, avoir eu l'idée de dénombrer les collections poupées et robes, puis, dans une deuxième étape, les chaussons, 2 par poupée.

Cette épreuve réussie habituellement autour de 7-8 ans chez l'enfant tout-venant, se révèle, en fait, très ardue pour des enfants, ou bien présentant un retard global, ou bien en échec dans le domaine des apprentissages numériques. En effet, pour que le nombre puisse être ici utilisé, il faut qu'il ait acquis un statut fermement opérationnel au sens où Gréco (1962) employait ce terme.

L'épreuve est résolue avec *maestria* par la quasi-totalité de notre population : 23 réussites sur 26 soit 88%, moins de 10% d'échec à l'item chaussons chez les plus jeunes. Quant aux plus âgés, ils parcourent sans accroc l'ensemble des étapes, allant même jusqu'à trouver le nombre supposé de boutons (trois boutons par robe) nécessaire pour compléter l'habillement.

On a pu, cependant, relever quelques hésitations : il s'agissait ou bien d'embarras provoqués par la constitution de sous-groupes (9 robes se décomposant en 3 + 3 + 3) ou bien d'oubli au fur et à mesure de quantités antérieurement évaluées. Ainsi Erico, une fois en route, ne sait-il plus combien de robes il va chercher ; il avait pourtant bien compté les poupées. De même pour la partie chaussons, il ne parvient pas à évoquer le mot-nombre 18.

Épreuve E

La tâche consiste ici à prendre autant de jetons (9) que ceux présents dans une collection témoin qui demeure sous le regard de l'enfant. L'examinateur, pour neutraliser les difficultés éventuelles de vocabulaire, n'hésite pas à répéter plusieurs fois la même chose à l'aide de formules variées : « autant », « la même chose beaucoup », « pareil », « pas plus, pas moins », « le même nombre ». Dans l'ensemble, l'épreuve ne pose pas plus de problèmes que la précédente. Il faut toutefois noter que la permanence de la stimulation figurale induit chez trois enfants jeunes et chez trois des plus âgés une stratégie de type « primitif » consistant à copier la configuration plutôt que de l'évaluer numériquement. Ici aussi, les enfants ont souvent tendance à procéder par découpage en petits groupes : Henri construit son ensemble en subdivisant la totalité en 4 + 5 ; Hugues qui a l'idée de compter veut perfectionner son œuvre en copiant la configuration témoin par souci de perfection. On précise à nouveau la consigne : « autant » ; il commente : « au temps (autant) des Gaulois ».

Les comportements sont extrêmement semblables à l'épreuve des poupées et à l'épreuve E dont les rationnels sont proches. Le recours au nombre par lui-même ne constitue pas un obstacle ; mais les problèmes sont parfois résolus à l'aide de stratégies excessivement analytiques : dans la mesure où la présence figurale du stimulus est plus importante à l'épreuve E, elle induit une plus grande fréquence de conduites de copie (remplaçant l'évaluation numérique).

Conclusion

Un tableau assez caractéristique du fonctionnement mental des enfants non lecteurs semble se dégager de l'analyse des résultats obtenus aux différentes épreuves opératoires auxquelles ils ont été soumis.

Le premier trait à mentionner est la « normalité » globale de leur opérativité. Les enfants de notre population n'ont pas dans l'ensemble paru embarrassés aux tâches mettant en jeu l'élaboration d'opérations intellectuelles telles qu'elles ont pu être décrites par l'École de Genève. La réussite aux épreuves de conservation, révélatrices de l'élaboration de groupements ou de groupes, selon la terminologie piagétienne, nous semble à cet égard très significative du caractère « satisfaisant » de leur développement intellectuel. Rien d'étonnant à cela, pourrait-on répliquer dans un premier temps puisque la population a justement été constitué à partir de ce critère (QI de 85 ou plus à l'une des deux échelles du WISC-R). Ce serait oublier les conclusions de plusieurs études, en particulier les travaux de

Gibello (1984) qui ont montré, chez des enfants dont le développement était considéré comme troublé, des écarts souvent amples entre niveau type WISC et résultats aux épreuves piagétiennes. Notre constat est donc moins « trivial » qu'on ne pourrait le supposer.

Il convient cependant de distinguer entre plusieurs aspects. Dans notre échantillon, le traitement infralogique des données est quasi irréprochable dans toutes les occasions où il a été sollicité. Quand il s'agit de traiter l'objet individuel en éléments inférieurs délimités par des origines distinctes, de tracer des frontières, de découper l'espace, les démarches observées sont de très bonne qualité. Il en est de même lorsque des aspects proprement numériques sont à prendre en compte, y compris dans leurs transformations algébriques. L'environnement physique des enfants non lecteurs n'est donc pas constitué d'objets vacillants mal situés dans un espace flou. Il s'agit, tout au contraire, d'un milieu matériellement solide.

Cette solidité ne signifie pourtant pas unité sans faille. Plusieurs indices – qu'on retrouve quasi identiques à beaucoup d'occasions – suggèrent que, chez les sujets de cette population, sont constamment à l'œuvre des mécanismes de parcellisation qui découpent les prises de connaissance du monde en autant d'unités disjointes n'entretenant que très peu de rapports entre elles. Ce type de procédure apparaît de façon particulièrement spectaculaire à l'épreuve de classifications ; il empêche à la fois la constitution d'ensembles et le travail sur les ressemblances. Les différences entre éléments ordonnés sont privilégiées et considérées comme les seules informations à retenir.

Autre faille importante : celle qui peut s'entrevoir quand les enfants ont à traiter des informations linguistiques, ou bien encore lorsqu'ils ont à justifier leurs modalités de pensée, pourtant exactes ou même agiles. Les expressions sont très laconiques, les commentaires d'une grande économie. Des informations personnelles aussi importantes que la date de naissance ne sont pas mémorisées et ne sont apparemment l'occasion d'aucun mouvement d'intérêt. Rappelons que ces enfants non lecteurs ne sont pas, et n'ont jamais été, des dysphasiques. Il faut sans doute, entre autres choses, rapprocher cette ignorance d'informations aussi importantes de ce qui a pu être dit par ailleurs sur l'atmosphère de secret qui règne dans un certain nombre de ces familles.

L'ensemble de ces constats nous semble pouvoir s'intégrer dans les distinctions opérées, notamment, par Anderson (1983) et Squire (1987), reprises et longuement commentées par Fischer (1992). On sait que ces auteurs procèdent à une dichotomie entre deux types de connaissances : les connaissances déclaratives et les connaissances procédurales. Comme l'explique pour sa part Fischer en un tableau synthétique, les connaissances déclaratives regroupent essentiellement les faits et les épisodes. Elles peuvent être acquises très rapidement, mais ont besoin d'être consolidées ; les connaissances procédurales, quant à elles, regroupent essentiellement les procédures, les règles, les stratégies, les heuristiques et les habiletés. Elles sont acquises graduellement et ne s'automatisent qu'à force d'entraînement et d'exercice. Elles jouent un rôle important dans le raisonnement et la compréhension, et donnent lieu à une activation diffusante. Dans l'ensemble, les différences entre déclaratif et procédural rappellent celles entre « savoir que » *(knowing that)* et « savoir comment » *(knowing how)* de Ryle (1949), ou celles entre mémoire avec enregistrement et mémoire sans enregistrement de Bruner (1969). Les non-lecteurs n'intégreraient pas progressivement – comme cela advient au cours du développement « standard » – ces deux aspects, mais au contraire les utiliseraient de façon totalement séparée. En vérité, ils n'auraient que rarement recours, sinon jamais, à un traitement déclaratif spontané mais se fieraient uniquement, tant que cela reste possible, au procédural, avec tous les inconvénients impliqués par l'unicité d'un mode de pensée – quel qu'il soit. Si les procédures peuvent être mises en mémoire déclarative, c'est, selon Fischer, grâce à la constitution de *chunks,* unités relativement indépendantes dont le transfert s'établit au travers d'un mécanisme d'« unitisation ». Cette unité est activable « directement » à partir de ses composants (unitisés). Elle l'est aussi, mais moins fortement, à partir d'une fraction de ses composants. Dans le cas où le stock déclaratif est bien constitué et organisé de façon satisfaisante, l'activité d'un paquet, d'une unité, conduit à une activation (plus ou moins forte) en parallèle de toutes les unités avec lesquelles elle a des composants communs.

Il nous semble intéressant de mettre en rapport la description fournie par Fischer avec nos propres résultats : ceux-ci se caractérisent, en effet, par la présence remarquable dans la population des non-lecteurs de *chunks* quasi agglomérés, immobiles et fort peu combinables. De telles considérations renforceraient peut-être l'utilité de ce type de représentation. Que s'est-il passé chez ces enfants (intérieurement ou extérieurement) pour que les fragments de leur vie mentale n'aient pu s'intégrer dans des constructions nouvelles, indépendantes du contexte et permettant d'économiser l'énergie ?

Il convient maintenant de revenir à la première de nos interrogations, celle qui, entre autres, a inspiré les travaux cités de Fijalkow et Rieben. Quelles sont les relations entre opérativité et lecture – ou non-lecture ? Nous pensons utile ici d'adopter une grande prudence – pas forcément repérable chez tous les auteurs. On ne saurait, en effet, conclure à partir des traits possédés par un groupe expérimental à l'existence du même *pattern* dans d'autres populations ni à sa permanence (la généralisation ne doit être ni topologique ni temporelle).

Quoi qu'il en soit, et ces réserves faites, nous croyons que nos observations montrent plutôt l'indépendance entre opérativité et lecture dont l'accession n'est pas garantie, même en cas d'intégrité des conservations, du fonctionnement infralogique et du raisonnement numérique. Lire implique sans doute la mise en œuvre de démarches proprement déclaratives qui ont à se constituer en tant que telles (bien évidemment le recours à des procédures est utile au cours de ces stades d'acquisition précoce). À cet égard, le comportement de la plupart des enfants observés à l'épreuve de classification nous paraît hautement significatif. Ils en demeurent à une étape prédéclarative et se bornent à isoler des *chunks*.

Finalement, comment, lorsqu'on est normalement doué et qu'on se trouve confronté pour la troisième année consécutive (sans parler de l'entraînement effectué en maternelle) à l'apprentissage de la lecture, se « débrouiller » pour ne parvenir à aucune acquisition fonctionnelle ? L'explication de ces ignorances apparentes ne nous semble pas devoir être fournie en termes purement mécaniques (à tel obstacle correspond forcément telle ignorance). Certes, devant la page écrite, la plupart d'entre eux se trouvent confrontés à une tâche ardue. Et ils peinent à établir des liens que d'autres tissent facilement. Mais ce constat est-il suffisant pour justifier d'aussi profondes et permanentes lacunes ? Comme on le sait, les voies empruntées par le développement sont souples et variées (voir les travaux de Lautrey, Rieben et Ribaupierre, 1981, 1986). Il apparaît donc surprenant que les écoliers de notre échantillon, dont les handicaps « objectifs » n'ont tout de même rien de dramatique, n'aient pas réussi à construire les équivalences grapho-phonétiques fondamentales que la plupart des écoliers mettent en place en quelques mois – voire en quelques semaines.

La gravité des tableaux observés suggère alors l'inaltérabilité d'une résistance fortement organisée, débordant, bien sûr, à l'occasion, le domaine propre de la lecture. Ce fait, dont il convient de tenir compte, parmi d'autres, constitue à notre avis un éventuel argument en faveur de la multiplicité des aspects de tous ordres à l'œuvre dans la réussite ou l'échec en lecture.

ANNEXES

Conservations

Conservation terme à terme

Matériel :
– 7 bouteilles
– 15 bouchons

Consignes et procédures :

Aligner devant l'enfant les bouteilles. Les bouchons sont dans une boîte.

S'assurer que l'enfant reconnaît le matériel. Au besoin, lui montrer que l'on peut boucher une bouteille.

1. « Prends autant (la même chose beaucoup) de bouchons que de bouteilles, pas plus, pas moins, autant, la même chose beaucoup. »

« Mets un bouchon en face de chaque bouteille. »

Lui faire poser les bouchons *devant* les bouteilles. Noter en détail le comportement de l'enfant.

Quel que soit le résultat, demander :

« Est-ce qu'il y a autant (la même chose beaucoup) de bouchons que de bouteilles ? Comment le sais-tu ? »

Noter les réponses en détail.

2. Laisser les bouteilles en place et resserrer les bouchons au milieu.

« Est-ce qu'il y autant (la même chose beaucoup) de bouchons que de bouteilles, ou plus, ou moins ? Pourquoi ? Comment le sais-tu ? »

En cas de réponse négative : « Comment pourrait-on faire pour qu'il y en ait de nouveau pareil ? »

Si l'enfant affirme la conservation : « Un enfant m'a dit que, comme ça, il n'y en avait pas pareil. Comment lui aurais-tu expliqué qu'il y en a toujours pareil ? »

3. Revenir à la disposition initiale, un bouchon devant chaque bouteille.

Cette fois-ci resserrer les bouteilles.

Mêmes questions.

Conservation des longueurs

Mettre les deux baguettes de même longueur (l'examinateur les sélectionne lui-même, si l'enfant n'y parvient pas) sur la table, l'une strictement au-dessous de l'autre, les extrémités coïncidant.

Demander alors à l'enfant (pour vérifier sa compréhension de la situation)

« Est-ce qu'elles sont bien grandes pareil (ou est-ce qu'elles sont bien de la même longueur ? » ou toute autre expression qui lui soit familière).

Schéma ci-dessous :

Écarter les deux baguettes, en laissant toujours coïncider les extrémités, d'environ 5 cm. Schéma ci-dessous :

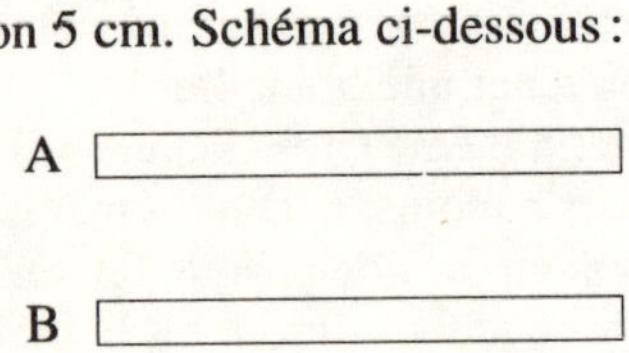

Reposer la même question, et lui faire constater l'égalité, à l'aide des poupées pour les plus jeunes, si besoin est.

« Tu vois, cette poupée doit faire ce chemin (A) et cette autre, l'autre chemin (B). Est-ce que ce sera le même long chemin, est-ce qu'elles seront au bout du chemin fatiguées toutes les deux pareil ? »

Laisser chaque poupée près de la baguette qu'elle doit « parcourir ».

Dire à l'enfant : « Tu regardes bien ce que je vais faire » (et effectivement veiller à ce qu'il ne regarde pas ailleurs).

1. Premier décalage

Décaler alors B de 5 cm vers la droite.

Reposer les mêmes questions. Dans tous les cas exiger de l'enfant qu'il justifie sa réponse : « Les deux poupées sont-elles maintenant fatiguées pareil au bout du chemin ? Pourquoi ?, etc. »

Remettre les deux baguettes l'une au-dessous de l'autre.

Reposer la question.

2. Deuxième décalage

Procéder à un deuxième décalage : A, vers la gauche.

3. Troisième décalage

Après avoir remis les deux baguettes en coïncidence on peut aussi déplacer en même temps A et B, l'une dans un sens, l'autre dans l'autre.

Ne pas omettre de procéder à un interrogatoire clinique détaillé, et de proposer à l'enfant des contre-suggestions. Par exemple, si l'enfant affirme que « les deux baguettes sont toujours pareilles », lui faire remarquer qu'hier « un petit enfant a dit, lui, qu'elles n'étaient pas pareilles, qu'il y en avait une plus longue que l'autre. Pourrais-tu me dire comment tu lui expliquerais, toi, pourquoi tu ne penses pas comme lui ? » etc.

Conservation de la substance

Cette épreuve présente une grande analogie avec celle de la conservation du poids pour ce qui concerne la procédure ; seule la question posée est réellement différente. L'expérimentateur présente à l'enfant une première boulette de pâte à modeler et lui demande d'en confectionner une autre tout à fait pareille. Dès que les deux boulettes sont reconnues pareilles, il en déforme une (en l'allongeant comme un boudin, en l'aplatissant sous forme de galette ou encore en la partageant en plusieurs petits morceaux) et il demande si elles ont la même quantité de substance : « Est-ce qu'il y a pareil de pâte à modeler dans les deux boules ? » L'enfant doit justifier ses réponses. Après chaque déformation, retour à la situation initiale des deux boulettes et constatation de leur égalité.

Conservation du poids

L'expérimentateur dispose d'une balance (à deux plateaux) et d'une boulette de pâte. Il demande à l'enfant de confectionner une autre boulette de pâte exactement du même poids. Puis l'expérimentateur déforme l'une des boulettes :

– il l'allonge comme un boudin ;
– il l'aplatit comme une galette ;
– il la fractionne en petits morceaux.

Alors il demande à l'enfant si les deux morceaux de pâte ont encore le même poids ; l'enfant doit justifier ses réponses. Après chaque déformation, l'expérimentateur retourne à la situation initiale des deux boulettes et fait constater leur égalité. Il demande aussi si le poids reste le même dans le cas où il faut tourner l'une des boulettes suspendue au bout d'une ficelle, alors que l'autre boule reste immobile.

Dissociation poids/volume

Présentation :

Faire constater l'égalité de l'eau dans les deux bocaux.

« Tu vois ces bocaux, l'eau arrive à la même hauteur dans les deux » (il s'agit de sujets assez âgés).

Faire constater l'égalité des volumes et l'inégalité de poids des petits cylindres.

« Tu vois ces cylindres (plots), ils sont tous de même grosseur mais ils ne pèsent pas tous le même poids » (faire comparer).

Questions :

A. Même forme et même poids

1. « Maintenant, regarde ces deux cylindres (2 cylindres bleus). Prends un cylindre dans chaque main » (faire soupeser par le sujet). « Si on les plongeait dans l'eau, qu'est-ce qu'il se passerait ? »

2. « Jusqu'où monterait l'eau dans chaque bocal ? Montre avec ton doigt. Pourquoi est-ce qu'elle monterait au même niveau ? » (d'après la réponse du sujet).

B. Même forme et poids différent (cuivre et aluminium)

a) Prévision

« Tu vois ces deux cylindres, prends-les dans les mains. Qu'est-ce que tu penses ? Si on en plonge un dans chaque bocal, jusqu'où l'eau montera-t-elle ? Pourquoi ? »

b) Lecture (On plonge les cylindres dans l'eau)

1. « Qu'est-ce que tu vois ? »

2. « Pourquoi l'eau est-elle à la même hauteur ? » (ou pas à la même hauteur, suivant la réponse du sujet)

C. Addition

« Maintenant nous allons mettre celui-ci » (le grand).

« Tu peux te servir de tout ce qui est là (tous les cylindres). Comment vas-tu faire ? »

a) Prévision

« Quels cylindres tu choisirais ? Pourquoi ceux-là et pas d'autres ? »

b) Lecture

Procéder à l'essai ; mettre les cylindres dans le bocal. « Jusqu'où l'eau est-elle montée dans les deux bocaux ? Pourquoi ? »

D. Contre-épreuve

« Tu vois, je prends celui-ci qui est lourd (grand) et ces 3 (cire, bouchon, aluminium, petits) qui sont plus légers. Prends-les dans la main. Tu sens bien la différence. »

a) Prévision

« Je plonge celui-ci (grand) dans un bocal et les 3 légers dans l'autre.

Jusqu'où l'eau montera dans les deux bocaux ? Pourquoi ? »

b) Lecture

Procéder à l'essai. Plonger les cylindres dans les bocaux. « Pourquoi l'eau monte-telle à la même hauteur dans les deux bocaux ? » (ou pas à la même hauteur, suivant la réponse du sujet).

« Explique-moi ce qui fait monter l'eau au même niveau ? Faut-il chercher des cylindres qui sont de même poids ? »

Opérations logiques élémentaires

Classifications

Matériel

27 cartes présentant 3 objets de trois tailles et de trois couleurs différentes.

Consignes et procédures

Présenter le matériel en désordre. Dire uniquement : « Mets ensemble ceux qui vont bien ensemble. » Si l'enfant ne comprend pas, ou ne voit pas quoi faire, malgré les encouragements, amorcer un classement d'abord par la nature de l'objet (le critère, en général, le plus facile à appréhender). Mettre ainsi en rangée (pour que l'enfant puisse voir les deux objets) deux fleurs, ou si cela ne suffit pas trois fleurs de couleurs différentes.

Si l'enfant ne comprend toujours pas, s'attacher à un autre critère (couleur).

Lorsque l'enfant a achevé un classement, le relever, ainsi que sa façon de faire (formation de rangées, de tas, etc.).

Ensuite, mélanger les cartes à nouveau et dire à l'enfant : « Ton premier classement était excellent, mais il y a encore une autre façon de mettre ensemble ceux qui vont bien ensemble. »

Si l'enfant éprouve des difficultés à changer de critère, effectuer une « amorce » comme précédemment, en disposant côte à côte, 1, 2, 3 ou 4 cartes selon un principe de classement nouveau (par couleur s'il a effectué avant un classement par nature ou inversement).

Enfin, proposer à l'enfant d'accomplir un troisième classement (procéder comme précédemment).

Noter soigneusement, dans tous les cas, le comportement de l'enfant, ses façons de disposer les cartes dans l'espace, ses justifications à la question : « Pourquoi les as-tu mis ensemble ? Pourquoi vont-ils bien ensemble ? »

Un cas bien particulier réside en la confection de « sous-classes », qui peuvent « faire illusion ». Ainsi certains enfants disposent-ils bien par exemple les fleurs, mais en distinguant spatialement des groupes différents selon les couleurs des fleurs. Mettre alors ensemble les fleurs et demander si cela est possible. Si la classe générale est véritablement constituée, l'enfant acquiesce volontiers : « Ce sont toutes des fleurs, même si les couleurs sont différentes » ; d'autres au contraire refusent la légitimité d'un tel assemblage : « Ah non, ce n'est pas la même couleur. » En bref, la présence de sous-classes à l'intérieur d'une classe ne garantit pas forcément l'articulation de la partie et du tout qu'il faudra alors examiner soigneusement.

Il est intéressant de demander à l'enfant, en fin d'épreuve, de rappeler les différents principes de classement qu'il a utilisés successivement.

Inclusion

Matériel

Des fleurs en cartons : tulipes et marguerites.

Consignes et procédures

Disposer devant l'enfant un bouquet constitué de quelques tulipes (3 ou 4) et de marguerites (en nombre nettement supérieur). L'expérimentateur demande à l'enfant : « Dans ce bouquet, y a-t-il plus de fleurs ou plus de marguerites ? »

Il est parfois nécessaire de répéter la question, certains enfants comparant un peu hâtivement les catégories de fleurs.

Si l'enfant a compris, on propose l'extension à l'infini : « Si on ajoute des marguerites et encore des marguerites (joindre le geste à la parole) arrivera-t-il un moment où il y aura plus de marguerites que de fleurs ? » Ou encore : « Sur la terre entière y a-t-il plus de fleurs ou plus de marguerites ? »

On peut aussi proposer d'autres exemples, sans la présence d'objets, si l'enfant semble maîtriser la notion, par exemple : « Sur la terre entière y a-t-il plus d'animaux ou de mammifères ? »

Sériation

MATÉRIEL

10 baguettes de longueur croissante ne différant que par leur longueur.

CONSIGNES ET PROCÉDURES

Présenter les baguettes en désordre et dire : « Range-les le mieux possible. » Pour les enfants rencontrant de grosses difficultés : faire fermer les yeux à l'enfant, disposer les baguettes (10 ou 5 selon le degré de difficulté) dans le sens croissant et de gauche à droite en les alignant sur une base commune et dire : « Regarde comment j'ai rangé les baguettes, ça fait un petit escalier. »

Défaire la disposition et proposer : « À toi maintenant, refais : le comme tout à l'heure. »

Repérage d'une origine spatiale

Épreuve de la ficelle

MATÉRIEL

Une pelote de ficelle (suffisamment rigide), une paire de ciseaux, un morceau témoin (4 à 5 cm).

CONSIGNES ET PROCÉEDURES

Présenter à l'enfant le morceau témoin et la pelote dont on aura déroulé au préalable un morceau de 30 cm et dire : « Tu vois ce bout de ficelle ? Eh bien, tu vas découper un morceau de ficelle pareil à celui-là, tout à fait grand pareil, pas à peu près pareil, mais tout à fait. Il y a un moyen pour être sûr que les deux morceaux sont bien pareils. »

Si l'enfant n'ose pas toucher le bout de ficelle, l'encourager vivement : « Tu peux prendre tout ça dans tes mains, et faire comme tu veux, par le moyen que tu veux, pour être sûr que les deux bouts de ficelle sont grands pareil. »

Si l'enfant coupe, d'un coup de ciseaux, un morceau de ficelle égal à celui qui a été proposé en faisant coïncider les extrémités, l'épreuve est terminée.

Si l'enfant coupe un morceau de ficelle égal à celui qui a été proposé, mais avec deux coups de ciseaux (coïncidence au milieu de la ficelle), lui dire : « Est-ce qu'ils sont grands pareil ? Comment le sais-tu ? Montre-moi. » Noter les divers types de comparaison (coïncidence parfaite, morceaux trop éloignés, angle droit, morceaux décalés).

Même procédure en cas de coupe approximative (coupe « au jugé »). Dire : « Montre-moi s'ils sont bien pareils. »

Dans tous les cas observer en détail les comportements lors de la comparaison des bouts déjà découpés.

En cas de réussite incertaine, recommencer l'épreuve (3 essais).

À noter qu'il existe des intermédiaires entre « coupes parfaites » et « au jugé ».

Bandes de papier

Cette épreuve est une complication de l'épreuve précédente.

Matériel

Plusieurs feuilles blanches, ciseaux, crayons de couleur, bande de papier prédécoupée.

Consignes et procédures

Ne jamais faire passer cette épreuve juste après celle de la ficelle. S'assurer que l'enfant connaît bien les couleurs : bleu, rouge, vert (compréhension et expression).

Découpage des bandes de papier

Présenter à l'enfant une bande de papier (3 x 10 cm environ). En aucun cas, l'enfant ne doit voir comment on découpe la bande, ni la feuille dans laquelle elle a été découpée. La colorier en bleu devant lui et dire : « Tu vois cette bande de papier, je la colorie en bleu. »

Présenter à l'enfant une feuille de papier blanche, les ciseaux à côté de la feuille, les crayons à proximité. Lui montrer la bande bleue et dire : « Tu vois cette bande de papier. Eh bien, tu vas découper une bande de papier pareille que celle-là, tout à fait grande pareille. »

Pour expliquer la situation, reprendre les mêmes expressions et les mêmes incitations que pour l'épreuve de la ficelle. Observer la façon dont l'enfant découpe : au hasard (« au jugé ») ; en ne considérant qu'une dimension ; de façon peu économique (au milieu de la feuille) ; sur un mode organisé (dans un angle). Procéder alors à la comparaison en disant : « Est-ce que les bandes de papier sont bien pareilles ? Comment le sais-tu ? Montre-le-moi. »

Faire colorier la bande en rouge. Faire disparaître la bande bleue et la feuille dans laquelle l'enfant vient de découper. Faire découper une autre bande selon les mêmes consignes et la faire colorier en vert.

JUGEMENT SUR L'ÉGALITÉ DES DIMENSIONS DES BANDES DE PAPIER (TRANSITIVITÉ)

L'enfant a sous les yeux la bande rouge et la bande verte. Dire : « Tu te rappelles la bande bleue, la première, celle que je t'ai donnée. Peux-tu me dire si elle est pareille que cette bande verte, c'est-à-dire aussi grande, ou plus grande ou plus petite qu'elle ? Pourquoi ? Explique-moi. »

Il est intéressant d'étudier le style de justification à la partie transitivité (justification vague ; conduite de récit ; emploi de connecteurs logiques : donc, comme, puisque...)

Le nombre : connaissances et utilisation

Connaissances

MATÉRIEL

Papier, crayon, une boîte de petits cubes, une boîte de bûchettes classiques.

CONSIGNES ET PROCÉDURES

Compréhension du terme « autant »

Prendre 4 petits cubes dans sa main d'un geste rapide, tous en même temps et demander à l'enfant :

« Prends-en autant » (sans explication).

Connaissance de la numération

– Demander à l'enfant jusqu'où il sait compter verbalement.
– Faire écrire la suite des nombres connus.
– Faire lire quelques nombres parmi les nombres connus, en ne respectant pas la suite numérique (par exemple 25, puis 9, puis 34, etc.).
– Dicter des nombres dans l'ensemble des nombres connus (ne pas respecter un ordre ici non plus).
– Prendre un nombre à la fin d'une série connue, et à la fin d'une dizaine (exemple 39), demander à l'enfant ce qui vient avant, ce qui vient après.
– Comparaison de deux nombres dans la série connue, le chiffre des unités étant systématiquement plus petit chez le plus grand (exemple : 54 comparé à 39) et dire : « Quel est le plus petit des deux ? Pourquoi ? »

Connaissance des signes opératoires

– Présenter +, -, x, : . Demander à l'enfant de les lire.
– Même chose accompagnée de nombres : lire par exemple 5 + 4 =.

Les opérations

Pour chaque opération, on laissera l'enfant procéder librement dans un premier temps. On lui demandera, dans un second temps d'effectuer la démonstration avec les bûchettes ; enfin, on lui proposera d'utiliser ses doigts.
– Additions
• libre : 4 + 5
• avec des bûchettes : 6 + 3
• sur les doigts : 4 + 3
puis de la même manière 9 + 6 ; 8 + 4 ; 9 + 5.
– Soustractions : 9 - 5 ; 9 - 3 ; 7 - 4 ; 15 - 9 ; 12 - 8 ; 15 - 5.
– Multiplications : 4 × 5 ; 6 × 3 ; 8 × 9.
– Divisions : 15 : 3 ; 12 : 4 ; 45 : 9.

Utilisation du nombre : épreuves de constat

Cartes de jetons

MATÉRIEL

20 cartes de bristol (demi-format 20 cm × 12,5 cm) sur lesquelles sont imprimés des ronds bleus de 1,5 cm de diamètre. Les cinq pre-

mières cartes, désignées par les lettres A, B, C, D, E, présentent successivement : 21 jetons en désordre ; 21 en bonne forme ; 15 en désordre ; 15 en bonne forme et 12 en ligne. Sur les 15 cartes suivantes, numérotées de 1 à 15, figurent 9, 6, 5, 4 et 3 ronds bleus disposés également de trois façons différentes : « en désordre », « en bonne forme » et en ligne.

CONSIGNES ET PROCÉDURES

L'épreuve se déroule en deux temps, dont le deuxième temps peut parfois être supprimé :

– description libre des cartes ;

– réponses à une consigne de dénombrement (si l'enfant a dénombré spontanément toutes les cartes, il est évidemment inutile de recommencer).

Description libre des cartes

Dire à l'enfant : « Tu vois cette carte, regarde-la bien et dis-moi ce que tu vois, de telle sorte qu'une personne qui serait là-bas (montrer un coin éloigné de la pièce), qui n'a jamais vu les cartes, sache ce que tu as sous les yeux. »

Dans le cas où l'enfant observe le silence ou fournit des commentaires trop brefs, il faut le relancer par des questions supplémentaires : « Oui, mais encore ? Tu peux dire autre chose ? » etc., en évitant toujours systématiquement les expressions de nature quantitative (par exemple : Combien ?).

Dénombrement sur consigne

Dans les cas où l'enfant ne dénombre pas les cartes, ou bien dans les cas fréquents où il ne pense à dénombrer les jetons qu'« en cours de route », on présentera de nouveau l'ensemble des cartes en lui demandant explicitement de compter (ordre ascendant).

La différence entre les deux scores permet d'apprécier l'écart (à cette tâche) entre dénombrement spontané et possibilités réelles de dénombrement.

Comparaisons

MATÉRIEL

20 petits cubes. Deux petites cartes représentant une fille et un garçon. Une boîte transparente avec son couvercle.

CONSIGNES ET PROCÉDURES

Comparaisons sur collections statiques (seule partie pouvant être considérée comme une épreuve de constat)

5/2. Disposer devant l'enfant deux collections de cubes : 5 petits cubes d'une part, 2 petits cubes d'autre part « en désordre ». Demander à l'enfant : « Regarde ces cubes, qu'est-ce que tu peux dire ? »

On peut préciser, en poussant le tas de 5 cubes vers l'enfant : « Si tu as ce tas, et moi celui-là, est-ce qu'on est content pareil ? »

Noter les réponses de l'enfant et son comportement.

5/5, 10/12. Mêmes questions. Insister : « Comment tu le sais ? Explique-moi ». Préciser : « Tu peux les bouger ou les toucher comme tu veux. »

Modification des collections

1. Donner plus à l'un des membres du couple

On présente à l'enfant les deux petites cartes représentant une fille et un garçon. On attribue à l'un 6 cubes, à l'autre 4 cubes (le plus grand nombre de cubes à la figurine du même sexe que l'enfant).

Demander à l'enfant de décrire la situation à l'aide des mêmes questions que précédemment.

Remettre les cubes dans la boîte et demander : « Maintenant à toi, donne plus de cubes à la fille qu'au garçon (ou inversement), mais arrange-toi pour que ce ne soit pas comme tout à l'heure. »

Essayer d'obtenir plusieurs solutions, et observer comment l'enfant passe de l'une à l'autre (à chaque fois remettre les cubes distribués dans la réserve).

2. *Transformation de la relation*

Laisser la réserve disponible à l'enfant. Donner 5 cubes à la figurine de sexe opposé (SO), 3 cubes à S (figurine de même sexe que l'enfant). Faire décrire la situation à l'enfant puis demander : « Tu vois, il y a les cubes de S (figurine de même sexe que l'enfant), les cubes de SO, et les autres cubes de la réserve. Si on veut que S en ait plus que SO, que faut-il faire ? »

Il y a trois solutions possibles, respectant les exigences de la consigne :

– prendre des cubes dans la réserve et les donner à S ;
– enlever à SO pour en donner à S ;
– enlever à SO et les remettre dans la réserve.

Après chaque manipulation de l'enfant, revenir à la situation initiale, l'encourager à trouver chaque fois une autre façon de faire. Par exemple, s'il a d'abord pris des cubes dans la réserve, on lui demande de résoudre la situation sans prendre de nouveaux cubes. S'il a transvasé de SO vers S (ou mis les cubes de S de côté), on lui demande de « faire autrement, en n'oubliant pas ceux qui sont là » (réserve).

3. Transformation d'un énoncé

Laisser la réserve disponible à l'enfant. Donner 5 cubes à S, 5 à SO. Recouvrir les cubes de S avec le couvercle transparent de la boîte et dire : « Tu vois, on n'a pas le droit de toucher les cubes de S. Ils restent comme ils sont, on ne peut rien ajouter, rien enlever à S. Que peut-on faire pour que S en ait plus que SO, sans toucher à ce qu'a S ? » (Solution : enlever à SO.)

« Que peut-on faire pour que S en ait moins que SO sans changer ce qu'a S ? (Solution : rajouter à SO.)

Utilisation du nombre : épreuves opérationnelles

Épreuve des poupées

A. Les poupées et les chaussons

Matériel :

– 9 poupées
– 18 robes
– 18 sacs
– 18 paires de chaussures

3 degrés de difficulté de l'épreuve :

– 4 poupées
– 6 poupées
– 9 poupées

En principe avant 5-6 ans on présente 4 poupées, à 5-6 ans 6 poupées, ensuite 9 poupées.

Cependant ces indications doivent être suivies avec souplesse, et selon les capacités de l'enfant. Dans tous les cas, la réussite à un niveau inférieur (par exemple 4 poupées) appelle (après un temps d'arrêt) l'essai à un niveau supérieur (6 ou même 9 poupées). Inversement, l'échec à un niveau supérieur doit entraîner des investigations à un niveau plus facile.

Consignes et procédures :

Disposer les poupées sur la table, sans que l'enfant regarde (on lui fait fermer les yeux ou fixer ailleurs).

Configurations (approximatives)

4 poupées 6 poupées 9 poupées

Les robes (ou sacs ou chaussons pour les items suivants) seront disposées en vrac sur un meuble le plus loin possible de l'enfant (si cela est réalisable, à l'autre bout de la pièce).

« Regarde ces poupées, elles ont très froid : tu vas aller chercher des robes pour les habiller. Mais attention :

1. Elles veulent toutes s'habiller en même temps.
2. Il ne faut pas apporter de robes en trop.
3. Va chercher juste ce qu'il faut de robes. »

Empêcher l'enfant de se précipiter, comme c'est souvent le cas.

Éventuellement répéter les consignes 1, 2, 3. Observer en détail ce que fait l'enfant. Empêcher l'enfant de regarder les poupées quand il va chercher les robes (au besoin recouvrir les poupées).

a) Si l'enfant par un moyen quelconque dénombre les poupées, puis les robes, avant de lui laisser poser les robes, lui demander :

« Comment as-tu fait ? »

Chercher à obtenir une explication aussi claire que possible.

Passer à l'item « chaussons ».

b) Si l'enfant apporte les robes une à une ou en apporte une poignée (insuffisante), faire constater à chaque fois qu'il reste des poupées non habillées.

« Elles ont froid, celles-ci. Tu n'as pas apporté de robes pour elles ? »

Éviter tout terme directement quantitatif (du type de « combien, quel nombre, etc. »).

c) Si l'enfant apporte trop de robes : lui laisser poser les robes sur les poupées puis lui faire constater qu'il y a des robes en trop : « Les poupées sont toutes habillées. Alors, est-ce qu'on avait besoin de toutes ces robes ? »

En cas d'échec ou de réponse floue, on peut proposer à l'enfant encore un ou deux essais supplémentaires. À chaque fois recommencer au début (robes en tas à l'autre bout de la pièce, poupées non habillées). Redire les consignes *in extenso*.

B. Variante sacs : dans tous les cas douteux, ou bien encore si on augmente ou on diminue la quantité des poupées présentées (*cf.* plus haut).

Même procédure :

« Maintenant, va chercher leurs sacs. Mais attention :

1. Elles veulent toutes leurs sacs en même temps.
2. Il ne faut pas apporter de sacs en trop.
3. Va chercher juste ce qu'il faut de sacs. »

Pour la suite, procéder comme avec les robes en faisant remarquer, en cas d'erreur, qu'il y en a trop ou pas assez.

On peut procéder jusqu'à trois essais, en repartant, comme pour les robes, toujours au commencement (remettre les sacs avec le tas).

Note : pour redescendre à moins de poupées ou en ajouter : défaire la configuration sous les yeux de l'enfant ; lui faire fermer les yeux (ou regarder ailleurs) ; disposer la nouvelle configuration ; faire ouvrir les yeux à l'enfant ; « Tu vois, ce n'est plus pareil. »

C. Extension chaussons : avant cette dernière phase, prendre soin de procéder à un essai en chaussant devant l'enfant une poupée qu'on déchaussera avant le début du travail proprement dit.

Quand les chaussons qui ont servi à habiller la première poupée sont remis dans le tas avec les autres, donner les consignes comme précédemment : « Tu vas aller chercher les chaussons pour les chausser. Mais attention :

1. Elles veulent toutes se chausser en même temps.
2. Il ne faut pas apporter de chaussons en trop.
3. Va chercher juste ce qu'il faut pour les chausser. »

Précision : ne faire chausser à l'enfant qu'une collection de poupées habillées sans difficulté par l'enfant. S'il échoue par exemple à apporter 6 robes pour 6 poupées, lui faire habiller 4 poupées et les lui faire chausser en cas de réussite seulement. En cas d'échec net pour une quantité donnée, aux robes et aux sacs, il est en général inutile de demander à chausser la même quantité de poupées.

Épreuve E

Matériel :

– 9 jetons jaunes

– 30 jetons verts

Consignes et procédures :

L'expérimentateur place devant lui une collection A de 9 jetons jaunes (schéma ci-après). L'enfant, pendant ce temps, garde les yeux fermés – ou regarde ailleurs. Il est assis à droite de l'expérimentateur.

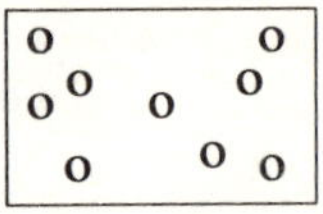

On lui présente, après lui avoir demandé d'ouvrir les yeux, la collection modèle et les jetons verts disposés en tas devant lui.

1. « Il faut que tu aies autant de jetons que moi. Tu peux faire comme tu veux, pourvu que tu aies la même chose que moi, le même nombre, pas plus et pas moins. »

(On désigne par B la collection constituée par le sujet. Noter avec précision la configuration de B, la façon dont l'enfant s'y prend pour la constituer et sa valeur cardinale.)

2. Faire fermer les yeux à l'enfant. Demander :

« Comment as-tu fait ?

Tu peux répéter ce que je t'avais demandé de faire ?

Combien y a-t-il de jetons dans A (de jetons jaunes) ?

Combien as-tu mis de jetons verts ? »

En cas de résultat difficilement interprétable on peut faire un deuxième essai.

CHAPITRE XIII

LES NON-LECTEURS À L'ÉPREUVE DU RORSCHACH

Béatrice Joubert, Françoise Pecquet

Qu'est-ce que l'épreuve du Rorschach ?

Le Rorschach explore une zone d'interaction entre « le perçu et le vécu, la réalité interne et la réalité externe » (Rausch de Traubenberg, 1983). Dans la mesure où il sollicite ainsi conjointement l'activité perceptive, également en jeu dans la lecture, et l'expression des fantasmes inconscients, le test projectif de Rorschach nous a semblé un outil pertinent pouvant apporter un autre regard sur les difficultés des enfants non lecteurs.

L'épreuve du Rorschach consiste à donner sens, par la parole, à des taches non figuratives. Rappelons que le matériel de l'épreuve se compose d'une série de dix planches en carton, certaines présentant des taches noires, d'autres des taches polychromes, structurées en symétrie autour d'un axe central. Les planches sont présentées une par une dans un ordre et un sens déterminés. Le sujet examiné peut les manipuler à sa guise. La consigne donnée est de dire tout ce que les taches évoquent : il s'agit d'interpréter ce que l'on voit comme on le ferait d'une peinture. À l'inverse de ce qui se passe lors du décodage en lecture, qui impose de se plier à des données objectives, c'est ici la subjectivité qui est sollicitée : le sujet peut s'exprimer librement dans un acte de créativité. Il s'agit « d'une perception sensorielle complétée subjectivement » (Bleuler). Le regard est engagé et la perception se manifeste à travers la parole.

Face à la planche, chacun réagit de façon singulière en fonction de sa structuration psychique, de son histoire et de son âge : mise en avant particulière ou au contraire évitement de certains éléments (telles la forme de la tache, sa couleur), éventuelle animation des images (exemple : « deux personnes qui dansent »), choix des thèmes (personnages, animaux, objets, plantes, paysages...).

L'intepré tation

Du point de vue du psychologue, analyser un protocole de Rorschach « revient à s'interroger sur les opérations mentales mises en œuvre au cours de la passation, l'hypothèse est posée qu'elles traduisent le mode de fonctionnement psychique du sujet » (Chabert, 1983). Les réponses verbales données par le sujet et son comportement reflètent son attitude face au monde : son type d'adaptation modulé par ses mécanismes de défense, ses désirs inconscients, sa problématique. « Le Rorschach cerne la souplesse, la laxité ou la rigidité de l'adaptation d'une personne » (Anzieu, 1983). Le sujet puise dans ses ressources intérieures pour répondre à la consigne : dans chaque réponse sont impliqués aussi bien les facteurs conscients qu'inconscients, intellectuels qu'affectifs.

Une première approche interprétative du Rorschach consiste à analyser chaque réponse sous l'angle :

– du cadre perceptif, c'est-à-dire du mode d'appréhension de la tache (localisation de la réponse) : celle-ci peut être perçue soit de façon globale (réponse cotée G), soit plus détaillée (réponse cotée D, Dd...) ;

– de l'aspect expressif de la réponse (déterminant de la réponse) : s'agit-il d'une réponse déterminée par la forme de la tache, c'est-à-dire par sa découpe objective (réponse cotée F), la couleur (cotée C), le mouvement (coté K, kan, kob), l'estompage, ou plusieurs aspects en même temps ? Pour ce qui concerne ces réponses formelles, on distingue différentes catégories de réponses en fonction de leurs qualités : les bonnes formes (F+) expriment une bonne ressemblance entre la découpe de la tache et la forme perçue par le sujet, à l'inverse les mauvaises formes (F-) indiquent un rapport inadéquat avec la découpe de la tache ;

– du contenu de la réponse, c'est-à-dire les thèmes choisis : thèmes centrés sur les préoccupations du sujet, ses souffrances, ses luttes internes.

Cette première analyse quantitative permet l'élaboration du psychogramme [1].

Les théoriciens du Rorschach considèrent que chacun de ces facteurs a une valeur interprétative générale : la localisation de la réponse sur la planche rend compte de l'approche intellectuelle, le déterminant de la réponse plutôt du retentissement émotionnel, tandis que le contenu de celle-ci renvoie aux intérêts du sujet. Cependant, l'interprétation de chacun de ces facteurs ne peut se faire de façon isolée et univoque. Il convient de les interpréter en relation les uns avec les autres. Dans un deuxième temps, il convient de dégager la valeur projective de la réponse. En effet, les planches du Rorschach sont porteuses de significations potentielles qui entrent en résonance avec le psychisme de la personne. Chaque planche renvoie à un contenu latent se rapportant à des registres conflictuels divers ; certaines, par exemple, sollicitent plus particulièrement la projection de l'image du corps, d'autres la relation à soi et aux autres ou encore la projection des images parentales.

C'est la synthèse des données précédemment présentées et l'évolution dynamique du discours tout au long de l'épreuve (la qualité des mouvements émotionnels avec leurs oscillations, les moments régressifs et les moments de récupération) qui permettent au psychologue de repérer les mécanismes d'adaptation privilégiés que l'enfant utilise pour organiser son univers psychique et contrôler son angoisse. Cette analyse

---

1. Le psychogramme est l'ensemble de la mise en données statistiques des éléments du discours produit par un sujet.

prend appui sur le modèle psychanalytique du développement psychique. Celui-ci permet de proposer des hypothèses sur le rapport entre désir et conflit intrapsychique, l'image inconsciente de soi (construction de l'identité), les modes de relations aux images parentales (processus d'identification), ainsi que la façon de se positionner dans son environnement.

Toute interprétation d'un protocole de Rorschach, chez l'enfant, est à resituer dans une perspective évolutive. Elle n'est donc ni figée ni définitive. On s'intéresse particulièrement à l'évaluation du développement affectif de l'enfant, « à rendre compte de ce qui se passe à un moment donné et dans quel contexte d'intégration et de structuration de la personnalité » (Rausch de Traubenberg, 1984).

Les caractéristiques des non-lecteurs

Il s'agit maintenant de répondre aux questions qui ont motivé notre travail : comment les enfants non lecteurs de notre échantillon abordent-ils ce matériel qui sollicite directement leur subjectivité ? Peut-on mettre en évidence un profil de personnalité qui serait caractéristique de cette population ?

Comparaison avec un groupe-témoin

Dans un premier temps, nous avons analysé les Rorschach de 40 enfants [2] du groupe des non-lecteurs que nous avons comparés à une population témoin, constituée par Beizmann (1974), d'enfants tout-venant âgés de 9 à 11 ans (dont les protocoles ont servi à établir des normes). Cette analyse comparative est basée sur l'étude du nombre de réponses par protocole, de la localisation des réponses sur la planche, des déterminants et des thèmes choisis.

Les enfants du groupe des non-lecteurs se différencient d'emblée de notre groupe témoin par leur façon d'aborder le Rorschach. Une de nos premières constatations est que ces

2. Ces enfants ont été vus en examen psychologique au laboratoire de psychologie de l'hôpital Sainte-Anne.

enfants ont du mal à s'impliquer véritablement dans cette tâche. En témoignent, d'une part leur faible nombre de réponses par protocole (18 réponses en moyenne contre 25 en moyenne dans la population de référence), d'autre part la brièveté et le manque de précision de celles-ci. Ils en restent le plus souvent à une réponse unique, peu élaborée et rarement structurée en phrase, à la différence des enfants du groupe témoin, qui donnent à une même planche des réponses riches et variées. De plus, un certain nombre d'enfants de notre population parviennent difficilement – ou même pas du tout – à changer de point de vue pour essayer de procéder à d'autres interprétations sur la même planche.

Changer de point de vue au Rorschach, c'est d'une certaine manière remettre en cause sa propre parole, puisque c'est accepter que l'interprétation que l'on a proposée ne soit pas la seule représentation possible, et que la planche puisse en receler d'autres. Cette démarche suppose d'accepter la perte d'une partie de la validité de sa perception et à travers celle-ci de sa parole. Il faut pour cela être assuré d'un minimum de sécurité interne, ce qui semble poser problème chez nos enfants, comme nous le verrons plus avant.

L'étude de la localisation [3] des réponses sur la planche fait apparaître une différence significative avec la population témoin. Les enfants non lecteurs interprètent préférentiellement la tache dans sa totalité (G%: 40%, contre 18% dans notre groupe contrôle) et s'y tiennent, c'est-à-dire qu'ils proposent peu de réponses localisées dans un détail de la planche. Par ailleurs, on note que les globalisations ne procèdent que d'une appréhension intuitive immédiate de la tache, c'est-à-dire de simples juxtapositions d'éléments sans recherche d'élaboration ni de combinaison des différents détails. Cette façon de procéder correspond à ce que l'on observe chez les enfants plus jeunes.

3. Le mode de localisation de la réponse sur la planche, qui peut se situer dans la globalité ou dans un détail de la tache, renvoie aux différents types d'appréhension du monde extérieur.

Dans le développement intellectuel de l'enfant et au fur et à mesure de son avancée en âge, la maturation de la fonction logique permet d'appréhender la réalité perceptive d'une façon de plus en plus analytique. Ainsi, une fois la tache analysée dans sa globalité (ce qui correspond souvent à une première approche), on s'attend à ce que le sujet s'intéresse à certains détails. Le fait que les non-lecteurs résistent beaucoup à cette démarche et s'en tiennent le plus souvent à des réponses globales peut être interprété à la fois comme un aspect de rigidité perceptive et comme un mécanisme défensif de fuite dans la globalité par crainte d'approfondissement.

Chez les non-lecteurs on trouve le même pourcentage de réponses déterminées par la forme que chez les enfants du groupe témoin. En revanche, la qualité de ces réponses (c'est-à-dire l'accord entre la forme perçue et la découpe objective de la tache) est défaillante, ce qui dénote un jugement peu rigoureux. La qualité des réponses formelles rend compte du contrôle perceptif. Lorsque les formes sont trop souvent mal perçues l'échec des mécanismes défensifs est au premier plan. D'une manière générale, on s'attend à ce qu'il y ait davantage de réponses de bonne qualité formelle (F+) que de réponses de mauvaise qualité (F-), ce qui n'est pas toujours le cas pour les enfants non lecteurs. Cette insuffisance de contrôle perceptif est la marque de singularités sur lesquelles nous reviendrons.

La prise en compte de la couleur dans l'interprétation des taches du Rorschach reflète les capacités d'expression des affects. La participation de la couleur à la réponse est beaucoup plus rare chez les enfants non lecteurs (en moyenne une réponse par protocole) que chez les enfants du groupe témoin (4 réponses par protocole). Cela met en évidence une inhibition des investissements affectifs.

Par ailleurs, les réponses caractérisées par le mouvement de personnages, d'animaux ou d'objets (réponses kinesthésiques cotées K, kan, kob), qui renvoient à une capacité d'intériorisation et de représentation des affects, sont exceptionnelles chez les non-lecteurs. Seize enfants ne donnent aucune réponse de mouvement, et en moyenne on relève seulement 1,8 réponses de ce type par protocole contre 3,7 dans notre groupe contrôle. Cette faible proportion de réponses dynamiques et personnalisées rend compte d'une difficulté particulière de symbolisation.

Le contenu des réponses (les thèmes choisis) renvoie aux préoccupations et aux intérêts inconscients du sujet. La reconnaissance dans certaines configurations des taches d'une image humaine ou animale correctement perçue rend compte de la capacité d'identification d'un sujet. La constitution de l'image de soi se développe par une série d'identifications que le psychologue cherche à mettre en évidence. Dans notre groupe le choix des thèmes est restreint et principalement du registre animal, très peu de personnages sont perçus. S'il est vrai que chez tous les enfants de cet âge les réponses concernent surtout des représentations animales, on note cependant que chez les enfants de l'échantillon le bestiaire évoqué est stéréotypé et peu valorisant narcissiquement : deux tiers des réponses animales sont des nominations d'insectes. Cela renvoie à un vécu d'autodévalorisation.

Ce premier regard sur les productions des enfants non lecteurs au Rorschach nous permet de faire quelques constatations préliminaires quant à leur fonctionnement psychique :

– d'une part, on voit se mettre en place des mécanismes défensifs d'évitement et de répression des affects, qui se traduisent ici par une pauvreté de l'idéation et de l'expression verbale, ainsi que par le recours à des stratégies d'appréhension du percept rigides et immatures ;

– d'autre part, on entrevoit des difficultés affectives qu'il s'agira de préciser. Ces difficultés sont repérables au travers de la faible qualité des réponses formelles et de la tonalité dysphorique de certains contenus.

– enfin on ne trouve pas l'homogénéité de fonctionnement psychique repérée chez les enfants de notre groupe témoin.

Chez ces derniers, le fonctionnement psychique est caractérisé par une certaine fluidité et une souplesse d'utilisation des différents mécanismes d'adaptation. Les conflits et les angoisses peuvent être exprimés sans désorganiser le cours de la pensée : on repère les processus de symbolisation et de conformisme social propres à la période de latence. La problématique marquée par la présence d'un symbolisme sexuel franc est nettement œdipienne.

Dans la bibliographie peu de travaux portent sur le Rorschach d'enfants en difficulté de lecture. Williams et Miles publient en 1985 un article intitulé « Rorschach Responses of Dyslexic Children ». Ce travail concerne 15 enfants âgés de 8 à 16 ans. Les auteurs ont retenu comme critères de sélection de leur population : des difficultés persistantes de lecture, la présence éventuelle de confusions telles que *b* et *d*, une intelligence moyenne ou supérieure déterminée au WISC, des difficultés dans la suite des nombres, ainsi que l'absence d'autre trouble.

Ils notent que ces enfants ne donnent le plus souvent qu'une seule réponse par planche. Les réponses sont faiblement élaborées et principalement caractérisées par la forme de la tache. Par ailleurs, ils constatent une quasi-absence des autres déterminants tels la couleur, le mouvement, etc.

Ces auteurs interprètent cette façon d'aborder le Rorschach comme un signe de l'immaturité couramment constatée chez les enfants « dyslexiques ». Enfin, ils insistent sur le fait que le sentiment d'échec les amène à limiter au maximum leur implication dans une tâche nouvelle.

Cette étude met en évidence certaines caractéristiques que nous retrouvons chez les non-lecteurs, comme la pauvreté des réponses et l'immaturité du fonctionnement psychique et intellectuel.

Variations individuelles des enfants non-lecteurs

Notre première approche interprétative des Rorschach ne permet pas de mettre en relief les variations individuelles des enfants non lecteurs. Pour aller au-delà de ce premier niveau d'analyse et rendre mieux compte de notre population d'enfants, nous avons procédé à une nouvelle approche statistique des données du Rorschach au travers d'une analyse factorielle des correspondances (AFC). Celle-ci nous a permis de regrouper nos 40 enfants en groupes.

L'AFC met en évidence des intercorrélations entre les différents signes psychométriques observés ; elle est de nature descriptive et permet de visualiser simultanément les liaisons qui existent entre les individus et les caractéristiques Rorschach qui les singularisent. Les différentes variables s'organisent en constellations particulières autour de lignes de force qui constituent les axes factoriels. L'étude de ces axes permet d'identifier des variables significatives et, par la suite, de constituer des groupes d'individus présentant des caractéristiques similaires au Rorschach.

L'analyse factorielle a permis d'isoler des critères discriminants. Les critères les plus différenciateurs sont au nombre de trois :

– l'aspect quantitatif et qualitatif de la réponse formelle ;
– la présence ou l'absence de la réponse « banalité humaine » à la planche III ;
– le type particulier de réaction émotionnelle en fonction de l'utilisation préférentielle soit de la couleur, soit de l'animation des images.

Le recours à la forme (F%)

Toute réponse qui met en avant l'impact de la forme, c'est-à-dire la découpe de la tache avant la prise en compte d'autres caractéristiques perceptives telles que la couleur, la texture ou le mouvement, est une réponse notée F dans le psychogramme.

Pour analyser la qualité des réponses formelles, on prend en compte le pourcentage de réponses F (F% [4]) dans son rapport au pourcentage du nombre de réponses F+ (F+% [5]) pour chaque protocole. Ces deux pourcentages et leur différence nous indiquent si le recours à la forme est un mode d'expression privilégié et nous renseignent sur la qualité et la rigueur du jugement perceptif.

---

4. Le F% nous indique, au travers du pourcentage de réponses « forme » (F) sur l'ensemble du protocole, le recours privilégié ou non à la forme.

5. Le F+% correspond au nombre de réponses où la forme est reconnue comme « bonne » d'après étalonnage (C. Beizmann). Par exemple, à la planche I : « un papillon » sera cotée F+. En revanche, la réponse « des loups » à cette planche sera cotée F-, car sa rigueur perceptive, beaucoup trop incertaine et statistiquement non significative, fait que cette réponse n'est pas répertoriée comme réponse de « bonne forme ».

L'utilisation de la forme comme seul déterminant de la réponse est très courante dans notre groupe d'enfants et correspond à une approche rationalisante de la tache. Toutefois cette approche n'est pas adéquate dans la mesure où pour trois quarts des enfants la qualité des réponses formelles est défaillante (plus de 20 points d'écart entre F% et F+% alors que l'écart n'est que de 3 points dans notre groupe témoin). Pour 7 enfants non lecteurs l'écart entre ces deux pourcentages est supérieur à 40%, ce qui met en avant le fort impact de leurs difficultés affectives sur l'élaboration perceptive. Ces 7 enfants constituent un premier groupe.

La banalité humaine à la planche III

Au Rorschach, une réponse « banalité » [6] est une réponse statistiquement très courante et repérée dans une liste bien définie (C. Beizmann, 1974). La réponse « banalité humaine » à la planche III est de bon aloi, elle met en jeu les repères identificatoires.

Dans notre population, cette réponse est exceptionnelle : seulement 11 enfants sur 40 donnent une réponse banale de personnage à la planche III. De ce fait, nous les avons considérés comme un groupe à part.

Le type de réaction émotionnelle

Le type de réaction émotionnelle ou TRI [7] nous renseigne sur le ressenti de la personne envers elle-même et le monde extérieur. Dans notre population, deux types de réactions se dégagent :

– le type « introversif » caractérisé par la prévalence de réponses kinesthésiques met en évidence les capacités de symbolisation ainsi qu'une certaine maturité psychique et cogni-

---

6. La présence de banalités nous informe d'une certaine façon sur l'adaptation sociale. Ainsi à la planche III, il existe une banalité de type animal : « papillon », et une banalité de type humain : « deux personnages ».

7. Le TRI ou type de résonance intime compare le nombre de réponses kinesthésiques (réponses où le mouvement est prévalent, exemple planche III : « Deux femmes qui dansent ») au nombre de réponses couleurs par protocole (réponse où la couleur est prévalente, exemple planche X : « Un champ de fleurs multicolores »).

tive, à condition toutefois que les réponses soient de bonne qualité formelle. Les enfants non lecteurs caractérisés par le type introversif (14 enfants sur 40) font preuve d'une expression plus mature et personnalisée de leurs affects ;

– le type « coartatif », caractérisé par la quasi-absence (une au maximum) de réponses couleur et kinesthésie renvoie à un verrouillage de la participation émotionnelle, un appauvrissement des investissements affectifs. Les protocoles des enfants de ce groupe (26 enfants sur 40) sont formels et descriptifs ;

– le type « extratensif », qui n'est pas représenté dans notre échantillon, est caractérisé par la prévalence de réponses couleur. Il indique une expression labile des affects.

Bien évidemment ces critères ne s'excluent pas les uns les autres et, en les associant, on constitue les trois groupes suivants :

– l'un semble plus caractéristique de notre population puisqu'il regroupe 55,5% des enfants, qui s'investissent faiblement et privilégient une approche formelle. Leurs protocoles sont pauvres et descriptifs, avec une absence de réactions émotionnelles particulières. Nous les appellerons les « descriptifs-restrictifs ». L'aridité de leur discours ne se retrouve pas dans les deux autres groupes ;

– 27% d'enfants répondent spontanément et sur un mode imaginatif à la consigne, leurs réactions émotionnelles sont plus variées, les contenus sont plus riches et la banalité humaine toujours présente à la planche III. Nous appellerons ce groupe celui des « interprétatifs » ;

– 18,5% d'enfants, débordés par une importante anxiété, donnent des réponses mal structurées et anarchiques caractérisées par une chute du contrôle formel. Il s'agit du groupe des « désorganisés ».

En vue d'affiner notre analyse, nous avons choisi de diviser notre groupe des « descriptifs-restrictifs » en deux sous-groupes en fonction de leur nombre de réponses au Rorschach : les « descriptifs », soit 37% de la population globale, et les « restrictifs » (nombre de réponses inférieur à 11), soit 18,5% de la population globale.

Si ces groupes sont révélateurs d'une spécificité de fonctionnement psychique, on voit également que, d'un groupe à l'autre, la distance avec la « norme » s'accentue. Ainsi, nous les situons sur un continuum, du plus proche de la norme attendue à cet âge vers des états de plus en plus éloignés de celle-ci : les « interprétatifs », les « descriptifs », les « restrictifs », les « désorganisés », comme nous le présentons sur le tableau suivant.

Tableau récapitulatif des critères de différenciation des trois groupes

Les normes (étalonnage de C. Beizmann) varient selon l'âge.

Le recours à la forme

		F%	F+%	F%-F+%
	Normes 9-11 ans	76	73	3
I-	« interprétatifs »	68	58	10
IIa-	« descriptifs »	82	58	24
IIb-	« restrictifs »	83	62	21
III-	« désorganisés »	79	40	39

Banalité humaine de la planche III

		BAN H planche III (Il n'existe pas de norme)
I-	« interprétatifs »	10 enfants/11 dans ce groupe
IIa-	« descriptifs »	2 enfants/15 dans ce groupe
IIb-	« restrictifs »	0 enfant sur 7 dans ce groupe
III-	« désorganisés »	0 enfant sur 7 dans ce groupe

Type de réaction émotionnelle

		somme de réponses K	somme de réponses C	TRI
		(Il n'existe pas de norme)		
I-	les « interprétatifs »	≥ 3	≤ 2	« introversif »
II-	les « descriptifs-restrictifs »	≤ 1	≤ 1	« coartatif »
III-	les « désorganisés »	≤ 4	≤ 4	« mixte »

Nous proposons maintenant d'analyser et d'interpréter de façon plus approfondie les caractéristiques de chacun de ces groupes d'enfants. Nous commencerons par le groupe des « descriptifs-restrictifs », puisqu'il regroupe les deux tiers de notre population.

Les « descriptifs »

La rencontre avec les planches du Rorschach provoque chez les enfants de ce groupe (15 enfants sur 40) Abel, Albert, Alfred, Armand, Aymar, Benoît, Bernard, Christian, Erico, Geoffroy, Hugues, Kevin, Miguel, Pierre-Alexis, Raoul [8] des réactions de type phobique : évitement du regard, précipitation, phénomène de chocs, voire refus d'interpréter une planche, réponses données sans élaboration. Leur participation est retenue ; très défensifs ils ne prennent jamais réellement position dans les interprétations, ils s'adaptent de façon conformiste à la consigne, se contentant d'égrener une série de substantifs sans qualificatif ni verbe.

Christian

Pl. I : « Un crabe, un chien, une chauve-souris, une guêpe, une mouche, un tunnel, une personne. »

Aymar

Pl. III : « Une araignée, un nœud papillon, des yeux, des antennes, des dents. »

Bernard

Pl. IV : « Une chauve-souris, un papillon, un oiseau, un lapin coupé, une mouette. »

Bien qu'assez fournis (22 réponses en moyenne contre 27 dans notre population de référence), les protocoles sont pauvres parce que peu variés. Par exemple, plus d'un tiers des animaux cités sont des insectes. Ces enfants s'attachent principalement à la reconnaissance d'une forme (F% très élevé) sans parvenir à se projeter personnellement dans l'interprétation.

8. Les prénoms qui renvoient aux registres culturels d'autres pays ne sont pas forcément portés par des enfants étrangers, voir chapitre II.

La rareté des réponses kinesthésies [9], voire leur absence (seulement un enfant sur deux réussit à camper au moins un personnage ou un animal actif et en relation), met en évidence une difficulté particulière de représentation des mouvements pulsionnels que l'on peut interpréter comme une difficulté d'identification. Les explications sont souvent vagues ou inachevées.

Armand

Pl. I : « Je vois une forme de papillon qui est fait avec de l'encre. Le papillon vole il a des... c'est tout. »

Albert

Pl. III : « Deux garçons ils jouent, voient un papillon. Ils jouent à soulever des balles. »

Raoul

Pl. III : « Oui à deux souris habillées en dame et avec une table. Ils posent quelque chose. »

Les enfants de ce groupe ne parviennent pas à assumer un rôle actif empreint de retentissement émotionnel, à prendre position dans une interaction sociale ou affective. Leur tendance au repli sur eux-mêmes s'exprime par des réponses régressives et immatures. En effet, chez des enfants de cet âge on peut s'attendre à des réponses plus élaborées, telles que par exemple : (pl. II) « Des enfants qui se tapent dans les mains », ou encore « Deux messieurs qui tiennent une dame ».

Ces sujets se montrent dans l'ensemble sensibles aux changements qualitatifs du matériel, c'est-à-dire à la couleur présente sur certaines planches du Rorschach (12 sur 15 donnent au moins une réponse où est mentionnée la couleur). Toutefois, dans les réponses de ce groupe, il n'y a pas réellement de préoccupation interprétative, ce qui se traduit par des réponses descriptives, des nominations de couleurs (« du rouge », « du jaune ») et non par des interprétations intégrant la couleur (« un avion qui décolle, avec le feu dans les réacteurs »). Cette particularité correspond plus à une sensibilité passive et réceptive qu'à une expression franche du vécu pulsionnel.

---

9. Les réponses kinesthésies (K, kan, kob) mobilisent les capacités de représentation de la personne. Elles mettent en évidence une souplesse d'utilisation et d'organisation des images et des repères du monde interne.

Pierre-Alexis

Pl. X : « Comme couleur y'a du bleu du jaune du vert du orange du marron, c'est un peu comme une botte. »

Benoît

Pl. X : « Les taches de peinture bleue, jaune, orange. »

Cette prédominance de la sensibilité à la couleur au détriment d'interprétations plus dynamiques de nature kinesthésique signe un envahissement de l'affectivité et un relâchement des fonctions intellectuelles. L'enfant se laisse submerger par les sensations qui l'assaillent sans parvenir à les symboliser, à mettre en mots ce qu'il ressent. La scène mentale apparaît réduite. Pour certains, l'impact de la couleur est si fort qu'il renvoie à un phénomène de fascination qui peut parfois perdurer tout au long du test. Cette prégnance du perceptif bloque la venue des associations.

La difficulté à interpréter le rouge [10] aux planches II et III, son évitement voire son rejet quasi systématique, pour 12 enfants sur 15, met en évidence un malaise face à l'expression potentielle de l'agressivité.

Abel

Pl. III : « Un squelette, une tortue, un squelette de tortue. »

À l'enquête (en parlant des taches rouges) : « Ces deux trucs rouges, j'en veux pas, ça compte pas et ça non plus (tache rouge centrale), le reste c'est un squelette de tortue qui a été mangé par les asticots. »

L'agressivité peut être parfois exprimée dans un deuxième temps, au moment de l'enquête [11].

Armand

Pl. III : « Des... des gens qui voient un papillon au milieu avec une tête de fourmi en bas. »

À l'enquête : « C'est un cadavre de fourmi parce qu'il y a des os qui dépassent. »

Raoul

Pl. IV : « Je ne sais pas, non je ne vois pas bien. »

À l'enquête : « À un chat, et aussi un fusil se tient ici et on a appuyé sur la gâchette et les balles partent par là. »

---

10. L'interprétation du rouge nous renseigne sur le maniement de l'agressivité, sa valeur combative ou destructrice.

11. L'enquête correspond à une deuxième présentation des planches à la personne, en vue de lui faire préciser la situation des percepts sur la tache.

Alfred
Pl. VI : « C'est un chien. Il a l'air drôle. »
À l'enquête : « C'est un chat. Il est électrocuté. Il est mort. C'est vraiment un chat. »

Les thèmes des réponses [12] appartiennent essentiellement au monde animal (66%), ce qui correspond à un pourcentage que l'on rencontre chez des enfants plus jeunes. De plus, ces réponses sont souvent imprécises et données sur un mode très peu sthénique. Les enfants ne s'autorisent pas à exprimer des images valorisantes d'eux-mêmes comme peuvent en donner, par exemple, les enfants du groupe contrôle : « Ici deux jaguars » ou « On dirait une panthère et ça l'autre, qui sautent d'une roche à l'autre. » Les enfants de notre échantillon se réfugient dans un bestiaire stéréotypé (« papillon », « insecte », « oiseau », « chauve-souris », « animal », « bestiole », « tête d'animal », « chat »...).

Miguel
Pl. II : « Un pied d'animal, une trace, un papier déchiré. »

Aymar
Pl. VI : « Des moustaches d'un chat, un chat, un trait là. »

Kevin
Pl. X : « Des oiseaux. »

Dans ce groupe d'enfants très peu de représentations humaines perçues dans leur entier sont proposées. 13 enfants sur 15 ne donnent pas la réponse de « banalité humaine » à la planche III (même après sollicitation à l'enquête). De plus, l'identité sexuelle de ces personnages est rarement précisée, indiquant une difficulté à se positionner en tant que sujet sexué dans la relation. En revanche, il y a beaucoup de réponses concernant une partie du corps seulement (exemple : « une tête », « deux jambes », « un pied d'animal »...), ce qui est une manifestation de l'angoisse.

Geoffroy
Pl. I : « Une tête, des chaussures. »

---

12. Les thèmes des réponses renvoient aux préoccupations, aux intérêts du sujet.

Hugues

Pl. III : « Des jambes qui sont coupées, ils touchent quelque chose je ne vois plus rien. »

Christian

Pl. IV : « Quelqu'un. »

Geoffroy

Pl. IX : « Je vois deux têtes et deux bonhommes. »

Les repères d'identification apparaissent plus particulièrement, mais pas exclusivement, aux planches IV pour l'« imago paternelle » et VII pour l'« imago maternelle ». Dans notre population, le fait que les réponses à ces deux planches soient absentes pour certains (refus d'interpréter l'une ou l'autre de ces planches), floues et d'un registre immature pour les autres, révèle l'inconsistance de ces repères.

Hugues

Pl. IV : « La forme d'un scarabée avec des pattes et derrière des antennes des yeux et puis c'est tout. »

Miguel

Pl. IV : (malaise de l'enfant, fait la moue) « Un papillon, un crocodile. »

Aymar

Pl. IV : « Des pieds, une queue, des oreilles, des poils gris aussi. »

À la planche VII du Rorschach on est frappé par le nombre important de réponses « crabe » et « araignée » qui correspondent à des représentations phobiques agressives et dangereuses.

Hugues

Pl. VII : « Une forme d'un crabe avec des pinces. »

Raoul

Pl. VII : « Des pattes de chat, c'est tout, j'ai que ça. »
À l'enquête : « Là c'est son cul et là c'est ses cuisses. »

Alfred

Pl. VII : « Ça représente un crabe, un crabe avec ses pinces et ses grands bras. »

À travers le Rorschach, c'est seulement à l'enquête, c'est-à-dire dans un deuxième temps de l'épreuve, que ces enfants se permettent de laisser entendre leurs interrogations concernant leur identité sexuelle. Ce questionnement se manifeste chez eux par une attention particulière à tout ce qui est appendice

(« bec », « queue », « cornes », « pointes », « épines »...). Le vocable est parfois cru : « son cul », « ses couilles », ou imprécis : « le petit truc qui dépasse », « un petit bout, là », « le corps qui est petit parce qu'il n'y a pas encore l'autre bout », autant de métaphores qui ne se réfèrent pas encore à l'angoisse de castration telle qu'on l'attend à cet âge.

Les « restrictifs »

Dans ce sous-groupe des « descriptifs-restrictifs » (7 enfants sur 40) André, Clément, Joël, Laurenzo, Thibaut, Thierry, Thomas, les Rorschach sont encore plus pauvres, les réactions de fuite et d'évitement à leur apogée. À l'inverse des précédents la productivité est très réduite puisqu'elle n'est en moyenne que de 8 réponses par enfant. Ils se contentent le plus souvent d'une réponse par planche.

Thibaut
Pl. I : « Une souris, celles qui volent. »
Pl. II : « Une figure d'un chat. »
Pl. III : « Un corps. »
Pl. IV : « Là aussi un corps. »
Pl. V : « Une moustache. »
Pl. VI : « Un p'tit chat. »
Pl. VII : « Une tortue. »
Pl. VIII : « La tortue de corps (?), elle a un corps. »
Pl. IX : « Une fille. »
Pl. X : « Un vampire. »

La tendance au refus d'interpréter une planche est manifeste puisque qu'elle concerne 6 enfants sur 7 (qui comptabilisent en tout 18 refus).

Il n'y a pas d'exploration poussée des images une fois la première réponse donnée, réponse toujours globale, ils ne parviennent plus à en repérer une ou plusieurs autres. Ils se sont acquittés de leur tâche et en restent là, le plaisir d'interpréter ne prend pas la relève. Sans doute y a-t-il derrière cette limitation la crainte de l'intrusion dans le champ mental d'un danger fantasmatique.

Le recours à la couleur et au mouvement est exceptionnel. cinq enfants ne donnent aucune réponse kinesthésique et aucune réponse couleur. Quant aux deux autres enfants, ils ne fournissent aucune réponse kinesthésie et au plus une réponse couleur. Ce groupe se caractérise par une importante restriction dans la possibilité d'exprimer ses affects.

Les thèmes se situent dans un champ sémantique peu étendu et sont utilisés avec un fort degré de récurrence. Ils sont essentiellement centrés sur des animaux à connotation phobique (« abeille », « loup », « araignée ») que les enfants se contentent de nommer sans les mettre en action ni même en posture. Le pulsionnel s'exprime *a minima* et des affects dépressifs se font jour :

Joël
Pl. I : « Un loup. Une chauve-souris. »
Enquête : « Les ailes sont noires, un peu grandes et le corps. »

Clément
Pl. I : « Une feuille. C'est bizarre parce qu'il y a les deux côtés pareils. Je vois plus rien. »
Enquête : « La feuille est tombée en hiver, parce qu'elle est morte. Elle est tombée parce qu'il y a des trous. »

André
Pl. I : « Quand on brûle un papier. »
Enquête : « C'est tout troué (?). Le trait (?). Y'a du jaune, c'est toute la feuille. »

Parfois cette inhibition massive se lève partiellement à l'enquête, laissant place à ce qu'il n'était pas possible de dire dans un premier temps : une expression plus franche des angoisses et des fantasmes. Cela met en avant le rôle positif de l'étayage dans la relation avec l'adulte.

André
Pl. III : « Des os. »
Enquête : « C'est des os (?). Il a mis un costume le monsieur (?). Les mains. »

André
Pl. VIII : « Un dessin. »
Enquête : « Ici y a un animal, y a une rivière, y a de l'eau. Il se voit dans l'eau (?). Un lion, non une panthère. »

Benoît
Pl. X : « Un vampire. »
Enquête : « Là c'est horrible, sa bouche, ses grosses moustaches, ses yeux, ses oreilles, c'est une figure d'un vampire, il est méchant. »

L'enfant donne l'impression de subir la situation et ne peut s'y impliquer véritablement. L'inhibition est massive.

Pour conclure à propos des enfants du groupe des « descriptifs-restrictifs », nous pouvons dire que les défenses contre les pressions fantasmatiques se situent tout à la fois dans le registre de l'inhibition et de l'immaturité. Au Rorschach, cela se traduit par une approche perceptive étriquée et stéréotypée d'une part (réponses perçues dans les découpes banales, faible exploration de la tache) et un appauvrissement de l'expression de la vie affective d'autre part (intégration rare et timide de la couleur, absence de kinesthésie, contenus répétitifs et affectivement neutres).

L'angoisse est au premier plan. Elle est bien sûr repérable à travers les tentatives de répression de la vie fantasmatique, mais aussi dans le type de réaction face à la présentation de la planche : évitement du regard, fuite en avant, et surtout nombreuses remarques des enfants qui mettent en évidence le sentiment de manque d'assurance et de dévalorisation de soi : « Je ne suis pas sûr », « Je ne sais pas », « Je n'ai pas d'imagination ».

Cette position de repli et de malaise peut être qualifiée d'attitude phobique. Cette hypothèse se trouve confortée, dans le test, par la quasi-absence de réponses relationnelles, ainsi que par la difficulté à assumer les mouvements pulsionnels (rejet du rouge), et en particulier tout ce qui se rapporte à l'agressivité.

Dans ce groupe des « descriptifs-restrictifs » les difficultés relationnelles sont au premier plan. La problématique inconsciente est centrée sur les difficultés d'identification et de mise en place du conflit œdipien. D'un point de vue théorique, l'accès à la relation œdipienne (triangulaire) repose sur la reconnaissance de la différenciation des sexes et des fonctions des deux parents. Ici, les préoccupations des enfants concernent l'identité sexuelle.

Le groupe des « interprétatifs »

Comme pour l'ensemble des non-lecteurs, la présentation des planches du Rorschach suscite tout d'abord malaise et comportements d'évitement. Mais à la différence des « descriptifs-restrictifs », ces enfants du groupe « interprétatif » parviennent à se ressaisir et à laisser venir les associations. Ils s'autorisent une certaine liberté d'expression de leur monde intérieur, parvenant ainsi à dépasser le simple constat perceptif.

Ce groupe de 11 enfants (Alban, Dimitri, Erico, Florent, Igor, John, Joseph, Lucien, Martin, Rodolphe, Samuel) est le plus proche de notre groupe témoin et se différencie nettement du reste de notre population de recherche. La diversité des modes d'expression utilisés au Rorschach traduit leurs possibilités d'implication (seulement un refus de planche).

Ici, les découpes des taches sont plus variées (globalité, grand détail, petit détail) et la qualité des perceptions plus proche de la norme (*cf.* F+%), ce qui met d'emblée en évidence une meilleure capacité de contrôle de la vie émotionnelle. Au cours de la passation le langage s'organise : aux substantifs disparates fait suite une mise en forme où le plaisir d'interpréter apparaît. Le champ du discours n'est pas aussi rétréci que pour les « descriptifs-restrictifs », mais varié et fourni. Les substantifs ne sont pas isolés et s'inscrivent dans des énoncés.

Erico

Pl. X : « Un feu d'artifice et puis y'a d'autres choses, une coupe avec des feux d'artifice autour, et puis là Goldorak avec un bonhomme volant dedans la coupe. »

À la différence des deux autres groupes, l'affectivité s'exprime de façon privilégiée sur le mode kinesthésique. Les mises en scène relationnelles sont fréquentes. Cependant, les actions et les véritables interactions entre personnages restent exceptionnelles, ce qui, une fois de plus, indique une difficulté à s'engager dans la relation.

Rodolphe

Pl. I : « Les deux pourraient être des gens, des clowns, euh, sur un cheval, non pas sur un cheval. Oui le cheval au milieu. »

Dimitri

Pl. I : « Ça fait un papillon. Y'a deux monsieurs. Ils prennent leurs deux mains pour faire les ailes. Ils ont leur chapeau. Il y a aussi les deux mains pour faire les antennes. Il y a aussi une feuille. »

Lucien

Pl. III : « Deux dames qui emportent une coupe, avec deux cœurs au milieu. Je sais plus après. Un monstre. »

La présence de représentations humaines est élevée puisqu'elle représente 28% des réponses (avec une moyenne de 3 par enfant). À l'inverse de ce que l'on observe dans les autres groupes, les personnages sont rarement différenciés sexuellement, ou sont para-humains. Il y a autant de réponses hommes que femmes. Cette inflation des personnages renvoie à une quête active d'une identité sexuelle.

Martin
Pl. VII : « Des petites filles qui dansent, une porte, une espèce de porte. »

Florent
Pl. X : « Un homme qui est habillé en rose et qui se regarde dans la glace et là un monsieur qui va plonger dans l'eau et qui va tomber et que d'autres créatures vont tomber avec lui. »

Par ailleurs les repères parentaux inconscients, qui se donnent à entendre plus spécifiquement aux planches IV et VII, apparaissent ici de façon plus précise et différenciée, mais comme le montrent les exemples suivants ils sont souvent chargés d'anxiété :

Samuel
Pl. IV : « Ah !... un gros monstre, un gros monstre géant, parce qu'avec ses grosses pattes, ses... mains, sa tête là. Là, deux monstres, un grand et un petit, regarde là, derrière lui, un petit monstre avec plein de pattes, il y en a six, je crois... Et là, en plein dans la neige, le monstre des neiges et voilà. »

Dimitri
Pl. IV : « Deux gros pieds, un arbre derrière lui, une tête deux bras.
Enquête : « C'est un monstre. »

Joseph
Pl. IV : « C'est comme un oiseau mais gris, il pique comme un insecte quoi. »

Ici encore les représentations proposées à la planche VII sont angoissantes et d'un registre régressif :

Joseph
Pl. VII : « À Alger, y'a des insectes qui sont noirs comme des scorpions mais ils volent, et là ses (c'est ?) deux yeux. »

Florent
Pl. VII : « Un scarabée géant », repose la planche aussitôt.

Rodolphe

Pl. VII : « Des femmes qui dansent, et ça pour couper la viande » (fait le mouvement des hachoirs d'antan).

Autre caractéristique exclusive de ce groupe : la banalité humaine de la planche III est présente (10 enfants sur 11 l'expriment).

Lucien

Pl. III : « Deux personnes qui tapent dans un tambour. Puis au milieu, y'a un papillon. Plus rien. »

Dimitri

Pl. III : « Là, c'est deux dames. Elles ont leur tête, leurs jambes. Leurs jambes sont coupées. Elles tiennent quelque chose. »

En revanche, l'abord de la couleur présente une grande similitude avec le reste de notre population. Lorsque les planches de couleurs pastel (VIII à X) sont présentées, on s'attend habituellement à ce que les couleurs participent à la réponse, ce qui est peu fréquent pour l'ensemble des enfants. Ici, elles sont le plus souvent passées sous silence et lorsqu'elles interviennent dans la réponse elles sont très peu intégrées aux thèmes évoqués. Plutôt que de les interpréter les enfants se contentent de nommer les différentes couleurs de la planche.

John

Pl. VIII : « Oh, celle-là, y'a du rose du vert du bleu ! Là, ça y est regardez ! Là comme si des gros loups, mais... si des gros loups qui essaient de grimper sur un vaisseau spatial. Il va bientôt décoller alors ils essaient de monter. »

Ici encore le rouge est souvent rejeté et ne peut être intégré aux réponses, ce qui met en lumière un positionnement difficile par rapport à l'expression de l'agressivité. Lorsque celle-ci est exprimée elle est par la suite annulée voire transformée en son contraire, comme l'illustre l'exemple qui suit.

Florent

Pl. II : « Ça sert aussi les (montre le rouge)...? Pas pour moi. Moi, je dirais comme si deux singes se battaient, attends, non ! Deux hommes qui dansent. Ils font une fête, alors ils dansent comme ça (mime). Le rouge, c'est rien pour moi. Ils font pareil les deux. Et ça c'est les lumières. »

À la différence des « restrictifs-descriptifs », la rigidité du discours alterne avec l'expression des affects. La quête des identifications est certes active (les repères plus stables et différenciés), mais encore teintée d'une vive anxiété notamment lorsque les « gentils » se transforment « en méchants » :

Dimitri

Pl. X : « C'est un méchant, il est caché, mais il est caché où ? Il a un masque c'est un genre de carnaval. Il a un masque de carnaval qui fait peur à tout le monde. Il retire son masque, il va vers quelque chose et il revient, c'est deux grosses bêtes qu'il tient dans ses grosses mains, on dirait des lutins. »

Enquête : « C'est un gentil qui fait le méchant. »

En conclusion, nous pouvons dire que dans ce groupe l'hyperinvestissement de l'imagination constitue un processus défensif prévalent qui, toutefois, alterne avec des réactions d'inhibition à certaines planches (caractère évasif et imprécis des projections). Cette inhibition semble, ici encore, en prise avec un positionnement phobique par rapport à l'expression des mouvements pulsionnels et de l'agressivité. Aspects phobiques qui apparaissent notamment à travers les thèmes de danger, les monstres qui terrorisent, les peaux d'animaux morts. Mais, contrairement à ce qui se passe dans le groupe des « descriptifs-restrictifs », les moments défensifs d'inhibition alternent avec la possibilité d'exprimer de façon plus franche et libre les affects.

Dans ce groupe, la problématique est centrée sur une recherche active d'identification qui se traduit le plus souvent par des attitudes de *forcing* (en témoigne l'inflation des contenus humains) qui permettent de compenser les difficultés d'affirmation et de réalisation dans ce domaine.

Le groupe des « désorganisés »

Pour les 7 enfants de ce dernier groupe : Alain, Antoine, Daniel, Henri, Natacha, Pedro, Rémi, la participation au Rorschach est rapide et désordonnée. Les interprétations sont données le plus souvent sur un mode impulsif et anarchique, le besoin d'expression prime et se libère à la moindre sollicitation sans toujours tenir compte de la rigueur perceptive. La réactivité au test peut être importante, puisque le nombre de réponses varie de 15 à 69 (cependant la moyenne est de 20).

Dans ce groupe encore, la saisie perceptive est essentiellement globale. Lorsqu'il arrive qu'elle soit plus détaillée, elle demeure la plupart du temps confuse (F-).

À la différence de ce que l'on observe dans les autres groupes, on note une oscillation au sein d'une même planche entre des niveaux d'élaboration différents : des réponses bien construites et de bonne qualité formelle (F+%), qui confirment les capacités intellectuelles de ces enfants alternent avec des fabulations importantes proches parfois du fantasme cru. Dans ce cas, l'impact de la projection dégrade la rigueur perceptive et les capacités de jugement (le F+% est très bas, seulement 40% des réponses sont de bonne qualité formelle).

Rémi

Pl. III : « On dirait un vampire. Y'a deux fleurs. Il y a un cœur, et un papillon. Ensuite y a deux bras qui bougent. Ensuite y a un nez très piquant. Les ailes bougent. »

Rémi

Pl. VIII : « Un monstre. La gorge qui descend tout au fond de son ventre, remonte à la surface quand il a besoin de manger. Des boyaux de chaque côté... »

Le recours aux images socialisées est faible et l'absence de réponses banales d'animaux ou de personnages à la planche III est systématique. En revanche, la banalité attendue à la planche V est toujours présente. Il est rare toutefois que cette réponse fasse défaut même dans des protocoles d'enfants gravement perturbés.

Comme pour l'ensemble de notre population, les thèmes des réponses sont peu variés et presque exclusivement du registre animal, mais à la différence, en particulier, des « descriptifs-restrictifs », les réponses sont très chargées d'affectif. L'univers relationnel est fortement teinté d'agressivité destructrice. La menace d'agression potentielle est si forte que l'enfant l'anticipe : agresseurs et agressés se confondent dans la mêlée. Cette agressivité est constante et ne laisse pas place à un autre mode de relation. L'immaturité est manifeste.

Henri

Pl. IV : « Une bête, non, un fantôme. I mange une autre bestiole. C'est tout. »

Daniel

Pl. VI : « Ça ressemble à une araignée, ou plutôt un frelon. Un frelon c'est une grosse bête qui pique. Moi, j'en ai déjà tué un. Il se balançait dans une véranda. »

Rémi

Pl. X : « Y'a des petites araignées avec la mère méchante (?). Tu sais, chacune avec une mère, un père... qui est sévère avec les petites araignées. Y'a des tenailles aussi. Y'a une pince, deux oreilles. Y'a une petite araignée, deux petites, trois, quatre, cinq petites, six... cinq, treize petites, voilà dans un ventre gros, y'a des pics. »

La prévalence de thèmes centrés sur l'intégrité corporelle (corps abîmés ou déchirés) et le besoin d'évoquer les enveloppes protectrices (armures, vêtements...) révèlent le sentiment d'insécurité et l'anxiété très vive de ces enfants.

Alain

Pl. III : « Là, les œils. Là, les mains et là c'est son sang qui coule. »

Antoine

Pl. IV : « Ça on dirait un robot, des jambes de pingouin, des trous dans le ventre et une petite bête, et une petite bouche. Ah là ! c'est pas beau ! »

En conclusion, nous pouvons dire qu'à travers le Rorschach, les préoccupations inconscientes des enfants de ce groupe n'apparaissent pas encore centrées sur la recherche d'identification, car l'individuation n'est pas toujours suffisamment acquise pour laisser place à cette quête.

On note une alternance entre inhibition et passivité d'une part, sthénie et dynamisme de l'autre. La difficulté majeure réside dans le maniement du pulsionnel, avec une infiltration des processus primaires qui ne peuvent être réélaborés par des défenses plus opérantes.

L'angoisse est au premier plan et ne permet pas une différenciation des thèmes latents spécifiques des planches. Souvent débordés par leur imaginaire, ces enfants ne réussissent pas à canaliser leur univers fantasmatique. Leur angoisse est à la mesure de cet envahissement.

Éléments de synthèse

Si pour des raisons de clarté d'analyse nous avons choisi de présenter des groupes distincts, lesquels s'inscrivent le long d'un continuum, il est néanmoins apparu dans l'ensemble de la population présentée des traits communs.

Les planches du Rorschach ont suscité chez la quasi-totalité des sujets un réel malaise, comme on l'observe fréquemment chez d'autres enfants en échec et en souffrance. Plus spécifique est la façon restrictive des non-lecteurs d'aborder le matériel : la rigidité qu'ils ont montrée dans le décryptage des images, le manque de souplesse et de curiosité face à la nouveauté et l'utilisation défensive de stratégies appauvrissantes. Tout cela met en lumière une difficulté à exprimer leurs préoccupations et désirs et plus largement à se positionner dans la relation.

Répondre à la sollicitation du Rorschach exige un temps d'élaboration, temps durant lequel le sujet tente de se définir en puisant dans ses ressources intérieures. Les enfants non lecteurs réagissent avec vulnérabilité à la double contrainte de l'activité perceptive et fantasmatique inhérente au Rorschach. Donner leur avis personnel est déstabilisant pour eux. Cette sollicitation des affects, c'est-à-dire de leur subjectivité, désorganise plus ou moins leur pensée et leurs capacités d'adaptation.

Si quelques-uns d'entre eux formulent leur discours de façon incontrôlée et crue, pour la plupart des autres il est si maîtrisé et canalisé que le champ de leur pensée en est rétréci. Le groupe des « descriptifs-restrictifs », le plus caractéristique de notre population (de par sa proportion), nous donne un exemple de ce verrouillage des affects, inhibition des mouvements pulsionnels qui se manifeste par une attitude de remplissage et de description.

Le travail psychique suscité par le Rorschach, confronte tout particulièrement ces enfants à leur angoisse et à leur insécurité. Ils se laissent envahir par les différentes stimulations qu'ils reçoivent sans pouvoir les intégrer à une expérience connue et maîtrisable. Il en est ainsi de la forte prégnance des couleurs des planches du Rorschach qui ne peuvent être reprises dans l'interprétation mais seulement nommées. Cette hyperréactivité à l'environnement traduit une perméabilité du monde interne, un manque de repères d'identification solides et fiables. Cette même difficulté de représentation et d'intériorisation se retrouve dans la quasi-absence de réponses kinesthésiques (à l'exception du groupe des « interprétatifs »).

Au Rorschach, c'est à partir du perceptif que le fantasme émerge à travers le discours. Si le perceptif suscite trop d'imaginaire, il y a évitement ou envahissement, ce qui, dans les deux cas, aboutit à la même difficulté de mise en mots des affects. En effet, le sujet ne peut plus rassembler l'information qu'il reçoit en la symbolisant, et, dans le cadre du Rorschach, traduire les images abstraites des planches en images figuratives.

Que soient utilisés peu de mots ou beaucoup, la défaillance est à entendre du côté du symbolique. L'imaginaire envahit la sphère de la pensée au point de couper le sujet de son propre désir et donc de sa parole. Au Rorschach, cet envahissement de l'imaginaire se traduit par des réactions d'évitement et de refuge dans des positions immatures qui entraînent, entre autres, le difficile maniement de l'agressivité et l'absence de projection de la conflictualisation.

Toute maturation normale de l'affectivité implique des mouvements d'opposition qui permettent à l'enfant, et plus tard à l'adolescent, d'expérimenter son individualité en trouvant sa place. Ces affects se donnent bien peu à entendre dans les Rorschach des non-lecteurs. Pour l'ensemble de nos enfants le flou des repères d'identification et l'incertitude de leur propre pensée sont au premier plan.

Dans une soumission excessive à l'autorité de l'autre, ces enfants se plient à la consigne mais ne parviennent pas à prendre leur part de plaisir. Sur la défensive, ils avancent à pas comptés sans doute pour se préserver d'un danger fantasmatique, celui d'en dire trop. Restant à la frange des interprétations possibles, ils donnent à entendre des affects dépressifs à travers leur état d'impuissance, de résignation et d'incapacité à projeter des images valorisantes d'eux-mêmes.

Ainsi leur trouble est-il loin d'être circonscrit à la lecture et engage-t-il l'ensemble de leur rapport au monde. Cette étude sur le Rorschach ne révèle pas un profil de personnalité propre aux non-lecteurs, en revanche elle nous permet de mettre en évidence un certain nombre de caractéristiques du fonctionnement psychique, qui se présentent soit de façon isolée soit combinées entre elles. L'impossibilité de lire ne s'appuie pas sur une organisation de personnalité univoque. Ces troubles sont susceptibles de se manifester dans un contexte psychopathologique variable qui ne manquera pas toutefois d'influer sur le devenir du tableau psychologique de ces enfants.

Quoi qu'il en soit de la situation spécifique de chaque enfant, tous manifestent un manque d'autonomie et de disponibilité à la nouveauté. Qu'il s'agisse d'images abstraites (celles du Rorschach), d'images figuratives (les bandes dessinées) ou de textes, la difficulté de décryptage du sens est au premier plan. La question d'un savoir interdit qu'il faudrait à tout prix éviter de découvrir reste ouverte.

CHAPITRE XIV

LA LETTRE ET LES NON-LECTEURS

Jean Bergès

Certains enfants non lecteurs sont actuellement en psychanalyse, et quelques-uns en psychothérapie. Il serait présomptueux, aujourd'hui, de faire état du travail en cours. En effet, dans la cure de chacun de ces enfants, qu'il s'agisse des modalités du transfert ou des formations de l'inconscient, rien ne permet d'affirmer que quelque trait particulier au cas fasse étonnement ou singularité par rapport au travail entrepris avec des enfants du même âge, et dont la demande aurait été autre.

En revanche, quelques points théoriques paraissent pouvoir être soulevés, et peut-être éclairés par la psychanalyse, parmi ceux le plus souvent rencontrés dans la clinique d'un enfant non lecteur.

Commençons par cette remarque : la constitution d'une classe n'est pas régie d'abord par une opération qui consisterait à rassembler, à colliger en un ensemble toutes les unités formant la classe, mais au contraire l'essentiel de la classification réside dans l'opération d'écarter tout élément étranger à la classe ; classer, c'est d'abord et essentiellement *exclure*.

Si la classification consiste à exclure, si cette exclusion est première *logiquement* par rapport à la réunion des éléments d'une classe, c'est devant cette exclusion que cet enfant recule. Il ne s'agit donc pas de ce en quoi il serait incapable de faire un tout, mais plutôt de sa résistance, ou son incompétence, à séparer pour réunir. Or, nous allons bientôt constater que cette incompétence peut découler de la résistance à exclure des lettres pour lire, tandis qu'il faut les réunir pour écrire.

Mais envisageons d'abord les incidences de cette modalité d'approche des embarras dans les épreuves de classification sous l'angle de la fonction de la mémoire. En quoi la défaillance des fonctions mnésiques serait-elle à discuter dans l'échec de cette épreuve, dans cette difficulté parfois insurmontable à classer des cartes représentant des objets de nature, taille et couleur différentes ?

a) L'exclusion, la mise à l'écart, le rejet de tout ce qui ne fait pas partie de la classe vient mettre en péril le tout de toutes les cartes. La conséquence est qu'il va en manquer, ce qui entraîne le « risque d'oublier » ce manque qui, si je l'oublie, prend la place du mort. C'est donc à cause de la crainte de ce qui va manquer dans sa mémoire, et qui tente de revenir, que l'enfant ne peut exclure, donc classer.

Une preuve que l'on ne saurait négliger de cette lutte contre l'oubli qui se traduit par un défaut de mémoire nous est fournie par la procédure choisie par ceux qui réussissent le mieux les classifications : ils procèdent à une distribution. Dès lors, chacun (chaque classe) a son dû, sans reste ni manque. Le geste de la main distributive vient remplacer le comptage, assurer la continuité, préserver de l'écart.

b) Ainsi le non-lecteur garde-t-il tout pour ne pas perdre la mémoire ; et c'est à la mémoire de ce qu'il devrait écarter qu'il érige ce mausolée à triple entrée, à la mémoire de ce qu'il ne peut classer. Il ne saurait isoler un critère sans perdre les autres. Sa mémoire, à ne pas défaillir, risque de défaillir, c'est-à-dire de confondre ce qui permettrait de différencier les critères.

c) Ainsi le non-lecteur ne pourrait se résoudre à se fier à cette discrimination au prix de cette perte. Car cette discrimination des signifiants « couleur », « nature », « taille », ne porte pas sur leur phonétique, qui serait livrée par l'examinateur (par exemple dans une « amorce »), ou qui supposerait l'épreuve résolue par le sujet qui la parlerait. Mais il s'agit là d'une discrimination signifiante d'autant plus improbable, ou difficile, que chaque image à classer fait un tout qui conjoint les trois critères à la fois sur la même carte. Ainsi l'image est indicatrice du réel de l'objet, qu'elle représente de façon réaliste, elle est la signification du réel de la tasse, du jaune, de la petitesse. C'est de la perte d'un objet réel qu'est donc menacé l'enfant qui exclut pour classer. C'est dire combien les positions dépressives non réglées, par exemple, constituent un point d'appel à la répétition de cette disparition de l'objet. Et, d'autre part, on ne saurait trop souligner à ce sujet à quel point la problématique de la perte est liée à l'absence, dans son rapport dialectique à la présence de l'objet.

Or, la lecture, en particulier de la langue française, constitue un véritable cas de figure de cette disparition de l'objet, en l'espèce la lettre, et de sa présence. Pour que le lecteur comprenne ce qu'il lit, il est obligé de « faire tomber » un certain nombre de lettres. Cette opération, une nécessité de sens, est parfois fort complexe : dans la lecture du mot *monsieur*, par exemple, 4 lettres doivent disparaître. Or il s'agit d'une opération inverse tout aussi nécessaire dans la transcription : ici toutes les lettres doivent être inscrites, « sans faute ». Cette nécessité de passer d'une opération de perte dans un cas, et de complétude dans l'autre, vient mettre évidemment à rude épreuve la mémoire du langage écrit, du mot, et de leur relation au sens et à l'impératif du maître qui « fait » lire et écrire.

d) La psychanalyse des enfants non lecteurs, comme celle des adultes d'ailleurs, vient se situer dans le champ de la parole et du langage. La première des constatations que l'on puisse faire est que leur parole et leur langage ne constituent pas une difficulté quelconque : le non-lecteur parle et comprend, c'est dire qu'il est compétent dans la discrimination phonétique, dans ce qu'il entend et qu'il utilise quand il parle. Cette discrimination phonétique est celle qui permet au signifiant d'être différent de lui-même et de tous les autres, en un mot d'accéder au sens.

Mais à partir du moment où il s'agit de la lecture du langage écrit, nous constatons que cette capacité à discriminer est suspendue. Comment pourrait-on rendre compte de ce contraste ? Peut-être pourrions-nous faire un pas en soulignant quelle bascule est exigée pour pouvoir passer de la discrimination phonétique à celle de la lecture.

La discrimination phonétique ne porte pas seulement sur l'entendu, mais elle passe par tout ce en quoi le corps est engagé dans la fonction de la parole : la langue, les lèvres, la respiration concourent à la fonction de la voix, de l'objet voix qui tombe de la bouche et se fait entendre. Tandis que, dans la lecture, la discrimination porte essentiellement sur la vue, et elle se résout à un système de discrimination qui porte sur la lettre. C'est celle-ci « qui est à la fois le support matériel du signifiant et qui s'en distingue » (*Dictionnaire de la psychanalyse*, 1993) qui à la fois soutient la signification et peut être frappée, pour la soutenir, de caducité dans l'acte de lire.

Un exemple clinique qui montre bien les intrications des deux ordres de discriminations et des inscriptions signifiantes qu'ils supposent est fourni par les enfants dysphasiques. Ceux-ci en effet ont accès à la discrimination phonétique de ce qu'ils entendent, et ils comprennent parfaitement celui qui leur parle. Mais ils ne peuvent rendre compte de cette discrimination, la réaliser par la phonation. C'est par l'apprentissage de la lecture qu'ils apprennent à articuler leur parole. Ils démontrent ainsi que c'est la lettre qui vient servir de support au signifiant aux lieu et place des organes de la phonation.

Un autre exemple clinique, plus simple, est peut-être mieux connu. C'est celui des lecteurs qui ne peuvent comprendre ce qu'ils lisent qu'à la condition d'articuler, soit à voix basse soit à voix haute. C'est le passage par le corps engagé dans la phonation qui constitue la clé de la signification. Cela nous permet de rappeler ce que Freud, dans l'*Esquisse* et plus tard son article sur les « Considérations du devenir des deux processus psychiques », avance concernant le jugement d'attribution : celui-ci étant lié au fait que le « contingent perceptif inconstant » permet l'attribution au sujet ou au monde extérieur de cette perception dans la mesure où elle passe ou ne passe pas par le corps propre. Ici l'articulation en ce qu'elle a de signifiant ; précisément celle qui fait défaut chez le dysphasique.

C'est devant la lettre que le non-lecteur recule ; pour lui, elle ne peut supporter le signifiant car elle s'en distingue radicalement, dans la mesure où elle n'a aucun sens, qu'elle se réduit à elle-même, toujours égale à elle-même : ce en quoi elle est réelle.

e) Que la lettre soit aussi imaginaire, qu'elle ait une forme, ne change rien à la chose. D'être le support d'un phonème ne lui donne aucun sens : c'est ce que semble démontrer le non-lecteur quand il refuse absolument l'itération et élide la lettre si elle vient à se répéter dans le même mot. De sorte que ce en quoi cette lettre se répète permettrait une discrimination, c'est-à-dire donnerait du sens, aboutit à un impossible. Par exemple, cet enfant ne peut répéter le deuxième *a* de baratin, ce qui produit *bartin,* insensé. Ce deuxième *a* dont la lecture ferait un support du signifiant différent du signifiant lui-même – *ra* et non *a* – est donc évité. De sorte que cette lettre à la répétition de laquelle le non-lecteur se refuse parce qu'elle n'a aucun sens d'être répétée empêche la lecture d'accéder au sens du mot tout entier.

Et ce n'est pas en faisant appel à la « forme globale » du mot que cette imaginarisation va aider l'enfant, car c'est à l'épellation qu'il se cantonne au plus près du non-sens de la lettre. Pourquoi ? Parce que cette forme est elle-même inclassable et toute mémorisation supposant une classification de cette forme dans un tableau des significations se heurte à l'impossibilité d'exclure toutes les formes qui lui ressembleraient. Il y a là sans doute un point à prendre en compte dans la compréhension de l'apparente incapacité à mémoriser la forme du mot dans ce qui lui permettrait d'avoir un sens par rapport à toutes les formes voisines qui n'en ont pas, ce qui est « expérimenté » dans l'épreuve des « pseudo-logatomes ». La reconnaissance des blasons des mots se heurte à la classification impossible des devises.

f) Comment dès lors pourrions-nous entrevoir le ressort de fréquents succès de la lecture par les couleurs chez les non-lecteurs ? D'un côté les couleurs présentées n'ont aucune morphologie particulière. D'autre part, la couleur n'est pas un signifiant en elle-même car elle n'est en rien différente de ce qu'elle est. En revanche, elle pourrait constituer un support matériel au signifiant, chaque couleur étant radicalement différente des autres, au même titre que la lettre. Mais la couleur, support d'elle-même sans forme imaginarisée, a une signification qui est fournie par sa nomination (bleu, jaune...). Nomination qui exclut qu'il s'agisse d'un nom propre, puisque celui-ci est étranger à toute signification et, au même titre que la lettre, n'a aucun sens. C'est peut-être grâce à ces propriétés particulières que la lecture par les couleurs permet de contourner certaines difficultés spécifiques chez le non-lecteur et notamment celles qu'il présente avec le maniement des noms propres.

Nous donnerons rapidement l'exemple de cet enfant de 9 ans, Erico, qui ne peut désigner par son prénom l'un de ses deux oncles qui téléphone et doit faire appel pour les distinguer à la formule « celui qui a la voiture bleue », ou de cette fillette (vue après la clôture de la liste des 44 enfants retenus dans l'étude) du même âge qui ne peut nommer ses grands-mères par leur prénom ou leur diminutif, et emploie un qualificatif: « la Petite » ou « la « Grande ». Ainsi couleur et taille sont élevées à la dignité d'un signifiant, et le nom propre inaccessible.

La première réflexion que nous pouvons faire à ce sujet sera inspirée des travaux de ces Messieurs de Port-Royal, qui dans leur *Grammaire*, puis dans la *Logique*, font apparaître le nom propre comme « exprimant une idée singulière » et J.-C. Pariente (1985) souligne que cette détermination suffisante l'oppose au pronom de la troisième personne: le nom propre est distinct par lui-même, dans la langue, et pas seulement dans le discours. La deuxième réflexion dérivera des *Conférences* données à Yale par Saül Kripke sur « la logique du nom propre », dont nous rappellerons simplement que pour cet auteur le nom propre se spécifie soit par une définition soit par une monstration, ou ostension. C'est dans l'acte d'ostension lui-même, en montrant du doigt monsieur Dupont, que se fonde le nom propre Dupont. C'est dans la mesure où l'ostension fait partie de la langue qu'elle distingue le nom propre.

C'est par là que celui-ci tient du démonstratif. C'est de cette même ostension que la lecture va se soutenir, dans son épellation, du doigt indicateur, de l'index qui suit, souligne, va jusqu'à effacer les lettres écrites. Index qui montre et qui démontre :

– index qui montre, signe typographique dans la marge, mise à l'index : parce que l'on peut souligner une lettre par une image, comme au Moyen Âge une enluminure. Nous avons pu constater que le non-lecteur n'a aucune difficulté à reconnaître et à utiliser les pictogrammes. Mais ce que révèle l'héraldique de la lettre, c'est qu'elle fait obstacle à la lettre dans ce qu'elle a de symbolique, obligeant le psalmiste à la scansion par incapacité de lire l'enluminure. C'est à une fascination de l'image du même ordre que nous assistons dans les livres d'apprentissage de la lecture : le foisonnement des images, la représentation réaliste des éléments essentiels du texte peuvent être partout repérés : mise en images de ce en quoi l'enfant, invité à lire, soit aussitôt éjecté de sa place de sujet par la phrase : « Tu me lis cette histoire », et non : « Tu lis cette histoire. » Cette forme grammaticale vient condenser dans la métonymie du désir de la mère, ou du maître, le texte à lire et celui qui l'écoute ; elle vient précipiter cette certitude que l'écrit n'est pas adressé au lecteur débutant, qui ne pourrait que reconnaître et non lire ;

– index qui démontre : c'est dans cette perspective que l'acte de lecture est d'abord une ostension, une démonstration, ne peut être qu'une assertion, supposant une preuve directe. Le lecteur apprenti doit donc faire l'hypothèse que ce qu'il lit aurait un sens. C'est la vacillation autour de cette hypothèse qui vient moduler cette nécessité : il faut bien, pour que lire ait du sens, dépasser la lettre. C'est en étant éjectée du réel que la lettre, dans le mot, confère du sens à ce mot. Mais la lettre, ainsi montrée à la vue du lecteur par l'index qui épelle, est liée à la phonématique, ancrée dans l'articulé de la parole. C'est dans l'anticipation visuo-auditive que peut venir jouer le refoulement qui porte sur la représentation de chose. La lecture met en péril ce refoulement car elle fait office de retour du refoulé, dans la mesure où, par le regard, l'enfant *déchiffre* ce que son oreille sait déjà.

Troisième partie

LE DEVENIR DES ENFANTS NON LECTEURS

CHAPITRE XV

QUE FAIRE POUR SORTIR LES NON-LECTEURS DE LEUR ÉTAT DE NON-LECTEUR ?

Maïté Auzanneau

« L'enseignement ne peut consister que dans une sorte d'aide dans le travail d'accouchement du savoir, travail que l'élève doit opérer en lui-même, sur lui-même et finalement par lui-même. »

Saint Augustin,
De Magistro, Paris, Éd. Klincksieck, 1988.

Au-delà du constat de non-lecture et des comportements langagiers et cognitifs qui sont associés à cet échec, il s'est agi pour nous de conduire un apprentissage de la lecture, et de proposer des solutions aux enfants examinés par les chercheurs de l'équipe. Nous étions tous convaincus qu'il fallait faire quelque chose, mais quoi ? Ce chapitre tente de rendre compte de cet effort.

Soulignons qu'il existe dans le temps un décalage parfois assez long entre la passation des examens présentés dans les chapitres précédents, et le début de la remédiation engagée pour un enfant en grande difficulté de lecture. Souvent, il n'a pas été possible d'effectuer immédiatement une prise en charge.

Notre travail s'échelonne sur plusieurs mois en continu, excepté pendant les vacances scolaires. Il ne s'agit pas d'épreuves de lecture à un moment donné, mais d'un processus dont la durée est à prendre en compte. En cela aussi notre intervention est spécifique.

Dans le cadre du travail entrepris, nous avons rencontré des sujets en profonde difficulté ou en impossibilité de lecture, devant lesquels des praticiens de tout bord (orthophonistes, rééducateurs, formateurs, psychologues, enseignants, etc.) s'étaient trouvés démunis. De quelle façon pouvions-nous aborder et conduire un apprentissage de la lecture auprès d'enfants réfractaires aux modalités éducatives et rééducatives habituelles ? Comment s'appuyer sur leur potentiel évolutif, tout en tenant compte des composantes affectives et cognitives de chacun ? En d'autres termes, comment sortir ces enfants, et parmi eux les non-lecteurs, de leur état de non-lecteur ?

Nous ne savions rien sur le type de rééducation suivi antérieurement par ces enfants ni sur les méthodes pédagogiques auxquelles ils avaient été confrontés, si ce n'est qu'il s'agissait d'apprenants à qui aucune aide efficace n'avait pu jusqu'alors être apportée. À leur arrivée dans le service, ils avaient épuisé, sans succès, l'arsenal des rééducations proposées.

Nous avons choisi d'adopter l'approche pédagogique mise au point par Caleb Gattegno [1] (Young, 1990), qui met l'accent sur l'importance de prises de conscience successives dans les processus d'apprentissage.

C. Gattegno a recherché et créé des instruments permettant la mobilisation des aptitudes naturelles, du caractère propre et distinctif de chaque individu dans une interaction permanente entre l'apprenant et l'appris. Il aborde la lecture par ses composantes métacognitives, même si cette approche est rarement énoncée explicitement. Pour lui, apprendre est une succession de prises de conscience ; c'est le fait de savoir ce que nous sommes en train de faire avec nous-même à chaque instant. L'accent est mis sur les activités mentales de l'apprenant, activités qui lui permettent d'apprendre.

Nous nous appuyons sur deux outils didactiques, la lecture en couleurs, élaborée par l'auteur lui-même, et des logiciels d'application créés à partir de ses travaux. Nous les présentons avant d'aborder les réactions des enfants non lecteurs dans ce contexte précis de remédiation.

---

1. C. Rose a proposé l'approche de C. Gattegno à l'équipe qui travaille avec le docteur J. Bergès à l'hôpital Sainte-Anne.

La *lecture en couleurs* : une approche originale

La *lecture en couleurs* est une application d'une théorie de l'apprentissage mise au point en 1957, et ayant fait l'objet d'un ouvrage édité en 1966 par Caleb Gattegno. Elle a été expérimentée en amharique, langue parlée en Éthiopie, lors d'une mission que celui-ci effectuait à Addis Abeba pour l'UNESCO. Le matériel a ensuite été élargi et adapté à un grand nombre de langues : le français, l'anglais, l'espagnol, l'allemand, le japonais, le russe, le hindi... Il s'applique également à des langues très peu répandues telles que l'inuit (langue du peuple des Esquimaux) et le yoruba (langue parlée par des peuples du Nigeria, du Bénin et du Togo).

Les panneaux en couleurs : une médiation de la relation phonie-graphie

La *lecture en couleurs* comprend trois outils correspondant à trois niveaux de la relation oral/écrit :

– celui, général, d'une correspondance symbolique, établissant une mise en relation entre unités phonémiques et unités visuelles concrétisées par des rectangles de couleurs ;

– celui, articulé, d'une application au système orthographique ;

– celui, sémantisé, de la correspondance avec des mots.

Cette visualisation se fait à l'aide de tableaux cartonnés de 60 cm sur 40 cm destinés à être affichés aux murs.

Premier outil

Exposé sur un seul panneau noir, ce premier niveau de correspondance phonie-couleur rassemble 37 rectangles :

– 32 rectangles coloriés de 32 couleurs différentes correspondant aux 32 phonèmes du français recensés par C. Gattegno [2]. Chaque rectangle est colorié d'une couleur spécifique

2. Pour les voyelles orales et nasales (au nombre de quinze), cette distribution correspond au système phonologique « moyen » du français tel qu'il est décrit par Henriette Walter (1977). En excluant le [ŋ] et en considérant

caractérisant sa valeur phonémique, toujours la même quelle que soit la langue [3]. Ce panneau est divisé en deux parties. Les rectangles de couleurs vocaliques, en haut, sont séparés des rectangles de couleurs consonantiques, en bas, par une ligne horizontale blanche.

– 5 rectangles composés de deux couleurs initiales, visualisant l'association de deux phonèmes correspondant à un graphème de haute fréquence dans les mots du français. Par exemple la suite *wa* (graphème : oi) qui comprend une variante du phonème /u/ et le phonème /a/ est représentée par un seul rectangle constitué dans sa moitié supérieure de la couleur verte de /u/ et dans sa partie inférieure de la blanche de /a/. De même, la suite des phonèmes /k/ et /s/ dans *taxi*, par exemple, est représentée par un rectangle bicolore, reprenant la couleur jaune du /k/ et la couleur verte du /s/.

Ce tableau ne comporte aucune lettre, exclusivement des rectangles de couleurs. Ainsi, le rôle prédominant accordé à la lettre par l'épellation dont nous avons vu (*cf.* chapitre VIII) qu'elle était abusivement utilisée par les non-lecteurs, peut être en quelque sorte neutralisé. Remarquons que pour tout un chacun, au début de l'apprentissage de la lecture, le fait que certaines lettres puissent avoir un nom propre et se prononcer autrement dans le contexte d'un mot : la lettre *y* qui se lit *i* alors qu'elle est épelée *i grec* peut s'avérer source d'interrogation et de difficulté.

Et, lorsque le nom propre de la lettre correspond à un signe de la langue et peut évoquer un contenu, cela est d'autant plus accentué. La lettre *h*, en principe muette, se dénomme *hache*, et que dire des lettres *m* et *n* qui se transforment respectivement en *aime* et *haine* à l'épellation !

Ainsi, ce tableau, en médiatisant la relation oral / écrit par la modalité non alphabétique et non linguistique que constitue la

---

le [ɲ] comme une succession de phonèmes, l'auteur propose, en revanche, un système consonantique qui s'en différencie très légèrement.

4. Cela pour les phonèmes communs, car bien sûr le nombre de rectangles diffère pour chaque langue.

couleur, permet de dissocier la mise en correspondance d'une lecture/prononciation des lettres.

DEUXIÈME OUTIL

Dans une série de 8 tableaux sont présentées toutes les manières d'orthographier les phonèmes du français, ainsi que les 5 groupes phoniques sélectionnés par l'auteur.

Comme le montre l'équipe de Nina Catach (1989), si notre langue comporte une centaine de graphèmes courants qui permettent de couvrir 82% à 84% de l'information de tout texte écrit en français, le décalage entre langue orale et langue écrite reste marqué et les irrégularités sont fréquentes. Comment faire autrement, puisqu'il s'est agi de transcrire 32 phonèmes avec seulement 26 lettres ? Les aménagements qui se sont imposés – apparition de digraphes *(ch...)*, de trigraphes *(oin...)* et même de groupes comportant jusqu'à 5 lettres *(cques...)* – expliquent pour une part la complexité de l'orthographe du français.

La lecture du français exige l'intégration de multiples formes pour un même son. La recherche d'une stabilité écrite est difficile malgré les régularités dénombrées (Catach, 1989) et l'étude de la relation phonèmes/graphèmes, particulièrement complexe en français, demande une investigation très fine de la part de l'apprenant. Elle occupe une place essentielle dans la conscience du fonctionnement de la langue.

C. Gattegno a ainsi recensé 313 manières de transcrire les sons-voyelles (15 phonèmes vocaliques et les 2 groupes /we/ et /wa/) et 193 pour les sons-consonnes (17 phonèmes consonantiques et les 3 groupes /cs/, /gz/ et /nj/). Chaque phonème ayant « reçu » une couleur, celle-ci reste la même, quelle que soit sa transcription graphique : *a, à, ats, as, ah* sont tous coloriés en blanc ; *è, es, ei, est, ait, aient* sont tous de couleur turquoise, etc. Les graphies s'inscrivent en une ou plusieurs colonnes coloriées adéquatement selon le phonème.

Ces tableaux favorisent la vigilance nécessaire pour maîtriser l'orthographe. Ils permettent de construire tous les mots de la langue française, en visualisant tous les graphèmes du français. Le pointage de n'importe quel mot est possible, il permet de reconstituer à la fois son orthographe et sa prononciation induite par la couleur appropriée. De tels instruments montrent tous les choix, très nombreux parfois, de correspondance graphème/phonème, mais dans une limite clairement affichée puisqu'il n'existe pas d'autre éventualité.

Troisième outil

Dans une troisième série de 16 tableaux, ce sont des mots qui sont écrits en couleurs, couleurs systématisées représentant toujours le même phonème. Par exemple, les mots *bal* et *balle* comportent, chacun, trois couleurs correspondant à leurs trois phonèmes : *b*, vert ; *a*, blanc ; *l* et *lle*, bleu. On trouve dans le premier tableau des mots courants comme *il, mur, le, ma, une, ami, à, animal...* ; la terminaison du pluriel *s* et du féminin *e* ; des homonymes : *a/à, la/là* ; des verbes conjugués à différents temps : *a, ira, uni, lia.*

C. Gattegno a choisi des mots qui témoignent des possibilités de transformation associées à la commutation et à la permutation (*une* est le renversement phonémique de *nu*, comme *lamina* est celui de *animal*). Ceux-ci permettent de mettre l'accent sur la combinatoire phonologique du français et répondent aux exigences nécessaires à l'apprentissage de la langue écrite (Catach, 1973 ; Blanche-Benveniste et Chervel, 1974).

Par ailleurs, ces mots sont ordonnés dans les tableaux de façon à permettre à l'apprenant la prise de conscience des conventions de l'écrit. C. Gattegno en a répertorié cinq.

1. À l'écrit, la succession temporelle est portée par la dimension spatiale, explicitée par l'orientation de la ligne droite, dans notre système d'écriture.

2. Quand un son diffère d'un autre, il faut lui donner un signe différent.

3. La finitude du papier implique une organisation de l'espace variable selon les langues (écriture de haut en bas et de gauche à droite en français mais autrement en japonais par exemple).

4. On écrit au-dessus ou au-dessous de lignes réelles ou imaginaires.

5. On laisse un espace entre les mots à de rares exceptions près (pas en thaïlandais ni au Moyen Âge en français).

Enfin, les mots choisis sont distribués de manière à ne former aucune phrase par effet de voisinage. L'utilisateur est chaque fois obligé de reconstruire les phrases créées en allant pointer le mot adéquat. En se servant uniquement du premier tableau de mots en couleurs, on peut pointer et lire des phrases insolites, parfois à la limite de l'absurde, mais qui donnent la possibilité d'entrer dans la combinatoire de la lecture : « Il le lui a lu », « L'animal le malmena », « L'amiral rame mal ».

Ces panneaux permettent par leur composition de faire un très grand nombre de phrases en un temps très court.

La couleur : une mise en correspondance sans ambiguïté

S. Borel-Maisonny (1948) utilisait deux couleurs différentes pour les voyelles et les consonnes. Elle préconisait de ne pas épeler ces dernières, mais de les prononcer en n'émettant que le bruit qui les caractérise. Elle assurait ainsi simplifier la tâche de l'enfant, libéré du dilemme nom de la lettre/valeur phonémique.

G. Cuisenaire, instituteur belge, utilisait pour enseigner les mathématiques à des enfants en difficulté, des réglettes de couleur qui portent son nom. Cet outil permettait d'associer une couleur et une seule à une dimension donnée. L'établissement d'un rapport unique, distinctif et exclusif entre une dimension et une couleur, constituait un aspect facilitateur dans l'appréhension de la mesure. C'est en s'inspirant de cette pédagogie que C. Gattegno a choisi d'utiliser la couleur pour établir une correspondance biunivoque entre des unités visuelles et le système phonologique d'une langue.

Dans les tableaux, les couleurs sont stables et toujours ordonnées de la même façon, si bien qu'une même couleur représente le même phonème, quel que soit le tableau considéré. Elles sont standardisées pour des phonèmes communs à plusieurs langues.

La couleur est un fait invariable : quand c'est rouge, c'est rouge. Le rouge est équivalent au phonème spécifique /i/, quelle que soit sa représentation graphique *(i, y, ix, ient, il, ids...).* Cette correspondance est établie une fois pour toutes et ne bouge pas. Il suffit à l'utilisateur d'accepter de dire ce même phonème chaque fois que la couleur est présente. En apportant une stabilité totale, d'une part, la couleur contre le poids de la lettre ; d'autre part, elle élimine les doutes puisqu'une seule lecture est possible. Elle permet de s'occuper « de ce qui se passe dans les oreilles », sans penser aux noms des lettres, comme dans la parole, et donne le moyen de savoir, sans hésitation, la sonorité à émettre. Ainsi elle remet en cause la confiance aveugle faite en l'alphabet comme procédé de lecture selon lequel chaque fois qu'une lettre est vue, elle est associée à son nom ; elle permet ainsi d'admettre que le graphème complexe *ou* est la graphie d'un seul phonème puisqu'il a une seule couleur spécifique.

Soutien au tout début de l'apprentissage, la couleur autorise le repérage de phonèmes en rapport avec des couleurs précises et avec des graphies plus ou moins nombreuses. Elle favorise la production de mots en rapport avec ceux-ci ou le comptage et le repérage de ces phonèmes dans les mots. Elle conduit ainsi l'apprenant à la discrimination consciente et ordonnée des phonèmes d'un mot, et favorise la conscience phonologique.

Plus tard, la couleur sert de référence dans la correspondance grapho-phonétique et interroge l'apprenant sur les bizarreries de l'écrit puisque, par ailleurs, la construction du français orthographique comporte d'autres paramètres que cette correspondance, faisant intervenir la morphologie, la syntaxe et le lexique. Elle autorise les prises de conscience de l'existence d'autres critères déterminant la structure de l'orthographe. Prenons le fameux exemple « les poules du couvent couvent » qui illustre clairement la présence de deux articulations (phonogrammique et morphogrammique) dans le système graphique du français ; le premier « couvent », qui est un nom, comprend 4 sons donc 4 couleurs, jaune/c, vert/ou, kaki/v, rose/ent, mais le second, qui est un verbe, comprend 3 sons donc 3 couleurs, jaune/c, vert/ou, kaki/vent.

Cet usage de la couleur ne s'étend cependant pas à l'exercice de l'écriture. Celle-ci est abordée conjointement avec l'apprentissage de la correspondance couleur/son/forme, mais se fait évidemment en noir et blanc. Dans un deuxième temps, le passage à la lecture en noir et blanc peut se faire au tableau noir, ou sur un tableau *Velleda*, ou encore à l'aide de petits livres de lecture qui ne font, naturellement, pas usage de la transcription en couleurs.

Le pointeur : organisateur de l'espace et du temps

Le pointeur est un outil essentiel attaché à la *lecture en couleurs*. Crayon métallique télescopique, il introduit la dimension temporelle et le sens du repérage dans l'espace. Objet déictique par excellence, il respecte l'ordre de la parole, détermine un agencement irréversible de phonèmes tout en maintenant le caractère éphémère de la langue parlée. Il met en relief le temps, qu'il rétablit dans la linéarité de la phrase.

L'audition et la phonation sont inscrites dans le temps et la lecture exige un découpage du temps en séquences puisque l'écrit transforme une dimension temporelle en une dimension spatiale. L'enfant travaille sur la construction d'une équivalence entre l'aspect temporel du langage parlé et l'agencement spatial du message écrit. Le pointeur jette un pont entre ces deux systèmes.

En désignant successivement des rectangles ou des graphèmes l'utilisateur crée des mots ; et, à partir des mots ainsi indiqués, il crée des phrases. L'apprenant passe d'un phonème à l'autre, ou d'un mot à l'autre. Il reconstitue la dynamique de la langue en tenant compte de l'intonation appropriée. Grâce à la segmentation rendue par un mouvement de chute du pointeur, et à la recomposition du langage, il acquiert la mobilité qui lui manque. L'élément temporel peut varier pour une succession de phonèmes identiques : par exemple, bleu/jaune – bleu/rouge/bleu/blanc « donne » *le lilas* alors que bleu/jaune – bleu/rouge – bleu/blanc « donne » *le lit, là*.

La combinaison de différents pointages permet la construction de nouvelles propositions. L'enfant suit une succession de pointages qui déclenche la lecture.

La manipulation rapide du pointeur supprime l'ânonnement. De plus, la vitesse empêche l'apprenant de mettre puis de mémoriser des lettres sur les couleurs. Le pointeur rend son aspect éphémère à la langue parlée: « C'est notre activité mentale qui les maintient présents (les mots) et fait que nous pouvons les restituer comme une entité phonétique, linguistique ou signifiante [4]. » L'apprenant saura que lire, ce n'est pas seulement regarder ou nommer des lettres, c'est savoir comment elles vont ensemble et les unes par rapport aux autres pour correspondre à des sons, à des mots, à des phrases.

L'accès à la lecture : un parcours schématique

Lors du premier rendez-vous, qui est en même temps la première séance, nous amenons l'enfant à comprendre à l'aide du pointeur et du tableau des rectangles en couleurs que notre jeu consiste à attribuer un phonème à une couleur. Pour accéder à la lecture, nous n'utilisons que 4 ou 5 couleurs. Ce travail s'accomplit en faisant franchir schématiquement sept étapes techniques, indispensables à l'acquisition de la lecture (Auzanneau, Rose, 1990).

PREMIÈRE ÉTAPE

Nous commençons en pointant un rectangle blanc tout en disant *a*. Le pointeur élargit le jeu en frappant deux fois le même rectangle blanc, l'apprenant dit *a a*: deux pointages correspondent à deux dires. Dès lors nous faisons varier la vitesse. Nous l'invitons à découvrir par des jeux de pointages plus complexes mais toujours dans la « langue des a », selon la formulation de C. Gattegno, que le son reste stable tandis que les distributions de durée et de rythme changent. À ce stade, nous instaurons éventuellement un jeu comportant des intonations d'affirmation, d'interrogation, d'exclamation afin d'amener l'enfant à prendre conscience que sa propre parole est, elle aussi, porteuse de sens.

4. Lachaise S., note interne à l'association « Une école pour demain », non publiée.

Deuxième étape

En utilisant ce même phonème, nous donnons les conventions, dénombrées par C. Gattegno et citées plus haut, qui régissent le langage écrit. Elles sont mises en place visuellement et oralement dans le temps : un rectangle pointé correspond à un son émis ; deux rectangles de la même couleur pointés rapidement l'un après l'autre sont équivalents à deux sons dits de façon rapprochée ; deux rectangles pointés avec un certain intervalle répondent à deux sons prononcés avec un intervalle semblable. L'apprenant prend conscience de l'itération, de la durée, de la stabilité de la couleur. Il acquiert le rapport entre le vu, l'entendu et le parlé : *aaa, aa a, a aa, aa aa,* etc. Chaque mouvement du pointeur vers le bas isole un « mot ».

Troisième étape

Nous pointons un deuxième rectangle de couleur vocalique, par exemple le rouge, en lui attribuant le phonème adéquat *i*. Ce qui valait pour le premier phonème (blanc/a) vaut aussi pour le second. L'ordre conventionnel se met en place : ce qui se pointe en premier doit se dire en premier. Puis nous en venons à l'opération du renversement *a i* → *i a*. Nous pouvons introduire une troisième, puis une quatrième couleur. À ce stade, l'apprenant manipule quatre couleurs-sons vocaliques, par exemple blanc/a, rouge/i, jaune/e, beige/u.

Quatrième étape

Si la dynamique de l'usage des phonèmes vocaliques est en place, c'est-à-dire si l'apprenant utilise correctement l'ordre temporel, l'itération, le rythme, la durée, le phrasé, nous abordons le bas du tableau où les rectangles correspondent aux phonèmes consonantiques. Nous introduisons une cinquième couleur en pointant par exemple le rectangle bleu, et nous le prononçons en liaison avec un des phonèmes vocaliques précédents : *la* (bleu/blanc). Ensuite, nous associons par pointage le rectangle bleu à un autre rectangle vocalique connu (rouge/i, jaune/e, beige/u) et nous observons si l'apprenant change la valeur de la voyelle en association avec le rectangle consonantique *(li, le, lu)*. Enfin nous renversons ces groupements *(al, il, el, ul)*. Ces associations revêtent une importance capitale car de nombreux apprentis lecteurs attribuent une valeur syllabique à chaque consonne *(le* ou *èl* pour la lettre *l)*.

CINQUIÈME ÉTAPE

Nous procédons à différents pointages qui aboutissent à des mots français. Il n'y a toujours pas de lettre, les petites phrases ne sont pas soumises à l'orthographe. Ainsi, avec les cinq phonèmes connus on peut par exemple pointer : *il li, le li, il le lui a lu, le lila*. Nous ajoutons alors une seconde couleur consonantique /m/ (orange), que nous travaillons comme précédemment, toujours en association avec une couleur vocalique : /ma/ (orange, blanc). À l'aide du pointeur, nous créons, avec un minimum de phonèmes, des suites de mots qui correspondent à des phrases, certes encore simplistes : « l'animal a mal, il me l'a lu, il alla à la rue ». La variation se fait dans le temps selon l'ordre établi par le pointeur. Nous pouvons introduire selon les besoins et/ou la curiosité de l'enfant de nouvelles couleurs.

SIXIÈME ÉTAPE

Lorsque l'enfant « lit » ces différentes combinaisons de rectangles, nous savons qu'il a intégré les opérations de renversement *(lame → mal)*, de substitution *(la → le)*, d'addition *(lu → lui)* et d'insertion *(la → lia)*. Nous procédons alors, pour la première fois, à la présentation de lettres telles qu'elles se trouvent dans le premier tableau de mots en couleurs. À ce stade, les phonèmes utilisés sont en nombre limité, huit dans le premier tableau de mots. Le graphème, parfois trompeur, ressort mais l'apprenant peut faire confiance à la couleur (« nulle » comporte trois couleurs donc trois phonèmes – violet/beige/bleu – même si cinq lettres le composent).

SEPTIÈME ETAPE

Nous manipulons maintenant les diverses couleurs connues, mais en nous appuyant aussi sur la représentation graphique des phonèmes. Nous abordons en même temps l'écriture. Ce que l'apprenant peut lire, il peut l'évoquer, il peut l'écrire, il peut le vérifier. L'intégration se poursuit en reliant les mots de manière à produire des phrases. L'apprenti prend de l'assurance dans ses propres performances en lecture, il développe la confiance en soi.

La notion de « battement » peut être ici utilisée. Un battement correspond à une syllabe orale : *nulle, chutent* (un battement) ; *é-quipe, a-llume,* (deux battements) ; *a-ni-mal, la-va-bo* (trois battements). Pour ce faire, on demande à l'enfant de lire les mots comme il les dit spontanément. Cette approche permet d'aborder autrement le *e* muet ou les lettres quiescentes.

L'apprenant qui franchit ces sept étapes n'est plus à nos yeux un novice. C'est un lecteur débutant certes, mais qui sait comment aborder l'acte de lire. Il cesse de deviner le mot, il le regarde et le prononce selon les conventions de sa langue. À chaque nouvelle étape, il est capable de faire ce que nous lui proposons et à sa propre surprise, il résout ce qui se présente. Ces étapes subordonnées les unes aux autres et dûment intégrées mènent aux prises de conscience nécessaires à la mise en place des processus qui sous-tendent la lecture.

Les deux premiers tableaux de mots en couleurs permettent d'assurer la stabilité de la couleur en élargissant le choix des formes d'un phonème donné. Par exemple la couleur bleue, correspondant au phonème /l/, est proposée dans 6 graphies différentes (l, l', ll, le, lle, lles). Il s'agit pour l'apprenant de transposer les analyses qu'il a effectuées sur les rectangles de couleurs. Il « pratique » en pointant des mots et en constituant des phrases simples où il lit nos pointages. Mais le champ de travail ouvert par ces deux premiers tableaux de mots est beaucoup plus vaste. Allons-nous consacrer du temps à la double consonne qui n'est pas phonémique en français (*allume* dans le premier tableau) ? Allons-nous aborder le genre ? Le nombre ? Les pronoms ? Les liaisons ? Les homophones grammaticaux (es, est, et ; a, à, as ; la, là, l'a ; sont, son) ? L'expression du temps dans les conjugaisons (a ri, rame, ira) ?

Le travail avance selon les mêmes principes, seule l'attitude de l'enfant détermine l'option choisie. Les jeux-exercices sur les tableaux ou sur l'ordinateur se poursuivent jusqu'à ce que, maîtrisés, ils n'aient plus aucun intérêt. Après quelques séances, l'apprenti lecteur applique la correspondance phonographique, il lit ce qu'il voit et non autre chose, il a assimilé le passage à la lettre, il connaît la différence entre lettre, phonème et battement, il module sa voix pour incorporer dans son énoncé l'intonation requise par le sens et la ponctuation d'une phrase lue. Nous considérons alors qu'il sait lire, même s'il est encore loin de maîtriser la langue écrite, dans toute sa complexité.

Les didacticiels : l'expérience acquise et l'informatique

Plus récemment élaborés, les didacticiels utilisent l'expérience acquise par les travaux de C. Gattegno et s'enrichissent des possibilités qu'offre l'informatique. Ils donnent la possibilité de contourner le rejet manifesté par certains apprenants devant le papier et permettent de résoudre la difficulté que représente l'« autre » dans la situation pédagogique.

Les logiciels n'acceptent pas la moindre erreur (un accent aigu est un accent aigu) mais laissent la possibilité, sans le jugement d'autrui, d'un très grand nombre d'essais. « Il(s) vous entraîne(nt) à être de plus en plus présent, sur le plan de la perception, de l'activité mentale et de l'action » (Laurent, 1987). La qualité des programmes autorise une assistance silencieuse du remédiateur, et laisse une plus grande disponibilité pour l'observation du fonctionnement de l'utilisateur. Dans son face-à-face avec l'ordinateur, appareil familier dès la maternelle, l'apprenant peut dépasser son inhibition, évite les digressions et surtout prend confiance en lui en trouvant ses propres critères. Quatre programmes sont proposés.

La dictée visuelle [5] contribue à la prise de conscience du temps et de l'algèbre dans la lecture. Par algèbre, Gattegno entend les combinaisons et substitutions des éléments qui forment un mot. Par exemple la permutation de toutes les manières possibles des trois lettres *c r o* produit six groupes différents, *roc* et *cor* ont une signification alors que *rco, orc, cro, ocr* ne font pas partie de la langue française écrite. Par renversement, *roc* devient *cor,* par substitution il devient *soc,*

5. Laurent *et al.*, 1987, *La dictée visuelle,* deux disquettes, Besançon, « Une école pour demain ».

par addition *troc*. L'objectif de ce programme est l'acquisition et la maîtrise de ces opérations.

S'éduquer à... orthographier[6] donne l'occasion d'acquérir ou de renforcer la discipline qu'exige l'activité d'orthographier. Il s'agit d'apprendre à reconnaître, à décoder, à regarder, à évoquer, à coder, à transformer rapidement les mots, à se fier à leurs images. Ces programmes amènent l'apprenant à accepter le français tel que nous l'a légué l'histoire, c'est-à-dire avec ses conventions arbitraires mais aussi sa cohérence.

Accords dans la phrase et Accord dans le groupe nominal[7] permettent à l'apprenant de mettre en place l'écrit du français en rapport avec la conjugaison et la grammaire. Ils le rendent sensible à la dysharmonie produite en français en cas de non-respect des accords, comme par exemple les accords des participes passés ou les accords en genre et en nombre du nom avec son déterminant et ses adjectifs.

La pratique remédiative : « le thérapeute de la lecture »

L'attitude choisie est un pari dont le résultat nous a paru fécond. Dans le contexte d'une pratique remédiative sortant du modèle pédagogique classique, où la transmission d'un savoir consiste à s'appuyer sur une situation hiérarchique, il nous semble que c'est l'appellation « thérapeute de la lecture » (Dubois, 1989) qui pourrait le mieux convenir.

En aucun cas la solution n'est fournie. L'apprenant est amené à résoudre la question posée par déductions successives. La progression offerte, bien qu'organisée, ne prend pas une forme contraignante. La flexibilité reste le maître mot des séances de remédiation. L'enfant est pris là où il en est, à chaque séance, choix fondamental qui induit le déroulement des séances suivantes. En mettant l'enfant dans une situation où il peut réussir un apprentissage positif, nous suscitons chez lui le sentiment, puis l'assurance, que l'enfant qu'il est, est capable de résoudre une série croissante de problèmes. Nous

6. Laurent *et al.*, 1987, *S'éduquer à... orthographier,* six disquettes, Besançon, « Une école pour demain ».

7. Laurent *et al.*, 1988, *Accords dans la phrase* et *Accord dans le groupe nominal,* quatre disquettes, Besançon, « Une école pour demain ».

proposons des exercices, des défis, à un niveau de difficulté suffisant mais sans que la situation commence à basculer, d'où la nécessité de sentir toujours où en est l'apprenant. Celui-ci devient alors le véritable acteur de son apprentissage.

Cette démarche a pour but un changement intrinsèque de l'image que l'apprenant a de lui-même ; elle contribue à dissiper son sentiment d'infériorité et engendre une reconnaissance tacite du fait que personne d'autre ne peut faire son travail à sa place.

Dans l'approche qui nous intéresse, nous ne demandons pas à l'enfant d'apprendre, mais de regarder, d'utiliser, afin d'assimiler ce qu'il est amené à découvrir et non ce que nous pourrions lui montrer ou lui imposer. Ainsi pourront être levées ses inhibitions, sa rigidité, voire ses croyances (*cf.* chapitre VIII). Pendant les séances, dans quelle mesure les enfants nous sollicitent-ils pour la détermination du juste ou du faux ? Tous se tournent vers nous afin de saisir une expression corporelle, à défaut d'une appréciation verbale, qui confirmerait leur réponse. Tous se trouvent désemparés face à notre silence.

Comment vivent-ils l'expérience d'avoir à juger personnellement leurs propres productions ? La neutralité les laisse confrontés à eux-mêmes, ils ne peuvent pas compter sur un rôle (qu'ils supposent nôtre) de censeur détenteur du « savoir ». Nous avons opté pour de telles attitudes car l'enfant en échec d'apprentissage de la lecture n'a que trop connu de relations d'abandon, de mépris, de rejet ou, au contraire, d'hyperprotection, de séduction. Nous sommes en alerte devant un enfant impatient d'aller toujours plus loin, trop excité, pour qui tout est « fastoche, super ». Ces réactions témoignent d'une profonde anxiété et d'une recherche de l'échec qui, seul, rassure, puisque l'issue négative des essais a pour effet le renforcement ! Grâce à son échec, le sujet demeure conforme à lui-même. D'où, aussi, l'inutilité de tout commentaire susceptible de susciter l'opposition ou l'angoisse.

La lecture en couleurs ne part pas d'un fictif point zéro. Elle prend en compte ce que l'apprenti lecteur est capable de faire de lui-même, au temps, au lieu, au stade où il se trouve. Plus qu'une approche d'un apprentissage spécifique, c'est une construction de l'esprit où l'apprenant se révèle l'artisan de son propre savoir, par la mise en synergie de toutes ses compétences. Il s'agit d'un processus en évolution permanente qui ne se limite pas à la seule acquisition de la lecture. Les répercussions de l'apprentissage ont des effets, pensons-nous, sur la vie personnelle du lecteur débutant.

Comportements et réactions des enfants en grande difficulté de lecture ; procédures de remédiation

Sur 78 enfants venus consulter pour des difficultés sévères en lecture et retenus dans ce travail, 51 ont accepté de suivre des séances de remédiation, dont 23 non-lecteurs et 28 mauvais lecteurs. Sur l'ensemble des 51 enfants en remédiation, 7 ont abandonné à la première ou deuxième séance avant d'avoir accédé à la lecture. Nous ignorons la ou les raisons de ces interruptions et le devenir de ces enfants. Pour 4 autres enfants en situation d'échec, une thérapie a été mise en place. En parallèle s'est poursuivi le travail en lecture.

Pourquoi une thérapie ? La plupart des enfants suivis présentent de façon plus ou moins évidente, plus ou moins accessible à une action extérieure, des tableaux de type névrotique, que ceux-ci se trouvent ou non à l'origine du trouble en lecture ou bien encore puissent être considérés ou non comme l'effet d'une très profonde blessure. Chez la plupart des non-lecteurs, les traits névrotiques sont frappants, un peu moins souvent chez les mauvais lecteurs. Dans d'autres cas, et ce sont ceux-là dont s'occupent en priorité les organismes sociaux, les déprivations culturelles apparaissent au premier plan. Rappelons que ce n'est pas le cas des enfants retenus.

Nous présentons ici l'observation de leurs stratégies d'accès à l'écrit, telles qu'elles se sont manifestées lors de nos premières rencontres. Les séances de remédiation ne sont pas des épreuves que l'on applique aux enfants et il ne saurait s'agir d'un relevé exhaustif, plutôt de tendances dominantes qui se sont imposées. Aucun de ces enfants ne se situait, dans une relation strictement identique à la lecture et à la langue écrite, mais tous étaient inexpérimentés au point de se trouver, pour certains, dans une carence presque totale face au langage écrit.

Si l'on examine leurs premières façons de faire, dans le contexte pédagogique décrit précédemment, il est frappant de constater que celles-ci départagent nettement les deux groupes d'enfants.

Tout d'abord, sauf exceptions (3 enfants sur 23), les non-lecteurs sont très en deçà d'une *combinatoire* syllabique, comme s'ils n'avaient pas compris que lire, c'est pour une part combiner des signes entre eux. Parmi les mauvais lecteurs, l'existence de cette combinatoire est envisagée et mise en œuvre, même si ce n'est pas sans erreurs, par la moitié d'entre eux.

Dans le groupe des non-lecteurs, lorsque cette dimension est intégrée, elle donne lieu à un *déchiffrement* ânonné qui ne manifeste ni la segmentation en mots, ni *a fortiori* la compréhension de ce qui est lu. Ces enfants égrènent une succession de syllabes, comme si lire consistait à « dire des sons », tout comme écrire consisterait à « faire des lettres ». Pour eux, la lecture est dépourvue de relation avec la langue orale dans la mesure où elle est rarement soumise à l'épreuve du sens. Geoffroy lit « l'animal a mal » : « l'e – a – ni – ma – le – a – ma – le », lecture caricaturale, reconstitution de syllabes, qui engendre au mieux l'ânonnement mais aucune compréhension.

Ce « stade », que l'on peut parfois observer chez l'apprenti lecteur tout-venant – mais celui-ci n'en reste pas là – est beaucoup plus fréquemment atteint par les mauvais lecteurs, puisque c'est le cas pour 21 d'entre eux.

De fait, l'approche pédagogique que nous avons proposée met en évidence, chez les non-lecteurs, le caractère fragmentaire et morcelé de leurs procédures en lecture.

Ainsi, le *rythme*, si l'on entend par là le respect du nombre d'éléments et la scansion de l'énoncé, n'est rapidement maîtrisé que par 4 non-lecteurs ; chez les autres, il faudra plusieurs séances pour que disparaissent des erreurs comme celles que fait Igor, qui répond à trois pointages tapés rapprochés sur le rectangle blanc par deux dires entrecoupés d'une longue pause : aaa → « aa... ... aa ».

Chez les mauvais lecteurs, le rythme est maîtrisé, d'emblée, par 19 enfants.

La même partition s'observe pour *l'itération* (répétition d'un même élément). Ce point a particulièrement attiré notre attention. Si les perturbations de scansion ou de nombre d'éléments sont rapidement résolues tant à l'oral qu'à la transcription, les difficultés d'itération de syllabes (« mimi », « la lame », « il me mena », « il l'a amené »...) résistent beaucoup plus longuement, comme si ce qui est dit une fois, l'était une fois pour toutes et n'avait pas besoin d'être répété. Chez tous ces enfants, il est nécessaire d'insister sur la corrélation entre l'entendu, le vu, le dit (et l'agi si l'enfant transcrit). Par exemple Geoffroy, malgré des explications répétées, ne lit que l'un des deux battements itérés dans le mot « mimi » : « mi ».

Dans les deux groupes, mais beaucoup plus fréquemment parmi les non-lecteurs (20 non-lecteurs sur 23 et 15 mauvais lecteurs sur 28), les enfants procèdent à des *découpages arbitraires*. Par exemple, Geoffroy découpe « uni » en « un-i », « entre » en « e... ne... nètre », puisque « en français, ça change tout le temps » nous explique-t-il ; Joël ne différencie pas, dans le mot « échelle » les sept lettres, des quatre sons *é-ch-e-lle*, des deux battements (syllabes orales) *é-chelle* et des trois syllabes (écrites) *é-chel-le*. Il dit chaque fois « sept !... non... un » en comptabilisant les lettres ou le mot.

Une même constatation s'impose à propos du maniement du *renversement :* celui-ci n'est rapidement opérant que chez 3 non-lecteurs alors qu'il devient vite efficace chez 20 mauvais lecteurs. Par exemple, Thibaut lit indifféremment *il* et *li* de manière à les fondre en un *ili* sourd. Il les distingue clairement dans son langage parlé spontané. Dans l'espace, il ne peut les ordonner, et lit et écrit *il* pour *li* et vice versa.

Cette absence de maîtrise d'une combinatoire syllabique dans ses différents aspects n'est pas partiellement compensée par une stratégie de *reconnaissance globale* efficace, du moins chez les non-lecteurs : 2 enfants seulement possèdent quelques éléments d'un lexique visuel, c'est le cas pour 15 mauvais lecteurs. D'autres prélèvent des éléments du mot ou de la phrase et réussissent plus ou moins à construire un sens avec des recours excessifs au contexte, contexte lui-même construit à partir d'indices partiels.

En revanche, certaines autres stratégies « en impasse » paraissent s'imposer avec une force particulière chez ces enfants en grande difficulté de lecture. Il s'agit de l'épellation et du « devinement ». Ainsi, supposant qu'il suffit de connaître les lettres de l'alphabet pour lire, tous font appel à *l'épellation :* les 23 non-lecteurs, et les 28 mauvais lecteurs.

L'emprise de l'épellation est telle qu'elle peut :

– se maintenir dans l'apprentissage de la couleur sur le tableau des rectangles : la couleur bleue correspondant au phonème /l/ est alors lue « el », par exemple, et de ce fait, affecter son acquisition : Thierry ne garde pas les attributions sonores stables des rectangles de couleurs, et essaie de plaquer un autre système sur un mode ludique. Blanc/a, soit, mais le deuxième rectangle ne peut être que « b », le troisième « c » etc., selon l'ordre des lettres de l'alphabet ;

– aller jusqu'à engendrer le silence. Par exemple, Igor reste muet devant le pointage des mots *es, en, eu, elle*. Soumis au nom de la lettre, il ne remet pas en cause la règle qu'il s'impose, 'e' est uniquement /e/ et ne peut en aucun cas participer à la transcription d'un autre phonème.

La plupart restent figés dans cette stratégie. Nous observons ici l'impact d'une grande rigidité dans leurs modes de fonctionnement : Thierry tient à rester dans son « connu », il persiste à substituer l'épellation à la lecture dès que des lettres sont devant lui, alors qu'il « lit » sur le tableau des rectangles.

Le *« devinement »* est également utilisé ponctuellement par tous les enfants sans exception, les 23 non-lecteurs, les 28 mauvais lecteurs. Par exemple Dimitri ayant à lire *la mule*, articule : « èl a me » (épellation des lettres *l, a, m*). La dénomination des trois premières lettres empêche la lecture, aboutit à du non-sens que Dimitri ne peut accepter. Cela le conduit à une recombinaison qui aboutit à l'invention d'un énoncé porteur de sens « elle a mal » (tous ces mots sont affichés sur les tableaux de mots en couleurs).

Pour passer des lettres écrites au mot lu, les apprentis lecteurs doivent négliger le dessin, la forme de la lettre qui les renvoie à son nom. La lettre occulte par son « excessive évidence » (J. Bergès) le phonème en exhibant sa propre matérialité. Happés par l'indice perceptif, les non-lecteurs ne parviennent pas à se débarrasser de la configuration, à abandonner des critères figuratifs : ils reconnaissent mais ne lisent pas. Cette instabilité de la forme (le phonème /è/, par exemple, épouse 38 graphies différentes) les dérange profondément et durablement, d'où leur tendance à restreindre le nombre de formes en refusant leur diversité et en les limitant arbitrairement. Ils rejettent le système orthographique au profit d'une bijection où, par exemple, au phonème /o/, ne correspondrait plus qu'un seul graphème, la lettre « o ». Inversement, certains de ces enfants en difficulté n'arrivent pas à se détacher d'un son et le transcrivent de façon, semble-t-il, aléatoire, en ne respectant plus les lois complexes de l'équivalence. Par exemple : Thibaut « connaît » trois graphies du phonème /é/ : *é, ai, ez* qu'il utilise de manière anarchique : « jé manjez... / il ai légé » (« j'ai mangé, il est léger »). La rigidité de Joël lui interdit l'accès à la polysémie. Sur les rectangles, la suite orange/blanc/ bleu /m/-/a/-/l/ ne peut correspondre qu'à « mal » mais pas à « malle » ou « mâle », bien qu'il connaisse et puisse utiliser oralement chacun de ces mots. Pour la même raison, il ne peut employer le mot « rame » dans le premier tableau de mots en couleurs que dans « il rame » mais pas dans « la rame ». En outre, cette attitude l'empêche d'utiliser les mots dans des combinaisons différentes, chacun devenant l'équivalent d'un nom propre et fonctionnant alors comme un désignateur rigide (*cf.* Kripke, 1982).

Ainsi l'ensemble des enfants venus consulter appliquent des règles, des algorithmes ou s'inspirent de théories qui, soit les empêchent d'utiliser des règles de conversion grapho-phonétiques, soit les empêchent de passer de cette conversion éventuelle à une sémantisation. Ces enfants ne semblent pas avoir compris que lorsqu'on sait lire, on sait et on peut tout lire. Lire est pour eux de l'ordre du probable.

Par ailleurs, tous les enfants en remédiation, sans exception, manifestent des difficultés extrêmes à rendre compte de leur propre démarche. Nous assistons à un extraordinaire enchevêtrement de perceptions, de comportements. Les stratégies utilisées spontanément se sont organisées, ont évolué par elles-mêmes, se sont automatisées ; elles sont utilisées sans aucune prise de conscience.

La rigidité, constitue une autre des particularités des non-lecteurs, omniprésente, avec fixation sur l'une ou l'autre des deux procédures, décodage ou anticipation contextuelle. Leur absence de souplesse mentale les oblige à se raccrocher de manière inflexible à leur interprétation initiale.

Plus tardivement dans la remédiation, ce problème se retrouve, par exemple dans « la pronominalisation du sujet » du didacticiel *Accords dans la phrase*. Ainsi, Joël ne peut pas changer de point de vue pour se situer par rapport à celui de l'autre. La décentration est quasi impossible : il ne sait pas qui est le « je » inscrit sur l'écran où il ne peut choisir le pronom adéquat et la forme du verbe « jouer » dans « Pierre et toi [...] aux échecs » (qui est le « toi » ?).

Cette population en grande difficulté de lecture est imprévisible dans ses comportements et ses réactions. Elle fonctionne dans le « tout va bien », « tout doit aller coûte que coûte ». Or, ce n'est pas le cas puisque, après avoir passé trois ans et plus dans une école ordinaire, tout enfant est supposé avoir au moins acquis les rudiments de base de la lecture. Il n'en est rien pour les consultants. C'est justement le principal critère de sélection de notre population.

Le point commun à tous ces enfants est *l'échec*, souligné par les étiquettes dont les affublent et les affligent la presse et l'opinion publique : « infirmes de la lecture », « population mutilée », « marginaux invisibles », « clandestins du savoir », « enfants perdus », etc. (Besse, Gaulmyn, Ginet et Lahire, 1992). De plus, c'est vrai pour tous, la tendance sociale actuelle donne aux apprentissages scolaires une valeur prééminente dans la compétition, dans la concurrence, comme dans les modes de sélection.

Au problème spécifique de lecture s'ajoutent la honte, la culpabilité et une tendance à la dissimulation. L'ampleur des difficultés tend souvent à être occultée par l'enfant, par sa famille et même par le milieu scolaire. Les échecs sont trop lourds pour être facilement admis, la décision de consultation a été sans cesse repoussée. D'où l'installation dans la faillite en une espèce de progression considérée comme irréversible : elle leur « colle à la peau ». Ils développent alors des stratégies inadéquates, s'ingénient à un maximum de solutions, afin de fabriquer une carapace dans laquelle ils se trouvent, tout compte fait, relativement « bien » : dépendance à la mère, à l'autre en général et, plus tard, statut reconnu leur donnant droit à une aide sociale d'État et/ou d'organisme de formation. Tout est fait pour déclencher le rejet et l'insuccès. Par exemple, dans un exercice sur l'ordinateur, Joël, tout en appuyant sur la touche adéquate, fait pression sur le clavier avec la tranche externe de sa main, afin d'inscrire des signes cabalistiques en ajout ou à la place de la réponse. Ou encore, Dimitri, toujours sur l'ordinateur, joue de la confusion lettre sur le moniteur et lettre correspondante du clavier, en particulier pour le *l* de l'écran et le *i* du clavier, tous deux représentés par une barre. Ainsi *lame* est transcrit « iame » et est lu « i a me... ia me... c'est quoi ce truc iame ? »

De fait, l'observation clinique, au cours des séances de remédiation, nous a confrontées à toute une série d'attitudes et de conduites venant interférer à tout moment dans la relation « pédagogique ». Nous les avons regroupées en 6 catégories qui apparaissent, avec le nombre d'enfants concernés, dans le tableau suivant :

Tableau 1 : Comportements et réactions des 51 enfants en remédiation *

	Non-lecteurs (23 enfants)	Mauvais lecteurs (28 enfants)	Total (51 enfants)
Inhibition	17	23	40
Excitation	5	2	7
Manque d'autonomie	21	25	46
Troubles de la concentration	19	2	21
Rigidité	23	25	48
Fuite de la situation et répétitions stéréotypées	21	25	46

* Les comportements et les réactions peuvent se cumuler, d'où les totaux supérieurs au nombre d'enfants en remédiation.

En général, *l'inhibition,* qui traduit un manque de confiance en soi, se manifeste par une position d'attente, de la passivité, une attitude figée, une hyper-émotivité (sursauts au moindre bruit), l'absence de mots pour exprimer ce que l'apprenti lecteur veut dire. À l'opposé, d'autres répondent par *l'excitation.* Cette réaction, nettement moins fréquente, se traduit par une agitation motrice, de l'instabilité, des réactions impulsives, des tics. À l'extérieur, les proches se plaignent de turbulence à la maison et d'indiscipline en classe.

Ces deux types de réaction d'évitement se conjuguent massivement avec trois autres traits caractérisant les enfants : un manque d'autonomie patent, des troubles de la concentration et une grande rigidité.

Les manifestations du *manque d'autonomie*, la dépendance, le recours à autrui sont permanents en séance de remédiation mais également dans la vie quotidienne, selon les dires de l'entourage (la mère les habille encore à 10 ans par exemple). La recherche affective est constante. Ces manières d'être ne vont pas sans leurs contreparties : le découragement, le chantage, le désintérêt. Cette façon d'être s'observe massivement chez tous les enfants étudiés (89%) dans des répartitions équivalentes quels que soient les groupes d'appartenance.

Des *troubles de la concentration* font que l'attention des enfants est de courte durée. Leur demande et leur progression demeurent indécises. Ils montrent des difficultés, voire des impossibilités à se mobiliser d'une manière efficace, ils ne parviennent pas à fixer leur attention, qui est dispersée, fugace, fragile.

– une grande *rigidité* semble être une autre des caractéristiques majeures de ces enfants (92% de l'ensemble de la population). Ils ne peuvent pas prendre d'initiative, changer de point de vue, modifier leur réponse tant en parole qu'en action. Si ces apprentis sont exceptionnellement curieux de ce qu'ils vont faire, ils ont beaucoup de mal à choisir l'activité d'une séance (travail sur les tableaux ou sur l'ordinateur).

Avec les *conduites de fuite et les répétitions stéréotypées,* souvent à fin de vérifications, nous sommes renvoyés à une lutte probable avec le désir de savoir, la lutte contre l'acte de lire. Une fois l'impossibilité de lire levée, ces enfants scolarisés toute la journée sont aux prises avec le désir de lire, contre lequel ils semblent alors lutter dans une souffrance confuse et secrète. Il est trop simple de croire que tous les enfants en grande difficulté de lecture peuvent bénéficier, avec succès, d'une remédiation : le problème de l'accès à l'écrit passe, comme pour les autres apprentissages, par le désir d'apprendre.

Voici quelques exemples de ces conduites qui, pour la clarté de la présentation, ont été envisagées séparément, mais qui, bien évidemment, peuvent se rencontrer chez un même sujet :

– *Miguel* bouge beaucoup, en particulier il détourne la tête à tout instant et ne peut pas suivre le pointeur ou la proposition affichée sur le moniteur (excitation, manque de concentration) ;

– *Igor,* stupéfait par les tableaux en couleurs, passe le temps de la première séance à agrandir un trou au genou de son pantalon (inhibition, fuite de la situation et répétitions stéréotypées) ;

– *Joël* pète avec sa bouche au bout de chaque tentative de réponse lue, quelle que soit la pertinence de sa réponse (excitation, fuite de la situation) ;

– *Laurenzo* disperse son attention lorsqu'il réussit un mot sur l'ordinateur. Cette réussite, fin en soi, l'empêche de continuer (trouble de la concentration) ;

– *Martin* s'effondre physiquement, lorsqu'il commet une erreur et ne peut poursuivre seul (manque d'autonomie, trouble de la concentration) ;

– *Dimitri* se trouve désemparé face à mon silence, il ne peut exercer seul sa responsabilité, il attend parfois, mais généralement il me sollicite agressivement : « C'est quoi là ! c'est comme ça ? » (manque d'autonomie, excitation) ;

– *Grégoire* se réfugie systématiquement dans la même phrase : « Ch'ais pas moi... » (manque d'autonomie, répétition stéréotypée) ;

– *Thibaut* envoie systématiquement deux fois avant de taper le mot correct sur le clavier de l'ordinateur dans un incessant souci de vérification (fuite et répétitions).

Quand, dans un champ très réduit, un enfant en grave difficulté parvient à respecter les conventions propres à l'écrit, et que la dynamique de la lecture est en place, il devient un mauvais lecteur et cette nouvelle position est difficile à accepter. Après tout, n'est-il pas plus confortable de se déclarer « hors jeu », que d'obtenir à grand-peine de médiocres performances ? Comme tout savoir nouveau, la lecture a un effet déstabilisateur. On conçoit dès lors qu'un enfant, en échec complet depuis si longtemps, puisse lutter contre l'acquisition de cette nouvelle compétence. Le combat est si acharné qu'on a souvent l'impression que l'objectif « ne pas réussir », imposé par une injonction intérieure toute-puissante, mobilise tout autant d'énergie que, chez d'autres, le désir d'apprendre. Ne convient-il pas, pour progresser, d'abandonner des stratégies qui perdurent depuis bien longtemps ? C'est à cette perte que de nombreux apprenants ont tant de mal à se résigner ! Finalement, nous leur enlevons beaucoup, sans qu'ils soient vraiment sûrs de pouvoir remplacer par un acquis nettement avantageux, ce dont ils ont été obligés de se dessaisir.

L'impossibilité de lire a été dépassée par 40 enfants, sans pour autant que la lecture soit devenue courante. Ils ont accepté la discipline qui permet l'acte de lire. Cela montre qu'une amélioration est réalisable, même en cas de troubles particulièrement importants, paraissant à première vue sans espoir d'évolution. Ces enfants ont maîtrisé un apprentissage porteur de bien d'autres tant à l'école que dans la vie quotidienne. Nous avons donc considéré qu'ils étaient devenus lecteurs. Parmi eux, 13 étaient des non-lecteurs, 27 des mauvais lecteurs.

Pour ce qui concerne les non-lecteurs exclusivement (tableau II), plus de la moitié des enfants suivis en remédiation ont accédé à la lecture.

Tableau 2 : Résultats sur l'ensemble des 44 enfants non lecteurs

Pas de suivi après la consultation		21 enfants
Remédiations	abandons : 6 échecs : 4 lecteurs : 13	23 enfants
Total		44 enfants

Mais il est à souligner que, sur l'ensemble des 51 remédiations entreprises, on compte 4 échecs [8] et 6 abandons. Dans le cas d'abandon, les enfants ne se présentent pas aux rendez-vous fixés plusieurs fois de suite, et leur famille ne précise pas les raisons de leur « disparition ». Après plusieurs vaines sollicitations, leur dossier est mis en suspens. De plus, c'est toujours dans ce groupe d'enfants non lecteurs que la famille s'est retranchée derrière un refus de remédiation (systématiquement proposée aux consultants en impossibilité ou en grande difficulté de lecture). Certes, l'éloignement géographique et les contraintes d'accompagnement peuvent expliquer cette attitude. Dans l'équipe, nous nous sommes souvent demandé si de tels consultants n'éprouvaient pas des difficultés particulièrement importantes à accepter les changements individuels et sociaux (en particulier la perte du « statut » de non-lecteur) qu'impliquent les remédiations, voire les progrès susceptibles d'en découler (*cf.* chapitre II).

Selon l'âge, les comportements diffèrent. Les plus jeunes, entre 8 ans 9 mois et 11 ans 10 mois (48 enfants sur 51), accompagnés par leurs parents, semblent peu concernés : l'investissement, s'il existe, est parental. Entre 12 ans 5 mois et 15 ans 5 mois (15 consultants sur 51), la préoccupation de l'entrée dans la vie active incite les adolescents à « l'opération de la dernière chance » : l'investissement est personnel.

La durée d'une séance varie selon les capacités de l'enfant. Nous ne connaissons pas à l'avance ses facultés d'acquisition, son degré de fatigabilité et de concentration. Les différences individuelles sont importantes, le temps des séances fluctue donc, mais tous les apprenants progressent à travers la même succession d'engagement, de compréhension et de découverte. Il est possible de ne travailler qu'un quart d'heure lorsque l'attention du non-lecteur est trop labile, l'inhibition trop massive, l'angoisse trop envahissante. Ces phénomènes

8. On définit l'échec de la remédiation comme la non-acquisition de la discipline de lecture. Les enfants n'acceptent pas les conventions définies ci-dessus, et, en général, refusent les activités proposées ou s'ennuient ouvertement. Dès lors, le travail est arrêté et les progrès réalisés sont nuls.

cèdent en général rapidement, ce qui permet d'atteindre la durée moyenne de trois quarts d'heure en trois ou quatre séances. Au-delà, la concentration ne peut rester satisfaisante, la fatigue parasite le travail.

L'ensemble des séances s'échelonne, toujours en moyenne, sur une année scolaire, soit 25 séances de 45 minutes chacune. Le nombre de séances varie de 3 à 77 (tableau III). Cet étalement est essentiel afin qu'un travail inconscient puisse avoir lieu dans le temps, que l'intégration soit durable, qu'une pratique s'engage pour stabiliser puis automatiser les acquis.

Tableau 3 : Nombre de séances de remédiations

Nombre de séances	Non-lecteurs (23 enfants)	Mauvais lecteurs (28 enfants)
Inférieur à 20	6*	9***
Entre 20 et 30	8	17
Supérieur à 30	9**	2

* Il s'agit des 6 non-lecteurs qui ont abandonné, on ne connaît donc pas leur « état » de lecture.

** Dont les 4 non-lecteurs en échec, les 5 autres sont devenus lecteurs.

*** Parmi eux, un enfant a abandonné, les 8 autres sont devenus lecteurs.

Deux brèves remarques. La première porte sur la progression non linéaire des séances : comme les progrès ne sont pas continus, les évolutions des participants présentent stagnations et reprises. Au fur et à mesure de l'emploi de plus en plus pertinent qu'ils font de leurs capacités, les demandes, en particulier des jeunes adolescents, glissent de la lecture vers l'orthographe. Ils se déclarent de plus en plus mécontents de la trace négative qu'ils laissent d'eux-mêmes sur une feuille.

Notons aussi la variété des difficultés que présentent les non-lecteurs et la diversité des techniques à employer selon les enfants. Ces deux éléments excluent, probablement, la possibilité d'une remédiation entièrement collective. Toutefois, sur la base d'un diagnostic précis, des séances collectives fructueuses peuvent être organisées, le point délicat étant de choisir des exercices qui profitent à tous.

Les enfants et les adolescents qui ont bénéficié de l'approche de l'apprentissage de la lecture par la *lecture en couleurs* et/ou les logiciels, se sont concentrés, avec le thérapeute, sur le savoir-faire et non pas sur les connaissances en tant que telles. Avec cet intermédiaire, environ 8 enfants sur 10 de notre population ont accédé à la lecture. Cela autorise à penser que, quels que soient l'âge et les connaissances, l'acquisition de la lecture reste possible, très au-delà de ce que l'on a l'habitude de croire.

Mais la première phase dépassée, la lecture devient un exercice solitaire et intérieur. Il reste alors aux apprenants à fixer leurs acquis par la pratique, pratique qui implique le désir et une élaboration mentale de ce qu'est l'écrit, comme objet symbolique et social. Quand l'impossibilité de lire est vaincue, les enfants qui se sont trouvés en si grande difficulté dans cet apprentissage doivent prendre des décisions. Personne, alors, n'est en mesure de les aider vraiment.

En conclusion, un constat s'impose. Lorsque des enfants viennent en consultation pour échec total en lecture après un long temps d'apprentissage, non seulement ils ne savent pas, mais ils ne peuvent pas, ne veulent pas lire. Il y a là le fait, l'impossibilité et le non-désir : triade périlleuse. La non-lecture est une façon d'être, un type de fonctionnement qui engage l'individu dans son ensemble ; elle ne s'imprime pas comme une lacune spécifique, mais apparaît significative d'une façon d'être au monde.

De ces trois savoirs indispensables :

– le savoir proprement dit : les moyens techniques nécessaires pour acquérir les connaissances du français écrit,

– le savoir-faire : la pratique de plus en plus large,

– le savoir-être : tout ce qui a trait à l'adhésion, au sentiment d'appartenance, au plaisir de lire, le troisième n'est peut-être pas le moins important.

CHAPITRE XVI

RÉMI ET POLYSON. APPEL SECRET OU QUESTIONS À PROPOS D'UNE RÉÉDUCATION

Dominique Burger

Introduction

Aujourd'hui, lire ne pose plus de problèmes à Rémi. Goguenard, il relèvera même une faute d'orthographe qu'on aurait laissé passer. Interrogé sur sa nouvelle vie, il glissera dans la conversation qu'un livre c'est un bon moyen pour s'endormir le soir. Ceux qui l'ont connu reconnaîtront bien là le genre d'humour de Rémi. Ce sens du pied-de-nez, ce génie de la pirouette, Rémi les pratique depuis fort longtemps. Dans les moments difficiles, lorsque la vie était dure, comme elle peut l'être parfois, tant qu'une certaine blessure ne s'est pas apaisée, c'est grâce à de tels subterfuges qu'il se dérobait au regard des autres et au sien propre. « Si je dis mon secret je suis mort », disait-il. L'important était pour Rémi d'esquiver une question lancinante. Peut-être cette question avait-elle un lien avec le décès de son père, l'année même de son entrée à l'école primaire. Peut-être ce décès avait-il révélé une question plus ancienne, plus primitive.

Bien des hypothèses ont été avancées à propos des difficultés rencontrées par Rémi. Car à 10 ans, Rémi ne lisait pas.

Tout ce que l'apprentissage d'un savoir implique de stabilité et de capacité à conserver certains aspects des choses, Rémi ne pouvait l'accepter.

Les années passées à l'école primaire avaient été chaotiques. Ses premiers maîtres avaient d'abord pensé qu'il est excusable de ne pas apprendre à lire juste après le décès du père. Une première année, une deuxième, une troisième avaient passé. Les choses n'allaient pas en s'améliorant. Échec total en lecture, comportement instable. Puis Rémi déménage. Dans sa nouvelle école il est placé dans une classe de perfectionnement. C'est une catastrophe. Au bout de quelques mois, la nouvelle psychologue scolaire s'intéresse à Rémi en qui elle découvre un enfant fortement perturbé, mais dont l'intelligence vive mériterait un autre traitement sur le plan scolaire.

Rémi démarre alors une nouvelle carrière, en rééducation. Il est, entre autres, adressé à l'unité de psychopathologie de l'enfant et de l'adolescent de l'hôpital Sainte-Anne pour ses difficultés en lecture. Au bout de deux ans, les progrès sont faibles, les acquis incertains, souvent remis en cause. Des techniques de rééducation, efficaces pour de nombreux non-lecteurs, glissent sur lui comme gouttes d'eau sur plumes de canard. Et c'est à titre d'essai qu'en janvier 1989 il est proposé à Rémi de travailler sur un système informatique nouveau, PolySon, conçu à l'origine pour l'enseignement à de jeunes enfants aveugles, et permettant la manipulation de chaînes sonores.

Cette expérience, sans aucun doute, a constitué un élément important dans l'évolution de Rémi. Avec un recul de plusieurs années, le souvenir qu'a laissé le passage de Rémi ne s'est pas estompé. Les faits, qui à cette époque paraissaient parfois confus, s'organisent autour de quelques axes d'explication et éclairent sous un angle particulier la question traitée dans ce livre. C'est pourquoi nous proposons dans ce chapitre de relire les notes détaillées prises durant les séances avec Rémi et de relater quelques-uns des temps forts vécus avec cet enfant, en compagnie de PolySon. Nous essaierons aussi de montrer en quoi cet outil parmi d'autres a pu jouer un rôle important et spécifique dans l'évolution d'une situation qui apparaissait fort complexe.

Pourquoi PolySon ?

L'observation a souvent été faite, avec les enfants ayant des difficultés dans l'apprentissage de la lecture, d'une certaine rigidité dans l'utilisation du langage, en particulier du langage oral. Non que la compréhension ou l'expression soient forcément faibles. Cette rigidité se manifeste plutôt par une difficulté à reconnaître que les messages échangés lors d'une conversation sont construits à partir d'éléments de base, répondant à certains principes abstraits et à certaines règles. Ainsi, les troubles de la conscience phonologique chez ces enfants, leur difficulté à décomposer les mots en leurs phonèmes constitutifs, en sont une manifestation largement étudiée et commentée. Il nous est également arrivé de constater qu'il était quasiment impossible à tel de ces enfants de jouer à combiner des mots pour former des phrases aléatoires du genre « la mouche ronronne » ou « le chat craque ». Quelquefois, nous avions le sentiment que la phrase – dans ses aspects formels – était fortement identifiée au message. Manipuler la phrase, jouer avec les sons, avec les mots, c'était toucher au signifié, avec tous les risques que cela peut comporter.

C'est pourquoi il apparut qu'il pourrait être intéressant d'utiliser, avec Rémi, le système informatique PolySon, sorte de Lego avec lequel un enfant peut construire, transformer, démolir des chaînes sonores. En désespoir de cause, pourrait-on presque ajouter. D'une certaine manière, c'est un service qui était demandé à Rémi. Un nouveau système, mis au point par des ingénieurs, devait être testé. Ce système était destiné à apprendre des choses aux enfants. L'INSERM souhaitait trouver des volontaires pour essayer le matériel. Cela pouvait intéresser Rémi. Voilà à peu près comment l'expérience lui fut présentée.

Comment fonctionne PolySon ?

Pour comprendre le fonctionnement de cet appareil on peut s'imaginer un jeu de construction dont les pièces de base ne sont pas, comme il est courant, des objets palpables, mais des sons : bruits, mélodies, ou fragments de phrases, préenregistrés et rangés dans des boîtes. Pour atteindre ces objets que l'on ne peut qu'entendre, l'enfant dispose de commandes. Il peut ouvrir une boîte par une commande du genre [BOITE] [N° 6]. Il peut alors tirer de cette boîte des sons et les mettre sur une sorte de table de montage appelée le LABO-SON. Par exemple les commandes [APPEL-SEQUENCE] [n° 3], [APPEL-SEQUENCE] [N°2] recopient successivement dans le LABO-SON les séquences sonores contenues dans les cases 3 et 2 de la boîte ouverte précédemment.

Le contenu du LABO-SON peut être écouté à tout moment grâce à [RECITE]. Les différents sons qui le constituent peuvent être isolés grâce à [RECITE-UN-PEU]. Des fragments du LABO-SON peuvent être effacés grâce à [GOMME]. De plus les caractéristiques acoustiques des sons, hauteur, intensité, durée, timbre peuvent également être transformées grâce à des commandes du type [FIXE-TIMBRE] [N° 3], [FIXE-VITESSE] [N°5] ou [AUGMENTE-HAUTEUR]. Enfin, des commandes permettent de mettre dans une boîte spéciale les compositions effectuées dans le LABO-SON. Ainsi des séquences créées peuvent être sauvegardées pour une utilisation ultérieure.

PolySon ne comporte ni écran ni clavier. Sa sortie est purement sonore. Les commandes sont données par l'intermédiaire d'un lecteur de cartes perforées. Chaque carte a approximativement la dimension d'une carte à jouer. Elle est préparée grâce à une perforatrice de bureau.

Comme on a pu le remarquer au travers des exemples donnés, la syntaxe des commandes peut prendre deux formes :

[COMMANDE] ex.: [GOMME]

ou [COMMANDE] [PARAMETRE] ex.: [BOITE] [N°5]

Le non-respect de cette syntaxe a pour effet l'émission d'un message d'erreur prononcé par la machine : « Erreur numéro tant. »

Quinze séances avec Rémi

Il est d'abord proposé à Rémi, qui accepte, une série de trois séances avec PolySon. Ces séances seront espacées de deux semaines. Il peut interrompre quand il veut. Apprendre la manipulation des sons au travers de cette machine est le seul objectif affiché des séances.

D'emblée, la relation qui s'établit avec les animateurs est bonne. L'esprit vif de Rémi, son humour rendent supportable une agitation physique et intellectuelle. L'intérêt qu'il manifeste et les nombreuses questions qu'il pose, sans qu'on puisse repérer à coup sûr cependant si la réponse lui importe, amènent à proposer à Rémi d'intensifier le rythme de travail et de passer à une séance par semaine. De nouveau Rémi accepte. Ce rythme sera tenu de février à juin 1989. Au total quinze séances conduites par trois personnes : un chercheur, concepteur du système PolySon, auteur de cet article, jouant le rôle d'animateur des séances, et deux stagiaires psychologues, prenant des notes détaillées. Ces notes rendent compte à la fois des manipulations effectuées par l'enfant et des échanges verbaux avec l'animateur. Après les séances, ces notes étaient longuement discutées au sein du groupe en vue de la préparation de la séance suivante.

Dès le début, le travail avec Rémi est axé sur la maîtrise du langage de commande, cette maîtrise étant associée à la capacité d'anticiper, de décomposer la démarche suivie pour modifier ou créer une chaîne sonore. Rémi manifeste sa préférence pour le travail sur des séquences sonores musicales, plutôt que parlées ou bruitées. Les mots sont rejetés. Cette volonté sera respectée tout au long des quinze séances. L'apprentissage de la lecture est mis de côté.

Les tâches proposées regroupent des exercices d'écoute et de discrimination de séquences mélodiques, différant par leur timbre, leur vitesse ou leur hauteur, des exercices de transformation de sons à partir de ces mêmes critères, des exercices visant la reconstitution d'une mélodie complète par suppression d'un élément intrus (bruit, notes en trop...) ou la mise en ordre de fragments dispersés. Souvent une représentation graphique du problème était fournie comme support possible.

Si l'on reprend aujourd'hui les comptes rendus de ces quinze séances, trois évidences semblent s'imposer :

– en premier lieu, il apparaît qu'un terrain neutre a pu être trouvé très rapidement sur lequel s'est amorcé l'échange avec Rémi ;

– mais on est également frappé par cette extraordinaire résistance de Rémi à formuler le comment et le pourquoi de sa pensée ;

– enfin, il est frappant de constater l'évolution de Rémi dans son rapport avec le code écrit.

Suivons ces trois fils conducteurs.

Un terrain neutre

Nous avons déjà dit toutes les précautions prises pour mettre Rémi en confiance, pour l'éloigner du terrain qu'il connaît trop bien, espérant rendre de ce fait son système de défense inopérant. En particulier, le cadre dans lequel se déroulent les séances est différent. Un autre bâtiment, de nouvelles personnes.

Mais il y avait plus que cela. Une machine telle que PolySon a quelques caractéristiques singulières. Elle obéit, comme il a été expliqué, à des commandes formulées dans un langage de type informatique. Elle obéit tant que l'on respecte les règles de ce langage. Indéfiniment. Elle refuse, sinon. « Erreur numéro un », ou « Erreur numéro trois », répète-t-elle. De sa grosse voix imperturbable. Indéfiniment. Tant qu'on ne respecte pas la règle. À moins qu'on ne la change, cette règle ! Par exemple, en éteignant l'appareil ? Combien de fois Rémi a-t-il basculé l'interrupteur ! Mais une machine éteinte ne présente plus tout à fait le même intérêt. En tombant du tabouret ? Plus spectaculaire mais guère plus efficace ! Plusieurs fois Rémi est tombé du tabouret. La machine restait impassible. Alors, peut-être avec un tournevis. Ouvrir la machine. La démonter. Lors de la troisième séance Rémi est venu avec une trousse à outils. Il a ouvert le boîtier, démonté le lecteur de cartes. On a remplacé le lecteur de cartes.

Et puis le langage de PolySon a un avantage, c'est qu'il est totalement dépouillé. Quelques mots à peine. Une syntaxe rudimentaire. Si dépouillé qu'on serait tenté de lui refuser le nom de langage. Ce n'est pas comme dans le vrai langage où il y a tellement de mots, tellement d'allusions, de sous-entendus, de connotations, que c'est un jeu d'enfant d'y embrouiller les autres, au risque de s'embrouiller soi-même. Non, rien de cela avec PolySon. On peut compter les mots et chaque mot compte. En plus on les voit. Ce sont des cartons perforés. On peut les tordre un peu, les marquer, les ranger dans une boîte. C'est du solide, du contrôlable ! Comment pourrait-on, avec si peu de mots, si peu de syntaxe, tendre des pièges ?

De l'explicitation

Rémi se montre tout de suite curieux face au nouveau matériel. Il donne l'impression d'assimiler rapidement ce qui lui est présenté, corrigeant spontanément ses erreurs de manipulation. Pourtant, il a tendance à utiliser certaines des commandes paramétrées l'une pour l'autre, comme s'il ne tenait compte que du second terme (le numéro associé), et que le sens du premier (la commande) lui était indifférent. Par exemple [APPEL COMPOSITION] [N°1] et [FIXE-TIMBRE] [N°1] sont souvent confondues. Il faut dire que Rémi a rebaptisé ces commandes, respectivement, [METS-LE-SON] et [CHANGE-LE-SON], ce qui entretient la confusion.

On observe également de grandes imprécisions de langage lorsqu'on demande à Rémi de formuler ce qu'il comprend du fonctionnement de la machine. À la question : « D'où vient tel son ? », Rémi peut répondre : « Il vient d'où il est sorti, de la carte du PolySon... de sur la carte. »

Fréquemment un mot peut être utilisé pour un autre : « chapitre » pour « séquence », « formule » pour « programme », « lettre » pour « note » (de musique), la carte Appel-Séquence devient « Appel-Secret » (d'où le titre de ce chapitre).

En répétant une phrase, Rémi peut la déformer, allant parfois jusqu'au contresens : « Mets ce qu'il y a dans la case dans le LABO-SON » devient « Je mets la case dans le LABONSON ». Ou bien : « On peut remettre plusieurs fois la même chose dans le LABO-SON » donne « Je peux mettre plusieurs choses dans PolySon». Rémi donne ainsi le sentiment d'utiliser des «mots repères» dans le discours de l'autre, pour ensuite en «deviner» le sens. Cette attitude est à rapprocher des procédures de lecture approximative souvent décrites chez les non-lecteurs. Ainsi, Rémi ne repère pas le mot «marteau» au sein d'une liste. «Il n'y est pas, dit-il, parce qu'il n'y a pas de mot avec *x*.» (Peut-être a-t-il appris un jour qu'au pluriel marteau s'écrit avec un *x*?)

D'un autre côté, il apparaît que Rémi entretient à certains moments sciemment – on pourrait dire savamment – le doute sur ce qu'il comprend ou non, sur ce qu'il réussit à bon escient ou par hasard. Aux questions qui lui sont posées, il répond par des formules vagues et non sans malice: «Un tas de choses», «Mystère et boule de gomme». Il évoque des pratiques magiques: «Je vois l'avenir», «J'ai fait plouf-plouf». Il peut aussi s'obstiner dans des réponses catégoriques, bien qu'erronées: «Sûr et certain»; ou mieux: «Je sais que ce n'est pas ça mais j'affirme.» Et surtout, dès qu'il se trouve confronté à une tâche qu'il n'est pas sûr de pouvoir réaliser, ou qu'une question précise lui est posée, il traduit son inquiétude par une grande agitation, des tentatives multiples mais non achevées, des questions nombreuses et hors de propos, sans cohérence apparente. Il semble vouloir «faire diversion».

Devant cette attitude, il est proposé à Rémi un «cadre» plus strict de travail: le premier quart d'heure des séances sera consacré à un travail effectif, au cours duquel il devra faire ce qui lui est demandé, et répondre sans détours aux questions qui lui sont posées. Le second quart d'heure appartiendra à Rémi qui sera libre de poser toute question et de proposer toute manipulation. Rémi accepte ce nouveau contrat, et devient effectivement plus «studieux», sans utiliser – loin de là – toute la liberté qui lui est donnée.

Des situations de jeu sont imaginées pour tenter de réduire cette résistance à formuler des questions. Par exemple, le jeu comporte des «jokers»: ce sont en fait des questions, écrites sur feuille, que Rémi a le droit de poser à l'animateur. Rémi a déchiffré ces questions, les a comprises, mais refuse avec la dernière énergie de les utiliser, alors qu'elles sont la clé permettant de gagner. « J'ai horreur des jokers ! » dit-il. Il apparaît à la relecture du compte rendu que Rémi les considère, en fait, comme des questions posées à lui. Progressivement, cependant, on note une évolution dans la capacité de Rémi à reconnaître ses difficultés. Au mois de mai, Rémi commence à exprimer l'idée qu'expliciter, c'est se mettre à découvert : « Çà sert à rien que je dise tout, sinon ça révèle tout. Faut pas que je le dise », « J'ai une petite idée mais je ne citerai pas ce que je crois que je sais ». Il va même jusqu'à affirmer : « Si je dis mon secret je suis mort. »

Et il semble bien que Rémi prend conscience du fait que cette tendance au secret est un des traits qui le caractérisent : « Non, je ne le dirai pas. Eh oui ! On me reconnaît pour ça. » Or, c'est précisément à cette période que disparaît dans son discours le recours au magique. En revanche, on trouve de plus en plus souvent l'expression de ses hésitations, de son doute : « Choix difficile », « J'hésite », « J'ai une petite idée, mais je me demande si je dois le dire ou non, parce que je suis pas sûr ».

Rémi à ce moment tente de définir sa méthode de travail : « En premier, essayer, en deuxième tenter, en dernier réussir. » Rémi semble en pleine mue. Et de fait, le travail avec lui devient plus facile. Les difficultés qu'il rencontre dans la compréhension du système deviennent plus repérables. La communication sur le plan pédagogique s'amorce.

De l'utilisation des codes écrits

Lors de la première séance, les cartes ont été données blanches, ne contenant aucun signe de reconnaissance, hormis les perforations. Il était proposé à Rémi d'inscrire, à l'aide de ses propres signes, la fonction de la commande sur chaque carte. Cette offre ne semble pas avoir été entendue. Rémi se borne à reconnaître les cartes par leurs trous. Lors de la deuxième séance, Rémi, de lui-même, exprime le besoin d'un marquage explicite : « Il faudrait les marquer, tout ce qu'elles font, tout ça ! » Puis, avec l'intention apparente de marquer effectivement une carte, il prend un stylo. Mais son geste s'arrête là, il repose le stylo: « Celle-là est tordue, je la reconnaîtrai toujours. »

Il déclinera ensuite l'invitation qui lui est faite à nouveau de mettre ses signes sur les cartes: « Je ne veux pas mettre des signes, y en a tellement, des signes j'en ai plein la tête. » Puis rapidement, comme pour se débarrasser, il marque des flèches dans plusieurs directions sur les cartes, avec ce commentaire: « N'importe. » Ces repères ne lui seront que de peu d'utilité par la suite.

Lors de la troisième séance, Rémi, spontanément, décide de marquer les cartes selon le système alphabétique, en retranscrivant phonétiquement, avec un découpage approximatif des sons, le nom des commandes (figure 1):

[APPEL-COMPOSITION]: M pour « Mets un son dans la mémoire » ;

[RECOMMENCE] : R pour « Réécoute » ;

[RECITE] : R puis Rs pour « Ré-cite » et pour la différencier de Recommence,

[GOMME] : G,

[RECITE-UN-PEU] : R-p-l-dous pour « Récite par petits bouts »,

[AUGMENTE-VITESSE] : V-I,

[AUGMENTE-HAUTEUR] est codé Olt, avec la justification: « C'est pour Ogmenter-lahau-teur »

[FIXE-TIMBRE] : d'abord son, puis ç devant le S pour la différencier de « Mets le son »,

[DIMINUE-HAUTEUR] mérite une discussion particulière: Rémi inscrit d'abord D-R, marque un temps de réflexion, et, manifestement peu sûr de lui, ajoute un E. Cette notation intrigue, on l'interroge. Rémi explique: « D pour "Descend"... et E pour "En bas".

– Et R ? demande-t-on.

– R...? c'est pour "Retour". »

Voilà bien un exemple des reconstructions intellectuelles auxquelles Rémi a recours en cas de difficulté, la méthode qu'il a définie lui-même par « essayer, tenter, réussir ». Dans le cas de Diminue-hauteur, manifestement Rémi a d'abord pensé à « Descendre ». Rémi chante dans une chorale et maîtrise parfaitement les notions de « plus haut », « plus bas », monter ou descendre une gamme. Descendre pour un piètre lecteur comme Rémi, cela peut très bien être : D *(dé)* – R *(reu)*. Une difficulté se présente cependant : R, ça se prononce *ère*.

Rémi rassemble ses souvenirs. *Reu*, ça pourrait bien s'écrire RE. (Ah ! ce E muet ! Des mésaventures de ce genre combien en aurait-il à raconter s'il pouvait parler !) Rémi essaye donc le E muet. Mais voilà. Cette solution surprend l'animateur. Zut ! Ça n'était pas ça. Il faut trouver autre chose pour expliquer ce fichu E. Bon sang, mais c'est bien sûr ! E ça vient de « En Bas ». Je tente. Je me débarrasse au passage du E muet, cette terreur. Soulagé. « Et R ? », demande l'animateur. Re-zut. Je l'avais oublié celui-là. Vite quelque chose. Refus. Rentrer à la maison. Retour ? Je tente.

Figure 1 : Rémi réinvente l'écriture

Nom de la commande	1re séance Perforations sur la carte	2e séance Signes portés par Rémi	3e séance Inscriptions portées par Rémi
Augmente-vitesse	●○○●●●○		V-I
Appel-composition	●○●●●○○		M
Fixe-timbre	●○●○○○●	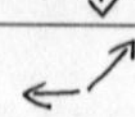	ç son
Recite	●○○○○○●		Rs
Gomme	○○○○○○●		g
Augmente-hauteur	○●○○○○●	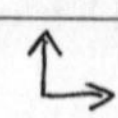	O-l.T
Diminue-hauteur	○●○○○○●		D-RE

L'appréhension de Rémi vis-à-vis de la chose écrite est forte. Le jeu de la « phrase mystérieuse » en fournit un exemple. Ce jeu a été proposé lors de la sixième séance. Il s'agissait dans un premier temps de reconnaître des séquences musicales de deux à quatre notes et, grâce à une grille de correspondance entre ces séquences et des fragments de mots, de reconstituer une phrase simple.

La première partie de l'exercice se déroule très correctement, Rémi identifie sans problème les séquences. Mais dès qu'il s'agit de trouver les fragments de mots écrits, et de les assembler pour former une phrase, Rémi se montre rétif, avant même d'avoir à lire cette phrase. Il revient au comportement de fuite qu'il adopte dans les situations difficiles et refuse toute coopération.

Cependant, au fil des séances, ces appréhensions vont en diminuant. Rémi va progressivement apprivoiser l'écriture. Lors de la septième séance, au cours d'un jeu, Rémi a découvert une « mélodie mystérieuse », « À la claire fontaine ». Spontanément, il décide d'en écrire le titre noir sur blanc : « à la queréll fontén » (figure 2). Puis il note sur un carnet tiré de son cartable, avec beaucoup d'application, le titre avec son orthographe correcte ainsi que la« mélodie mystérieuse », titre donné à l'exercice et inscrit sur une feuille, à portée de son œil.

Figure 2 : À la claire fontaine

Et enfin, l'événement attendu se produit. À la treizième séance, il est demandé à Rémi d'écrire un très court programme, de six instructions. Il s'y refuse, avec ce commentaire : « Je suis prêt à tenter, mais pas sur papier... j'ai horreur d'écrire. » À ce moment, saisissant un crayon et une feuille de papier sur la table, il y inscrit : « J'ai envie de papotai, je suis pas d'aquord ». L'animateur prenant à son tour un crayon, il s'ensuit un dialogue entièrement écrit dont voici un extrait (figure 3) :

Animateur : on arrête ? Rémi : non

A.: et mon programme ? R.: on arrête

A.: non ! R.: oui

A.: on continue la prochaine fois ? R.: au non

A.: Qu'est-ce que tu voudras faire, alors ? R.: un morpone (un morpion)

Décidément Rémi a bien changé !

Figure 3 : Dialogue écrit avec Rémi

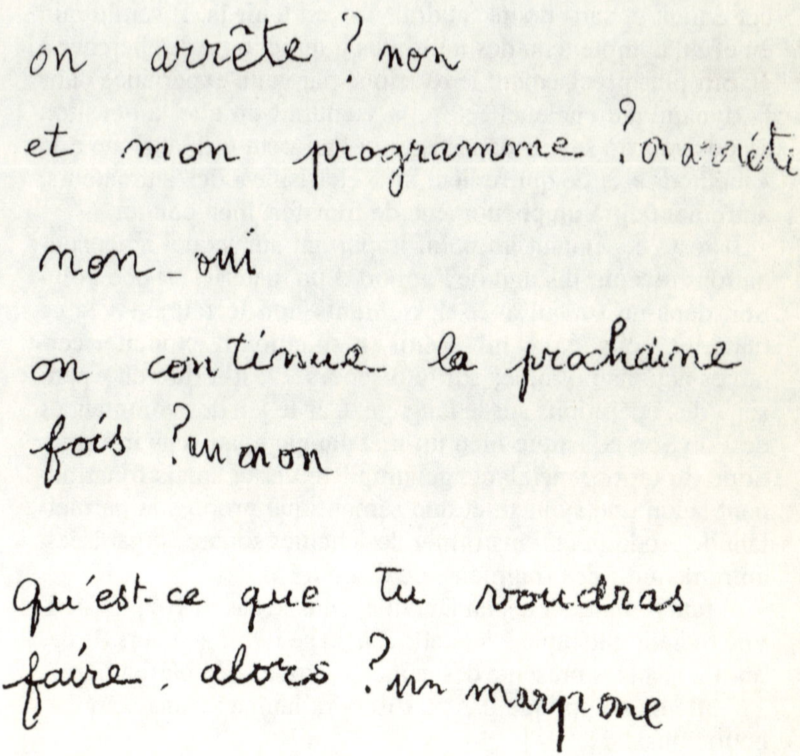
on arrête ? non
et mon programme ? on arrête
non _ oui
on continue la prochaine
fois ? au non
Qu'est-ce que tu voudras
faire, alors ? un morpone

En guise de conclusion

Au cours des mois qui se sont écoulés, nous avons vu évoluer Rémi. La communication avec lui est devenue plus facile, elle peut se dérouler sur un mode presque serein. Rémi répond maintenant assez honnêtement aux questions qui lui sont posées. Il formule lui-même des questions précises et pertinentes. Il sait plus aisément reconnaître ses lacunes ou ignorances. Par ailleurs – et l'on est tenté de dire et surtout – l'utilisation de l'écrit ne fait plus l'objet du même refus phobique. Ces progrès sont confirmés à la fois par l'équipe scolaire et par le psychothérapeute de Rémi.

Nous avons essayé de montrer que le travail avec PolySon avait pu être l'occasion de « négociations fructueuses » avec cet enfant et sans doute faudrait-il s'en tenir là. Il serait vain en effet, compte tenu des multiples interactions, de chercher à établir plus précisément le rôle joué par cette expérience dans la dynamique enclenchée. Y parviendrait-on que la question se poserait de savoir départager ce qui peut être attribué à la « méthode » et ce qui revient au « charisme » des animateurs, autrement dit à un phénomène de transfert bien connu.

Il reste cependant un point important sur lequel nous souhaitons revenir. Il s'agit de l'apport d'un matériel tel que PolySon dans un travail avec des enfants non lecteurs. Avec ce matériel, nous avons mis Rémi en situation d'expliciter certaines actions possibles sur le discours, c'est-à-dire de « penser » des opérations sur le langage. Car le jeu des commandes de PolySon constitue bien un métalangage, au sens informatique du terme, métalangage simpliste certes, mais fonctionnant selon une syntaxe et une sémantique propres et permettant de produire et transformer des chaînes sonores organisées, autrement dit des fragments de discours.

Il faut remarquer cependant que, dans le cas de Rémi, l'activité métalinguistique à laquelle il a pu se livrer au cours de ces quinze séances présente des caractéristiques très particulières :

– elle ne s'applique pas au discours langagier mais au discours musical ;

– elle est centrée, non pas sur les règles d'articulation des unités phonémiques, mais sur le fonctionnement d'opérateurs généraux destinés à la manipulation de fragments de chaîne sonore que l'on peut, grâce à ces opérateurs, mettre en ordre, insérer, supprimer ou transformer.

C'est d'ailleurs parce que Rémi résistait à une technique de rééducation reposant sur un principe phonologique que nous avons été amenés à travailler sur cet autre aspect de la conscience métalinguistique.

Qu'on nous permette en guise de conclusion de rapporter une difficulté de Rémi dont nous n'avons pas encore parlé. Cette difficulté est liée au fait que la même commande peut avoir des effets différents. Ainsi par exemple [APPEL-SEQUENCE] [N°1] répété produit à chaque fois « un peu plus de son » puisque la machine garde en mémoire les séquences précédentes. Ainsi le même peut produire du différent, le stable engendrer du mouvant. En traduisant son étonnement (« S'il y a les mêmes trous (sur la carte), il doit y avoir les mêmes sons »), Rémi touche au paradoxe du langage. Ce paradoxe peut s'exprimer dans le fait qu'un ensemble fini d'éléments de langage et d'opérateurs simples est en mesure d'engendrer des formes variées en nombre infini. Et pour reprendre la formulation des grammairiens de Port-Royal, c'est là aussi le paradoxe du langage humain, « cette invention merveilleuse grâce à laquelle nous construisons à partir de vingt-cinq ou trente sons une infinité d'expressions qui, ne ressemblant nullement à ce qui se passe dans nos esprits, nous permettent pourtant de faire savoir aux autres le secret de ce que nous concevons et de toutes les activités mentales que nous menons » (*Grammaire générale et raisonnée,* Port-Royal, 1660).

Mais après tout, pourquoi ne pas poser à l'intéressé lui-même la question de savoir comment ce travail a pu lui être utile ? Pour Rémi, la réponse est toute simple. Il réfléchit et il dit : « Je n'ai pas appris grand-chose. » Puis, après un léger temps : « Sauf peut-être au niveau de la personnalité. »

CHAPITRE XVII

ITINÉRAIRE D'ENFANTS DITS EN IMPOSSIBILITÉ PERSISTANTE D'APPRENTISSAGE DE LA LECTURE

Rendez-vous trois ans plus tard

Paulette Kossanyi, Agnès Grasselli, Rose-Marie Rebolledo

Trois ans après les premiers examens aboutissant à la constitution des groupes de non-lecteurs et de mauvais lecteurs, un an environ après la fin des prises en charge rééducatives spécifiques, nous avons tenté de revoir ces enfants. Leur devenir a été apprécié de différents points de vue : l'aspect comportemental, le fonctionnement intellectuel à travers le WISC-R et les épreuves opératoires, le niveau de lecture, le niveau scolaire et les projets professionnels. Nous avons examiné ces divers aspects dans une perspective évolutive. À notre connaissance, peu d'études longitudinales abordent tous les effets d'une carence aussi massive dans l'acquisition de la lecture.

Plusieurs questions se posent en effet : Quel parcours de vie ont représenté ces trois ans pour les enfants non lecteurs ? Leur profil psychologique s'est-il transformé ? Quelle a été leur évolution par rapport à la lecture ? Quelle est, à l'âge de l'adolescence, leur insertion scolaire, sociale, et éventuellement professionnelle ?

Une étude évolutive transverse au sens de Zazzo (1967) répond, dans ce chapitre, à ces interrogations. L'examen devant être impérativement raccourci et administrable en une demi-journée, nous n'avons employé qu'une partie des épreuves utilisées lors des premières consultations, et précédemment décrites dans cet ouvrage :

– le WISC-R pour la mesure de l'intelligence générale ;

– une épreuve piagétienne de conservation, et quelques épreuves de l'UDN 80 ;

– une épreuve de lecture *Notre lapin*.

Les résultats des entretiens cliniques renseignent sur le parcours scolaire, les projets professionnels, ainsi que sur le mode de vie des adolescents revus, et les références bibliographiques qui suivent permettent de situer cet ensemble d'observations dans un contexte d'études antérieures.

La plupart des études (Bloom *et al.*,1987 ; Kossanyi *et al.*, 1989) mettent en lumière à partir de l'analyse des quotients intellectuels (QI total, QI verbal et de performance), un *pattern* QI de performance supérieur au QI verbal chez les enfants qui rencontrent des difficultés dans l'apprentissage de la lecture. En revanche, l'accord est loin d'être parfait quant à l'existence et la signification des profils obtenus à partir du modèle de regroupement des notes standard introduit par Bannatyne (1974), et selon lui associé à des difficultés de lecture. Henry et Wittman (1981) observent ce profil pour des enfants en difficulté scolaire, alors que Ryckman (1981) constate un WISC-R totalement plat chez un certain nombre de sujets souffrant de troubles d'apprentissage. Par ailleurs, dans une étude longitudinale, McKay, Neal et Thompson (1985) notent que le profil de Bannatyne ne permet pas de distinguer les mauvais lecteurs qui le demeurent de ceux qui ont réussi à surmonter leurs difficultés de lecture.

Certains auteurs, Ellehammer, Larsen et Rasch (1959), et plus récemment Fijalkow (1986), considèrent que les enfants ayant rencontré des difficultés d'apprentissage lexical atteignent rarement un bon niveau de lecture. Enfin, les travaux de Rutter (1983) soulignent la fréquence des problèmes de dysorthographie chez les mauvais lecteurs.

La littérature existante concerne principalement les enfants dits « dyslexiques » ou « mauvais lecteurs ». Les études rétrospectives sont parcellaires. La plupart abordent uniquement le devenir scolaire ou professionnel. La description du degré du trouble étudié est souvent imprécise et laisse à penser que les groupes observés sont constitués d'enfants présentant des troubles de nature différente.

Parmi les études rétrospectives, Hermann (1959) et Touzé (1970) ont analysé sur la base de questionnaires le devenir professionnel d'enfants dyslexiques. Mélékian et Lubet (1977) ont retenu une approche plus générale et décrit le devenir scolaire, comportemental et professionnel d'une population de dyslexiques majeurs ; leur étude met l'accent sur le caractère psychopathologique du comportement de ces sujets. Plus récemment, Gaillard (1983) fait référence à une étude de Zangwill relative aux conséquences sociales de la dyslexie et au devenir des dyslexiques.

Pour ce qui nous concerne, nous avons porté une attention spéciale à l'évolution du fonctionnement intellectuel. Ce chapitre comporte donc quatre parties :

– le recrutement des sujets pour l'étude longitudinale ;
– l'organisation de l'efficience intellectuelle à travers le WISC-R et les épreuves opératoires ;
– l'évaluation du niveau de lecture et la rééducation ;
– le cursus scolaire et le mode de vie.

De plus, quelques indications sont données sur le devenir de très anciens consultants non lecteurs.

Population

Nous avons déployé de grands efforts pour revoir l'échantillon le plus complet possible de notre population de départ. Malgré ces tentatives, nous n'avons pu rencontrer que 17 adolescents dont 14 (sur les 44) non-lecteurs de départ. La totalité de l'échantillon a été sollicitée. Toutefois les enfants examinés en dernier n'ont pas été contactés, car la première rencontre était encore trop récente. De ces 14 sujets revus, 10 ne lisaient pas du tout lors des premiers examens. Il s'agit dans tous les cas de garçons.

Nous avons ajouté à ces 14, 3 autres adolescents qualifiés lors du premier examen de mauvais lecteurs, et dont les résultats ne se différencient pas sensiblement de ceux du premier groupe. Ils « étoffent » un peu l'ensemble. Le groupe ainsi constitué a un âge médian de 13 ans (le plus jeune a 11 ans et le plus âgé 16 ans).

La rencontre

Proposer un rendez-vous, trois ans après les débuts de la prise en charge, n'a pas été une démarche aisée. Plusieurs étapes ont été nécessaires pour reprendre contact avec les différentes familles et leurs enfants, et cette période « d'approche » s'est révélée particulièrement difficile et délicate.

Un travail de recherche a été indispensable pour trouver les nouvelles adresses de ces familles qui déménagent à un rythme surprenant. Dans un premier temps, une lettre personnalisée a été adressée à chacune d'entre elles. La seconde étape s'est révélée extrêmement importante et décisive : il s'agit du contact téléphonique, qui a permis d'obtenir, alors que certaines familles étaient réticentes, un accord pour l'entretien et l'examen.

Les familles n'acceptent pas toutes de revenir dans le service. Celles qui refusent de se déplacer invoquent souvent le risque d'un traumatisme possible pour leur enfant ; ce choc pourrait résulter d'un retour dans un lieu où ont été repérées, à un moment donné, leurs difficultés. Il semble que le service soit devenu dans ce cas-là le lieu de cristallisation non seulement des problèmes scolaires de l'enfant, mais aussi de l'échec des parents dans leurs fonctions éducatives. Tout se passe comme si l'oubli était nécessaire, et comme si s'exprimait le désir de faire l'obscurité sur ce « mauvais souvenir ». Ce sont principalement les mères des enfants anciens « mauvais lecteurs » qui réagissent ainsi ; sans doute ont-elles accordé moins d'importance à leur passage dans le service que les familles d'enfants dont le trouble était plus spectaculaire.

Notre étude porte donc finalement sur environ 20% de la

population générale des enfants non lecteurs et mauvais lecteurs initialement repérés [1].

Les familles nous ont donné une description des représentations qu'elles ont conservées des premières rencontres avec l'équipe. Pour certaines, la prise en charge proposée par l'institution est décrite comme un authentique soutien, qui a permis de surmonter les obstacles. Elles expriment des regrets quant à l'arrêt prématuré de la rééducation. Les propos révèlent une peine certaine à accepter d'être séparées du service. Pour d'autres, le phénomène inverse s'est produit : l'institution est désignée comme la personne morale qui a révélé, peut-être exacerbé, les difficultés rencontrées par l'enfant. L'acquisition de la lecture est alors attribuée à d'autres démarches que celles proposées par notre équipe. Le souhait de « témoigner » s'appuie uniquement sur le désir de faire reconnaître par l'institution la « guérison » de l'enfant par d'autres voies.

Trois ans après, et dans les deux cas, le lien avec le service demeure dans l'empathie ou l'agressivité.

L'examen psychologique ou comment ont évolué les sujets revus

Généralement les anciens consultants sont venus accompagnés de leur mère. Nous n'avons pas rencontré de pères. Ces adolescents ont pour la plupart une présentation infantile, des traits peu affirmés. Certains sont timides, inhibés, s'expriment peu et donnent même leur réponse par gestes. Quelquefois, ce sont les mères qui répondent aux questions adressées à leur fils. D'autres sujets ont d'emblée une relation trop familière et proche avec les intervenants.

---

1. Certes, la sélection de la population revue a pu être biaisée parce que tous les adolescents n'ont pas été réexaminés. Cependant, il semble que la sélection s'est opérée vers le haut (réussite des rééducations) comme vers le bas (échec de celles-ci), ce qui atténue cet effet, au moins quant au calcul des moyennes et donne, en tout cas, une idée de l'étendue de la gamme. Sur le plan méthodologique, il est bien évident que nous avons comparé entre eux les 17 sujets revus.

Le langage des adolescents revus reste celui décrit précédemment (C. Préneron, A. Salozar, Orvig, 1987). On note toujours une tendance à simplifier et des omissions fréquentes d'éléments de liaison ayant trait à la mise en place d'un cadre. Toutefois on voit apparaître des tournures de langage typique des adolescents. Tous semblent connaître des difficultés à se situer dans l'échange. Trouver la bonne distance dans la relation, dans la communication, semble leur faire défaut.

L'organisation intellectuelle à travers le WISC-R

Comparaison des trois échelles

Pour le quotient intellectuel total (QIT) la population revue obtient une moyenne de 90,5, qui ne se distingue pas significativement (t de Student) de celle observée il y a trois ans. Ce score s'insère dans l'intervalle de normalité. Rappelons que, par construction, dans les échelles de Weschler et pour une population normale, le QI se distribue avec une moyenne de 100 et un écart type de 15. On doit donc trouver 68% des sujets dans l'intervalle 85-115 (m +/-1 écart type). Actuellement 65% des adolescents revus se situent dans cette zone.

Ainsi trois ans après, ils sont capables de maintenir leur adaptation générale face aux problèmes divers qu'ils rencontrent dans leur environnement.

Pour ce qui concerne le domaine non verbal (échelle de performance, QIP), la totalité des adolescents est comme précédemment dans l'intervalle de normalité 85-115. La valeur moyenne de leur score est de 101,7 et ne diffère pas significativement de celle initiale de 103,5 (t de Student).

Quant à l'échelle verbale (QIV), il y a 3 ans, 77% des 17 sujets revus obtenaient lors de la période initiale des scores dans l'intervalle de normalité. Actuellement, seuls 17% des adolescents revus se maintiennent dans cette zone, tandis que près de 60% se répartissent dans l'intervalle 69-84 (m +/-2 écarts types). De plus, l'écart entre les deux examens est de 7,6 points à l'échelle verbale. Ainsi un fléchissement des aptitudes à l'œuvre dans les tests verbaux s'observe donc clairement.

Grégoire (1992) considère que la différence entre le QIV et le QIP doit être de 12 points au moins pour être significative. Il y a trois ans l'écart observé était de 13 points, il est maintenant de 19, ce qui correspond à une véritable discordance verbo-spatiale ; il est systématiquement au profit du domaine non verbal.

L'étude de la dispersion ou scatter

Pour Grégoire (1992) le QIT perd sa signification lorsque la différence entre les échelles verbale et de performance est grande (voisine de 20 points). De même, si la dispersion au sein de chacune des deux échelles est importante, la signification de la moyenne des notes est contestable.

Comme dans le chapitre relatif à l'analyse de l'organisation intellectuelle à partir du WISC-R, nous avons étudié la dispersion des notes standard des adolescents par la méthode des *scatters* combinés. Cette procédure est d'autant plus justifiée dans le cadre de la population revue après trois ans que l'écart entre les deux échelles est passé de 13 à 19, comme nous venons de le dire.

L'évolution pour les 17 sujets se traduit par une diminution de la dispersion des notes. Dans l'examen initial, les subtests de l'échelle verbale les moins réussis sont Information et Arithmétique, le plus réussi est Compréhension. Pour ces épreuves, près de la moitié des sujets se situaient à deux écarts types de la note médiane. Au second examen (c'est-à-dire, rappelons-le, trois ans après), on observe pour l'échelle verbale des scores plus homogènes. Les dispersions des notes standard de deux écarts types ne concernent que les subtests Information (40% des sujets) et Arithmétique (29% des sujets).

Nous retrouvons ainsi dans notre population la décroissance avec l'âge de la dispersion des notes observée par Grégoire à l'échelle verbale dans la population d'étalonnage. Il y avait chez les enfants, il y a trois ans, 2,17 notes déviant de la moyenne, et il n'y en a plus que 1,35 chez les adolescents.

Dans la population normale, ces écarts sont respectivement 1,0 et 0,9. La dispersion constatée reste encore caractéristique de cette population en difficulté.

Pour l'échelle de performance, Grégoire observe des dispersions plus élevées que pour l'échelle verbale. Nous retrouvons plus ou moins cette tendance dans le nombre de scores déviants observés chez les enfants (2,1) et les adolescents (2) contre 1,2 et 1,1 dans la population normale.

En dernier lieu, l'étude de la dispersion indique pour le subtest Arrangement d'images (échelle de performance) une augmentation très significative (deux écarts types). Ce résultat paraît d'autant plus intéressant que les troubles de la lecture ont été souvent associés à une mauvaise gestion des séquences temporelles que met en jeu ce subtest.

Profil selon Weschler

L'allure du profil d'efficience intellectuelle chez les adolescents est sensiblement identique à celle observée lorsqu'ils étaient enfants.

Pour l'échelle verbale, l'ordre de réussite des subtests est le même que trois ans auparavant. De plus, les notes standard moyennes ont diminué : Compréhension de 10,6 à 8, Similitudes de 9,1 à 8,1, Vocabulaire de 9,6 à 7,5, Information de 6,9 à 6,5 et Arithmétique de 6,4 à 5,6.

Pour l'échelle de performance, à l'exception de l'échec important au Code, les subtests étaient dans l'ensemble réussis lors des tests initiaux. Chez les adolescents on constate toujours l'échec au Code ; le score le plus élevé est obtenu pour le subtest Arrangement d'images : il s'écarte significativement de la moyenne dans le sens de la réussite, comme nous l'avons déjà indiqué dans l'analyse de la dispersion des notes.

Profil selon le modèle de Bannatyne

Rappelons qu'il s'agit d'une technique de regroupement des notes standard obtenues au WISC-R qui sont assemblées en trois catégories : la catégorie spatiale (Cubes de Kohs, Assemblage d'objets et Complètement d'images), la catégorie conceptuelle (Vocabulaire, Similitudes et Compréhension) et la catégorie séquentielle (Code et Arrangement d'images), *cf.* le chapitre précédent sur l'efficience intellectuelle.

Pour ce qui concerne ces 17 sujets, 3 profils se dégageaient il y a trois ans :

– pour 8 sujets : spatial, séquentiel, conceptuel ;

– pour 7 sujets : spatial, conceptuel, séquentiel ;

– pour 2 sujets : conceptuel, spatial, séquentiel.

Le second profil correspond à celui dégagé par Bannatyne pour caractériser les sujets dyslexiques. Nous y retrouvons tous les sujets de notre échantillon dans l'impossibilité totale de lire. Il est particulièrement intéressant de remarquer que ce profil d'efficience intellectuelle a disparu dans le groupe des adolescents réexaminés. Ces derniers se répartissent dans deux groupes :

– pour 14 sujets – spatial, séquentiel, conceptuel – les fonctions d'organisation spatiale et temporelle sont nettement plus développées que le domaine conceptuel, tel qu'il est exploré par le WISC-R;

– pour 3 sujets – conceptuel, spatial, séquentiel – les fonctions temporelles font toujours défaut, alors que le niveau de conceptualisation apparaît relativement de bonne qualité.

La majorité des adolescents revus se caractérisent donc par une infériorité élective des capacités de conceptualisation. Les résultats aux épreuves piagétiennes permettent de mieux comprendre comment chacun de ces adolescents raisonne et bâtit son monde personnel de références et de constantes. Nous les analysons dans la rubrique suivante.

Épreuves opératoires

Les épreuves que nous avons retenues portent sur les conservations piagétiennes (dissociation poids/volume), les classifications et l'utilisation du nombre dans différentes situations (épreuve des cartes de jetons et épreuve E). La description de ces épreuves et les performances obtenues au premier examen ont été présentées dans le chapitre XII, traitant des aspects opératoires.

Les résultats qui suivent indiquent l'entrée indiscutable dans la pensée formelle de la population réexaminée. D'ailleurs, certains enfants avaient déjà atteint ce stade il y a trois ans (Erico, Joël et Stanislas).

Conservations

L'épreuve de dissociation poids-volume exige pour sa réussite de savoir distinguer le concept de poids de celui de volume. Lors du premier examen la majorité des 17 enfants n'avaient pas acquis cette notion, mais maîtrisaient la conservation du poids, ce qui correspondait aux aptitudes de leur groupe d'âge. Seuls Erico, Joël et Stanislas parvenaient à distinguer poids et volume.

Trois ans après, 6 adolescents échouent encore complètement à cette tâche ; le concept de volume leur demeure étranger, et le niveau opératoire semble resté au stade concret. 7 autres ont l'intuition de la notion de volume sans pourtant employer le terme approprié. Ainsi Samuel dit, lorsqu'on lui demande de décrire le déplacement de l'eau dans des éprouvettes où on plonge des cylindres différents (en aluminium et en cuivre) : « Le poids ne sert pas, la montée de l'eau ne dépend pas du poids, mais de la grosseur et de la largeur. » Nous avons déjà mentionné lors du premier examen la faiblesse du vocabulaire se rapportant aux concepts en jeu dans l'épreuve. De plus, le jugement des sujets ne résiste pas aux contre-propositions des adultes, ce qui refléterait une difficulté à s'affirmer, un manque de confiance en soi, mais qui pourrait aussi traduire une difficulté à hiérarchiser l'information et à utiliser le langage dans l'argumentation abstraite. Dans 4 cas cependant la qualité des réponses est indiscutable (Christian, Erico, Joël et Stanislas). On peut en conclusion affirmer que les deux tiers des sujets ont atteint un niveau de pensée au moins préformelle, en dépit de la pauvreté de leur vocabulaire.

Classifications

À l'épreuve de classifications successives (27 cartes présentant 3 types d'objets de 3 couleurs différentes et selon 3 tailles), on note les mêmes comportements que lors des premiers tests, c'est-à-dire la difficulté de dégager les uns après les autres les 3 critères de classification attendus. Il y a trois ans la quasi-totalité des enfants cherchaient en effet à réaliser des classements parfaits et s'épuisaient à rendre visibles les 3 critères à la fois. Ils ne prenaient pas en compte les suggestions des adultes.

Chez les adolescents on constate aujourd'hui 3 conduites types : Abel, Antoine, Erico, Joël et Thibaut trouvent difficilement 2 critères de classification (leurs essais sont parasités par des recherches de doubles critères aboutissant à de multiples combinaisons) ; Albert, Hugues, Pedro, Samuel et Rémi parviennent aux 3 classements, mais seulement avec amorce ou étayage de l'adulte ; Christian, Daniel, Edouard, Gaël, Rodolphe et Stanislas réussissent parfaitement cette épreuve sans aide. La tâche demeure donc difficile pour les deux tiers de la population. Les adolescents ont cependant progressé dans la mesure où ils acceptent maintenant l'intervention de l'adulte et l'utilisent avec plus ou moins de profit.

Utilisation du nombre

Dans l'épreuve dite des cartes de jetons, des collections de gommettes bleues (de 21 à 3 gommettes) sont collées sur des cartes bristol, selon 3 types de configurations, à savoir : en désordre, selon certaines formes, en ligne. On observe si le sujet utilise spontanément ou non la dimension numérique dans la description des cartes.

Lors des premiers tests, pour 10 enfants on ne notait aucun dénombrement spontané à cette épreuve, mais une description de la configuration générale découpée en sous-ensembles et dominée par l'aspect figuratif, la forme. Pour les 7 autres l'accrochage au figuratif demeurait ; mais les descriptions données faisaient cependant intervenir les dénombrements.

Trois ans après, seuls 3 adolescents dénombrent spontanément les collections de points (dont Albert et Stanislas). L'un des 17 (Thibaut) ne donne qu'une description imagée : un avion, un jeu de dames, un domino, une fermeture Éclair. La majorité, soit 13, conservent un découpage particulier dominé par l'accrochage figuratif : un avion, une fleur. Mais le dénombrement peut intervenir. Ainsi Samuel, à la présentation de la septième carte, répond par une conduite numérique sans parvenir parfois à comptabiliser l'ensemble. Il procède par découpage en groupes de jetons ou sous-ensembles. Sa réponse n'est jamais seulement numérique. Elle comporte des renseignements sur les qualités perceptives d'ordre spatial : « Les ronds sont espacés » ; « En haut et en bas il y en a deux comme tout à l'heure, mais l'ensemble n'a pas la même forme ».

En résumé le comportement apparaît à cette épreuve celui d'enfants plus jeunes. Le langage pauvre est utilisé de façon économe.

L'épreuve E propose une constellation spatiale de 9 jetons à reproduire. Il s'agit d'observer si pour le faire le sujet a l'idée de dénombrer la collection.

Lors du premier examen, 6 enfants adoptent des stratégies non numériques (par exemple, Hugues essaie sans succès de copier la configuration initiale, Daniel s'appuie sur une correspondance terme à terme, non méthodique et fait des erreurs) ; un groupe de 8 enfants dénombrent, mais ils ne connaissent pas la signification du terme « autant », qu'ils assimilent au mot « plus ». Ils restent attachés à une approche semi-figurative du modèle et procèdent par sous-collections (Pedro). Seuls Abel, Christian et Rémi maîtrisent le rôle opérationnel du nombre et utilisent le terme « autant » (Rémi sort 9 jetons et dit : « Il y en a autant, je les ai comptés. »).

Trois ans après, un seul adolescent se trouve encore déconcerté (il dit : « Autant, c'est plus », et il sort 10 jetons). Parmi les 16 qui réussissent l'épreuve, 8 réponses sont correctes mais imparfaites. Chez certains, on note une persistance de l'approche perceptive et de la correspondance terme à terme (Rémi) qui l'emportent sur le nombre ; pour d'autres (Daniel ou Samuel), le dénombrement est spontané, mais la méconnaissance du terme « autant » demeure (ils disent par exemple « Autant, c'est plus. »). Parmi les bonnes réponses, citons Abel, Christian et Albert.

En conclusion les résultats du WISC-R et des épreuves piagétiennes montrent un écart important entre la population étudiée et la population normale.

Les facultés d'adaptation à l'environnement social demeurent cependant dans les limites de la normalité (WISC-R).

Au second examen apparaissent des profils d'efficience intellectuelle diversifiés (sur la base du modèle de Bannatyne) et une forme particulière d'organisation intellectuelle très analogue à celle décrite lors du premier examen. Toutefois, on constate :

– une augmentation de l'écart entre les aptitudes verbales et les aptitudes non verbales ;

– une légère amélioration de la gestion des séquences temporelles ;

– une dégradation des résultats au subtest Compréhension ;

– une persistance du profil ACI, c'est-à-dire des résultats très médiocres aux subtests Arithmétique, Code et Information ; l'épreuve de mémoire des chiffres, qui aurait pu apporter d'intéressants renseignements, n'a pu malheureusement être administrée.

Aux épreuves opératoires, on ne peut que constater la persistance des difficultés repérées lors des premiers examens. Elles concernent surtout l'utilisation très restreinte du langage et l'organisation rigide des conduites attachées aux aspects figuratifs. Ces difficultés apparaissent néanmoins en partie surmontées.

L'évaluation de la lecture et la question de la rééducation

Le groupe d'adolescents est, rappelons-le, constitué de sujets dont 14 étaient non lecteurs avec impossibilité complète de lire pour 7 d'entre eux (Albert, Antoine, Christian, Daniel, Hugues, Pedro, Samuel et Yves) et 3 mauvais lecteurs.

Ils ont tous été rééduqués, sauf Pedro, qui n'était pas « preneur », et qui entre cependant dans la catégorie des lecteurs selon nos critères (temps de lecture : 2 minutes 45 secondes pour *Notre lapin*). Et pour les enfants qui ont accepté une rééducation, 11 ont été pris en charge dans notre service à l'hôpital Sainte-Anne.

Avec des temps de lecture se situant pour la plupart entre 50 et 120 secondes Abel, Christian, Hugues, Gaël, Albert, Édouard, Stanislas, Samuel, Erico, Joël et Thibaut sont devenus lecteurs. L'un d'entre eux, Joël, suit même une scolarité normale. Ainsi, trois ans après, 12 des 17 adolescents revus ont acquis le niveau de lecture de la classe de CE1 (niveau d'âge de lecture 7-8 ans, durée de lecture du texte *Notre lapin* entre 1 minute 20 secondes et 3 minutes 6 secondes). Le débit resté hésitant s'accompagne de *feed-back* correcteurs. Des erreurs d'inversion de syllabes, de substitution de mots persistent.

Ce progrès s'accompagne d'une augmentation sensible du nombre d'informations retransmises. Il y a trois ans, 7 des 12 sujets étaient dans l'impossibilité de retransmettre une seule information sur les sept présentes dans le texte et 5 en retenaient une ou deux. Aujourd'hui tous les adolescents de ce groupe rappellent au moins quatre informations sur sept.

Cinq autres sujets, parmi lesquels Rodolphe, Daniel et Antoine, sont restés non-lecteurs, malgré des prises en charge rééducatives lourdes dans notre service. Ils n'ont pas atteint un niveau de lecture fonctionnel (temps de lecture de 4 minutes en moyenne pour *Notre lapin*). Mais leur accès à l'écrit s'est toutefois amélioré. Lors du premier examen, l'acte lexique était pour eux impossible. Aucune retransmission n'avait lieu. Maintenant, tous extraient trois ou quatre informations du texte, malgré la lenteur du déchiffrage. Y parviennent-ils avec l'aide de l'examinateur, puisque les enregistrements de lecture révèlent l'attitude d'aide de l'adulte en présence du désarroi de l'enfant non-lecteur ? Dans les conditions de notre définition, ces sujets demeurent donc non-lecteurs, tout en faisant preuve de quelques acquis restreints.

Nous ne pensons pas que l'on puisse en tirer argument pour remettre en cause la démarche rééducative. Il faut plutôt garder présente à l'esprit la multiplicité des déterminants à l'œuvre dans de telles histoires de vie et l'imprévisibilité des résultats sur le vivant humain. Antoine, par exemple, a manqué du soutien d'une famille pas particulièrement défavorisée. Un cas bien particulier, celui de Rémi, a été largement discuté dans le chapitre XVI.

Les démarches rééducatives sont d'ailleurs d'autant plus longues et lourdes que les handicaps traités sont plus graves, et les résultats peuvent quelquefois nous paraître paradoxaux s'il nous manque telle ou telle donnée du contexte qui nous permettrait de les comprendre.

Une partie de l'épreuve *Notre lapin* est consacrée à la compréhension du texte. Nous avons exploré le contenu des séquences retransmises par les adolescents.

Tous les adolescents qui ont acquis une maîtrise suffisante de la lecture pour parler du texte en restituent la trame minimale. Deux séquences du texte sont systématiquement détournées de leur sens originel. Ils'agit de la séquence de la sanction : « Quand on le voit, on le chasse », et de la séquence de la transgression : « Mais le gredin ne tarde pas à revenir ». Nous avons été frappées par le mode interprétatif particulier avec lequel les adolescents ont restitué ces deux informations. Ainsi, dans « quand on le voit », le sujet impersonnel « on » se transforme en un sujet défini qui donne lieu à l'introduction de personnages fictifs (« un copain », « un monsieur » ou « un gardien »). Lorsque la sanction « être chassé » intervient, on note une transformation du sens initial vers une mise en scène originale. Des personnages sont introduits, qui donnent des conseils au lapin ou font preuve d'attitude protectrice à son égard, sans jamais le chasser. Ainsi l'expression de la menace (« on le chasse ») se métamorphose-t-elle en sauvegarde. En outre, la séquence « Mais le gredin ne tarde pas à revenir », information sur la transgression d'une loi, n'est que rarement retransmise [2].

2. Voici ce que rapporte Édouard (16 ans) : « C'est un lapin qui s'échappe. Il court... qui s'est échappé de la maison, dehors dans le jardin, mange plein de trucs, laitue, il a trouvé un copain à lui, et qui... et quelqu'un lui a dit : "Gare à toi, rentre à la maison", ou quelque chose comme ça... »

Malgré ces déformations, assurément significatives, les observations recueillies permettent de conclure à l'apparition de compétences qui assurent la compréhension des textes rencontrés dans la vie courante. Ainsi que nous l'avons décrit, cette compétence demeure tributaire du contexte parfois envahissant. Pourtant, il semble que, si ce dernier le reste, ce soit pour d'autres raisons que des difficultés simples d'identification de mots.

Le modèle interactif compensatoire de Stanovitch (1980) considère les effets du contexte comme la conséquence d'un médiocre niveau en lecture. La dépendance au sens des enfants en difficulté d'apprentissage de la lecture, due aux difficultés d'identification des mots, entraînerait un plus grand recours à des anticipations contextuelles. Dans le cas de notre population, il semble que les modifications apportées au texte soient davantage imputables aux informations sémantiques extraites du texte qu'à une identification défaillante des mots : on peut penser que le sens du texte devenu trop prégnant est inducteur d'erreurs.

Le cursus scolaire : panoramique sur trois ans

Le niveau scolaire atteint par les adolescents revus est très variable. 4 d'entre eux poursuivent une scolarité primaire ; il s'agit des sujets les plus jeunes du groupe (moins de 14 ans). Parmi eux, 2 sont en classe de perfectionnement (niveau CE2, CM1), un troisième est en CM2 dans une école spécialisée, et un dernier a un statut particulier : il s'agit de Rémi qui est inscrit officiellement dans une classe de perfectionnement mais poursuit cependant officieusement un CE2 normal !

Dans la plupart des cas, les sujets n'expriment que peu de désirs professionnels. 3 d'entre eux cependant, un peu plus âgés, qui suivent un enseignement secondaire (sixième et cinquième) ont décrit leurs aspirations professionnelles. Joël souhaite se diriger vers une formation tertiaire (orientation informatique), alors que Stanislas désire entreprendre des études littéraires. Quant à Gaël, il veut devenir chauffeur de car.

Enfin, plus de la moitié de la population revue, soit 10 adolescents, sont en cours de formation professionnelle. Ils ont été orientés vers des métiers qui exigent un savoir-faire manuel (cuisine, horticulture, plomberie ou peinture en bâtiment). Ces orientations qui reconnaissent leurs compétences pratiques ne correspondent pas toujours à leurs aspirations. 2 parmi ces 10 voudraient suivre une formation autre que celle qu'on leur a proposée. Christian aurait souhaité devenir mécanicien ; quant à Bernard, son vœu était d'être serveur. En fait tous les deux expriment leur désir de suivre un apprentissage direct auprès d'un patron qui connaît « toutes les ficelles du métier ». Mais en général le choix professionnel n'est guère affirmé et semble souvent refléter celui de la famille. Les adolescents revus n'ont que peu de désirs personnels et manifestent une certaine indifférence à l'égard de leur avenir.

Alors que Mélékian et Lubet ont retrouvé 20% de leur population dans une situation d'apprentissage direct, nous n'avons recensé aucune formation de ce type. Tous les adolescents de ce groupe sont dans un système d'apprentissage scolaire. Rappelons que quinze années séparent ces deux études. L'écart entre les résultats traduit sans doute à sa manière une certaine transformation socio-éducative.

Mode de vie

Les adolescents revus ont un mode de vie et des loisirs qui ne se distinguent guère de ceux de leur groupe d'âge. Ils fréquentent un groupe d'amis avec lequel ils partagent des intérêts communs. Ils aiment beaucoup regarder la télévision, aller au cinéma, parfois même ils se passionnent pour des activités manuelles. Ils pratiquent des sports, pour certains d'équipe, pour d'autres de contact (karaté). Tous avouent lire peu, la lecture-plaisir reste exceptionnelle, tandis que leur fascination pour tout ce qui est visuel et vidéo est grande (jeux vidéo, ordinateur). Contrairement aux conclusions de plusieurs études rétrospectives sur des adolescents en difficulté de lecture (Touzé, 1970 ; Kvaraceus, 1971), nous n'avons pas trouvé de troubles importants du comportement ou de conduites asociales pouvant laisser suspecter une prédélinquance juvénile. Mais il est vrai que notre étude se situe dans le court terme.

Quelques mots sur le devenir de très anciens non-lecteurs

Zangwill, cité par Gaillard (1983), a étudié 300 dossiers de dyslexiques traités entre 1963 et 1973 dans une institution qui s'appelait le Word-Blind Center for remedial treatment, et a pu entrer en contact plusieurs années après avec 80 d'entre eux, c'est-à-dire environ le quart du groupe. Il a constaté que leurs performances en lecture s'étaient améliorées, mais que leur orthographe et leur production écrite restaient très déficientes. Tous les sujets rencontrés lui ont dit que leurs difficultés de lecture avaient eu une influence néfaste sur leur insertion professionnelle.

Nous avons tenté de faire une étude de même nature et de rencontrer les premiers non-lecteurs repérés dans le cadre de notre consultation à l'hôpital Sainte-Anne, il y a une quinzaine d'années (Rebolledo, 1987). L'évaluation de ces sujets n'a pu être réalisée que grâce à leur bonne volonté, et a pris la forme d'entretiens semi-directifs, effectués à leur domicile. L'entretien avait pour but de situer les sujets dans leur univers professionnel et de découvrir le cheminement suivi pour y parvenir. Nous avions également souhaité évaluer leur insertion sociale ainsi que leur niveau en lecture.

Par ailleurs, les dossiers de consultation établis lors de leurs premiers contacts avec le service ont permis de reconstituer l'histoire des troubles observés.

Comme pour la constitution de l'échantillon d'adolescents revus « trois ans après », il a été extrêmement difficile d'entrer en contact avec les sujets, de les convaincre de nous recevoir, et seuls 10 entretiens ont pu avoir lieu sur 24 sollicités. La moyenne d'âge de ce petit groupe qui comporte deux femmes est de 28 ans. La présence d'éléments féminins s'explique par le fait qu'à l'époque les critères étaient différents. En particulier, l'âge de recrutement était plus bas, 7 ou 8 ans ; l'échec repéré était donc moins important.

Formation

Tous ces sujets, sauf un qui a poursuivi en établissement privé des études secondaires, ont reçu une formation professionnelle, 7 en lycée technique et 2 en atelier, mais sur ces 9, seuls 4 ont achevé leur cursus et obtenu une qualification, dont 3 en mécanique. Ces observations semblent confirmer la thèse de Mélékian et Lubet (1977). Pour ceux-ci en effet, seuls la moitié des sujets atteints de formes graves de dyslexie arrivent à obtenir une qualification technique.

Emploi

Quatre des sujets rencontrés n'ont aucune insertion professionnelle. L'un (une femme) refuse d'ailleurs tout type d'emploi... Les professions exercées sont généralement manuelles et souvent sans grand rapport avec la formation initialement acquise : cariste avec une formation de maçon, conducteur de bus avec un CAP de plomberie, saisonnier avec une formation d'ajusteur, commerçant sans formation, ouvrier agricole toutefois avec un BEPA et mécanicien...

Loisirs, distractions

Six sujets n'ont aucun intérêt pour les loisirs, les vacances, les voyages ou les distractions. Ils se disent « pantouflards » ; 2 seulement pratiquent des sports, l'un pratique les arts martiaux ainsi que du yoga, l'autre un sport d'équipe, le football, mais aussi le jogging et la voile. 2 autres déclarent regarder beaucoup la télévision : l'un adore les films d'action, de violence et de science-fiction ; l'autre (une femme) ne fait aucune sélection, cherchant un refuge dans un monde d'images ; elle lit de plus plusieurs romans par mois.

Relations-communications

Quatre sujets vivent en couple, les autres avec leur famille, souvent réduite à une personne, le père ou la mère, à laquelle un lien très fort les unit. La famille ou le conjoint semble exercer un rôle protecteur et reste inquiet de l'avenir. D'une manière générale, tous ces sujets semblent avoir peu d'amis et être assez isolés. Un grand vide relationnel semble même être le lot de 6 d'entre eux. Pour l'expliquer, ils invoquent un décalage entre leur milieu actuel et leur milieu d'origine. Enfin, 2 sujets nous ont paru manifester des conduites à la limite de la délinquance...

Concernant le niveau de lecture le constat est très diversifié : 4 sujets ont acquis une lecture courante intelligente, et 2 autres une lecture hésitante courante, mais tous les 6 mentionnent des difficultés en orthographe. Deux sujets ont développé une lecture syllabique, mais sont demeurés non-lecteurs. Enfin il semble que ces 2 non-lecteurs soient les personnes les plus perturbées de ce petit groupe.

Pour tous ces sujets revus après une quinzaine d'années, les dossiers de consultation originaux indiquent un contexte familial assez perturbé (deuils, conflit ouvert avec rejet effectif de l'un des parents, carence affective massive dans les premières années, etc.) et des difficultés d'adaptation déjà existantes dans la jeune enfance.

Le tableau de ces très anciens non-lecteurs est relativement sombre, et assurément moins positif que celui qui se dessine pour les adolescents que nous avons revus au bout de trois ans, encore bien insérés dans un environnement social, familial et éducatif en rapport avec leur classe d'âge. Il semblerait confirmer le diagnostic quelque peu pessimiste de Gaillard (1983) qui écrit : « La difficulté sous-jacente à la dyslexie se situe au niveau du fonctionnement intellectuel, d'une dysharmonie dans les collaborations entre processus instrumentaux. Si on parvient à une certaine amélioration dans la lecture elle-même, l'harmonisation des processus mentaux reste très problématique. »

Conclusion

L'étude des difficultés extrêmes d'acquisition de la lecture peut être abordée par la voie classique qui consiste à regrouper les perturbations constatées, et à partir de celles-ci, à rechercher une explication de cet échec. Une autre démarche consiste à explorer les conséquences provoquées par cette carence spécifique. Le présent travail s'inscrit dans cette perspective puisque nous nous sommes surtout interrogées sur les résultats du fonctionnement mental d'enfants non lecteurs en deçà de la lecture autant que sur leur devenir.

Les adolescents que nous avons rencontrés ont conservé une organisation intellectuelle tout à fait analogue à celle qui avait été repérée lors des premiers examens, mais ils ont sensiblement progressé dans la maîtrise de l'écrit. Ils ne sont plus tout à fait « hors du lire », puisque 12 d'entre eux sur les 17 ont acquis un niveau de lecture que l'on peut qualifier d'élémentaire, et que 5, tout en étant restés non-lecteurs au sens des critères que nous avons définis dans ce livre, ont acquis le déchiffrement.

Tous paraissent avoir trouvé un équilibre et des orientations professionnelles dans des structures éducatives traditionnelles et ont présentement réussi à établir un compromis entre leurs aptitudes professionnelles et les règles de la vie sociale.

Pourtant, leur trop grande soumission aux désirs des adultes et surtout leur gestion particulière de l'agressivité (*cf.* l'analyse des séquences de lecture restituées) font penser à une sorte d'opposition passive. Et l'on peut alors s'inquiéter de l'avenir de ces adolescents, surtout si l'on se réfère au devenir du petit groupe des anciens non-lecteurs dont l'isolement relationnel et affectif, la fragile insertion professionnelle, la passivité face aux défis du monde moderne, au *struggle for life,* sont pour le moins préoccupants. Qu'en sera-t-il dans dix ans, dans quinze ans de nos adolescents malgré la formation acquise ? Nul ne peut nier que notre univers social, que le monde du travail ne soit dominé par l'écrit, l'échange, les langues étrangères, en un mot par la communication. Le tableau pour les adolescents revus à moyen terme risque-t-il de s'assombrir à long terme ?

Les résultats présentés dans ce chapitre suggèrent une double conclusion. La première concerne les critères de sélection des populations étudiées. Sont-elles analogues (par exemple les non-lecteurs repérés il y a quinze ans et ceux sélectionnés dans le cadre de cette recherche) ? Peut-être pas. D'où l'impossibilité évidente d'extrapoler de l'une à l'autre population, et la nécessité d'engager des études sur des critères de sélection très précis.

Notre étude a l'ambition d'être étendue pour ce qui concerne les domaines explorés, et exigeante pour ce qui concerne les critères de sélection. Dans un domaine aussi complexe, la connaissance ne progressera qu'en définissant et en délimitant très clairement le champ d'investigation. Il convient d'analyser très précisément la nature des troubles étudiés, d'en réaliser un suivi à long terme et de se donner pleinement les moyens d'apprécier l'effet des rééducations entreprises. Cela implique non seulement la permanence d'une équipe, sa mémoire, mais aussi la confiance des consultants et leur accord pour se prêter à des rencontres-bilans successives s'échelonnant sur de longues années. Souhaitons pour conclure que ces conditions se trouvent à l'avenir plus souvent réunies.

CONCLUSION

À l'issue de ce travail, il est peut-être temps que les membres de l'équipe de recherche – plus de vingt personnes au total, intéressées à des titres divers – tentent de faire le point avec les lecteurs qui les auront suivis jusqu'ici.

D'abord, un bref aveu de nature sentimentale : nous avons vécu de façon si proche avec ces quarante-quatre enfants non lecteurs (sans parler de leurs cousins, les mauvais lecteurs), nous avons si attentivement suivi leurs progrès, nous avons tant discuté avec leurs familles, pris de leurs nouvelles, réfléchi à leurs difficultés, analysé leurs résultats d'examen et leurs itinéraires, qu'ils sont en quelque sorte devenus nos proches, si bien que c'est avec une certaine mélancolie que nous les quittons. Pas définitivement, bien sûr, puisque par des lettres ou des coups de fil, nous continuerons à être tenus au courant de l'évolution de quelques-uns, et que, d'autre part, les piles impressionnantes de documents que nous avons accumulés pendant ces années n'ont pas encore livré toutes leurs informations. Loin de là [1]. Quant aux chercheurs qui centrent leurs

1. Actuellement, de petites sous-équipes sont encore en train de dépouiller certains résultats qui n'ont pu trouver leur place dans ce volume et seront publiés par la suite dans des revues spécialisées.

travaux sur la lecture et ses divers aspects, ils n'en ont évidemment pas terminé avec ce sujet. De leur côté, les praticiens, éclairés par leurs expériences relatées dans ce livre, continueront à accueillir, le mieux possible, à l'hôpital Sainte-Anne ou ailleurs, des enfants non lecteurs. Nous espérons fortement que notre effort sera source de progrès. L'histoire continue donc. Il n'en reste pas moins qu'une page est tournée (en fait plus de quatre cents !).

Mais à cette mélancolie se mêle l'impression du devoir accompli. Nous sommes parvenus à rencontrer des enfants non lecteurs, et même en assez grand nombre, sans compter les très mauvais lecteurs, et tous les appels téléphoniques auxquels, pour une raison ou une autre (jamais de notre fait), il n'a pas pu être donné suite. Un pari a donc été tenu, alors qu'au début de l'entreprise la plupart de nos collègues s'étaient montrés extrêmement sceptiques. Ils soutenaient avec force arguments logiques que nous cherchions une créature imaginaire : on ne pouvait pas à neuf ans ne pas savoir lire, pour la bonne raison qu'un tel apprentissage était en train depuis au moins trois ans. La bonne vieille représentation de l'esprit de l'enfant *tabula rasa* est toujours d'actualité. Au fur et à mesure, cependant, que les données (et les non-lecteurs, qui ne sont pas des exceptions rarissimes en milieu scolaire) affluaient, les critiques s'infléchissaient : on nous reprochait de travailler sur un échantillon biaisé, non représentatif de la population concernée. La question du *sex ratio* arrivait alors au premier plan. La proportion de quarante-trois garçons pour une fille dérange à l'évidence. De même qu'il est difficile à l'innocent de prouver qu'il n'est pas coupable, nous ne sommes guère en mesure de démontrer *a priori* la représentativité de notre population. Nous sommes convaincus, néanmoins, que nous sommes tombés là sur un fait important : plus massif est l'échec, plus les filles se font rares, jusqu'à disparaître quasiment. Non pas par hasard, mais probablement en conséquence du jeu combiné de forces agissant toutes dans le même sens, et « sélectionnant » progressivement des garçons, plus fragiles que les filles dans le domaine lexique. La seule expérience cruciale, à cet égard, serait certainement la duplication de notre recherche, à laquelle nous invitons chaleureusement la communauté scientifique.

Les caractéristiques particulières de notre groupe de non-lecteurs n'impliquent cependant pas, nous l'avons suggéré à plusieurs reprises, qu'il s'agisse là d'êtres à part, dotés de singularités qui les distinguent définitivement : ils se rangent seulement à l'extrémité d'un continuum et sont susceptibles, de plus, de changer de place dans cette distribution.

Nous avons donc rempli nos engagements de début en constituant notre population et en l'étudiant. Mais ce fait a eu comme conséquence la perte d'une illusion. Interrogeons-nous franchement. Pourquoi nous sommes-nous intéressés à ce point aux non-lecteurs ? C'est sans doute que nous espérions, de façon plus ou moins consciente, voir à l'œuvre, chez ces enfants très embarrassés, des déterminants bien marqués, quels qu'ils soient.

Or, au lieu de tableaux précis, découpés aux ciseaux, ce sont des constellations énigmatiques que nous avons vu se dessiner progressivement. On se trouve ici dans une situation analogue à celle du physicien qui chercherait à repérer les composantes ultimes de la matière, mais qui, au lieu d'éléments simples, rencontrerait, au fur et à mesure que son investigation s'approfondit, une complexité croissante. Lorsqu'on se confronte longuement à la population des non-lecteurs, on perçoit, certes, quelques lueurs. Elles signalent des accidents remarquables, et de toute nature, survenant, ici, à une fréquence plus élevée que dans d'autres groupes : le fait de naître garçon (nous l'avons déjà dit), de se développer comme gaucher, d'être issu de parents émigrés (avec tout ce qu'impliquent de telles aventures familiales), d'avoir vécu, au moment de l'apprentissage, des événements difficiles, parfois dissimulés sous un secret, et de « fonctionner », dans le recueil des informations et la réalisation des actions, selon certaines procédures rigides, peu verbalisées. Rien de cela n'est toutefois présent chez tout le monde, ni en associations repérables, et susceptible, par sa clarté, d'aveugler l'observateur.

Et pourtant la non-lecture n'en est pas moins un état fortement organisé et résistant vigoureusement à toute intervention extérieure. Après plusieurs années de confrontation avec les non-lecteurs, le mythe courant – il suffit que le sujet qui sait (ou qui est supposé savoir ?) transmette, par n'importe quel moyen, n'importe quelle méthode, l'essentiel de sa connaissance à celui qui ne sait pas – reçoit un coup sévère. On en arrive à se demander ce que peuvent donc faire des « bénévoles » avec des illettrés adultes, qui ne diffèrent peut-être pas sensiblement de notre population d'étude. Ces intervenants de bonne volonté se trouvent probablement très démunis. Quoi qu'il en soit, il est bien évident que la non-lecture n'a aucune envie de se laisser vaincre par l'assiégeant (le rééducateur). Tel le furet des bois, elle passe par ici et par là, accumulant ruses et chausse-trapes. Pense-t-on qu'il s'agit, d'une affaire purement « technique » ? Le refus, l'inattention, parfois l'opposition franche du non-lecteur, se mettent de la partie. A-t-on conclu à l'existence de perturbations « affectives » ? C'est la discipline même de la lecture et les premières constructions d'équivalences grapho-phonétiques qui paraissent singulièrement perturbées. Le jeu du non-lecteur est toujours autre. Son « je est un autre », aurait dit le poète. Nos quelques « succès » n'en sont que plus intéressants, même si nous avons souvent souhaité faire plus.

Nous n'avons en tout cas jamais tenté de dissimuler aux collègues et, dans cet ouvrage, au lecteur, nos échecs, comme nos interrogations, toujours actives, et nos espoirs. C'est un document de travail que nous soumettons au public, plus qu'une réponse définitive à un problème d'ordre aussi bien scientifique que social. Malgré nos efforts, et les quelques avancées que nous avons pu accomplir, il reste encore dans les laboratoires des chercheurs qui tentent de comprendre en quoi consiste l'activité de lecture, dans les écoles, des enfants qui n'accèdent pas à l'écrit et, à l'ANPE comme dans les usines, les champs ou sur les bancs du métro, des adultes illettrés.

BIBLIOGRAPHIE

ABITZMIL J. et THOMAS F., 1989, *La conscience phonique chez les enfants non lecteurs et chez les enfants très mauvais lecteurs,* mémoire pour l'obtention du CCO, Paris-VI.

ADAM J.-M., 1992, *Les textes : types et prototypes*, Paris, Nathan.

AGUTTES P. et VAN DER STRATEN A., 1983, *Recherche sur la communication orale chez les jeunes aveugles. Analyse des conduites de définition*, rapport de recherche, UER de linguistique générale et appliquée, université de Paris-V, René-Descartes.

ALEGRIA J. et MORAIS J., 1989, « Analyse segmentale et acquisition de la lecture », in L. RIEBEN et C. PERFETTI, *L'apprenti lecteur*, Neuchâtel-Paris, Delachaux et Niestlé.

AMAN-GAINOTTI M. et CASALE M., 1980, « Aspects de l'opérativité chez des enfants avec difficultés d'apprentissage de la lecture », *Enfance*, n° 1-2, Paris, p. 31-37.

ANDERSON J. R., 1982, « Acquisition of cognitive skill », *Psychological Review*, vol. 89, n° 4, p. 369-406.

ANDERSON J. R., 1983, *The Architecture of cognition*, Cambridge, Harvard University Press.

ANNETT M. et KILSHAW D., 1984, « Lateral preference and skill in dyslexics : implications of the right shift theory », *Journal of*

Child Psychology and Psychiatry, vol. 25, n° 3, p. 357-377.

AUZANNEAU M., juin-juillet 1993, « La lecture en couleurs dans les impossibilités d'apprendre à lire », *Soins psychiatriques*, n° 152-153, p. 46-50.

AUZANNEAU M., KOSSANYI P., MONIER L., REBOLLEDO R.-M., ROSE C., 1990, « L'illettrisme : un fléau. Trajets de vie », *Perspectives psychiatriques*, n° 24, p. 236-240.

AUZANNEAU M., ROSE C., 1990, « De la rééducation d'enfants non lecteurs : la lecture en couleurs, processus, méthode et résultats », *Perspectives psychiatriques*, n° 24, p. 266-269.

AUZANNEAU M., FRAENKEL B., GIRODET, PERERA R., juin 1992, « Étude qualitative des compétences à l'espace graphique », Approches didactiques en formation d'adultes, *Éducation permanente*, n° 111.

BADDELEY A., ELLIS N., MILES T. R., LEWIS V. J., 1982, « Developmental and acquired dyslexia : a comparison », *Cognition*, n° 24, p. 121-138.

BADIAN N. A. et WOLFF P. H., 1977, « Manual asymmetries of motor sequencing in boys with reading disability », *Cortex*, n° 8, p. 343-349.

BAILLY L., 1990 [a], « Mise au point : la dyslexie en 1990 », *Perspectives psychiatriques*, n° 24, p. 269-273.

BAILLY L., 1990 [b], « Modèles de fonctionnement psychique et non-lecteur », *Rééducation orthophonique*, vol. 28, n° 164, p. 427-433.

BAILLY L., KOSSANYI P., MELJAC C., 1990, « L'efficience intellectuelle des enfants non lecteurs ou... d'un moment à l'autre », *Perspectives psychiatriques,* n° 24, p. 249-255.

BANNATYNE A., 1968, « Diagnosing learning disabilities and writting remedial prescriptions », *Journal of learning disabilities*, n° 1, p. 28-35.

BANNATYNE A.,1974, « Diagnosis, a note on recategorization of WISC scaled scores », *Journal of learning disabilities*, n° 7, p. 272-274.

BEAULIEUX C., 1927, *Histoire de l'orthographe française*, t. 1, Paris, Champion.

BEAUVOIS M.-F., DEROUESNE J., 1979, « Phonological alexia : three dissociations », *Journal of neurology, neurosurgery and psychiatry*, n° 42, p. 1115-1124.

BEIZMANN C., 1982, *Le Rorschach de l'enfant à l'adulte ; étude génétique et clinique*, Neuchâtel-Paris, Delachaux et Niestlé.

BENDER L., 1957, « Specific reading disabilities as a maturation », *Tag. Bull. orton. soc.*, n° 7, p. 9-18.

BENTOLILA A., 1976, *Recherches actuelles sur l'enseignement de la lecture*, Paris, Retz.

BERGÈS J., 1985, « Dyslexie », *Encyclopedia Universalis*.

BERGÈS J., 1987, « Lecture et écriture littérale », *La psychanalyse de l'enfant*, n° 3, p. 116-124.

BERGÈS J., 1990, « L'enfant non lecteur et la lettre », *Perspectives psychiatriques*, n° 24, p. 230-232.

BERNSTEIN N., 1967, *The coordination and regulation of movements*, Oxford, Pergamon Press.

BESSE J.-M., 1993, « De l'écriture productive à la psychogenèse de la langue écrite », in G. CHAUVEAU, M. RÉMOND, E. ROGOVAS-CHAUVEAU, *L'enfant, apprenti lecteur*, Paris, INRP-l'Harmattan.

BESSE J.-M., GAULMYN M.-M. DE, GINET D., LAHIRE B., 1992, *L'illettrisme en questions*, PUL.

BEZIAT-MATTE M.-H., 1989, *La formation des règles de structuration graphique du support chez des enfants d'âge préscolaire à partir de systèmes symboliques arbitraire ou motivé*, mémoire de DEA, Paris-V.

BIDEAUD J., 1988, *Logique et bricolage chez l'enfant*, Lille, PUL.

BIDEAUD J., MELJAC C., FISCHER J.-P., 1991, *Les chemins du nombre*, Lille, PUL.

BLANCHE-BENVENISTE C. et CHERVEL A., 1974, *L'orthographe*, Paris, Maspéro.

BLOOM A. S., TOPINKA W. C., GOULET M., REESE A. et PODRUSH P. E., 1986, « Implications of large WISC/WISC-R verbal–performance–IQ discrepencies », *Journal of clinical psychology*, n° 42, p. 353-356.

BODER E., 1973, « Developmental dyslexia : a diagnostic approach based on three atypical reading-spelling patterns », *Developmental medicine and child neurology*, n° 15, p. 663-687.

BOREL-MAISONNY S., 1948, *Bulletin de la Société Binet*, n° 386-387.

BOREL-MAISONNY S., 1960, *Langage oral et écrit*, tomes 1 et 2, Paris-Neuchâtel, Delachaux et Niestlé.

BOURGES S., 1984, « Approche génétique et psychanalytique de l'enfant », tome 1, *Actualités pédagogiques et psychologiques*, Paris-Neuchâtel, Delachaux et Niestlé.

BREKKE B. W., 1971, *An investigation of what relationships exist between a child's performance of selected tasks of conservation and selected factord in reading readiness*, unpublished doctoral dissertation, Univ. of North Dakota, Grand Fork.

BREKKE B. W., WILLIAMS J. D. et HARLOW S. D., 1973, « Conservation and reading readiness », *Journal of genetic psychology*, n° 123, p. 133-138.

BREKKE B. W. et WILLIAMS J. D., 1975[a], « Reversibility preceding conversation readiness », *The journal of psychology*, n° 90, p. 191-196.

BREKKE B. W. et WILLIAMS J. D., 1975[b], « Conservation as a predictor of reading achievement », *Perceptual and Motor Skills*, n° 40, p. 95-98.

BRONNER A. P., 1917, *The Psychology of special abilities and disabilities*, Boston, Little et Brown.

BRUNER J., 1969, « Modalities of memory », in G. A. TALLAND. et N. C. WAUGH, *The pathology of memory*, New-York, Academic Press, p. 253-259.

BRUNER J., 1991, ... *Car la culture donne forme à l'esprit* (Acts of meaning), Eshel, Paris.

BURGER D., COHEN D., FRADIN-BECUE F., 1990, « Manipuler des chaînes sonores grâce à PolySon. Questions à propos d'une rééducation », *Rééducation orthophonique*, vol. 28, n° 164, p. 455-466.

CASALIS S., 1990, *Troubles de l'acquisition de la lecture : mise au point d'une grille d'évaluation des voies d'accès lexicales, au moyen d'une méthodologie de cas unique*, mémoire de DEA de psychologie, Lille-III.

CATACH N., 1973, « Que faut-il entendre par système graphique du français ? », *Langue française*, n° 20.

CATACH N., 1978, *L'orthographe*, Paris, PUF, « Que sais-je ? ».

CATACH N., 1980, (rééditions en 1986 et 1989), *L'orthographe française. Traité théorique et pratique*, Paris, Nathan.

CHABERT C., 1983, *Le Rorschach en clinique adulte ; interprétation psychanalytique*, Dunod, Paris.

CHAROLLES M.-S., SCHNEDEKER C., 1993, « Coréférence et identité : le problème des référents évolutifs », *Langages*, n° 112, p. 106-126.

CHAUVEAU G., 15 mai 1993, « Conclusion : le savoir-lire pour tous au cours préparatoire », in *La lecture pour tous*, actes du colloque de la fondation de l'École efficace, Paris, Armand Colin.

CHAUVEAU G., REMOND M., ROGOVAS-CHAUVEAU E., 1993, *L'enfant apprenti-lecteur : l'entrée dans le système écrit,* INRP-l'Harmattan, coll. « Cresas », n° 10.

CHILAND C., 1971, *L'enfant de 6 ans et son avenir...*, Paris, PUF.

CIM 10, 1993, Chapitre 5 : « Troubles mentaux et troubles du comportement », OMS Genève, Éd. Masson.

COHEN M., HYND G. et HUGDAHL K., 1992, « Dichotic listening performance in subtypes of developmental dyslexia and a left temporal lobe brain tumor contrast group », *Brain and Language*, n° 42, p. 187-202.

COLTHEART M., PATTERSON K. E., MARSHALL J. C., 1980, *Deep Dyslexia*, London, Routledge & Kegan Paul.

CONNERS K., 1987, « Event-related potentials and quantitative EEG brain mapping in dyslexia », *Child Health Dev.,* n° 5, p. 9-21.

CRAVATTE A., 1980, « Comment les enfants expliquent-ils les mots ? », *Langages*, n° 59, Paris, p. 87-104.

CRITCHLEY M., 1964, *Developmental dyslexia*, London, William Heinemann Medical Books.

DAGUE P., 1984, « Les quotients intellectuels dans l'adaptation française du WISC-R », *Revue de psychologie appliquée,* vol. 32, n° 4, p. 185-199.

DAVID J.,1988 [a], *L'expression du temps dans un corpus de récits dictés par des enfants non lecteurs et lecteurs*, mémoire de DEA, Paris-V.

DAVID J., 1988 [b], « Phénomènes de distanciation dans des narrations écrites produites par des enfants en difficultés d'apprentissage de la lecture », *Langue française*, n° 80.

DAVID J., 1989, « Lire à l'école : quels apprentissages ? », *La voix des parents*, n° 250.

DAVID J., 1990, « La dictée à l'adulte ou comment de jeunes enfants oralisent l'écrit », *Études de linguistique appliquée*, n° 81.

DAVID J., KUGLER M., PRÉNERON C., SALAZAR-ORVIG A., 1990, « Le langage oral des enfants non lecteurs », *Perspectives psychiatriques*, n° 24, p. 242-249.

DEBRAY-RITZEN P., MELEKIAN R., 1970, *La dyslexie de l'enfant*, Paris, Armand Colin.

DEFRIES J. C., SINGER S. M., FOCH T. T., LEWITTER F. T., 1978, « Familial nature of reading disability », *Br. J. Psychiatry*, n° 132, p. 361-367.

DEJERINE J., 1892, Contribution à l'étude anatomo-pathologique et clinique des différentes variétés de cécité verbale, *Mémoires de la Société de biologie*, n° 4, p. 61-90.

DENHIÈRE G., 1979, « Compréhension et rappel d'un récit par des enfants de 6-12 ans », *Bulletin de psychologie*, vol. 32, n° 341, p. 803-819.

DENHIÈRE G. et BAUDET S., 1987, « Traitement du texte », in J.-A. RONDAL et J.-P. THIBAUT, *Problèmes de psycholinguistique*, Bruxelles, Mardaga.

DESSAILLY P., 1992, *Le nombre. Réflexions pour un apprentissage fécond*, Isbergues, L'ortho-édition.

DIATKINE R., 1985, « Les difficultés d'acquisition de la langue écrite », *Traité de psychiatrie de l'enfant*, vol. 2, n° 35, Paris, PUF, p. 408-421.

Dictionnaire de la psychanalyse, 1993, Larousse, Paris.

Dictionnaire historique de la langue française, 1992, tomes 1 et 2, Paris, Le Robert.

DIGUER L., 1993, *Schéma narratif et individualité*, Paris, PUF.

DOWNING J. et FIJALKOW J., 1984, *Lire et raisonner*, Toulouse, Privat.

Dsm III R, 1987, *American Psychiatric Association,* Washington, APA Press.

DUBOIS G., oct. 1989, « Être rééducateur ou thérapeute de la lecture », *Journal des psychologues*, n° 71.

DUFFOURG N., 1992, *L'acquisition des règles conventionnelles du langage écrit chez les enfants d'âge préscolaire : évolution et effet du contexte,* mémoire de maîtrise, Paris-VIII.

DU PASQUIER-GRALL M.-A., 1987, *Les gauchers du bon côté*, Paris, Hachette.

ECPA, 1981, *Échelle de l'intelligence de Wechsler pour enfants, forme révisée*, ECPA Paris.

EDELMAN G., 1992, *Bright Air, brillant fire : on the matter of the mind*. Basic Books.

ELKIND D., 1981, « Stages in the development of reading », in I. E. SIEGEL *et al.*, *New directions in Piagetian Theory and Practice*, Hillsdale, N.J.L. Erlbaum, p. 267-279.

ELLIS A. W., 1984, *Reading, writing and dyslexia : A cognitive analysis*, Londres, Lawrence Erlbaum (trad. fr.: *Lecture, écriture et dyslexie,* Neuchâtel-Paris, Delachaux et Niestlé).

FAGARD J., 8-9 avril 1987 [a], « Asymétrie manuelle dans l'apprentissage d'une nouvelle synergie bimanuelle : comparaison entre enfants non lecteurs et lecteurs normaux », *Bulletin d'audiophonologie*, numéro spécial consacré au colloque franco-anglais, « Lecture et motricité », Paris.

FAGARD J., 1987 [b], « Bimanual stereotypes : bimanual coordination in children as a function of movements and relative velocity », *Journal of motor behavior*, vol. 19, n° 3, p. 355-366.

FAGARD J., 1988, « Coordination bimanuelle et trouble d'apprentissage de la lecture », *Bulletin d'audiophonologie*, vol. 4, n° 4-5, p. 509-520.

FAGARD J., MORIOKA M. et WOLFF P. H., 1985, « Early stages in the acquisition of a bimanual motor skill », *Neuropsychologia*, vol. 23, n° 4, p. 535-543.

FARRAG A. F., EL-BEHARYA A., KANDIL M. R., octobre 1988, « Prevalence of specific reading disability in Egypt », *The Lancet*, n° 8, p. 837-839.

FAYOL M., 1990, *L'enfant et le nombre*, Neuchâtel, Delachaux et Niestlé.

FAYOL M., GOMBERT J.-E., LECOQ P., SPRENGER-CHAROLLES L. et ZAGAR D., 1992, *Psychologie cognitive de la lecture*, Paris, PUF.

FERREIRO E., 1988, « L'écriture avant la lettre », in H. SINCLAIR, *La production de notations chez le jeune enfant*, Paris, PUF.

FERREIRO E., 1990, *Apprendre le lire-écrire en Amérique latine,* Voies Livres, Lyon.

FERREIRO E. et GOMEZ-PALACIO M., 1982, *Analisis de las perturbaciones en el proceso de aprendizaje de la lecto-escritura*, Direccion General de Educacion Especial, Mexico.

FERREIRO E., GOMEZ-PALACIO M., 1988 (original mexicain de 1979), *Lire, écrire à l'école. Comment s'y apprennent-ils ?*, Lyon, Centre national de documentation pédagogique.

FERRON C., 1987 [a], « De quelle syntaxe le sujet non lecteur est-il le mémoire ? La lettre volée ou le palimpseste de Lacan », *Le trimestre psychanalytique*, n° 2, p. 63-70.

FERRON C., 1987 [b], « Qu'est-ce que c'est que ça ? », *La psychanalyse de l'enfant*, n° 3, p. 105-115.

FERRON C., 1991, « Enfants non lecteurs en thérapie », *Perspectives psychiatriques*, n° 24, p. 262-266.

FIJALKOW E., 1993, « Clarté cognitive en grande section maternelle et lecture au cours préparatoire », in *L'enfant apprenti lecteur, l'entrée dans le système écrit*, INRP-l'Harmattan, coll. « Cresas », n° 10.

FIJALKOW J., 1986, *Mauvais lecteurs, pourquoi ?*, Paris, PUF, Pédagogie d'aujourd'hui.

FIJALKOW J. et PRÊTEUR Y., 1983, « L'acquisition de la langue écrite par l'enfant. Études d'inspiration piagétienne », in L. NOT, *Perspectives piagétiennes*, Toulouse, Privat.

FISCHER J.-P., 1992, *Apprentissages numériques. La distinction procédural/déclaratif*, Nancy, PUN.

FITTS P. M. et POSNER M. I., 1967, *Human performance*, Belmont, C.A. Brooks-Cole.

FLAVELL J.-H., 1990, « Développement de la compréhension des fausses croyances et de la distinction entre apparence et réalité chez l'enfant », Actes du colloque : *Gestion socio-cognitive du traitement des informations chez l'enfant*, Laboratoire de psychologie du développement et de l'éducation de l'enfant, université Paris-V, p. 11-22.

FODOR J. A., 1983, *The modularity of mind : An essay on faculty psychology*, Massachussets institute of technology, (traduction française : *La modularité de l'esprit, essai sur la psychologie des facultés*, Paris, Éditions de Minuit, 1986).

FRANÇOIS F., 1983, « Exemples de maniement "complexe" du langage : définir-résumer », in APREF (sous la direction de F. FRANÇOIS), *J'cause français, non ?*, Paris, La Découverte-Maspéro, p. 127-147.

FRANÇOIS F., 1985, « Qu'est-ce qu'un ange ? ou définition et paraphrase chez l'enfant », in C. FUCHS, *Aspects de l'ambiguïté et de la paraphrase dans les langues naturelles*, Berne, P. Lang, p. 103-131.

FRANÇOIS F., 1993, *Pratiques de l'oral*, Nathan.

FRANÇOIS F., HUDELOT C., SABEAU-JOUANNET E., 1984, *Conduites linguistiques chez le jeune enfant*, Paris, PUF.

FRITH U., 1985, « Beneath the surface of developmental dyslexia », in K. E. PATTERSON., J. C. MARSHALL, M. COLTHEART, *Surface dyslexia : neuropsychological and cognitive studies of phonological reading*, London, Erlbaum.

GAILLARD F., 1983, « Quoi de neuf sur la dyslexie en 1982 ? », *Institut roman de documentation pédagogique*, cahier du GCR/SSRE, vol. 7, n° 5, Neuchâtel, p. 79-108.

GAILLARD F. et CONVERSO D., 1987, « Lecture et latéralisation : le retour de l'homme calleux », communication au colloque *Lecture et motricité*, Paris.

GAK V.-G., 1976, *L'orthographe du français. Essai de description théorique et pratique*, Paris, SELAF.

GALABURDA A. M., EIDELBERG D., 1982, « Symetry and asymmetry of the human posterior thalamus. II Thalamic lesions in a case of developmental dyslexia », *Arch. Neurol.*, n° 39, p. 333-336.

GALIN D., HERRON J., JOHNSTONE J., FEIN G. et YINGLING C., « EEG Alpha asymmetry in dyslexics during speaking and block tasks », *Brain and Language*, n° 35, 1988, p. 241-253.

GATTEGNO C., 1964, *La conscience de la conscience*, Neuchâtel, Delachaux et Niestlé.

GATTEGNO C., 1966 [a], *La lecture en couleurs*, Neuchâtel, Delachaux et Niestlé.

GATTEGNO C., 1966 [b], *The universe of babies*, Educational Solutions, New York.

GELB I. J., 1973 (édition originale en anglais, 1952), *Pour une théorie de l'écriture*, Paris, Flammarion.

GENETTE G., 1972, *Figures III*, Paris, Seuil.

GESCHWIND N. et GALABURDA A. M., 1985, « Cerebral lateralisation : Biological Mechanisms, Associations, and Pathology : I, II et III ; An hypothesis and a programme of Research », *Archives of neurology*, n° 42, p. 428-459, p. 521-552, p. 634-654.

GIBELLO B., 1984, *L'enfant à l'intelligence troublée*, Paris, Le Centurion.

GJESSING H. J., KARLSEN B., 1989, *A longitudinal study of dyslexia*, New York, Springer-Verlag.

GLADSTONE M. et BEST C. T., 1985, « Developmental dyslexia : the potential role of interhemispheric collaboration in reading acquisition », in C. BEST, *Hemispheric function and collaboration in the child*, New York, Academic Press.

GLADSTONE M., BEST C. T. et DAVIDSON R. J., 1989, « Anomalous bimanual coordination among dyslexic boys », *Developmental psychology*, vol. 25, n° 2, p. 236-246.

GOIGOUX R., 1992, « La lecture au cycle II : variété des itinéraires d'apprentissage », in *L'hétérogénéité des apprenants, un défi pour la classe de français*, M. LEBRUN et M.-C. PARET, *Actes du cinquième colloque international de didactique du français langue maternelle*, Neuchâtel-Paris, Delachaux et Niestlé.

GOLDBERG E. et COSTA L., 1981, « Hemispheric differences in the acquisition and use of descriptive systems », *Brain and Language*, n° 14, p. 144-173.

GOMBERT J.-E., 1990, *Le développement métalinguistique*, Paris, PUF.

GOODMAN K.-S., 1976, « Reading : A psychological guessing game », in H. SINGER et R. B. RUDDELL, *Theorical models and process on reading*. Newark, IRA.

GOSWAMI U. et BROWN A. L., 1990, « Higher-order structure and relational reasoning. Contrasting analogical and thematic relations », *Cognition*, n° 37, p. 207-226.

GRECO P., 1962, « Quantité et quotité. Nouvelles recherches sur la correspondance terme à terme et la conservation des ensembles », in P. GRECO et A. MORF, *Structures numériques élémentaires*, Paris, PUF.

GRÉGOIRE J., 1990, « La dispersion des notes standard dans l'échantillonnage français du WISC-R », *Revue de psychologie appliquée*, vol. 40, n° 4, p. 425-436.

GRÉGOIRE J., 1992, *Évaluer l'intelligence de l'enfant*, Liège, Mardaga.

GUILHOU M. C., GREENBAUM C., NETCHINE S., 1994, « Cephalic and ocular components of gaze displacement during oral and silent reading in children and adults », in A. G. GALE et F. JOHNSON, *Theorical and applied aspects of eye movement research*, Amsterdam, Elsevier-North Holland, p. 223-229.

GUITEL G., 1975, *Histoire comparée des numérations écrites*, Paris, Flammarion.

HENRY S. A. et WITTMANN R. D., 1981, « Diagnostic implications of Bannatyne recategorized WISC-R scores for learning disabled children », *Journal of learning disabilities*, n° 14, p. 517-520.

HERMANN K., 1959, *Reading disabilities*, Munksgaard, Copenhagen.

HINSHELWOOD J., 1917, *Congenital Word-Blindness*, London, H.K. Lewis.

HIROSE T., HATTA T., 1985, « Reading disabilities in Japan : evidence against the myth of rarity », *Intern. J. Neuroscience*, n° 26, p. 249-252.

HOLLINGWORTH L. S., 1923, *Special talents and defects*, New York, Mac Millan.

HOLMES J. M., 1978, « Regression and reading breakdown », in A. CARAMAZZA, E. B. ZURIF, *Language acquisition and language breakdown : parallels and divergences*, Baltimore, John Hopkins Press.

HURTA M. J., 1972, *The Relationship between Conservation Abilities on selected piagetian Tasks and Reading Ability*, doctoral dissertation, East Texas State University.

IFRAH G., 1981 (rééd.: 1994), *L'histoire universelle des chiffres*, Paris, P. Seghers.

JAFFRÉ J.-P., 1992, « Le traitement élémentaire de l'orthographe : les procédures graphiques », *Langue française*, n° 95, p. 27-48.

JAFFRÉ J.-P. et DAVID J., 1993, « Genèse de l'écriture et acquisition de l'écrit », *Études de linguistique appliquée*, n° 91, p. 112-127.

JAFFRÉ J.-P., SPRENGER-CHAROLLES L. et FAYOL M., 1993, *Lecture-écriture. Acquisition,* in *Les actes de la Villette*, Paris, Nathan.

JANSKY J. J., 1985, « Developmental reading disorder », in J. KAPLAN and R. SADOCK, *Comprehensive Text book of psychiatry*, 4e éd., 37. 1, Baltimore, Williams and Wilkins, p. 1691-1697.

JOHNSON D. D., 1973, « Sex differences in reading across cultures », *Reading Research Quarterly*, n° 9, p. 67-86.

JONASSON K., 1992, « La référence des noms propres relève-t-elle de la déixis ? », in M.-A. MOREL, L. DANON-BOILEAU, *La déixis*, Paris, PUF, p. 457-470.

JORM A. F., 1979, « The cognitive and neurological basis of developmental dyslexia : A theoritical framework and review», *Cognition*, n° 7, p. 19-33.

JOUBERT B., 1993, *Approche de la dynamique affective des enfants non lecteurs au travers d'une épreuve projective : le Rorschach*, mémoire, École des psychologues praticiens.

KAPLAN J. et SADOCK R., 1989, *Textbook of psychiatry*, 5e éd., 36. 2, Baltimore, Williams and Wilkins, p. 1788-1796.

KARMILOFF-SMITH A., 1979, *A functionnal approach to child language*, Cambridge University Press, Londres.

KARMILOFF-SMITH A., 1985, « Language and cognitive processes from a developmental perspective », *Language and cognitive processes,* vol. 1, n° 1, p. 61-85.

KARMILOFF-SMITH A., 1992, *Beyond Modularity*, The MIT Press.

KAUFMAN A. S., 1981, « The WISC-R and learning disabilities assessement : stage of the art », *Journal of Learning Disabilities*, n° 14, p. 520-526.

KIMURA D., 1961, « Cerebral dominance and the perception of verbal stimuli », *Canadian journal of psychology*, n° 15, p. 166-171.

KIMURA D., 1966, « Dual functional asymmetry of the brain in visual perception », *Neuropsychologia,* n° 4, p. 275-285.

KINTSCH W., VAN DIJK T.-A., 1975, « Comment on se rappelle et on résume des histoires », *Langages*, n° 40, p. 98-116.

KLEIBER G., 1986, « Déictiques, embrayeurs, comment les définir ? », *L'information grammaticale*, n° 30, p. 3-22.

KLICPERA C., WOLFF P. H. et DRAKE C., 1981, « Bimanual coordination in adolescents boys with reading retardation », *Developmental medicine and Neurology*, n° 23, p. 617-625.

KOSSANYI P., BELIN D., 1985, « Quelques observations sur la rééducation des enfants dyslexiques et l'apprentissage de la lecture », *Bulletin d'audiophonologie*, n° 3, p. 339-350.

KOSSANYI P., NETCHINE S., 1988, « Informations extraites de termes écrits (mots et pictogrammes) par des jeunes adultes illettrés », *Revue de psychologie appliquée*, vol. 38, n° 4, p. 341-364.

KOSSANYI P., NETCHINE S. et WAICHE R., 1989, « L'efficience et l'organisation intellectuelle d'enfants non lecteurs : analyse à partir du WISC-R », *Revue de psychologie appliquée*, vol. 89, n° 1, p. 23-40.

KREUTER C., KINSBOURNE M. et TREVARTHEN C., 1972, « Are deconnected cerebral hemispheres independant channels ? A preliminary study of the effect of unilateral loading on bilateral finger tapping », *Neuropsychologia* n° 10, p. 453-461.

KRIPKE S., 1982, *La logique des noms propres*, Paris, Éd. de Minuit, (trad. fr.).

KUGLER M., 1990, « Le langage oral des enfants non lecteurs dans diverses conduites narratives », *Rééducation orthophonique*, vol. 28, n° 164, p. 435-446.

KUGLER M., DAVID J., PRÉNERON C., SALAZAR-ORVIG A., 1993, « Et comment parlent les enfants non lecteurs ? », *Soins psychiatriques*, n° 152-153, p. 36-37.

KVARACEUS W.-C., 1972, « Dyslexie et délinquance », *Bulletin de l'Union mondiale pour la sauvegarde de l'enfance et de l'adolescence*, n° 33, p. 27.

LABOV W., 1978, « La transformation du vécu à travers la syntaxe narrative », *Le parler ordinaire*, Paris, Éd. de Minuit, p. 289-335.

LAHIRE B., 1993, *Culture écrite et inégalités scolaires. Sociologie de l'échec scolaire à l'école primaire*, Presses universitaires de Lyon.

LAUTREY J., DE RIBAUPIERRE A. et RIEBEN L., 1981, « Le développement opératoire peut-il prendre des formes différentes chez des enfants différents ? » *Journal de psychologie*, n° 4, p. 421-423.

LAUTREY J., DE RIBAUPIERRE A. et RIEBEN L., 1986, « Les différences dans la forme du développement cognitif évalué avec des épreuves piagétiennes : une application de l'analyse des correspondances », *Cahiers de psychologie cognitive*, n° 6, p. 575-613.

LE HEUZET M.-F., janvier-mars 1985, « Le dépistage systématique précoce des troubles de la parole et du langage est-il possible ? », *Études de linguistique appliquée*, n° 57.

LECOQ P., 1991, « Dyslexie », *Encyclopédie de psychologie*, Paris, Larousse.

LEDGER G. W. et BOUCHARD RYAN E., 1978, « Semantic integration : effects of imagery, enaction and sentence, repetition training on prereaders'recall for pictographic sentences », *Journal of experimental child psychology*, n° 39, p. 531-545.

LEMMEL G., juin-juillet 1993, « Comment pensent les enfants non lecteurs ? » *Soins psychiatriques*, n° 152-153, p. 32-35.

LEVY J., 1985, « Interhemispheric collaboration : single-mindness in the asymmetric brain », in C. T. BEST, *Hemispheric function and collaboration*, New York, Academic Press.

LEWIS F. D., BELL D. B. et ANDERSON R. P., 1970, « Relationship of motor prodiciency and reading retardation », *Perceptual and motor skills*, n° 31, p. 395-401.

LIBERMAN I.-Y., SHANKWEILER D., 1989, « Phonologie et apprentissage de la lecture : une introduction », in L. RIEBEN et C. PERFETTI, *L'apprenti lecteur*, p. 23-42.

LUNZER E. A., DOLAN T. et WILKINSON J. E., 1976, « The effectiveness of measures of operativity, language and short-term memory in the predictions of reading and mathematical understanding », *British journal of educational psychology*, vol. 46, n° 3, p. 295-305.

Luria A. R., 1979, *Cognitive development. Its cultural and social foundations*, Cambridge (Mass.) and London, Harvard University Press.

Makita K., 1968, « The rarity of reading disability in japanese children », *American journal of orthopsychiatry*, n° 38, p. 599-614.

Malson L., 1994, *Qu'est-ce que la dyslexie*? Toulouse, Privat.

Mannoni M., 1964, *L'enfant arriéré et sa mère*, Paris, Seuil.

Maréchal M., 1989, *Étude des règles de structuration du support graphique avant l'acquisition de la lecture*, mémoire de maîtrise, Paris-V.

Marsh G., Friedman M., Welch U. et Desberg P., 1981, « A cognitive developmental theory of reading acquisition », in G. E. Mackinnon, T. G. Waller, *Reading Research : Advances in Theory and Practice*, vol. 3, New York, Academic Press, p. 199-221.

Marshall J. C., 1984, « Toward a rationnal taxonomy of the developmental dyslexias », in R. N. Malatesha, H. A. Whitaker, *Dyslexia : a global issue*, The Hague, Martinus Nijhoff.

Marshall J. C., Newcombe F., 1973, « Patterns of paralexia : a psycholinguistic approach », *Journal of psycholinguistic research*, n° 2, p. 175-199.

McKay M. F., Neale M. D. et Thompson G. B., 1985, « The predictive validity of Bannatyne WISC-R categories for later reading and achievement », *British journal of educational psychology*, n° 55, p. 280-287.

Mehler J., Domergues J. Y., Frauenfelder U., Segui J., 1981, « The syllabe'role in speech segmentation », *Journal of verbal learning and verbal behavior*, n° 20, p. 298-305.

Melekian B., Lubet C., 1977, « Le devenir des dyslexiques majeurs », *Arch. franç. ped.*, n° 34, p. 973-981.

Meljac C., 1979, *Décrire, agir et compter*, Paris, PUF, (rééd.: Paris, ECPA, 1992).

Meljac C., 1980, *Épreuve UDN 80*, Paris, Les Éditions du Centre de psychologie appliquée.

Meljac C., juillet 1986, *Le fonctionnement opératoire d'un groupe d'enfants non lecteurs après au moins trois ans de scolarité,* communication au vingtième congrès de psychologie appliquée, Jérusalem.

Meljac C., 1987 [a], « Apport de l'examen opératoire à la compréhension des troubles de l'apprentissage », in S. LEBOVICI et P. MAZET, *Penser, apprendre*, Paris, Eshel, p. 199-209.

MELJAC C., 1987 [b], « Histoire d'une recherche », *La psychanalyse de l'enfant*, n° 3, p. 22-25.

MELJAC C., 1987 [c], « Les examens opératoires des enfants non lecteurs », *La psychanalyse de l'enfant*, n° 3, p. 27-33.

MELJAC C., 1988, « L'activité opératoire des enfants non lecteurs », *Revue du département des langues et des sciences du langage de l'université de Lausanne*, n° 6, p. 151-177.

MELJAC C., 1989, « L'enfant non lecteur », *Le journal des psychologues*, n° 71, p. 39-41.

MELJAC C., 1990, « Quatre ans de recherche avec les non-lecteurs, premiers résultats, premiers bilans », *Rééducation orthophonique,* vol. 28, n° 164, p. 417-425.

MELJAC C., 1991, « De quelques variantes imprévues apportées au scénario de la construction du nombre », in J. BIDEAUD, C. MELJAC, J.-P. FISCHER, *Les chemins du nombre*, Lille, PUL, (traduction américaine, 1992. Hillsdale, Lawrence Erlbaum).

MELJAC C., 1992, « Sous le toit de l'école, l'illettré », in J.-M. BESSE, M.-M. DE GAULMYN, D. GINET et B. LAHIRE, *Questions sur l'illettrisme*, Presses universitaires de Lyon, p. 207-220.

MELJAC C., 1993 [a], « Une brève présentation des enfants non lecteurs », *Soins psychiatriques*, n° 152-153, p. 28-31.

MELJAC C., 1993 [b], « Des non-lecteurs et des nombres », *Soins psychiatriques*, n° 152-153, p. 39-45.

MELJAC C. et BAILLY L., 1990, « Et voilà justement ce qui fait que votre fils est dyslexique... La dyslexie : histoires et modèles », *Revue de psychologie appliquée*, vol. 40, n° 4, p. 481-503.

MILES T. R., 1983, *Dyslexia : the pattern of difficulties*, St Albans, Granada publishing Co.

MISES R., 1990, « Classification française des troubles mentaux de l'enfant et de l'adolescent », *Neuropsychiatrie de l'enfance*, n° 38 (10-11), p. 523-539.

MISES R., 1992, *Classification française des troubles mentaux de l'enfant et de l'adolescent,* Vanves, CTNERHI, ministère des Affaires sociales et de la solidarité.

MONIER L., 1986, *Étude de l'anamnèse de dix enfants non lecteurs*, mémoire de maîtrise de psychologie, université de Paris-VIII.

MONIER L., 1987, « Histoire familiale des enfants non lecteurs : quelques remarques », *La psychanalyse de l'enfant*, n° 3, p. 34-37.

MORAIS J., MOUSTY PH., 9-11 mars 1989, «Dyslexies acquises et dyslexies de développement : réflexions sur des similitudes éventuelles », *Actes du colloque de Lausanne* sur « La lecture, difficultés spécifiques d'acquisition », université de Lausanne, Lausanne.

MOREL M.-A., DANON-BOILEAU L., 1992, *La déixis*, Paris, PUF.

MORGAN W. P., 1896, « A case of congenital word blindness », *Br. Med. J.*, n° 2, p. 1378.

MORRISON F. J., GIORDANI B., NAGY J., 1977, « Reading disability : an information processing analysis », *Science*, n° 196, p. 77-79.

MORTON J., 1989, « An information-processing account of reading acquisition », in A. M. GALABURDA, *From reading to neurons*, Cambridge (Mass), Bradford Book, MIT Press, p. 43-64.

MUCCHIELI R., MUCCHIELI-BOURCIER A., 1963, *La dyslexie, maladie du siècle*, Paris, ESF.

NETCHINE S., *L'activité cérébrale électrique de l'enfant,* Paris, PUF, 1968.

NETCHINE S., 1985 [a], « Espace de lecture et lecture de l'espace chez l'enfant », intervention au colloque *Espaces de lecture*, BPI, Paris, Retz.

NETCHINE S., 1985 [b], « L'activité de lecture », in J. MATHIEU et R. THOMAS, *Manuel de psychologie*, Paris, Vigot, p. 425-434.

NETCHINE S., 1987, « Les impossibilités persistantes de lecture chez les enfants de 9 ans et plus », *La psychanalyse de l'enfant*, n° 3, p. 95-101.

NETCHINE S., 1988, « Espace graphique et impossibilités de lecture chez les enfants de 9 ans et plus », *Revue du département du langage et des sciences du langage de l'université de Lausanne*, n° 6, p. 137-151 et p. 177-178.

NETCHINE S., 1990 [a], « Instrumentation sensori-motrice et acquisition de connaissances chez l'enfant : l'exemple de la lecture », in G. NETCHINE-GRYNBERG, *Développement et fonctionnement cognitif chez l'enfant*, Paris, PUF, p. 137-153.

NETCHINE S., 1990 [b], « Des enfants hors du lire », *Perspectives psychiatriques*, n° 24, p. 227-230.

NETCHINE S., BULLINGER A., 1990, « Conditions et aspects sensori-moteurs de la lecture », in N. Zavialoff, *La lecture*, Paris, l'Harmattan, tome 2, p. 63-74.

Netchine S., Pauchard P., 1987, « Exploration d'un espace graphique, organisation des déplacements du regard et impossibilités persistantes de lecture », *La psychanalyse de l'enfant*, n° 3, p. 38-43.

Netchine S., Perera R., Vermès G., 1990, « Les enfants non lecteurs et l'écriture », *Perspectives psychiatriques,* n° 24, p. 255-262.

Netchine-Grynberg G. et Netchine S., 8-10 juin 1989, « The use of pictographic systems in non drawing tasks in kindergarteners from 3 to 6 years », Convention of the canadian psychological association, Halifax, N.S., Canada.

Netchine-Grynberg G. et Netchine S., 1989, « La notion d'instrument psychologique et la formation de l'espace graphique chez l'enfant », *Enfance*, n° 42, p. 101-110.

Nicolson R. I., Fawcette A. J., 1990, « Automaticity : a new framework for dyslexia research ? », *Cognition*, n° 35, p. 159-182.

O'Leary D. S., 1980, « A developmental study of interhemispheric transfer in children aged five to ten », *Child development*, n° 51, p. 743-750.

Obrzut J., Obzrut A., Hynd G. et Pirozzolo F., 1981, « Effect of directed attention on cerebral asymmetries on normal and learning disabled children », *Developmental psychology,* n° 17, p. 118-125.

Orton S. T., 1925, « Word-blindness in school children », *Arch. of neurological psychiatry*, n° 14, p. 581-615.

Orton S. T., 1937, *Reading, writing, and speech problems in children*. New York, Norton.

Pariente J.-C., 1985, *L'analyse du langage à Port-Royal,* Paris, PUF.

Pauchard P., 1987, *Modalités de la coordination oculo-céphalogyre au cours de la lecture*, thèse de doctorat de lettres et sciences humaines, université Paris-V.

Pennington B. F., Smith S. D., 1983, « Genetic influences on learning disabilities and speech and language disorder », *Child development*, n° 53, p. 369-387.

Perfetti C.-A., 1985, *Reading ability*, New York, Oxford University Press.

Perfetti C.-A., 1989, « Représentation et prise de conscience au cours de l'apprentissage de la lecture », in L. Rieben,

C. PERFETTI, *L'apprenti lecteur*, Neuchâtel-Paris, Delachaux et Niestlé.

PERFETTI C.-A., GOLDMAN S. R. et HOGABOAM T. W., 1979, « Reading skill and the identification of words in discourse context », *Memory and Cognition*, n° 7, p. 273-282.

PERFETTI C.-A et ROTH S. F., 1981, « Some of the interactive processes in reading and their role in reading skill », in A. M. LESGOLD et C.-A. PERFETTI, *Interactive processes in reading*, Hillsdale, Erlbaum, n° 2, p. 269-297.

PIAGET J., 1950, *Introduction à l'épistémologie génétique, II, La pensée physique,* Paris, PUF.

PIAGET J., BETH E. W. et MAYS W., 1957, « Épistémologie génétique et recherche psychologique », *Études d'épistémologie génétique*, tome 1, Paris, PUF.

PIERARD B. et THUVELLE-DELAHAYE J., 1985, « Les modalités de la compréhension des descripteurs de quantités entre trois et sept ans », *Neuropsychiatrie de l'enfance*, vol. 33, n° 8-9, p. 393-399.

PIROZZOLO F. J., 1985, « Neuropsychological and neuroelectric correlates of developmental reading disability », in C. T. BEST, *Hemispheric function and collaboration in the child*, Academic Press.

PIROZZOLO F. J. et RAYNER K., 1977, « Hemispheric specialization in reading and word cognition », *Brain and language*, n° 4, p. 248-261.

PERERA R.-M., 1988, *L'étude comparative de l'empan de copie entre enfants dits « non lecteurs » et enfants lecteurs*, mémoire de DEA, université Paris-V.

PREILOWSKI B., 1975, « Bilateral motor interaction : perceptual-motor performance of partial and complete "split-brain" patients », in K. J. ZULCH, O. CREUTZFELDT et G. C. GALBRAITH, *Cerebral localization*, Berlin, Springer.

PRÉNERON C., 1988, Codage linguistique et codage en images, in E. SABEAU-JOUANNET (éd.), *Acquisition du langage chez l'enfant et conditions de communication,* Peeters/Selaf, Paris, p. 157-241.

PRÉNERON C., KUGLER-LAMBERT M., 1994, « Images en récits. Difficultés langagières et construction du sens dans une histoire en images », *Praxiling,* sous presse.

PRÉNERON C., KUGLER-LAMBERT M., 1994, « Referential elaboration and construction of meaning : reflexions from language impairment : the example of picture stories », *International Journal of Psycholinguistics,* sous presse.

PRÉNERON C., SALAZAR-ORVIG A., 1987, « La conduite de récit chez des enfants non lecteurs », *La psychanalyse de l'enfant,* n° 3, p. 44-94.

QUINN K. et GEFFEN G., 1986, « The development of tactile transfer of information », *Neuropsychologia,* n° 24, p. 793-804.

RAHMAN T., BISANZ G. L., 1986, « Reading Ability and Use of a story Schema in Recalling and Reconstructing Information », *Journal of Educational psychology,* vol. 78, n° 5, p. 323-333.

RAUSCH DE TRAUBENBERG N., 1970, La pratique du Rorschach.

RAUSCH DE TRAUBENBERG N. et BOIZOU M.-F., 1984, *Le Rorschach en clinique infantile, l'imaginaire et le réel chez l'enfant,* Paris, Bordas.

REBOLLEDO R.-M., 1987, *Recherche sur le devenir d'anciens « non-lecteurs » répertoriés dans une consultation d'hygiène mentale infantile,* mémoire de maîtrise de psychologie, Paris-VIII.

RIEBEN L., 1992, « Intelligence globale, intelligence opératoire et apprentissage de la lecture », *Archives de psychologie,* n° 60, p. 205-224.

RIEBEN L. et PERFETTI C. 1989, (sous la direction de), *L'apprenti lecteur,* Neuchâtel-Paris, Delachaux et Niestlé.

ROSE C. F. C., 1990, « Pour une nouvelle approche des enfants non lecteurs », *Rééducation orthophonique,* vol. 28, n° 164, p. 447-454.

ROZIN P., PORITSKY S., SOTSKY R., 1971, « American children with reading problems can easily learn to read english represented by chinese characters », *Science,* n° 171, p. 1264-1267.

RUGEL R. P., 1974, « WISC-R scores of disabled readers : a review with respect to Bannatyne's recategorization », *Journal of learning disabilities,* n° 7, p. 48-64.

RUTTER M., 1963, *Developmental neuropsychiatry,* Guidford Press, New York.

RUTTER M., GRAHAM P., YULE W., 1970, « A neuropsychiatric study in childhood », *Clinics in developmental medicine,* n° 35-36, London, Spastics International Medical Publications.

RUTTER M., YULE W., 1985, « Reading and other learning difficulties », in M. RUTTER, L. HERSOV, *Child and Adolescent Psychiatry,* Blackwell Scientific Publications.

RYCKMAN J.-B., 1981, « Searching for a WISC-R profile for learning disabled children : an unappropriate task », *Journal of learning disabilities*, n° 14, p. 508-511.

RYLE G., 1949 (1960 reprint), *The concept of mind*, Londres, Hutchinson.

SALAMY A., 1978, « Commissural transmission : maturational changes in humans », *Science*, n° 200, p. 1409-1411.

SALAZAR-ORVIG A., PRÉNERON C., KUGLER M., 1988, « Les conduites de définition chez les enfants non-lecteurs », *Langue Française,* n° 80, p. 83-97.

SCHNEUWLY B. et BRONCKART J.-P., 1985, *Textes de base en psychologie, Vygotsky aujourdhui*, Neuchâtel-Paris, Delachaux et Niestlé.

SCRIBNER B., COLE M., 1981, *The Psychology of literacy,* Cambridge (Mass.) and London, Harvard University Press.

SEARLE J.-R., 1983, *Intentionality*, Cambridge, Cambridge University Press.

SERON X., DELOCHE G., NOËL M.-P., 1991, « Le transcodage des nombres chez l'enfant : la production des chiffres sous dictée », in J. BIDEAUD, C. MELJAC, J.-P. FISCHER, *Les chemins du nombre*, Villeneuve-d'Ascq, PUL, p. 303-328.

SEYMOUR P. H. K., 1986, *Cognitive analysis of dyslexia*, London-New York, Routledge et Kegan Paul.

SHALLICE T., WARRINGTON E. K, 1980, « Single and multiple component central dyslexic syndromes », in M. COLTHEART, K. E. PATTERSON et J. C. MARSHALL, *Deep Dyslexia*, London, Routledge et Kegan Paul.

SHEPHERD M. J., CHARNOW D. A., SILVER L. B., 1989, « Developmental reading disorder », in *Comprehensive Textbook of Psychiatry*, 5th ed, KAPLAN et SADOCK (eds), Baltimore, Williams and Wilkins, p. 1790-1796.

SINCLAIR H., 1988, *La production de notations chez le jeune enfant*, Paris, PUF.

SKLA B., HANLEY J. et SIMMONS W. W., 1972, « An EEG experiment mimed toward identifying dyslexic children », *Nature*, n° 240, p. 414-416.

SMITH M. D., COLEMAN J. M., DOKECKI P. R., DAVIS E. E., 1977, « Intellectual characteristics of schools labeled learning disabled children », *Exceptional Children*, n° 43, p. 352-357.

SPAFFORD C. S., 1979, « Wechsler digit span subtest : diagnostic usefulness with dyslexic children», *Perceptual and Motor Skills,* n° 69, p. 115-125.

SPRENGER-CHAROLLES L., 1986, «Rôle du contexte linguistique, des informations visuelles et phonologiques dans la lecture et son apprentissage», *Pratiques de lecture*, n° 52, p. 9-27.

SPRENGER-CHAROLLES L., 1988 [a], *L'apprentissage de la lecture et ses difficultés – Contribution*, thèse de doctorat de linguistique, Paris-V.

SPRENGER-CHAROLLES L., 1988 [b], «Quelques observations sur les difficultés d'apprentissage de la lecture», *Cahiers du département des langues et des sciences du langage* (DLSL), université de Lausanne, n° 6, p. 113-136.

SPRENGER-CHAROLLES L., 1989, «L'apprentissage de la lecture et ses difficultés: synthèse de recherches», *Revue française de pédagogie*, n° 87, p. 77-106.

SPRENGER-CHAROLLES L., 1990, «Les difficultés d'apprentissage de la lecture: quelques hypothèses», *Perspectives psychiatriques*, n° 24, p. 232-236.

SPRENGER-CHAROLLES L., 1992 [a], «Évolution des mécanismes d'identification des mots dans la lecture», in M. FAYOL, J. E. GOMBERT, P. LECOCQ, L. SPRENGER-CHAROLLES et D. ZAGAR, *Psychologie cognitive de la lecture*, Paris, PUF, p. 141-193.

SPRENGER-CHAROLLES L., 1992 [b], «À propos de certains usages déictiques du déterminant défini», *La déixis*, Paris, PUF, p. 519-526.

SPRENGER-CHAROLLES L., KHOMSI A., 1988, «Le rôle du contexte dans la lecture: comparaison entre lecteurs plus ou moins compétents», *Langue française*, n° 80, p. 63-82.

SPRENGER-CHAROLLES L., KHOMSI A., 1989, «Les stratégies d'identification de mots dans un contexte-image: comparaison entre“bons” et “mauvais” lecteurs», in L. RIEBEN et C. PERFETTI, *L'apprenti lecteur*, Neuchâtel-Paris, Delachaux et Niestlé, p. 307-329.

SQUIRE L. R., *1987, Memory and brain*, New York, Oxford University Press.

STANOVICH K. E., 1979, «Attentional and automatic context effects in reading», in A. M. LESGOLD et C. A. PERFETTI, *Interactive process in reading,* Hillsdale, Erlbaum, p. 241-267.

STANOVICH K. E., 1980, « Toward an interactive compensatory model of individual differences in the development of reading fluency », *Reading research quaterly*, n° 16, p. 32-71.

STANOVICH K. E., 1986, « Matthiew effects in reading : Some consequences of individual differences in the acquisition of literacy », *Reading research quaterly*, vol. 21, n° 4, p. 360-406.

STANOVICH K. E., 1989, « L'évolution des modèles de la lecture et de l'apprentissage de la lecture », in L. RIEBEN, C. PERFETTI (eds), *L'apprenti lecteur*, Neuchâtel-Paris, Delachaux et Niestlé.

STERN D., 1985, *The interpersonal world of the infant : a view from psychoanalysis and developmental psychology*, Basic Books.

STEVENSON H. W., STIGLER J. W., LUCKER G. W., LEE S., HSU C., KITAMURA S., 1982, « Reading disabilities – the case of chinese, japanese and english », *Child development*, n° 53, p. 1164-1181.

SWINNEY D. A., 1979, « Lexical access during sentence comprehension : reconsideration of context effects », *Journal of verbal learning and verbal behavior*, n° 18, p. 645-659.

TODOROV T., 1979, « Les deux principes du récit », in *Les genres du discours*, Paris, Seuil, p. 63-77.

TOUZÉ M.-C., 1970, *L'orientation professionnelle et la dyslexie*, thèse de doctorat en médecine.

TUNMER W.-E., 1989, « Conscience phonologique et acquisition de la langue écrite », in L. RIEBEN et C. PERFETTI, *L'apprenti lecteur*, p. 197-220.

VANCE H. B., GAYMOR F., COLEMAN M., 1976, « Analysis of cognitive abilities for learning disabled children », *Psychology in the schools*, n° 4, p. 477-482.

VANCE H. B. et WALLBROWN F. H. et BLAHA J., 1978, « Determining WISC-R profiles for reading disabled children », *Journal of learning disabilities*, n° 11, p. 55-59.

VANCE H. B. et SINGER M. G., 1979, « Recategorization of the WISC-R subtest, Scaled scores for learning disabled children », *Journal of learning disabilities*, vol. 12, n° 8, p. 487-491.

VELIS J.-P., 1988, *La France illettrée*, Paris, Seuil.

VERCOUSTRE O., 1985, « WISC-R, étude comparative des QI », *Revue de psychologie appliquée*, vol. 35, n° 2, p. 105-124.

VERMÈS G., 1990, « Les enfants non lecteurs écrivent », *Perspectives psychiatriques*, 24/IV, p. 257-261.

VERNON P.-E., *1952, La structure des aptitudes humaines*, Paris, PUF.

VYGOTSKY L. S., 1985, *Pensée et Langage,* Paris, Éditions Sociales.

WALTER H., 1977, *Phonologie du français*, Paris, PUF, « Le Linguiste ».

WEIGL E. et BIERWISCH M., 1976, « Neuropsychologie et neurolinguistique : thèmes de recherche commune », *Langages*, n° 44, p. 4-19.

WECHSLER D., 1981, *Manuel de l'échelle de l'intelligence de Wechsler pour enfants, Forme révisée,* Paris, Éditions du Centre de psychologie appliquée.

WIEDERSPIEL B., 1992, « Le nom propre : un troisième type de référence ? », in M.-A. MOREL., L. DANON-BOILEAU, *La déixis*, Paris, PUF, p. 471-478.

WILLIAMS A. L., MILES T. R., 1985, « Rorschach reponses of dyslexie children », *Annales of dyslexia*, n° 35, p. 51-64.

WITELSON S. F., 1977, « Developmental dyslexia : two right hemispheres and none left », *Sciences*, n° 195, p. 309-311.

WOLFF P. H., COHEN C. et DRAKE C., 1984, « Impaired motor timing control in specific reading retardation », *Neuropsychologia*, vol. 22, n° 5, p. 587-600.

YAKOLEV P. I. et LECOURS A. R., 1967, « The myelogenetic cycles of regional maturation of the brain », in A. MINKOWSKI, *Regional development of the brain in early life*, Philadelphia, Davis.

YOUNG R., 1990, *De la pensée de C. Gattegno*, thèse de doctorat de lettres et sciences humaines, université de Franche-Comté.

ZAIDEL D. et SPERRY R. W., 1977, « Some long-term motor effects of cerebral commissurotomy in man », *Neuropsychologia*, n° 15, p. 193-204.

ZAZZO R., 1967, « Diversité, réalité et mirages de la méthode longitudinale », *Enfance* n° 2, p. 131-136.

ZAZZO R., AJURIAGUERRA J. DE, *1952, L'apprentissage de la lecture et ses troubles, les dyslexies d'évolution*, Paris, PUF.

INDEX

Seuls les quarante-quatre enfants non lecteurs sont signalés dans cet index.

TABLE DES MATIÈRES

II. Lire, écrire, compter

III. Langage, pensée, personnalité

Troisième partie
Le devenir des enfants non lecteurs